AF751781

Undhang-Undhang Bantĕn

Studies in Islamic Law and Society

Founding Editor

Bernard Weiss

Editorial Board

A. Kevin Reinhart
Nadjma Yassari

VOLUME 60

The titles published in this series are listed at *brill.com/sils*

Undhang-Undhang Bantĕn

Édition critique, translittération et traduction annotée avec introduction de la compilation des lois du cadi du sultanat de Banten aux XVIIe et XVIIIe siècles

par

Ayang Utriza Yakin

BRILL

ISSN 1384-1130
ISBN 978-90-04-76657-0
ISBN 978-90-04-76658-7 (PDF)
DOI https://doi.org/10.1163/9789004766587

Library of Congress Control Number: 2026945339

© 2026 Koninklijke Brill BV, Plantijnstraat 2, 2321 JC Leiden, The Netherlands

All rights reserved. No part of this publication may be reproduced, translated, stored in a retrieval system, or transmitted in any form or by any means, electronic, mechanical, photocopying, recording or otherwise, without prior written permission from the publisher. Text and datamining for commercial purposes requires the publisher's permission.

Brill and Koninklijke Brill BV are part of De Gruyter Brill.
www.degruyterbrill.com

Questions about General Product Safety Regulation: productsafety@degruyterbrill.com

Illustration de couverture: Texte A : rédigé en caractères javanais et *jawi* (p. 109) à droite (11 pages).
Texte B : rédigé en *pegon* (p. 110) à gauche (11 pages).
Source : *UBL*, Cod.Or. 5598. Photo : Ayang Utriza Yakin.

À toi, mon amour, qui me soutiens toujours et crois en moi:
Ima Sri Rahmani

Table des matières

PREMIÈRE PARTIE

Contexte socio-historique

DEUXIÈME PARTIE
Édition critique du manuscrit

Préface et remerciements

Cet ouvrage présente un manuscrit intitulé *Undhang-Undhang Bantĕn* (UUB). Son titre lui a été donné par Theodore Gautier Thomas Pigeaud (1899-1988), grand javanologue, philologue des manuscrits indonésiens et historien à l'Université de Leyde. Il s'agit d'un texte de droit provenant de Banten (à Java, en Indonésie), composé aux XVIIe et XVIIIe siècles.

Ce codex est parvenu jusqu'à notre époque grâce à une politique menée par Christiaan Snouck Hurgronje (1857-1936), islamologue hollandais très connu et conseiller auprès du gouvernement néerlandais pour les affaires « indigènes » des Indes néerlandaises à Batavia (Jakarta actuelle) de 1889 à 1905. Constatant la disparition du droit coutumier en raison de l'influence progressive du droit musulman et du droit européen sur la société bantenoise, mais également son absence de codification, Snouck Hurgronje demanda, en 1893, au gouvernement néerlandais de compiler les textes existants et de mettre par écrit les traditions orales[1] des Indes néerlandaises (l'actuelle Indonésie).

Le cas de Banten est particulièrement intéressant dans la mesure où ce sultanat, l'un des plus importants du monde nousantarien[2] ou de l'Archipel insulindien, a très tôt, au moins depuis le XVIIe siècle, ressenti le besoin de consigner le droit par écrit. Ainsi, sur la base d'un manuscrit (*UUB*) jamais translittéré, traduit ni étudié philologiquement, notre ouvrage tente de démêler les différences entre les sources sur lesquelles le droit de Banten s'appuyait et d'expliquer l'architecture juridique et l'archéologie normative du sultanat de Banten.

Pour ce faire, deux parties distinctes sont présentées. La première, composée de cinq chapitres, est consacrée à l'environnement socio-historique afin d'expliquer ce manuscrit d'*UUB* dans son contexte et d'éclaircir l'aspect juridique dans une perspective de l'histoire du droit. La deuxième partie est constituée d'une

1 SNOUCK HURGRONJE Christian, Advies van dr. C. Snouck Hurgronje aan den directeur van justitie, gedagteekend Weltevreden 18 April 1893, in *Adatrechbundels*, vol. 1, 1910, Serie A, Algemeen Deel n°3, Adviezen over Codificatie van Adatrecht en Bewijs van Adatrecht (1893-1894), p. 21-39, p. 21-22.

2 Nousantarien est la traduction française d'un concept local « *nusantara.* » Sa signification originelle est « l'autre île » vue de Java et de Bali, et désigne donc plus généralement « le monde extérieur » ou « l'étranger ». Ce terme se trouve dans les textes javanais du XVe siècle, utilisé pour désigner le monde insulindien ou l'ensemble du territoire de l'Asie du Sud-Est insulaire, VLEKKE Bernard H.M., *Nusantara. A History of Indonesia*, The Hague & Bandung, W. van Hoeve, 1960, p. 6, note 5 et p. 400. Le terme nousantarien est employé dans cet ouvrage de façon interchangeable avec d'autres termes, tels que le monde insulindien, l'archipel insulindien ou l'Archipel.

étude philologique présentant une édition critique du texte d'*UUB*: la translittération latine des textes écrits en javanais, en *pegon* (écriture arabe adaptée aux règles phonologiques du javanais) et en *jawi* (écriture arabe adaptée aux règles phonologiques du malais), la traduction française du texte original, ainsi que les commentaires et annotations. Cette deuxième partie se compose de onze chapitres, suivant l'ordre des textes du manuscrit *UUB*. Ainsi, il s'agit de mettre en évidence la place, le rôle et l'influence de chaque source au sein de l'*UUB*.

Par ailleurs, cet ouvrage est une version remaniée et entièrement réécrite de ma thèse doctorale en histoire et en philologie soutenue en janvier 2013 à l'École des Hautes Études en Sciences Sociales (EHESS) à Paris. Ce travail n'aurait jamais abouti sans l'aide de nombreuses personnes. Je tiens à exprimer ma vive reconnaissance aux différentes personnes et institutions sans lesquelles ce travail n'aurait pas pu être mené à son terme. Ma profonde gratitude s'adresse également à tous ceux qui m'ont soutenu tout au long de cette recherche, jusqu'à la publication de cet ouvrage, aussi bien sur le plan scientifique que sur le plan personnel.

C'est avec une immense joie et une profonde émotion que j'adresse mes plus vifs remerciements à mon maître, Claude Guillot, spécialiste de l'histoire de Banten. Il ne m'a jamais refusé la moindre indication ni orientation, et ses conseils ont été plus que précieux. Grâce à sa grande connaissance de l'histoire de Banten, je me suis constamment senti épaulé et, avec lui, mon travail a pu être précisé et approfondi. Je remercie également Edwin P. Wieringa, spécialiste de la philologie javanaise, sans son soutien, ses conseils et ses critiques, mon travail n'aurait pas été ce qu'il est; Henri Chambert-Loir, spécialiste de la philologie malaise-indonésienne; Daniel Perret, spécialiste de l'archéologie malaise-indonésienne; Nathalie Bernard-Maugiron, spécialiste du droit contemporain des pays arabes; Pierre Labrousse(†) et Jérôme Samuel, spécialistes de langue et littérature indonésienne; François Déroche, spécialiste du manuscrit islamique et arabe; et Luis Filipe Thomaz, spécialiste de l'histoire de l'Asie du Sud-Est.

Je tiens également à remercier toutes les personnes qui m'ont aidé sur des aspects linguistiques, historiques, philologiques, sociologique, anthropologique, économiques et administratifs tout au long de mes recherches, de la rédaction de ce travail et de sa publication: Étienne Naveau, Andrée Feillard, Monique Zaini-Lajoubert, Grégory Mickaelien, Hélène Poitevin, Pascaline Truc, Xavier Hermand, Robert Aarse, Claudine Salmon, François Raillon, Bénédicte Brac de la Perrière, Rémy Madinier, Jean-Philippe Bras, Christian Müller, Marie-Odette Scalliet, Annabel Teh-Gallop, Emese Von Bone, Maaike Voorhoeve, Marie Donzel, Françoise Briot(†), Gilles Verbunt(†), Ota Atsushi, Titik

Pudjiastuti(†), Dinar Boontharm, Heriyanti Ongkodharma-Untoro, Sartono Kartodirdjo(†), Daniel S. Lev(†), Sri Ratna Sakti-Mulya, Ali Fadilah, Khatib Mansur, Onny Sanwani, Guillaume Epinal, Ghislaine Moucharte, Louis-Léon Christians, Vincent Legrand et Geoffrey Pleyer. Par ailleurs, même si l'aide reçue m'a permis d'éviter de nombreuses erreurs, j'assume seul les lacunes et les manquements de mon travail.

Je ne peux conclure mes remerciements sans évoquer Baudouin Dupret (sociologue, anthropologue et politologue du droit dans le monde musulman), un maître, un *coach* intellectuel et un ami qui m'a soutenu à tous égards en vue de cette publication. Depuis 2008, année où j'ai assisté pour la première fois à son cours à l'IISMM de l'EHESS, il m'a toujours fait confiance et m'a encouragé (et continue de m'encourager) à progresser dans mon parcours académique. Au-delà de l'aspect intellectuel, Baudouin m'a également apporté un précieux soutien sur le plan personnel. Sans son encouragement, nos échanges intellectuels, son soutien financier (à travers l'obtention d'un financement pour son programme sur la charia, destiné à la relecture et à la correction de mon manuscrit, effectuées par Zohra Aziadé Zemirli) et son aide pour accéder à la maison d'édition de BRILL, mon rêve de voir ce travail publié n'aurait jamais vu le jour. J'en profite aussi pour remercier BRILL, en particulier la collection «*Islamic Law and Society*», qui a bien voulu accepter de publier cet ouvrage, Nienke Brienen-Moelenar pour son assistance depuis la soumission du projet, en 2022, jusqu'à sa publication, en 2026, Manon Vrolijk de TAT Zetwerk ainsi qu'à trois évaluateurs anonymes dont les critiques, commentaires et suggestions ont aidé à améliorer la qualité de ce travail. Je remercie également les éditeurs en chef des revues *Indonesia and the Malay World*, *Studia Islamika* et *Heritage of Nusantara* qui m'ont permis d'utiliser certaines informations parues dans trois de mes articles publiés chez eux.

Cette étude n'aurait jamais été possible sans le soutien de TOTAL E&P, à Paris et à Jakarta, pendant mes études doctorales à l'EHESS. Je souhaite remercier plus particulièrement Véronique Mignonac, Jean-Pierre Villeleger, Patrick Desseix, Éric Pinon, Mila Ranvial, Philippe Armand, Elisabeth Proust, Ananda Idris, Hardy Pramono, Judith Navarro, Budi Suryodiputro, Kusuma Adinugroho, Muhammad Najib, Deden Supriyatman ainsi qu'à Hary Setyawan, Ton Sugihartono, Moko Prijambodo et à tous les autres. Je remercie également la Fondation Françoise Briot et Gilles Verbunt, notamment leur fils Jean-Pierre Briot, ainsi que l'institut de RSCS de l'UCLouvain, pour leur soutien budgétaire à la publication.

Enfin, ce travail n'aurait pu être réalisé sans le soutien moral de mes parents, Utami Djuwariah (décédée le 23 mai 2026) et Sjaiful Anwar Yakin qui m'ont encouragé à continuer malgré les épreuves. Je remercie du fond du cœur ma famille, particulièrement Ima Sri Rahmani, mon épouse, qui a compris ma passion pour la science, m'a épaulé, et a créé un cadre de vie agréable malgré ses propres engagements et responsabilités et son travail d'enseignante à l'UIN Jakarta et doctorante à l'UCLouvain, ainsi que mes enfants, Afra Rayhana Yakin (2006), Akhtar Farras Yakin (2008), Ayman Farabi Yakin (2012), et Alifa Fakhira Yakin (2014). C'est en les regardant que j'ai puisé la force de finir cet ouvrage ; c'est à travers nos moments de jeu que j'ai traversé la fatigue et le découragement. Cet ouvrage leur est dédié.

En une seule phrase je voudrais leur dire à tous :
Hutang budi dibawa mati
(Je porterai cette dette morale jusqu'à ma mort)

Ayang Utriza YAKIN
Louvain-la-Neuve, fin janvier 2026

Figures

Abréviations

AH	Anno Hegirae (année de l'hégire)
AMEP	Archives des Missions Étrangères de Paris
ANRI	Arsip Nasional Republik Indonesia (Archives Nationales de la République d'Indonésie)
Ar.	Arabe
BKI	Bijdragen tot de Taal-, Land- en Volkenkunde
BL	British Library
CD	Corpus Diplomaticum
DR	Dagh-Register
EC	Ére commune
EI	Encyclopédie de l'Islam
EvNI	Encyclopaedie van Nederlandsch-Indië
GM	Generale Missiven
JMBRAS	Journal of Malayan Branch Royal Asiatic Society
KBBI	Kamus Besar Bahasa Indonesia
m.	Mort
Ms	Manuscrit
PNRI	Perpustakaan Nasional Republik Indonesia (Bibliothèque Nationale de la République d'Indonésie)
QS	al-Qur'ān Sourate
r.	règne
TBG	Tijdschrift van het Bataviaasch Genootschap
UBL	Universiteitsbibliotheek Leiden
UUB	Undhang-Undhang Bantĕn
VOC	Vereenigde Oostindische Compagnie (Compagnie des Indes-Orientales)

Glossaire

Abdi	(Ar.) esclave
Agama	droit religieux
Alun-alun	place royale
Arya	titre donné à de hauts fonctionnaires ou de grands nobles
Asta	1 coudée, soit 50 cm
Bara (*bahar*)	mesure de poids variant selon les denrées et les régions Un *bara* (*bahar*) de poivre correspond à trois *pikul* soit 187,5 kg
Batur	subordonné, serf ou domestique
Beya	une formule écrite servant à désigner une infraction ou une peine
Běkěl	gérant-fermier d'une rizière ou collecteur des taxes
Bumi	a. Administration ou Gouvernement b. Cité-Capitale (territoire entourant le palais)
Dalěm	palais
Děmang	titre attribué à de hauts fonctionnaires et à de grands nobles
Dhěpa	1 brasse (mesure de longueur qui correspond à environ 1,5 m)
Dipati	chef d'une région
Dirgama	droit coutumier
Dirham	pièce de monnaie en argent utilisée comme unité monétaire dans le monde musulman depuis le VIIIe siècle
Duradesa	territoire lointain
Ḥad	(Ar.) peine légale fixée par le Coran et la Sunna.
Haji (*Ḥajji*)	(Ar.) homme religieux ou seigneur
Ijṭihād	(Ar.) utilisation du raisonnement individuel et du raisonnement par analogie (*qiyās*) pour trouver une solution à un problème qui n'est pas explicitement traité, ni dans le Coran ni dans de la Sunna
Jaksa	juge
Jawi	écriture arabe adaptée aux règles phonologiques du malais
Jukung	pirogue
Kaliwon dalěm	fonctionnaire de rang intermédiaire chargé de l'administration du palais

Karinah (ar. *qarīna*)	moyen dans le droit musulman pour clarifier un élément linguistique obscur dans sa logique
Karta	officier de tribunal
Kawula	personne dépendante et en état de servitude
Kĕling	gens d'origine de la région de *Kaliṅga* sur la côte de Coromandel ou les Indiens dravidiens (l'Inde du Sud)
Kĕthi	valeur numérique javanaise de cent mille (100 000)
Ki (*Kiyahi*)	appellation honorifique javanaise
Kifārat (ar. *kaffāra*)	acte expiatoire et propitiatoire par lequel des fautes d'une certaine gravité sont remises dans le droit musulman
Kulak	une mesure de 3,7 litres
Kumĕndhur	commandant ou responsable militaire de la Compagnie
Kumpĕni	Compagnie, l'abréviation désignant la Compagnie des Indes-Orientales (*Vereenigde Oost Indische Compagnie: VOC*)
Laksa	valeur numérique javanaise de dix mille (10 000)
Lurah	titre porté par fonctionnaire de rang inférieur
Mangkubumi	Premier ministre « interne »
Mantĕri	groupe de fonctionnaires de rang moyen
Nagara (*Nagari*)	a. pays faisant référence à l'État lui-même b. territoire autour de la Cité-capitale (*bumi*)
Nayaka	ensemble des membres de la famille royale et leurs descendants au sens élargi (principalement à partir de la quatrième génération)
Ngabehi	titre donné à des fonctionnaires de rang intermédiaire
Pabeyan	bureau de douane
Pacalang	a. chargé de la sécurité ou soldat b. bateau de commerce
Pakarangan	propriété, cour ou enclos d'une maison
Pangeran	titre correspondant à « prince » donné en principe aux fils du roi nés de la reine et ayant le droit d'accéder au trône royal
Pangulu	représentant du sultan pour toutes les affaires
Paseban	pavillon de réception se trouvant en face de la maison
Pĕryayi	nobles
Pĕqih (*ar. Faqīh*)	savant en droit musulman (juriste)
Petor	vice-président et responsable des affaires de la Compagnie

Pegon	écriture arabe adaptée aux règles phonologiques du javanais
Pikul	62,5 kg
Ponggawa	fonctionnaires de l'État d'origine roturière
Raden	titre de noblesse donné aux enfants du roi nés d'une mère qui n'est pas la reine ou aux enfants de Ratu Bagus
Rangga	titre attribué à de hauts fonctionnaires ou à de grands nobles
Ratu Bagus	titre de noblesse donné aux enfants du roi nés d'une mère qui n'est pas la reine et aux enfants des princes (petit-fils du roi)
Reyal	réal (pluriel réaux) pièce de monnaie espagnole utilisée comme unité monétaire à Banten à partir de la seconde moitié du XVIIe siècle
Risyden	résident et représentant de la Compagnie dans une région contrôlée par elle
Suranagara	nom recouvrant l'ensemble des soldats à Banten
Šara'	(Ar.) mot synonyme de *šarīʿa*, faisant référence au Coran et à la Sunna
Taʿzīr	(Ar.) peine discrétionnaire décidée par le *qāḍī* (cadi, juge musulman)
Tandha	chef de douane
Tĕnggang	bateau utilisé à l'Ouest de Java pour le transport des marchandises, et plus particulièrement pour le chargement et le déchargement des navires
Tumbak	surface de 13 m^2 (la largeur et la longueur sont de 3,6 m ou de 3,7 m)
Tumĕnggung	premier ministre « externe »
Wong capeyo	indigène de Banten portant le « chapeau » hollandais et travaillant pour les étrangers résidant à Banten.
Wong cili	les gens ordinaires qui ne sont pas nobles et n'ont pas de lien familial avec la royauté
Wong duradesa	population habitant à l'extérieur du sultanat de Banten dans des territoires éloignés
Wong jaba	habitant de Banten se trouvant à l'extérieur de la Cité-capitale (*bumi*) Surasowan, mais encore dans le Pays (*nagara*) de Banten.
Wong jĕro	habitant de Banten se trouvant à l'intérieur de la Cité-capitale (*bumi*) Surasowan

Note au sujet de la translittération, de la traduction et des références

Nous avons translittéré le javanais et le *pegon* en nous fondant sur les règles orthographiques officielles de la langue javanaise actuelle d'après l'ouvrage *Tata Bahasa Baku Bahasa Jawa* (Duta Wacana University Press, Jogjakarta, 1992) et le *jawi* d'après l'ouvrage *Pedoman Umum Ejaan Jawi Bahasa Melayu Dewan: Pedoman Ejaan Jawi yang Disempurnakan* (Cetakan Pertama Edisi Ketiga, Kuala Lumpur, Dewan Bahasa dan Pustaka, 1993). Pour la translittération des mots arabes – extraits de versets coraniques, de hadiths (paroles et actes du prophète de l'islam), de noms de livres arabes et de personnes –, nous nous sommes référés au système utilisé par la revue *Arabica*. Pour les références en note de bas de page ainsi que pour la bibliographie, nous avons utilisé le système d'édition de l'EHESS, version 2017 (avec le système classique pour la première partie et le système auteur, date pour la deuxième partie).

Nous avons corrigé les erreurs rencontrées et rétabli les majuscules qui n'existent pas dans l'écriture arabe sur les noms de personnes et de lieux en caractères latins. Notre manuscrit de l'*UUB* étant dépourvu de ponctuation, nous avons inséré la ponctuation nécessaire dans la translittération. Lorsque nous avons rencontré un mot au sens inconnu, nous avons procédé par rapprochement, en le comparant à un autre terme presque analogue en termes d'écriture (caractères), et avons posé l'hypothèse qu'il s'agissait en fait du même mot mal orthographié. Dans tous les cas susmentionnés, ainsi que lorsque nous avons corrigé des mots, des phrases ou des caractères difficilement lisibles, nous avons ajouté une explication en note de bas de page.

Par ailleurs, nous avons tenté de traduire le manuscrit de l'*UUB* en français le plus fidèlement possible. Lorsque la structure d'une phrase javanaise se révélait confuse, voire très complexe, nous nous sommes efforcés de la restituer aussi clairement que possible, en ajoutant, le cas échéant, quelques conjonctions de coordination. Enfin, précisons que nous avons parfois rencontré des difficultés à traduire certaines phrases, car nous n'en comprenions pas le sens ou parce qu'elles étaient illisibles en raison du papier abîmé.

Afin de permettre au lecteur de mieux appréhender notre travail philologique :

1. Les différents articles du manuscrit ont été numérotés et un titre leur a été attribué.
2. Pour la topologie et les mots arabes déjà indonésianisés, le *KBBI*, édition de 1990 et de 2005, a servi de référence.

3. L'orthographe des toponymes –, par exemple celle des noms de lieux à Banten –, est celle actuellement en vigueur.
4. Les noms de personnes en arabe, tels que les noms de sultans, suivent l'orthographe habituellement utilisée par les Bantenois.
5. L'écriture des mots en javanais suit le dictionnaire de Th. Pigeaud *Javaans-Nederlands*[1]; c'est par exemple le cas de *bumi* (qui ne suit pas l'orthographe du javanais ancien *bhumi*). Les termes composés (*singsapa* et non pas *sing sapa*) ont également été reliés, ou encore un tiret a été inséré entre certains termes (*gědhe-cili, těpis-wiring*) à chaque fois que nécessaire.
6. Pour la numérotation des pages du manuscrit, dans la translittération comme dans la traduction, le symbole de la ligne verticale sert à indiquer l'origine du numéro de page du manuscrit; il est placé en marge, en dehors du corps du texte.
7. Dans le cas de phrases coupées en raison de la détérioration du manuscrit, des parenthèses avec des points: (......) ont été insérées.
8. Les extraits de versets et de hadiths sont écrits en italique.
9. Des majuscules sont utilisées pour les noms de personnes, de lieux et de livres.
10. Certains termes spécifiques désignant des personnes ont été maintenus dans leur orthographe et écrits en italique dans la traduction française (par exemple: *ponggawa, nayaka, paseban, wong jěro, wong kutha*, etc.).
11. Concernant la datation, les dates de l'hégire (AH), suivies de l'ère commune (EC), et séparées par un trait oblique (/), par exemple: 1111/1699, sont indiquées.
12. Les ajouts considérés comme utiles ou indispensables dans la traduction sont indiqués entre crochets, par exemple [et].
13. Certains mots difficiles à lire en raison de la dégradation du papier sont le fruit de suppositions; ils sont soulignés dans la translittération et la traduction (jěněnging lurah dalěm, par exemple).
14. Les mots javanais dont le sens n'a pas été trouvé et pour lesquels un rapprochement avec d'autres termes a été effectué ont été insérés entre crochets, suivis d'un point d'interrogation dans la traduction: [?]. Ce dernier est également utilisé lorsque le texte est très difficile à comprendre.
15. Les lettres ou les mots « isolés » qui semblent sans rapport avec le texte figurent entre crochets ⟨ ⟩.

---

1 Ce dictionnaire, publié en 1937, utilise l'orthographe ancienne. Ici, nous avons utilisé l'orthographe perfectionnée (par exemple *bumi* et non *boemi*).

Tableau chronologique des règnes des sultans

Sunan Gunung Jati (ca. 1448-1568, père fondateur du sultanat de Banten)

1. Maulana Hasanuddin : 1527-1570.
2. Maulana Yusuf : 1570-1580.
3. Maulana Muhammad (Sultan Abulmafakhir Abdul Kadir) : 1580-1651.
   1580-1596 : enfant souverain sous tutelle.
   1596-1624 : souverain sous tutelle des premiers ministres.
   1624 : devint roi.
   1635 : son fils Abul Maʿali devint prince héritier.
   1638 : a pris le titre de sultan après l'avoir obtenu du Sharif de la Mecque portant le titre Sultan Abulmafakhir Abdulkadir.
   1650 : décès de son fils puis son propre décès et succession par son petit-fils.
4. Sultan Abulfath Abdul Fattah (Sultan Ageng Tirtayasa) : 1651-1682.
5. Sultan Abul Nasar Abdul Kahar : 1682-1687.
6. Sultan Abufadhl Muhammad Yahya : 1687-1690.
7. Sultan Abulmahasin Muhammad Zainul Abidin : 1690-1733.
8. Sultan Abulfath Muhammad Syifa Zainul Arifin : 1733-1748.
9. Ratu Syarifa : 1748-1752.
10. Sultan Abulmuhali Muhammad Wasi Zainul Halimin : 1752-1753.
11. Sultan Abulnasar Muhammad Arif Zainul Asyikin : 1753-1777.
12. Sultan Abulmafakhir muhammad Aliuddin : 1777-1802.
13. Sultan Abulfath Mohammad Muhyiddin Zainul Salihin : 1802-1804.
14. Sultan Abul Nasar Ishak Zainul Muttakin : 1804-1808.
15. Sultan Abulmuhammad Aliuddin II : 1808-1809.
16. Sultan Muhammad Muhyiddin Zainul Salihin II : 1810-1816.
17. Sultan Muhammad Safiuddin (Rafiuddin ?) : 1816-1832.

(Sources : GUILLOT Claude, *The Sultanate of Banten*, Jakarta, Gramedia, 1990, p. 10 ; OTA Atsushi, *Changes of Regime and Social Dynamics in West Java : Society, State and the Outer World of Banten, 1750-1830*, Leyde, Brill, 2006, p. 224-225 et LEKKERKERKER C., *Land en Volk van Java*, Groningen-Batavia, J.B. Wolters, 1938, p. 346)

PREMIÈRE PARTIE

Contexte socio-historique

CHAPITRE 1

Banten et l'Islam

1 Banten : aperçu historique d'un sultanat

Située à l'extrémité occidentale de la côte nord de Java, face au détroit de la Sonde, Banten occupe une position stratégique qui a largement façonné son développement historique. Les fouilles archéologiques menées par un historien français spécialiste du monde insulindien, Claude Guillot, et son équipe ont établi que la ville fut fondée au Xe siècle, vers 932, par des immigrants shivaïtes-hindous venus de Java central. Ces derniers établirent Banten Girang (Banten en amont), située à environ 10 km à l'intérieur des terres sur la rivière Cibanten, comme centre administratif et capitale de Banten. Banten est ainsi devenue une nouvelle entité politique (ca. 932-1010). Au cours de la première moitié du XIe siècle, elle fut attaquée et vaincue par l'empire bouddhiste de Sriwijaya, originaire de Sumatra, puis placée sous sa domination (ca. 1030-1200). Malgré cette tutelle, la principauté de Banten Girang poursuivit son développement en tant qu'État indépendant (ca. 1200-1400), participant activement au commerce international, notamment avec la Chine, entre les XIIe et XVe siècles, grâce à sa production de poivre[1].

Au début du XVe siècle, Banten Girang fut de nouveau envahie ; cette fois par le royaume hindouiste de Sunda-Padjajaran, puis intégrée sous sa suzeraineté (ca. 1400-1526). Cette domination prit fin en 1526, lorsque les musulmans de Cirebon, soutenus par le sultanat de Demak (ca. 1475-1548), conquirent la région afin d'islamiser sa population. Après la prise de Kelapa (Batavia ou Jakarta actuel), Sunan Gunung Jati (ca. 1448-1568) et son fils Maulana Hasanuddin (*r.* 1527-1570) fondèrent un sultanat musulman à Banten Girang, sur les ruines de l'ancien royaume. Ils transférèrent ensuite la capitale vers le port de Banten (nouveau Banten), amorçant une nouvelle ère. Durant la période islamique des XVIe et XVIIe siècles, Banten connut une croissance rapide et atteignit son apogée politique et économique. La position avantageuse de Banten, lui permit l'accès aux routes commerciales internationales et son activité portuaire l'ouvra sur le monde. En effet, le port attira des marchands venus

1 GUILLOT Claude, NURHAKIM Lukman, and WIBISONO Sonny, *Banten avant l'Islam : Étude archéologique de Banten Girang (Java – Indonésie) 932 ?-1526*, Paris, École Française d'Extrême Orient, 1994 ; GUILLOT Claude, NURHAKIM Lukman, and WIBISONO Sonny, « La principauté de Banten Girang », *Archipel*, vol. 50, 1995, p. 13-24.

© 2026 KONINKLIJKE BRILL BV, LEIDEN | HTTPS://DOI.ORG/10.1163/9789004766587-002

d'Europe (Portugal, France, Angleterre, Danemark, Pays-Bas) et d'Asie (péninsule arabique, Perse, Chine) contribuant à sa richesse et à sa diversité culturelle[2]. Du XVIe au XVIIIe siècle, Banten fut ainsi un centre maritime très animé, essentiel à la diplomatie régionale et au commerce du poivre.

Le sultanat de Banten demeura indépendant pendant plus de 150 ans, de 1527 à 1682[3]. Du royaume hindou-bouddhiste sundanais à un puissant sultanat islamique, Banten s'affirma comme une entité politique dynamique grâce à des alliances matrimoniales, à son autorité religieuse et à son contrôle des routes commerciales. Cependant, son indépendance fut progressivement compromise par des conflits internes et par l'expansion européenne[4]. Le Sultan Ageng Tirtayasa (*r.* 1651-1682), s'opposa aux tentatives de la Compagnie des Indes orientales (*VOC*: *Verenigde Oostindische Compagnie*)[5], basée à Batavia, de monopoliser le commerce du poivre, tandis que son fils le prince héritier le Sultan Abu Nasar Abdul Kahar, connu sous le nom Sultan Haji (*r.* 1682-1687), chercha à conclure une alliance avec celle-ci, marquant ainsi un tournant dans la politique menée jusqu'ici. La *VOC* exploita cette rivalité entre père et fils et soutint militairement Sultan Haji[6], provoquant une guerre civile. Cette intervention militaire inaugura l'instauration d'une tutelle occidentale, à la fois économique et politique.

À la suite de cette guerre civile de 1682, le sultanat tomba définitivement sous la domination de la *VOC*. Le Sultan Haji lui accorda des avantages commerciaux et autorisa la construction des forts *Speelwijk* et *Diamond* à Banten en échange de son aide militaire[7]. Le Sultan Haji réussit ainsi à s'emparer du pouvoir de son père avec l'aide de la *VOC*, en 1682, et la défaite totale de ce dernier face à l'armée de la *VOC* en 1683. Un an après, un accord fut conclu entre

---

2 GUILLOT Claude, *The Sultanate of Banten*, Jakarta, Gramedia, 1990, p. 39-52.

3 Id., p. 53. RANTOANDRO Gabriel A., *Banten et les pays du détroit de la Sonde aux XVIe et XVIIe siècles. Pouvoir, islam, et épices dans un royaume indonésien*, Thèse de doctorat d'État, 2 volumes, Université Paris X Nanterre, Paris, 2000.

4 DE GRAAF Hendrik Jan èt PIGEAUD Theodoor Godefridus Thijs, *De eerste Moslimse Vorstendommen op Java. Studiën over de staatkundige geschiedenis van de 15de en 16de eeuw*, La Haye, Nijhoff, 1974, ch. VIII « Geschiedenis van de vorstendommen in West-Java in de 16de eeuw : Banten », p. 117-125.

5 La *VOC*, fondée en 1602, était une société commerciale néerlandaise qui avait obtenu un statut quasi-étatique avec des pouvoirs gouvernementaux (armée, monnaie, traités, territoires, etc.), considérée comme la première grande multinationale de l'histoire, ayant joué un rôle clé dans le commerce mondial et le colonialisme jusqu'à sa dissolution en 1799.

6 GUILLOT Claude, *The Sultanate of Banten*, *op.cit.*, p. 53.

7 UEDA Kaoru, WIBISONO Sonny C., HARKANTININGSIH Naniek et LIM Chen Sian, « Paths to Power in the Early Stage of Colonialism : An Archaeological Study of the Sultanate of Banten », *Asian Perspectives*, vol. 55, no 1, 2016, p. 89-119.

Sultan Haji et la *VOC*, lui conférant le monopole des exportations de poivre[8]. Ceci conduisit Banten à la perte de son indépendance économique et de sa souveraineté. Cette perte d'autonomie, qui s'étendit progressivement à l'ensemble des sphères du royaume dès la fin du XVIIe siècle, entraîna un déclin progressif de sa puissance politique et économique « internationale ».

Même si la *VOC* défendit militairement les intérêts commerciaux de Banten et son sultan, notamment dans ses relations économiques extérieures, la compagnie resta principalement en dehors des affaires politiques intérieures. Le sultanat de Banten a continué de fonctionner sur les plans politique et commercial, mais avec des limitations considérables il maintint son autorité symbolique et cérémonielle[9]. En effet, la vie de la cour autochtone demeura largement préservée, la *VOC* n'exerçant son influence que dans la sphère publique. Il en alla de même pour les affaires juridiques : la compétence du cadi, couvrant la quasi-totalité des domaines du droit, resta totale et échappa à toute ingérence de la *VOC*, comme le démontrera cet ouvrage.

Le système féodal de Banten, où la classe dirigeante exploitait les agriculteurs, se reflétait dans la concentration du pouvoir économique au sein de la cour et au sein de l'élite aristocratique. Au milieu du XVIIIe siècle, malgré l'adaptation du sultanat à la position hégémonique de la *VOC*, des signes de faiblesse de la *VOC* se manifestèrent[10]. L'influence de la *VOC* diminua à partir du milieu du XVIIIe siècle, surtout après la rébellion de 1750-1752[11], notamment dans les zones rurales. En effet, les acteurs locaux[12] sur lesquels la cour n'avait que très peu d'autorité devinrent d'importants commerçants, en particulier dans

---

8 GUILLOT Claude, *The Sultanate of Banten*, *op.cit.* ; RANTOANDRO Gabriel A., *Banten et les pays du détroit de la Sonde aux XVIe et XVIIe siècles*, *op.cit.* ; WESSING Robert, « Pangeran Dakar's Error : A Narration of the Events Leading to the Fall of the Sultanate of Banten », *Journal of Southeast Asian Studies*, vol. 45, no 3 (October), 2014, p. 427-443.

9 TALENS Johan, « Ritual Power : The Installation of a King in Banten, West Java, in 1691 », *Bijdragen tot de Taal-, Land- en Volkenkunde*, vol. 149, no 2, 1993, p. 333-355.

10 TALENS Johan, *Een feodale samenleving in koloniaal vaarwater. Staatsvorming, koloniale expansie en economische onderontwikkeling in Banten, West-Java (1600-1750)*, Hilversum, Verloren, 1999.

11 Une insurrection dirigée par Kyai Tapa et Ratu Bagus Buang, avec le soutien des communautés rurales, a été menée en réponse à l'usurpation du pouvoir du sultanat de Banten par Ratu Syarifah, qui avait destitué son époux, un sultan légitime, et l'avait exilé, voir OTA Atsushi, « Banten Rebellion, 1750-1752 : Factors behind the Mass Participation », *Modern Asian Studies*, vol. 37, no 3, juillet, 2003, p. 613-651.

12 Les élites locales étaient des personnalités influentes qui détenaient l'autorité en dehors de la cour royale, mais exerçaient un pouvoir considérable au sein des villages, des districts, des villes portuaires et des régions productrices de poivre, et contrôlaient les terres, la population, le commerce ou les forces militaires dans leurs régions respectives, OTA Atsushi, « Banten Rebellion, 1750-1752 : Factors behind the Mass Participation », *art.cité*.

l'arrière-pays de Banten. Les dirigeants et les élites locales acquièrent progressivement une plus grande autonomie en participant activement au commerce et à la politique[13].

À partir de 1752, Banten devint un État vassal de la *VOC* et eut un statut semi-indépendant jusqu'à la dissolution de la *VOC* en 1799. Durant la seconde moitié du XVIIIe siècle, l'instabilité politique persistante nuisit à la production de poivre, provoquant l'appauvrissement de la grande majorité de la population, en dehors des élites locales[14]. Le sultanat fut finalement aboli par les Britanniques en 1813, pendant l'occupation britannique (1811-1816). En vertu du Traité anglo-néerlandais de 1814, les Britanniques ont restitué aux Néerlandais leurs colonies indonésiennes (les Moluques et Java) dans leur état au 1er janvier 1803, soit avant le déclenchement des guerres napoléoniennes. En 1816, Banten fut annexée aux Indes orientales néerlandaises nouvellement constituées par l'État colonial néerlandais (1816-1945). En 1833, le dernier sultan fut contraint à l'exil à Surabaya, marquant la fin définitive du sultanat de Banten[15].

2 Banten et l'océan Indien

Banten a été un port actif depuis la première moitié du Xe siècle jusqu'en 1525, pendant la période hindoue, puis de 1526 à 1682 en tant que sultanat indépendant. Il est resté opérationnel jusqu'au XVIIIe siècle sous la domination économique de la *VOC*[16]. Sa situation stratégique le long des routes commerciales reliant les « îles aux épices » à d'autres villes portuaires a fait de Banten un point de rassemblement clé pour les marchandises et les voyageurs au sein du réseau maritime de l'Asie du Sud-Est[17]. La route maritime reliait la Chine aux régions orientales et occidentales de l'Indonésie, ainsi qu'à l'Inde et au monde

---

13 OTA Atsushi, « Toward a Transborder, Market-Oriented Society: Changes in the Hinterlands of Banten, c. 1760-1790 », dans Tsukasa Mizushima, George Bryan Souza et Dennis O. Flynn (eds.), *Hinterlands and Commodities : Place, Space, Time and the Political Economic Development of Asia over the Long Eighteenth Century*, Leiden, Brill, 2015, p. 166-196.

14 TALENS Johan, *Een feodale samenleving in koloniaal vaarwater, op.cit.*; OTA Atsushi, *Changes of Regime and Social Dynamics in West Java : Society, State and the Outer World of Banten, 1750-1830*, Leiden, Brill, 2005.

15 *UBL*, Cod.Or. 7936 B, 1892.

16 GUILLOT Claude, « Banten and the Bay of Bengal during the Sixteenth and Seventeenth Centuries », dans Om Prakash et Denys Lombard (eds.), *Commerce and Culture in the Bay of Bengal 1500-1800*, New Delhi, Manohar/ Indian Council of Historical Research, 1999, p. 163-182.

17 KATHIRITHAMBY-WELLS John, « Banten : A West Indonesian Port and Polity during the Sixteenth and Seventeenth Centuries », dans John Kathirithamby-Wells et John Villiers

antique[18]. De plus, les côtes de l'Insulinde et du sud-est de l'Inde faisaient partie intégrante du système commercial de l'océan Indien, et Banten s'est progressivement transformée en un centre international majeur, avec la participation active de marchands chinois, indiens, arabes et européens[19]. Selon les premiers voyageurs néerlandais à atteindre la côte de Banten, le 22 juin 1596 : « Il y avait là une foule de Javanais et d'autres nations, telles que les Turcs, les Chinois, les Bengalis, les Arabes, les Perses, les Gujaratis et autres, que l'on pouvait à peine compter »[20]. À l'instar d'autres ports de l'océan Indien, Banten prospéra en tant que plaque tournante cosmopolite où se croisaient diverses influences culturelles[21], façonnant ses idéologies politiques et ses structures sociales, comme celles des villes commerciales malaises telles que Malacca et Aceh[22].

L'océan Indien joua un rôle central dans la facilitation du commerce de longue distance entre la mer de Chine méridionale et la Méditerranée orientale, reliant l'Afrique, l'Asie de l'Ouest, l'Asie du Sud et l'Asie du Sud-Est[23]. Cette vaste région se caractérisait par une activité économique et des échanges culturels dynamiques[24], favorisant une forme distinctive de cosmopolitisme au-delà des modèles occidentaux[25]. Les sociétés côtières de ce « cosmopolitisme de l'océan Indien » reconnaissaient les différences entre les individus et leur donnaient les moyens de les gérer efficacement[26].

(eds.), *The Southeast Asian Port and Polity : Rise and Demise*, Singapore, Singapore University Press, 1990, p. 107-126.

18 VAN LEUR Jacob Cornelis, *Indonesian Trade and Society. Essays in Asian Social and Economic History*, Leiden, KITLV, 1983, p. 4.

19 GUILLOT Claude, « Banten en 1678 », *Archipel*, vol. 37, 1989, p. 119-151.

20 « Daer quamen noch sulck een menichte van Javanen ende ander natien, als Turcken, Chinesen, Bengales, Arabiers, Persianen, Gusarates, ende andere, datmen hem nauws conden geweynden », LODEWYCKSZ Willem, *De Eerste Schipvaart der Nederlanders Naar Oost-Indië onder Cornelis de Houtman 1595-1597*, George Pieter Rouffaer et Johannes Wilhelmus Ijzerman (eds.), 3 volumes, 's-Gravenhage, Martinus Nijhoff, 1915-1929, vol. I, 1915, p. 74.

21 LOMBARD Denys, *Le Carrefour javanais : essai d'histoire globale*, vol. III, *L'héritage des royaumes concentriques*, Paris, EHESS, 1990.

22 GUILLOT Claude, « Urban Patterns and Polities in Malay Trading Cities, Fifteenth through Seventeenth Centuries », *Indonesia*, no 80 (October), 2005, p. 39-51.

23 PEARSON Michael, *The Indian Ocean*, London et New York, Routledge, 2003.

24 CHAUDHURI Kirti Narayan, *Trade and Civilisation in the Indian Ocean : An Economic History from the Rise of Islam to 1750*, Cambridge, Cambridge University Press, 1985.

25 KERSTEN Carool, *Cosmopolitans and Heretics. New Muslim Intellectuals and the Study of Islam*, London, Hurst & Company, 2011, p. 6-7.

26 SIMPSON Edward et KRESE Kai, *Struggling with History : Islam and Cosmopolitanism in the Western Indian Ocean*, New York, Columbia University Press, 2008, p. 13 ; FEENER Michael et GEDACHT Joshua, « Hijra, Hajj, and Muslim Mobilities : Considering Coercion and Asymmetrical Power Dynamics », dans Joshua Gedacht et Michael Feener (eds.), *Chal-*

Les marchands de l'Afrique de l'Est à la mer de Chine étaient attirés par ce monde interconnecté. Avec la propagation de l'islam, l'océan Indien est devenu un centre de commerce intense dominé par les marchands musulmans, qui connectaient l'Afrique de l'Est, l'Arabie, l'Inde et l'Asie du Sud-Est[27]. Au fil du temps, les réseaux commerciaux islamiques se sont profondément ancrés dans l'économie maritime de la région[28]. Les archives historiques montrent que les marchands musulmans transportaient des marchandises de l'Asie de l'Ouest jusqu'à la mer de Chine par Malabar, Coromandel et le Bengale, puis poursuivaient leur route par les détroits de Malacca et de la Sonde jusqu'aux côtes orientales de la Chine[29]. L'Inde est devenue une zone centrale de cette économie mondiale sous l'influence islamique, faisant le lien entre l'Asie de l'Ouest, l'Asie centrale, la Chine et l'Asie du Sud-Est. Les communautés marchandes musulmanes éloignées ont joué un rôle crucial dans le maintien de ces liens[30]. Leur commerce maritime a non seulement élargi les réseaux commerciaux, mais a également facilité la propagation de l'islam dans les villes portuaires le long du littoral de l'océan Indien[31]. Ces marchands ont façonné le monde maritime sur les plans culturel, religieux et économique[32], soulignant l'impact profond de l'expansion islamique[33] sur les échanges régionaux, et Banten faisait partie intégrante de ce commerce maritime islamique international, comme le décrivaient les Néerlandais en juin 1596 :

> Ils vinrent en si grand nombre que chaque nation prit place dans les navires où ils déposèrent leurs marchandises comme s'ils se trouvaient sur un marché. Les Chinois apportèrent toutes sortes de soieries tissées et non tissées, torsadées et non torsadées, ainsi que de magnifiques poteries et de nombreuses autres curio-

lenging Cosmopolitanism. Coercion, Mobility, and Displacement in Islamic Asia, Edinburgh, Edinburgh University Press, 2018, p. 1-29, ici p. 8.

27 PEARSON Michael, *The Indian Ocean*, op. cit.

28 CHAUDHURI Kirti Narayan, *Trade and Civilisation in the Indian Ocean, op.cit.*

29 LOMBARD Denys, *Le carrefour Javanais, op.cit.*, vol. II & vol. III.

30 WINK André, *al-Hind: The Making of the Indo-Islamic World*, 3 volumes, Leiden, Brill, 1990-2004.

31 LOMBARD Denys et AUBIN Jean (eds.), *Marchands et hommes d'affaires asiatiques dans l'Océan Indien et la mer de Chine (XIIIe-XXe siècles)*, Paris, EHESS, 1988.

32 RISSO Patricia, *Merchants and Faith. Muslim Commerce and Culture in the Indian Ocean*, Boulder et Oxford, Westview Press, 1995.

33 HALL Kenneth R., « European Southeast Asia Encounters with Islamic Expansionism, circa 1500-1700 : Comparative Case Studies of Banten, Ayutthaya, and Banjarmasin in the Wider Indian Ocean Context », *Journal of World History*, vol. 25, nos 2-3 (juin/septembre), 2014, p. 229-262.

sités. Les Javanais apportèrent des poulets, des œufs, des canards et toutes sortes de fruits. Les Arabes, les Maures, les Turcs et d'autres nations apportèrent tout ce qu'on pouvait imaginer[34].

3 Banten et le cosmopolitisme islamique

Les observations consignées par les premiers navigateurs néerlandais à la fin du XVIe siècle soulignent le caractère cosmopolite du sultanat de Banten. L'étude de Claude Guillot, basée sur les archives de la *VOC*, dépeint Banten à son apogée comme un centre urbain dynamique et complexe où les traditions royales javanaises coexistaient avec le commerce international, le pluralisme religieux et l'innovation urbaine[35]. La position stratégique de Banten au sein du réseau commercial de l'océan Indien a permis son intégration au monde islamique au sens large, grâce à son activité commerciale.

Par ailleurs, l'océan Indien est reconnu comme un lieu central de la civilisation islamique, autant que l'Asie de l'Ouest. Le concept de « l'Islam de la mousson » (*Monsoon Islam*) de Sebastien Prange rend compte de cette dynamique, décrivant un « royaume maritime sans frontières de l'Asie de l'Est, du Sud-Est et du Sud, caractérisé par des interactions qui ont contribué à une économie mondiale unifiée[36] ». Dans ce cadre, l'océan Indien constitue un élément de l'histoire du monde culturellement islamique (*islamicate*)[37], et l'Asie du Sud-Est, y compris Banten, reflète l'héritage de cet islam cosmopolite. Si le cosmopolitisme islamique est compris comme « une vision de la communauté transcendant la parenté, l'ethnicité et la nationalité vers un idéal inclu-

34 « *Jae quamen soe abondant day yder natie een plaetse nam inde scheepen daer sy haere goederen voort sette eeuen gelyck oft op een merdt geweest hadden. Waervan de Syneesen brachten van alderley syde geweeuen ende ongeweeuen, getwaent ende oock ongetwaerent, met schoon aerdewerck, met meer andere vreemdicheeden. De Javanen brachten hoenderen, eyeren, eenden ende menichtederleij fruyten. Arabiers, Mooren, Turcken, ende andere natien van volck, yder een brocht van thgeene men soude mooghen bedencken,* » LODEWYCKSZ Willem, *De Eerste Schipvaart der Nederlanders Naar Oost-Indië onder Cornelis de Houtman 1595-1597*, *op.cit.*, vol. II, 1925, p. 293.

35 GUILLOT Claude, « Banten en 1678 », *art.cité.*

36 PRANGE Sebastian R., *Monsoon Islam: Trade and Faith on the Medieval Malabar Coast*, Cambridge, Cambridge University Press, 2018, p. 2.

37 LAWRENCE Bruce, « Islamicate Cosmopolitanism from North Africa to Southeast Asia », dans Joshua Gedacht et R. Michael Feener (eds.), *Challenging Cosmopolitanism. Coercion, Mobility, and Displacement in Islamic Asia*, Edinburgh, Edinburgh University Press, 2018, p. 30-52, p. 42-43.

sif d'*oumma*[38] », alors Banten illustre ce modèle. De plus, ce cosmopolitisme englobe « la diversité, le pluralisme religieux, la mobilité et l'engagement avec les autres, favorisant une communauté universelle de foi au-delà des frontières quotidiennes[39] ». En substance, le cosmopolitisme islamique implique « une vitalité religieuse, une coexistence pacifique, une ouverture culturelle, une tolérance et une mobilité transrégionale[40] ».

Les récits de voyage corroborent cette caractérisation. Vincent Le Blanc, un voyageur français du XVIIe siècle, a visité Banten sous le règne du Sultan Abdul Mafakhir Mahmud Abdul Kadir (1596-1651). Ses notes soulignent les politiques de tolérance et de liberté religieuse du sultan, qui accordait à ses sujets et aux visiteurs étrangers une liberté religieuse ainsi qu'un traitement équitable. Il est à noter que la communauté chinoise était autorisée à construire un temple (« *Les Chinois ont un temple où ils adorent* ») et que les prêtres catholiques pouvaient célébrer des rituels[41]. Cette politique renforça la réputation de Banten en tant qu'environnement sûr et hospitalier pour les commerçants du Portugal, d'Angleterre, de France, des Pays-Bas, de Turquie, d'Arabie, d'Inde et de Malacca, transformant la ville portuaire en un pôle commercial majeur de l'archipel indonésien.

Cette dynamique situe Banten dans le paradigme du cosmopolitisme islamique tel que défini par Marshall Hodgson[42]. Hodgson le définit comme « le caractère borné des communautés religieuses au sein d'un ensemble plus large d'échanges commerciaux et de courtoisie sociale[43] », intégré à l'oikoumène afro-eurasienne[44]. L'engagement actif de Banten envers l'Asie du Sud et l'Asie

---

38 JOSHUA Gedacht et R. MICHAEL Feener (eds.), *Challenging Cosmopolitanism*, *op.cit.*, Preface, p. vii-ix, p. vii.

39 Ibid.

40 FEENER Michael et GEDACHT Joshua, « Hijra, Hajj, and Muslim Mobilities: Considering Coercion and Asymmetrical Power Dynamics », dans Joshua Gedacht et Michael Feener (eds.), *Challenging Cosmopolitanism*, *op.cit.*, p. 1-29, p. 2-3.

41 BERGERON Pierre (ed.), *Les Voyages Fameux du Sieur Vincent le Blanc Marseillais*, 3 volumes, Paris, Gervais Clousier, 1649, vol. I, p. 148-149.

42 LAWRENCE Bruce, « Islamicate Cosmopolitanism from North Africa to Southeast Asia », dans Joshua Gedacht et R. Michael Feener (eds.), *Challenging Cosmopolitanism*, *op.cit.*, p. 30-35.

43 LAWRENCE Bruce, « Competing Genealogies of Muslim Cosmopolitanism », dans Carl W. Ernst et Richard C. Martin (eds.), *From Orientalism to Cosmopolitanism*, Columbia, South Carolina University Press, 2010, p. 302-323, p. 304: "the boundedness of religious communities within a larger complex of commercial exchange and social comity".

44 L'oikoumène est l'ensemble des terres exploitées par l'être humain. L'oikoumène afro-eurasienne est, selon Marshal Hodgson, l'ensemble des sociétés humaines connectées entre elles par des réseaux durables d'échange, de communication, de technologies et

de l'Ouest confirme son intégration à ce réseau transrégional. L'observation de Hodgson, selon laquelle « l'archipel malais… était en relation directe avec les principales zones centrales de l'oikoumène[45] », souligne ce point. Les échanges entre les diasporas marchandes musulmanes, les ordres soufis et les érudits religieux reliaient l'Asie du Sud et du Sud-Est[46], tandis que les routes maritimes facilitaient les connexions entre la zone du Nil à l'Oxus et l'Asie du Sud-Est. Engseng Ho décrit également avec justesse ces interactions comme représentant « l'islam œcuménique dans un monde océanique[47] ».

Les récits des premiers voyageurs néerlandais, en 1596, illustrent également l'orientation mondiale de Banten :

> Une dizaine de marchands turcs et arabes montèrent à bord, parmi lesquels un certain Kojah Rayoan, qui s'était déjà rendu à Venise et parlait assez bien l'italien. Il proposa de rentrer avec nous afin de pouvoir ensuite rejoindre Constantinople, son pays natal, car il ne pouvait pas passer par Achin, une ville de Sumatra, où le roi retenait tous les marchands et avait récemment saisi deux jonques de Bantam[48]. Il devait donc rester à Bantam[49].

---

d'influences culturelles en une seule zone civilisationnelle liée par : le commerce (route de la soie, routes maritimes), la diffusion des religions (bouddhisme, christianisme, islam), des technologies (papier, poudre à canon, systèmes agricoles), des idées politiques et philosophiques la circulation des personnes (marchands, savants, pèlerins), HODGSON Marshall G.S., *The Venture of Islam. Conscience and History in a World Civilization*, 3 volumes, Chicago, University of Chicago Press, 1974.

45 Marshall G.S. Hodgson, *The Venture of Islam. Conscience and History in a World Civilization*. Vol. 2. The expansion of Islam in the Middle Periods, Chicago, University of Chicago Press, 1974, p. 547.

46 FEENER R. Michael, « Issues and Ideologies in the Study of Regional Muslim Cultures », dans R. Michael Feener et Terenjit Sevea, *Islamic Connections. Muslim Societies in South and Southeast Asia*, Singapore, ISEAS, 2009, p. xiii-xxiv.

47 HO Engseng, *The Graves of Tarim. Genealogy and Mobility across the Indian Ocean*, California, University of California Press, 2006.

48 C'est l'un des ortographes de Banten dans des sources néerlandaises.

49 « *ende den thienden quamer veel Turcksche ende Arabische Coopuy aen boort, waer onder eenen met name Goja Rajoan, di wel eertijts tot Venetien hadde gheweest, ende sprack tamelijck goet Italiaensch, die redene moveerde van met ons nae huijs te varen, om van daen weder nae Constantinoplen te trecken, welck zijn vaderlandt was, want over Achem, een stadt in Sumatra Niet en cost gereysen was, overmidst de Coninck diemen noemt den grooeten d'Achem alle coopluyden aenhout, ende hadde cortelingh twee juncken van Bantem ghenomen, derhalven tot Bantam moeste blyven,* » LODEWYCKSZ Willem, *De Eerste Schipvaart der Nederlanders Naar Oost-Indië onder Cornelis de Houtman 1595-1597*, *op.cit.*, vol. I, 1915, p. 83-84.

Cette observation atteste de la mobilité et de l'interconnexion des acteurs à travers l'océan Indien, le golfe Persique et les mers d'Asie de l'Est. Le détroit de Malacca, où convergeaient ces routes, était l'un des espaces les plus cosmopolites au monde[50]. L'*Undhang-Undhang Bantěn* confirme également la présence des communautés étrangères à Banten :

> Toute personne portant un kriss (……) *alihadansih*, et se révélant être un *wong jaba* verra son *kriss* confisqué et le rachat sera de 25 [unités de monnaie], sauf s'il y est autorisé par le roi, comme c'est le cas des fonctionnaires de mosquée, des hommes religieux, des Indiens du Sud, des Gujaratis ou des Anglais, des Français, des Hollandais, des Chinois, des Malais, et des Macassars qui résident à Surasowan.[51]

L'Oikoumène afro-eurasienne a été profondément façonnée par l'éthique islamique et les idéaux métaphysiques intrinsèquement égalitaires et cosmopolites[52]. Hodgson souligne que, dans cette civilisation, « s'exprimaient efficacement certaines pressions culturelles – cosmopolites et égalitaires (et non traditionnelles) – générées dans les terres plus anciennes et plus centrales de cette société[53] ». Ces caractéristiques sont apparues dans la région du Nil à l'Oxus et se sont propagées vers les zones influencées par l'Islam. Hodgson attribue l'institutionnalisation des tendances égalitaires et cosmopolites principalement au rôle de l'Islam dans l'histoire mondiale, arguant que la civilisation islamique a ancré ces valeurs dans la culture irano-sémitique et renforcé les attentes urbaines et communautaires alignées sur les intérêts mercantiles dans la zone du Nil à l'Oxus[54].

Hodgson souligne en outre l'impact transformateur des interconnexions au sein de l'Oikoumène sur le développement historique. Les populations parmi

---

50 HODGSON Marshall G.S., *The Venture of Islam. Conscience and History in a World Civilization*. Vol. 2. The Expansion of Islam in the Middle Periods, *op.cit.*, p. 545.

51 « *Lan singsapa anyothe kěris* (……) *alihadansih, lamon wong jaba sinĕndhal kěrise, tĕbusane satali, liyan saking wong kang ingiḏinan dening ratu, kaya lĕbe, para ḥajji, atawa wong Kĕling, wong Kujrat atawa wong Angkĕris, wong Paracis, wong Walanda, wong Cina, wong Malayu, wong Maqasar, salagi alungguh ing Surasowan,* » Art. 12, des Lois du Sultan Haji, *UUB*, p. 5-6.

52 LAWRENCE Bruce, « Islamicate Cosmopolitanism from North Africa to Southeast Asia », dans Joshua Gedacht et R. Michael Feener (eds.), *Challenging Cosmopolitanism, op.cit.*

53 HODGSON Marshall G.S., « The Role of Islam in World History », *International Journal of Middle East Studies*, vol. I, no 1, 1970, p. 99-123, voir p. 99.

54 BURKE Edmund, III, « Islamic History as World History: Marshall Hodgson, 'The Venture of Islam' », *International Journal of Middle East Studies*, vol. 10, no 2, (may) 1979, p. 241-264, voir p. 257.

lesquelles l'islam s'est développé se sont de plus en plus intégrées, avant même l'élargissement des contacts transrégionaux, formant l'avant-garde d'une haute culture régionale cosmopolite[55]. Dans ce contexte, l'éthique islamique de l'égalitarisme et du cosmopolitisme a fonctionné comme un catalyseur principal de la diffusion mondiale de l'islam. Comme l'affirme Hodgson, « le prestige de l'islam en tant que vecteur de la culture cosmopolite était énorme[56] ».

Cette affirmation est étayée par des preuves culturelles comparatives. Les traditions indiennes, qui ont historiquement structuré la société en une hiérarchie rigide, ont exercé une influence significative dans toute l'Asie du Sud-Est au cours du processus d'indianisation[57]. Cependant, l'arrivée de l'islam a introduit un cadre plus inclusif et égalitaire qui a trouvé son écho auprès des populations locales. L'esprit missionnaire prononcé de l'islam, qui surpassait celui des traditions indiennes[58], a facilité son acceptation. Alors que l'influence culturelle indienne a dominé le monde de l'océan Indien pendant des siècles, elle a été progressivement supplantée par les commerçants musulmans à l'arrivée de l'islam[59].

4 Banten et le cosmopolitisme arabe

Les transformations culturelles et sociales de l'Asie du Sud-Est maritime reflètent une transition plus large d'un monde sanskrit indien (Ve-XVe siècles) à un monde islamique arabisé (à partir du XVe siècle), sous l'effet d'une islamisation progressive. Ce processus a remodelé le domaine culturel de la région, avec des implications importantes pour la langue et la littérature. Au sein du sultanat de Banten, le javanais servait de langue « nationale », tandis que le malais servait de lingua franca « internationale » dans l'Asie du Sud-Est maritime. Des preuves issues de la correspondance du début du XVIIe siècle entre les dignitaires du sultanat de Banten et la *VOC* à Batavia, rédigée à la fois en javanais et en malais à l'aide d'alphabets javanais et arabe, confirment l'utili-

55 HODGSON Marshall G.S., *The Venture of Islam. Conscience and History in a World Civilization*. Vol. 1. The classical age of Islam, Chicago, University of Chicago Press, 1974, p. 110.

56 HODGSON Marshall G.S., *The Venture of Islam. Conscience and History in a World Civilization*. Vol. 2. The Expansion of Islam in the Middle Periods, *op.cit.*, p. 548.

57 CŒDÈS Georges, *Les états hindouisés d'Indochine et d'Indonésie*, Paris, De Boccard, 1948.

58 HODGSON Marshall G.S., *The Venture of Islam. Conscience and History in a World Civilization*. Vol. 2. The Expansion of Islam in the Middle Periods, *op.cit.*, p. 546.

59 GUILLOT Claude, « Banten and the Bay of Bengal during the Sixteenth and Seventeenth Centuries », dans Om Prakash et Denys Lombard (eds.), *Commerce and Culture in the Bay of Bengal 1500-1800*, *op.cit.*

sation officielle de ces langues. La prévalence du malais informel (*pasar*) dans la communication interethnique souligne davantage la diversité linguistique et l'adaptabilité des sociétés d'Asie du Sud-Est au début de l'expansion européenne[60]. Cette dynamique linguistique est similaire à celle observée dans la région de l'Oxus au Nil, comme l'a écrit Hodgson : « Venant de la côte indienne, la culture islamique de l'archipel malais-indonésien était un mélange d'héritages arabe et persan : l'arabe, le persan et le malais étaient tous des langues de haute culture[61] ». Banten participait à ce réseau cosmopolite grâce à l'usage du javanais et du malais, tous deux considérés comme des langues de haute culture au sein du sultanat.

Le manuscrit *Undhang-Undhang Bantĕn* illustre cette synthèse, principalement rédigé en javanais, avec seulement quelques pages en malais. Il utilise l'écriture arabe sous deux formes : le *pegon* pour le javanais et le *jawi* pour le malais. Quant à l'adoption de l'écriture arabe, elle témoigne de l'intégration de Banten dans un ordre cosmopolite arabe et de ses liens historiques avec l'Asie de l'Ouest. Le concept de « cosmopolitisme arabe » de Ronit Ricci, inspiré des travaux de Sheldon Pollock sur le sanskrit, cadre ce phénomène en termes de circulation de textes, d'idées et de formes littéraires islamiques à travers l'Asie du Sud-Est. Ricci souligne que l'influence arabe s'est exercée par la combinaison plutôt que par le remplacement, produisant des formulations littéraires « arabisées » qui fusionnaient l'arabe avec les langues locales[62]. Le *pegon* et le *jawi*, qui utilisent les lettres arabes pour un usage vernaculaire en intégrant le vocabulaire et les genres arabes dans les cadres linguistiques locaux, sont des exemples de ce processus. La « vernacularisation » de l'arabe (y compris à Banten) a entraîné des transformations importantes de l'orthographe, de la prononciation et du sens, ainsi que des adaptations localisées des genres littéraires. Ces développements soulignent le double rôle de l'arabe, à la fois cosmopolite et vernaculaire, inaugurant un nouvel ordre intellectuel dans l'Asie du Sud-Est maritime[63].

En outre, l'étude d'Andrew Peacock sur la bibliothèque royale de Banten révèle la culture intellectuelle dynamique du sultanat et son intégration dans les réseaux islamiques transrégionaux. Les sultans de Banten n'étaient pas

60 RICKLEFS M.C., « Banten and the Dutch in 1619 : Six Early 'Pasar Malay' Letters », *Bulletin of the School of Oriental and African Studies*, vol. 39, no 1, 1976, p. 128-136.

61 HODGSON Marshall G.S., *The Venture of Islam. Conscience and History in a World Civilization*. Vol. 2. The Expansion of Islam in the Middle Periods, *op.cit.*, p. 549.

62 RICCI Ronit, *Islam Translated. Literature, Conversion, and the Arabic Cosmopolis of South and Southeast Asia*, Chicago, University of Chicago Press, 2011, p. 13-15.

63 Id., p. 17.

seulement des chefs politiques, ils étaient également des mécènes des études islamiques, activement engagés dans l'acquisition de textes arabes et la promotion des échanges savants. Les envoyés et les pèlerins dépêchés à La Mecque revenaient avec des livres et des relations intellectuelles, renforçant ainsi la place prépondérante de l'arabe dans le discours religieux et l'éducation[64]. Azyumardi Azra le démontre encore davantage en s'intéressant à la carrière du cheikh Yusuf al-Makassari (1626-1699) qui étudia sous le patronage du Sultan Abul Mafakhir à Banten et se lia d'amitié avec le futur Sultan Agen Tirtayasa, avant de partir en quête de connaissances islamiques en Asie de l'Ouest, en Arabie[65]. À son retour à Banten, le Sultan Ageng Tirtayasa maria sa fille à Yusuf al-Makassari afin de l'y retenir[66]. Il fut ensuite nommé qadi et mufti du sultanat, avec le titre de *Kiyahi Pĕqih Najamuddin*[67] (dans les sources néerlandaises, il était appelé *opperpriester* ou *hoogepriester*, c.-à-d. grand prêtre), consolidant ainsi le rôle du sultanat en tant que centre d'érudition islamique.

L'étude de Peacock a également montré que le sultanat de Banten s'inscrivait dans le monde islamique plus large de l'océan Indien et qu'il entretenait des relations savantes ainsi qu'un réseau islamique avec La Mecque, le Caire, le Yémen, l'Inde et d'autres centres d'apprentissage islamique[68]. Le Sultan Abul Mafakhir et le Sultan Ageng Tirtayasa établirent des relations politiques et diplomatiques avec les dirigeants musulmans, en particulier avec les Sharifs de La Mecque. Le sultan Abul Mafakhir reçut d'ailleurs le titre de sultan du Sharif de La Mecque en 1638, après le retour de sa délégation, partis en 1636[69], tandis que le Sultan Ageng entretenait des relations diplomatiques avec Surat et d'autres entités politiques de l'océan Indien[70]. À deux reprises (1669-1671 et 1674-1676), le Sultan Ageng envoya son fils, le prince héritier Sultan Abu Nasar,

---

64 PEACOCK Andrew C.S., *Arabic Literary Culture in Southeast Asia in the Seventeenth and Eighteenth Centuries*, Leiden, Brill, 2024, chap. 4 : "The Banten Mission to Mecca and the Works of Ibn 'Allān", p. 112-154.

65 AZRA Azyumardi, *The Origins of Islamic Reformism in Southeast Asia*, Honolulu, University of Hawai'i Press, 2004, chap. 5, p. 87-108.

66 Ibid.

67 *Kiyahi* : appellation honorifique javanaise très souvent utilisée pour les hommes religieux. *Pĕqih* : forme javanaise du mot arabe *faqīh* signifiant un juriste en droit musulman. *Najmuddin* : nom signifiant « étoile de la religion » utilisé ici comme titre. Pour approfondir l'analyse relative à ce titre, veuillez consulter les chapitres 2 et 5 où cette question est discutée en détails.

68 PEACOCK A.C.S., *Arabic Literary Culture in Southeast Asia in the Seventeenth and Eighteenth Centuries*, *op.cit.*, chapter 7 : "The Library of the Sultans of Banten", p. 266-344.

69 DJAJADININGRAT Hoesein, *Tinjauan Kritis Tentang Sajarah Banten*, Jakarta, Djambatan, 1983, p. 54, p. 195-196 ; GUILLOT Claude, *The Sultanate of Banten*, *op.cit.*, p. 35.

70 AZRA Azyumardi, *The Origins of Islamic Reformism in Southeast Asia*, *op.cit.*, p. 95.

à Istanbul et à La Mecque pour étudier et faire un pèlerinage, ancrant ainsi davantage Banten dans les réseaux islamiques mondiaux. Des érudits et des étudiants de l'ensemble du monde musulman fréquentaient Banten pendant son règne, maintenant son statut de centre intellectuel islamique majeur dans l'archipel[71].

La diffusion des textes arabes et des traditions savantes à travers ces réseaux a intégré Banten, en particulier, et l'archipel malais-indonésien, en général, au monde culturellement musulman. Cette connectivité intellectuelle, ancrée dans le cosmopolitisme arabe, a façonné le paysage linguistique, littéraire et culturel de Banten et de l'Asie du Sud-Est maritime, en lien avec les centres d'apprentissage islamiques de l'Asie de l'Ouest, grâce aux réseaux savants islamiques de l'océan Indien. L'arabe est ainsi devenu une langue savante à Banten, au cœur de la vie religieuse et intellectuelle, bien qu'il ne s'agisse pas d'une langue parlée.

5 Banten et le cosmopolitisme juridique islamique

Au cours de la période préislamique, les systèmes juridiques de l'Asie du Sud-Est maritime étaient principalement influencés par les traditions bouddhistes et hindouistes (indiennes), ainsi que par les coutumes autochtones. Ces systèmes se sont mélangés aux coutumes locales pour former la base du « droit » coutumier (*dirgama*), qui régissait la vie quotidienne et demeurait influent jusqu'à l'arrivée de l'islam. L'introduction de la charia et du *fiqh* (normativité islamique ou jurisprudence islamique) dans l'archipel malais-indonésien s'est faite progressivement ; plutôt que de remplacer les coutumes bouddhistes, hindoues et locales préexistantes, elle a coexisté avec elles. Cette interaction a marqué une profonde transformation de la culture juridique de la région, illustrant la relation dynamique entre le droit musulman et le droit coutumier au sein des sociétés nouvellement islamisées[72]. Banten souligne ce pluralisme, comme en témoigne l'*Undhang-Undhang Bantěn*, qui intègre des éléments juridiques indiens (bouddhistes et hindous), islamiques, coutumiers et même européens.

Cette coexistence correspond au concept de « cosmopolitisme juridique » en Asie du Sud et du Sud-Est. Selon Mahmood Kooria, les systèmes juridiques bouddhistes, hindous et islamiques, ainsi que les coutumes locales, ont formé

71 Ibid.

72 YAKIN Ayang Utriza, *Sejarah Hukum Islam Nusantara abad XIV-XIX*, Jakarta, Kencana Prenada Media, 2016.

une cosmopolite du droit qui circulait à la fois horizontalement et verticalement à travers le temps et l'espace. Aucune tradition juridique n'a entièrement été remplacée pendant l'ère prémoderne ; au contraire, elles ont coexisté, produisant des cultures juridiques stratifiées. Chaque tradition a apporté ses propres variations linguistiques, géographiques et historiques à cette cosmopolite du droit. L'islam, en particulier, a établi sa propre cosmopolite juridique en combinant divers textes, langues, institutions et réseaux universitaires, unifiés par un vocabulaire commun[73].

L'arrivée des droits bouddhistes, hindous, islamiques et, plus tard, européens dans l'Asie du Sud-Est maritime, y compris à Banten, illustre le phénomène de « droit itinérant »[74]. Ces traditions juridiques sont nées en Asie du Sud, en Asie de l'Ouest et en Europe, et se sont déplacées dans plusieurs directions, créant des cultures juridiques hybrides et stratifiées. La mobilité juridique s'est produite grâce aux routes commerciales et aux déplacements de marchands, de voyageurs, de migrants et d'érudits, reliant les dimensions locales, régionales et mondiales. L'océan Indien a joué un rôle essentiel dans cette mobilité, compte tenu de sa longue histoire de commerce, de migration et d'échanges culturels[75]. Elle représente également le phénomène de « circulation du droit »[76] qui impliquait la traduction, l'interprétation et l'adaptation, avec l'aide d'acteurs locaux et de scribes, comme l'atteste l'*Undhang-Undhang Bantĕn*. Plutôt que d'être simplement transplantés[77], ces droits ont été remodelés par les contextes locaux. Cette circulation du droit mettait l'accent sur la réciprocité et la reproduction, en entremêlant le droit aux personnes, aux biens et aux idées. Les villes portuaires telles que Banten sont devenues des centres de traduction et d'adaptation, favorisant des systèmes juridiques multilingues (arabe, javanais et malais) au sein d'un langage juridique cosmopolite plus large[78].

---

73 KOORIA Mahmood, "Languages of Law: Islamic Legal Cosmopolis and its Arabic and Malay Microcosmoi", *Journal of the Royal Asiatic Society*, série 3, vol. 29, no 4, 2019, p. 705-722, p. 706.

74 MAWANI Renisa et HUSSIN Iza, "The Travels of Law: Indian Ocean Itineraries", *Law and History Review*, vol. 32, no 4, (November) 2014, p. 733-747.

75 KOORIA Mahmood et RAVENSBERGEN Sanne (eds.), « The Indian Ocean of Law: Hybridity and Space », *Itinerario*, vol. 42, numéro spécial 2 (août 2018).

76 HUSSIN Iza, « Circulations of Law: Cosmopolitan Elites, Global Repertoires, Local Vernaculars », *Law and History Review*, vol. 32, no 4, (November), 2014, p. 773-795.

77 WATSON Alan, *Legal Transplants. An Approach to Comparative Law*, Edinburgh, Scottish Academic Press, 1974.

78 KOORIA Mahmood et RAVENSBERGEN Sanne (eds.), *Islamic Law in the Indian Ocean World: Texts, Ideas and Practices*, Abingdon, Routledge, 2022, Introduction, p. 1-4.

Mahmood Kooria conceptualise davantage le « cosmopolitisme juridique islamique », en soulignant la longue durée de la circulation des textes juridiques islamiques à travers l'océan Indien. À partir du IXe siècle, les musulmans ont joué un rôle central dans les réseaux maritimes, ce qui a incité les chercheurs à décrire l'océan Indien comme une « mer islamique » en raison de la diversité des acteurs arabes, persans, indiens, swahilis, malais, abyssiniens et javanais qui ont façonné son paysage socio-économique et juridique[79]. L'*Undhang-Undhang Bantĕn* reflète particulièrement ce cosmopolitisme juridique islamique en intégrant le corpus juridique chāfiʿī. En effet, le neuvième texte, *Bab al-Farāʾid* (le chapitre sur l'héritage), s'inspire du *Minhāj al-Ṭālibīn* d'al-Nawawī, un texte canonique chaféite. Le cadi de Banten a copié des passages de ce livre dans l'*Undhang-Undhang Bantĕn*, démontrant ainsi l'intégration de Banten au sein du réseau juridique chaféite, qui s'étendait de La Mecque jusqu'à l'Asie du Sud-Est. Cette circulation textuelle révèle le « lien textuel » du chafiisme et sa domination sur le littoral de l'océan Indien. Son adaptation à la diversité linguistique à la fois au niveau macro et micro, fournissant un lexique juridique commun à toutes les régions a permis au chafiisme de perdurer[80].

Une autre preuve de la participation et de l'intégration de Banten dans ce cosmopolitisme juridique islamique apparaît dans le cinquième texte des Lois du Sultan Abul Mafakhir de l'*Undhang-Undhang Bantĕn*, qui cite *al-Mawāhib al-Rabbāniyya*, écrit à La Mecque par un juriste chaféite, Ibn ʿAllān, en réponse aux questions du Sultan Abul Mafakhir. L'existence de l'œuvre d'Ibn ʿAllān reflète le prestige de l'érudition mecquoise et son rôle dans la formation de l'autorité islamique à Banten[81]. Avec *Minhāj al-Ṭālibīn*, elle a renforcé une identité chaféite commune et positionné Banten au sein d'un réseau transrégional d'apprentissage islamique au cœur du mouvement chaféite[82]. Ces liens mettent en évidence les schémas plus larges d'échanges intellectuels islamiques à travers l'océan Indien, où les textes, les érudits et les idées circulaient grâce à des réseaux dynamiques de mobilité et d'adaptation.

Ce phénomène reflète ce que Reinhart appelle « l'islam cosmopolite » – « porté par les érudits, manifesté dans leurs textes, incarné dans les institutions d'enseignement musulman formel qui produisent la prochaine généra-

---

79 KOORIA Mahmood, *Islamic Law in Circulation. Shāfiʿī Texts across the Indian Ocean and the Mediterranean*, Cambridge, Cambridge University Press, 2022.

80 Ibid.; KOORIA Mahmood et RAVENSBERGEN Sanne (eds.), *Islamic Law in the Indian Ocean World, op.cit.*

81 PEACOCK A.C.S., *Arabic Literary Culture in Southeast Asia in the Seventeenth and Eighteenth Centuries, op.cit.*, ch. 4.

82 LAFFAN Michael, *Islamic Nationhood and Colonial Indonesia*, London, Routledge, 2003, p. 11-36.

tion d'érudits et d'érudition, et incarné dans leur personne et dans leur vie[83] ». À Banten, l'islam cosmopolite s'exprimait à travers la circulation de textes faisant autorité, tels que *Minhāj al-Ṭālibīn* (en droit musulman) et *al-Mawāhib al-Rabbāniyya* (en gouvernance islamique), ainsi que par les réseaux d'érudits qui les transmettaient et les institutions qui soutenaient cette tradition savante. Cette connectivité textuelle et intellectuelle démontre que Banten n'était pas un destinataire périphérique, mais un participant actif dans la cosmopolite juridique islamique du monde de l'océan Indien et de l'Asie du Sud-est. Autrement dit, l'*Undhang-Undhang Banten* contribue également à rendre perceptible l'intensité de l'aspiration qu'avaient les Bantenois à s'inscrire pleinement dans le monde islamique, en revendiquant une position d'égalité avec des grandes puissances.

6 Banten entre l'islam local et l'islam mondial

Le concept d'islam cosmopolite désigne souvent une forme sophistiquée, autorisée et standardisée de l'islam, un islam issu des manuels scolaires, des normes prescriptives et de la légitimité orthodoxe. À l'opposé, il existe un islam dialectal, communément appelé « islam populaire », « folklorique », « vécu » ou « local »[84]. La tension entre ces deux pôles – l'islam mondial/universel et l'islam local/particulier – a façonné le discours islamique dans l'archipel malais-indonésien depuis le XVIIe siècle. Cette dynamique est apparue grâce aux activités des commerçants arabes, des enseignants religieux (principalement des *sayyid*) et des pèlerins (*haji*), qui ont agi en tant qu'agents de la mondialisation islamique en transmettant des connaissances entre La Mecque et les royaumes musulmans de l'archipel[85]. Cette opposition binaire a persisté pendant la période coloniale, influençant les politiques néerlandaises à l'égard des musulmans dans les Indes orientales, et se poursuit aujourd'hui dans les débats autour de concepts tels que *pribumisasi islam* (promu par Abdurrahman Wahid, 1940-2009) et *reaktualisasi islam* (suggéré par Munawwir Sjadzali, 1925-2004)[86]. Banten met en lumière cette interaction entre l'islam mondial et

83 REINHART Kevin, *Lived Islam: A Colloquial Religion in a Cosmopolitan Tradition*, Cambridge, Cambridge University Press, 2020, p. 91.

84 Id., ch. 2 et ch. 3.

85 VAN BRUINESSEN Martin, « Global and Local in Indonesian Islam », *Southeast Asian Studies*, vol. 37, no 2 (September) 1999, p. 158-175, voir p. 158-161.

86 MEULEMAN Johan Hendrik, « Indonesian Islam between Particularity and Universality », *Studia Islamika*, vol. 4, no 3, 1997, p. 99-122.

l'islam local. Aux XVIIe et XVIIIe siècles, le sultanat a maintenu des échanges intellectuels et rituels actifs avec La Mecque par l'intermédiaire d'érudits et de pèlerins.

Le règne du Sultan Ageng Tirtayasa marqua un tournant décisif dans la trajectoire religieuse de Banten. Son fils, le Sultan Haji, subit une profonde transformation après avoir effectué un pèlerinage en 1674. En effet, à son retour en 1676, il imita les mollahs et les cheikhs qu'il avait rencontrés à La Mecque, adopta une tenue vestimentaire arabe, imposa par la suite les codes vestimentaires arabes à ses sujets et les obligea à se laisser pousser la barbe[87]. Ses « réformes » allaient au-delà de l'esthétique : le Sultan Haji cherchait à mettre en œuvre la charia de manière exhaustive, sans tenir compte des coutumes et traditions locales. Cette approche radicale a alarmé le Sultan Ageng, qui privilégiait un islam local en harmonie avec les valeurs culturelles de Banten. Le fossé idéologique entre le père et le fils – l'islam local contre l'islam mondial – s'est transformé en conflit politique, polarisant la cour et déstabilisant le tissu social du sultanat. Cette confrontation témoigne des dichotomies plus larges : l'islam arabe contre l'islam archipélagique, le scriptural contre le vernaculaire et le central contre le périphérique. Elle souligne à quel point la tension entre l'islam cosmopolite et normatif, et l'islam localisé et adaptatif n'était pas seulement théorique, mais se manifestait aussi dans des luttes historiques concrètes.

Cette dichotomie « entre islam global et islam local » se reflète également dans l'*Undhang-Undhang Bantĕn* (*UUB*).

En effet, le huitième texte de l'*UUB* commence par la phrase « *Punika sajarah saking Majapahit* » (littéralement : « Voici l'histoire de Majapahit »), bien que son contenu s'écarte du récit historique. Plutôt que de raconter le passé de Majapahit[88], royaume hindou-bouddhiste préislamique (1293-1527) qui symbolise l'héritage culturel de Java, le texte reflète les traditions généalogiques et juridiques enracinées dans la culture javanaise au sein d'une société islamisée. Le corpus juridique attribué à cette époque, composé de 66 articles répartis sur sept pages, démontre la persistance des normes pré-musulmanes au sein du gouvernement islamique de Banten. Comme l'observe Pigeaud, les sultanats de

87 VACHET Bénigne, « Mémoires sur la prise de Bantan par les Hollandais, April 7, 1682 », dans BÉNIGNE VACHET, *Mémoire de Mr. Bénigne Vachet*, Paris, Archives des Missions Étrangères de Paris, microfiche, vol. 112B, 7e jaquette, p. 377-378, 1682.

88 Majapahit était le plus grand royaume javanais et le plus puissant empire maritime hindou-bouddhiste, établi à l'est de Java en ca. 1293, fondé par Raden Wijaya. Il a connu son apogée à l'époque du roi Hayam Wuruk (1350-1389) et de son Premier ministre Gajah Mada (1331-1364), et exerça une influence politique, culturelle et commerciale en Asie du sud-est maritime et au-delà.

Banten et de Cirebon ont préservé des éléments de la culture préislamique[89]. Par conséquent, le texte se comprend mieux comme « les Lois de Java », une tradition juridique hybride qui sera examinée en détail dans le chapitre suivant.

Il convient de noter que le paragraphe d'introduction du texte, c'est-à-dire le préambule, commence comme suit :

> *Anapon Ratu Majapahit iku tinurunakĕn dening Allāh Ta'ālā. Sarta ĕnggoninggon sakaraton. Lan makothane mas bĕrupa-rupa. Sarta putrane lan sarta ĕnggoninggon sakaraton. Maka ratu iku angaranana Sang Dewa Ratu sĕmbaha lan Putri Widadari s.n.w.r.k.m.r.*[?]. *Ratu lan putri iku ana ing Nusa Jawa.*
>
> (*Allāh Ta'ālā* fit descendre [du ciel] le roi de Majapahit. Il habitait au palais. Sa couronne était d'or et richement décorée. Son fils habitait également au palais. Le roi s'appelait Sang Dewa Ratu, qu'il soit vénéré, et la reine céleste s'appelait *s.n.w.r.k.m.r.* [?]. Le roi et la reine vivaient à Java).

Ce passage est frappant : *Allāh Ta'ālā* fait référence au Dieu de l'islam, alors que Majapahit était un royaume hindou-bouddhiste. Cette contradiction (l'usage du Dieu des musulmans pour un royaume hindou-bouddhiste) apparente révèle une réappropriation délibérée de la culture javanaise préislamique par une communauté musulmane. À notre avis, c'était la manière dont le sultanat de Banten affirmait : « notre religion est l'islam, mais notre droit et notre culture sont javanais ». Par ailleurs, le nom du roi auquel il est fait référence dans l'extrait reproduit, Sang Dewa Ratu (Le Grand Roi Divin), est indéniablement préislamique. Le terme Ratu, qui signifie « roi », est antérieur à l'islam à Java et a été utilisé pour la première fois, selon la tradition javanaise, par Sanjaya, fondateur du royaume hindou-bouddhiste de Mataram (VIIIe-Xe siècles)[90]. Le couple mythique – le roi Sang Dewa Ratu et la reine Putri Widadari – symbolise une identité javanaise qui persiste dans le centre et l'Est de Java. L'invocation par Banten de l'héritage de Majapahit reflète sa revendication d'être l'héritier légitime du plus grand royaume de Java, intégrant ainsi la gouvernance islamique dans un cadre culturel javanais.

Le huitième texte de l'*Undhang-Undhang Bantĕn* véhicule ainsi une double identité : musulmane à l'échelle mondiale, mais javanaise à l'échelle locale

89 PIGEAUD Theodore G.Th., *Java in the 14th Century. A Study in Cultural History. The Nagara-Kertagama by Rakawi Prapanca of Majapahit, 1365 A.D.*, 5 volumes, La Haye, M. Nijhoff, 1960-1963, vol. IV, 1960, p. 475.

90 RAFFLES Thomas Stamford, *The History of Java*, 2 volumes, London, Black, Parbury, & Allen et John Murray, vol. I, 1817, p. 312.

(*nous sommes musulmans, mais javanais*). Ce qui rejoint les théories de l'anthropologue Abdul Hamid el-Zein et de l'islamologue Shahab Ahmed selon lesquelles l'islam doit être compris à travers les modèles locaux plutôt que par des catégories théoriques rigides[91]. Les élites bantenoises, notamment les sultans et cadis, acteurs de la rédaction des lois dans l'*Undhang-Undhang Bantěn*, ainsi que les gens ordinaires, incarnaient les « musulmans javanais », négociant les normes islamiques universelles et les impératifs culturels locaux[92]. Cela fait écho à la définition de Reinhart de l'islam local comme étant « les croyances ou pratiques de l'islam que l'on trouve dans un endroit mais pas dans un autre[93] » et à la caractérisation de Mark Woodward de l'islam local comme étant « un ensemble de textes oraux, écrits et rituels inconnus en dehors de leur zone d'origine[94] ». L'islam local émerge à travers la contextualisation, un processus que Ronald Lukens-Bull décrit comme la « traduction de symboles » afin de donner un sens aux concepts religieux mondiaux dans les cultures locales[95]. En ce sens, Amer Morgahi observe que l'islam local et populaire s'adapte facilement à de nouveaux environnements en incorporant des formes culturelles qui favorisent l'accommodement[96].

Par ailleurs, si l'on s'intéresse aux pratiques locales, à travers la lecture de l'islam par Talal Asad comme « tradition discursive », nous pouvons considérer qu'il ne s'agit pas de déviations, mais qu'elles font partie intégrante du dynamisme historique de l'islam[97]. L'approche praxéologique du droit musulman de Baudouin Dupret[98] renforce ce point de vue : l'islam est ce que les musulmans considèrent comme tel. L'affirmation de Thomas Bauer selon laquelle « l'islam

---

91 EL-ZEIN Abdul Hamid, « Beyond Ideology and Theology : The Search for the Anthropology of Islam », *Annual Review of Anthropology*, vol. 6, 1977, p. 227-254 ; AHMED Shahab, *What Is Islam ? The Importance of Being Islamic*, New Jersey, Princeton University Press, 2016.

92 MANGER Leif (ed.), *Muslim Diversity: Local Islam in Global Contexts*, Abingdon, Routledge, 1999, Introduction, "Global Islam is a text based world religion, while local Islam is a contextualized form of Islamic beliefs".

93 REINHART Kevin, *Lived Islam : A Colloquial Religion in a Cosmopolitan Tradition*, *op.cit.*, p. 38.

94 WOODWARD Mark R., *Java, Indonesia and Islam*, Dordrecht, Springer, 2010, p. 43.

95 LUKENS-BULL Ronald A., « Between Text and Practice : Considerations in the Anthropological Study of Islam », *Marburg Journal of Religion*, vol. 4, no 2, 1999, p. 1-21, voir p. 5.

96 MORGAHI M. Amer, « An Emerging European Islam. The Case of the Minhajul Qur'an in the Netherlands », dans Martin Van Bruinessen et Stefano Allievi (eds.), *Producing Islamic Knowledge. Transmission and Dissemination in Western Europe*, Abingdon, Routledge, 2011, p. 47-64, voir p. 48.

97 ASAD Talal, « The idea of an Anthropology of Islam », *Qui Parle*, vol. 17, no. 2, Spring/Summer 2009, p. 1-30.

98 DUPRET Baudouin, « What is Islamic Law ? A Praxiological Answer and an Egyptian Case Study », *Theory, Culture & Society*, vol. 24, no 2, 2007, p. 79-100.

en tant que tel n'existe pas » souligne la multiplicité des islams façonnés par les histoires locales[99]. Comme le soutient Dale Eickelman, l'étude de l'islam dans des contextes locaux révèle comment les idéologies religieuses sont élaborées et reproduites dans des lieux et à des moments spécifiques, souvent avec des implications très éloignées de leurs lieux d'origine[100]. Ainsi, les textes juridiques et culturels de Banten élucident l'adaptabilité de l'islam et les processus complexes par lesquels les normes mondiales et les réalités locales se croisent.

Le conflit historique entre le Sultan Ageng Tirtayasa et le Sultan Haji, parallèlement au huitième texte de l'*Undhang-Undhang Bantĕn*, atteste la tension persistante entre l'islam mondial et l'islam local. Cette tension n'est pas seulement doctrinale, mais profondément ancrée dans les négociations culturelles, politiques et sociales. L'expérience de Banten démontre que l'islam, loin d'être monolithique, est une tradition plurielle continuellement remodelée par les contextes locaux, une réalité qui remet en question les notions essentialistes d'orthodoxie et d'authenticité.

---

99 BAUER Thomas, *A Culture of Ambiguity*, New York, Columbia University Press, 2021, p. xii.

100 EICKELMAN Dale F., « The Study of Islam in Local Contexts », dans Richard C. Martin (ed.), *Contributions to Asian Studies*, Leiden, Brill, 1982, p. 1-16, p. 1.

CHAPITRE 2

Droit à Banten

Le manuscrit de l'*Undhang-Undhang Bantĕn* (*UUB*) constitue un recueil composite de onze textes juridiques de nature différente : huit ensembles de lois, un traité international et un accord conclu avec la *VOC*. L'ensemble fut vraisemblablement réuni et relié par un cadi[1] de Banten – *Kiyahi Pĕqih Najmuddin*[2] – ou par l'un de ses fonctionnaires, dans le but explicite d'en faire un outil de travail judiciaire. Conservé aujourd'hui sous la cote Cod.Or. 5598 à Leyde, aux Pays-Bas, le codex témoigne d'une conception bantenoise de la « loi » où se combinent des systèmes de pensée, des normativités religieuses, des structures sociales, des considérations éthiques et des mécanismes juridiques propres.

Ce caractère composite explique la physionomie particulière de l'*UUB*. Le recueil n'est ni systématique ni exhaustif. En effet, il présente des lacunes dans toutes les branches du droit, y compris dans le domaine procédural. L'absence d'un style formel unifié, l'irrégularité de la formulation des articles et l'absence d'un plan préconçu révèlent qu'il ne s'agit pas d'un code législatif au sens strict.

---

1 Le cadi était le nom de fonction de juge à Banten puisqu'on trouve le mot « cadi » dans le texte de PUDJIASTUTI Titik, *Sajarah Banten : Suntingan Teks dan Terjemahan Disertai Tinjauan Aksara dan Amanat*, thèse de doctorat, Universitas Indonesia, Program Pascasarjana, Program Studi Ilmu Susastra, 2000 et dans celui de DJAJADININGRAT Hoesein, *Tinjauan Kritis Tentang Sajarah Banten*, Jakarta, Djambatan, 1983, p. 40, 42-44, 48, 58, 71, chant XXIV-XXVI. On trouve d'ailleurs le cachet de cire du cadi de Banten, par exemple, l'un daté de 1726/7 (1139 A.H.) « *Pangeran Kadi Syamsuddin* » et l'autre de 1733 « *Alamat Cap Kadi Bantĕn* », écrits en *pegon*, voir GALLOP Annabel Teh, *Malay Seal Inscriptions : A Study in Islamic Epigraphy from Southeast Asia*, thèse de doctorat non publiée, 3 volumes, University of London, School of Oriental and African Studies, vol. III, part. 2, appendix « Banten », 2002, p. 574-617, ici p. 585 et 593.

2 *Kiyahi Pĕqih Najmuddin* était le titre officiel du cadi de Banten puisqu'on trouve dans les archives de Banten conservées à Jakarta, datées de 1738, 1747, 1748, 1753, et 1789, le cachet de cire du cadi de Banten portant le titre *Kiyahi Pĕqih Najmuddin*, (*ANRI*, n° 72, livre 43/6 ; n° 73, livre 43/7 ; n°74, p. 2, cire B ; n°76, livre 43/10, p. 17 ; n° 77, livre 43/12, p. 37). De même, J. De Rovere Van Breugel, un Hollandais, écrivait à Banten en 1786 un rapport selon lequel *Ké Fokké Najanoeddin* était le grand prêtre et le juge suprême « ... *de Hoogepriester, thans President van den Raad van Justitie*... » ; voir VAN BREUGEL J. de Rovere, « Bedenkingen over den staat van Bantam (Bantam in 1786) », *Bijdragen tot de Taal-, Land- en Volkenkunde* (BKI), vol. 1, 1856, p. 161. Deux ans plus tard, le 7 octobre 1789, un rapport hollandais énonce que « Le grand prêtre, *Khay Fokkée Natja Moedin* est nommé par le roi *fiscaal*, c'est-à-dire juge des disputes survenues entre Bantenois » voir GUILLOT Claude, « Banten en 1678 », *Archipel*, n° 37, 1989, p. 134. Ce titre était conservé jusqu'à la mort du dernier cadi de Banten en 1855 ou en 1856, voir *UBL*, ms. Cod.Or. 7936 [B], p. 9, et voir le chapitre : « histoire du manuscrit ».

© 2026 KONINKLIJKE BRILL BV, LEIDEN | HTTPS://DOI.ORG/10.1163/9789004766587-003

On n'y trouve ni conceptualisation générale ni effort pour dégager des principes directeurs applicables à l'ensemble des cas. Les textes ne sont pas organisés selon une logique normative abstraite, mais sous la forme d'une accumulation de situations pratiques susceptibles de servir de référence pour le règlement de litiges.

Cette structure indique que l'*UUB* doit être compris comme un registre écrit du droit coutumier en vigueur aux XVIIe-XVIIIe siècles, et non comme une codification officielle du sultanat. La dynamique de compilation – progressive, ouverte et hétérogène – correspond à une mise par écrit de cas pouvant être utilisés comme jurisprudence dans le traitement d'affaires ultérieures. Le fait que l'index du volume, daté après 1755, mentionne un nombre de cas antérieur à celui effectivement conservé montre que l'*UUB* n'est pas le premier recueil de ce type. Cet index renvoie très probablement à un manuscrit plus ancien dont les parties narratives avaient disparu lorsque, vers 1820, le dernier cadi entreprit de rassembler les matériaux encore disponibles.

L'*UUB* apparaît ainsi comme un instrument juridico-pratique, utilisé quotidiennement par le cadi comme base décisionnelle. Il réunit, dans un même ensemble, des éléments de droit coutumier, des normes inspirées du droit musulman, ainsi que les clauses d'un traité et d'un accord européens imposés par la *VOC*. Loin d'être une compilation aléatoire, cette coexistence reflète l'écologie normative propre au sultanat de Banten : un espace où se superposent et s'articulent des sources juridiques multiples, mobilisées selon les besoins concrets du jugement.

Par ailleurs, le manuscrit *UUB* ne doit pas être interprété comme un code achevé, mais comme la matérialisation d'une culture juridique plurielle, pragmatique et dynamique. Sa valeur tient moins à une systématicité volontaire qu'à sa capacité à enregistrer, sous une forme certes irrégulière mais fonctionnelle, la diversité des normes impliquées par l'autorité judiciaire bantenoise à la fin de l'époque moderne. Enfin, la compilation de textes juridiques d'origines variées dans l'*UUB* repose néanmoins sur un fondement philosophico-juridique clairement articulé par le cadi de Banten *Kiyahi Pĕqih Najmuddin*.

1 Réflexion philosophico-juridique de Banten

La philosophie juridique à Banten se manifeste explicitement dans l'*Undhang-Undhang Bantĕn* à travers des passages qui constituent les rares moments de conceptualisation interne du droit au sein de ce corpus normatif. Le texte affirme : « *Ratu anjĕnĕngakĕn parentah kang tĕlung pĕrkara iya iku : agama, lan dirgama, lan karinah : iku ḥukum wong Islam* » (Le souverain doit promulguer ces trois lois, à savoir : l'*agama*, le *dirgama* et la *karinah*. Voilà le droit pour les musulmans)[3]. Cette formulation est une architecture tripartite et une structure triangulaire du système juridique applicable aux musulmans : le droit religieux (c'est-à-dire droit de la religion musulmane, *agama*), le droit coutumier (*dirgama*) et un principe mixte ou intégratif (*karinah*) articulant les deux premières catégories.

Le texte de l'*UUB* dit que « *Allāh iku ḥukum agama* » (Allah est [la source] des lois de l'*Agama*)[4]. Dans ce texte, il est clair que l'*agama*[5] désigne les lois régies par la religion. La source locale ne fournit pas davantage d'explication sur ce qu'est l'*agama*. Toutefois, selon le *Pĕpakĕm Tjĕrbon*[6] (1768), la source contemporaine de l'*UUB*, l'*agama* correspond au droit d'origine divine et serait appliqué par quatre juristes musulmans[7]. Le *Pĕpakĕm Tjĕrbon* l'explique clairement : il s'agit du droit des juristes musulmans qui s'appuient sur la religion pour infliger, par exemple, la peine de mort ou la peine d'amputation de la main[8]. Le *Pĕpakĕm Tjĕrbon* donne l'exemple suivant : un voleur aura la main coupée selon l'*agama*, mais il ne sera condamné qu'à une amende selon le *dirgama*[9]. Dans ce texte de l'*UUB*, le *dirgama* désigne le droit coutumier. Son contemporain, le *Pĕpakĕm Tjĕrbon*, l'affirme explicitement : il s'agit du droit séculier des juges-procureurs (*jaksa*) qui s'appuient sur le droit coutumier[10].

Quant au terme *karinah*, il ne se trouve ni dans le *Pĕpakĕm Tjĕrbon* ni dans d'autres textes du monde insulindien. La *karinah* (en arabe *qarīna*) est, selon Wael B. Hallaq, un moyen de clarifier un élément linguistique obscur dans sa logique. En d'autres termes, c'est une façon d'expliquer clairement un mot ou une expression difficile à comprendre. La *qarīna* joue un rôle important

---

3 *UUB* : 108 se trouve dans l'art. 13 des Lois de Java (Majapahit).

4 *UUB* : 110 se trouve dans l'art. 6 des Lois de Java (Majapahit).

5 Le mot *agama* s'emploie de façon interchangeable avec d'autres mots, comme *šara'* et *pĕqih*, pour désigner la loi religieuse issue du Coran et des hadiths, ou la jurisprudence des juristes musulmans (*fiqh*).

6 *Pĕpakĕm Tjĕrbon* est une compilation de règles et d'usages traditionnels (coutumes locales) propres au sultanat de Cirebon (l'actuelle Cirebon, sur la côte nord de Java), datée de 1768, et constitue une source historique précieuse pour étudier le droit coutumier javanais du XVIIIe siècle, reflétant les pratiques sociales et juridiques en vigueur.

7 HAZEU G.A.J., *Tjeribonsch Wetboek* (*Pĕpakĕm Tjĕrbon*) *van het jaar 1768*, Batavia et 's-Gravenhage, Albrecht et Martinus Nijhoff, 1905, p. 43.

8 En 1688, la Compagnie a cherché à interdire l'application de l'*Agama* à Cirebon, voir HOADLEY Mason C., *Selective Judicial Competence. The Cirebon-Priangan Legal Administration, 1680-1792*, New York, Cornell University Press, 1994, p. 53.

9 HAZEU G.A.J., *Tjeribonsch Wetboek* (*Pĕpakĕm Tjĕrbon*) *van het jaar 1768*, *op.cit.*, p. 43 et p. 55.

10 Id., p. 43.

dans le droit musulman en s'appuyant au moins sur deux aspects : l'interprétation linguistique des textes et la compréhension de la manière dont ces textes, en particulier la tradition prophétique (la sunna), ont été révélés et transmis. L'absence de définition précise du terme « *qarīna* » dans le droit musulman laisse une latitude d'interprétation du texte divin (le Coran) et de l'évaluation épistémologique de la source du droit (la sunna), ce qui favorise une interprétation large[11]. Ainsi, on peut considérer qu'en utilisant ce terme et ce concept, l'auteur introduit un élément significatif du droit musulman dans le droit coutumier javanais.

Cette triade juridique montre une généalogie plus ancienne, comme l'atteste ce passage : « *Anapon ḥukum Bramana Sakti iku tělung pěrkara denarani Kunthara, lan Raja Niti angaranana agama, kaping duwa dirgama, kaping tělu karinah, kaping pat jugal mudha.* » (« Les lois de Bramana Sakti, aussi appelées Kunthara, sont la source des trois lois suivantes : [la première], *Raja Niti*, ou *Agama* ; la deuxième, *Dirgama* ; la troisième, *Karinah* ; et la quatrième, *Jugal Mudha* »)[12]. Ce passage rattache l'architecture normative de Banten à des traditions préislamiques, en particulier à celles de Majapahit, ultérieurement intégrées au cadre islamique. Ainsi, les normes de Banten s'inscrivent dans la continuité plutôt que dans la rupture, tout en intégrant une nouvelle « méthodologie » juridique. La *karinah* apparaît comme un opérateur de synthèse entre la norme religieuse et la coutume. En d'autres termes, ce lien juridique ancien préislamique, *Kunthara, Raja Niti* et *Jugal Mudha,* s'appuie sur les règles de gouvernance et d'éthique du royaume de Majapahit, qui ont été intégrées et reconfigurées dans le cadre islamique par la *karinah.* Dès lors, le concept ou la philosophie juridique de Banten peut être présenté comme une synthèse javano-islamique : l'*agama* (normes religieuses) coexiste avec le *dirgama* (normes coutumières antérieures ou contemporaines) et la *karinah* joue le rôle d'opérateur et de médiateur entre elles.

La logique interne de ce système se laisse saisir à travers un exemple de normes concernant le meurtre, tel qu'énoncé : « *Anapon ḥukum mati iku tělung pěrkara iya iku jamin wong Islam, karana wong Islam iku umat Nabi Muḥammad. Ḥukum mati iku tětělu : kang dhihin agama, lan kaping dhuwa dirgama, lan kaping tělu karinah. Anapon ḥukum agama iku ingkang nyata kang denḥukumakěn. Lan ḥukum dirgama iku Prabu Wisesa, těgěse arah nyananing ati. Anapon ḥukum karinah iku kapatutan ing panggawene lan katěmu rarasane* » (Il y a trois sortes de lois concernant le meurtre pour les musulmans qui appartiennent à la

11 HALLAQ Wael B., « Notes on the Term of *Qarīna* in Islamic Legal Discourse », *Journal of the American Oriental Society*, no 108 (juillet-septembre), 1988, p. 475-480.

12 *UUB* : 112 se trouve dans l'art. 14 des Lois de Java (Majapahit).

communauté du prophète Muḥammad. Donc, le meurtre est régi par trois lois: premièrement, l'*agama*; deuxièmement, le *dirgama*; troisièmement, la *karinah*. Pour l'*agama*, les lois sont basées sur les faits. Pour le *dirgama*, les lois [qu'on appelle] *Prabu Wisesa* sont basées sur la conscience. Pour la *karinah*, les lois prescrivent ce qui est bien et conforme au jugement personnel). Ce passage explique que l'*agama* repose sur les faits et leur établissement, le *dirgama* sur la conscience et l'orientation éthique, tandis que la *karinah* repose sur la convenance, la proportion et l'appréciation morale. Cette tripartition révèle trois modes d'adjudication, factuel, éthique-intuitif et pragmatique-contextuel, qui structurent la rationalité interne du droit à Banten.

La conceptualisation du triangle juridique se prolonge dans la pratique judiciaire. En effet, les autorités (les juges et les représentants) sont tenues d'appliquer la charia (*agama* ou *šara'*) et le droit coutumier (*dirgama*), selon les règles exposées dans l'*Undhang-Undhang Bantĕn*: «*Lan maning sakehing ponggawa Bantĕn lan ponggawa Lampung kang dadi jaksa iku arĕp angalap saking ḥukum šara' sa'atas qadare pangawruhe* (…) *angalap saking ḥukum šara' iku, ora kĕna ora kukuh kaya apa saḥukume iku, lakokĕna. Lan lamon angalap saking ḥukum dirgama, iya iku arĕp bĕnĕr dirgamane, kaya kang wus kalakon saban2 atawa tatrapan iku kaya kang wus sinĕbut ing dalĕm undhang2*»[13] (Tous les juges, qu'ils soient les *ponggawa* de Banten ou de Lampung, doivent utiliser la charia pour autant qu'ils la connaissent (…). Si l'on utilise la charia, il faut l'appliquer telle qu'elle prescrit: «Faites comme cela.» Si l'on recourt au droit coutumier [*dirgama*], il faut strictement suivre la coutume en vigueur pour tous, ou juger selon les lois existantes) et «*Ana dening liyan saking kang sinĕbut ing sajĕroning surat tĕkĕnan lan undhang2 iku, iya iku apa sapĕryogane kang patut kalawan agama lan dirgama, apa maning kang patut kalawan šara'*»[14] (Si certains cas ne sont pas précisés dans l'accord ni dans les décrets, il faut statuer conformément au droit de l'*agama* et du *dirgama*, et plus encore conformément à la charia).

Ces prescriptions reconnaissent la coexistence de plusieurs sources normatives et confèrent aux juges une latitude encadrée: choisir la norme la plus pertinente (religieuse ou coutumière), l'appliquer de manière stricte selon leurs propres critères d'autorité et, en l'absence de dispositions explicites, hiérarchiser les sources au bénéfice de l'*agama*/*šara'*. La *karinah* fonctionne alors comme un principe d'ajustement, facilitant l'articulation et la cohérence décisionnelle entre les deux registres. Autrement dit, une telle configuration donne

---

13 *UUB*: 155-156 se trouve dans l'art. 45 des Lois du Sultan Zainul Arifin.
14 *UUB*: 150 se trouve dans l'art. 52 des Lois du Sultan Zainul Arifin.

aux juges une marge de manœuvre significative, leur permettant d'élaborer un raisonnement juridique fondé sur une pluralité normative.

Tous ces passages constituent la principale réflexivité philosophico-juridique du corpus et montrent que c'est un système hybride et dynamique où le droit religieux, le droit coutumier et un principe interprétatif mixte coexistent, fonctionnent ensemble et se complètent. Ce mécanisme révèle non seulement la flexibilité du système juridique de Banten, mais également l'importance accordée à l'harmonisation des valeurs islamiques et javanaises dans l'exercice de la justice. Le modèle bantenois s'inscrit dans la continuité des traditions juridiques préislamiques tout en intégrant la normativité islamique. Il en résulte un pluralisme normatif à la fois théorique et pratique, où l'autorité souveraine, les juges et l'appareil judiciaire disposent d'outils conceptuels pour harmoniser les valeurs islamiques et les coutumes locales, sans compromettre la cohérence du droit ni en rompre l'unité.

2 Pluralisme juridique de Banten

Sur le plan théorique, la *karinah* peut être appréhendée comme un dispositif méthodologique permettant d'articuler et de concilier les normes normatives islamiques avec les normes coutumières javanaises. Elle joue ainsi un rôle de médiation dans la construction d'un ordre juridique hybride. Sur le plan pratique et applicatif, le texte de l'*UUB* met explicitement en évidence l'existence d'un pluralisme juridique structurant au sein du sultanat de Banten. Selon ce document, trois sources de droit coexistent et s'entrecroisent pour le cadi de Banten : le droit coutumier, le droit musulman et le droit européen. L'objectif de cet ouvrage est d'offrir une description systématique du pluralisme des sources juridiques à Banten à travers le texte d'*UUB*, sans en proposer une théorisation ni en mener une discussion critique approfondie. Ainsi, dans la présente analyse, nous n'aurons pas recours à la théorie du pluralisme juridique. Cette dimension théorique fera l'objet d'un travail ultérieur et distinct.

2.1 Le droit coutumier (*dirgama*)

Le cœur normatif de l'*UUB* est constitué du droit coutumier javanais (*dirgama*), qui représente 265 articles sur 335, soit 80 % du manuscrit. Ces dispositions reflètent une tradition juridique façonnée par les pratiques javanaises, adaptée selon les époques et les lieux, et partiellement héritée des royaumes javanais antérieurs, notamment de Majapahit. Banten s'inscrivait dans la continuité des traditions normatives de la société javanaise. Ainsi, le texte attribué au

Sultan Zainul Abidin (*r.* 1690-1733) illustre ce processus : il s'agit moins d'une législation innovante que de la mise par écrit de la coutume telle qu'elle était appliquée sous son règne. L'*UUB* ne constitue dès lors qu'une partie du droit coutumier réellement pratiqué à Banten ; il rassemble seulement les normes coutumières que les sultans ont choisi de consigner et d'élever au rang des règles d'État.

Ce corpus était l'outil de référence et l'instrument de travail judiciaire du cadi de Banten, *Kiyahi Pĕqih Najmuddin*, pour trancher les litiges. Bien que les termes « cadi » ou « tribunal » n'apparaissent pas dans l'*UUB*, la *Sajarah Banten* – la source locale de l'histoire et de la généalogie du sultanat de Banten – identifie le cadi et confirme que celui-ci exerçait à la fois la plus haute autorité religieuse mais aussi judiciaire, jouant un rôle comparable à celui d'un ministre de la Justice. Malgré son titre islamique, le cadi s'est principalement référé au droit coutumier pour rendre ses décisions. L'*UUB* se présente comme une compilation pragmatique de cas et de règles à valeur de précédent et témoigne d'une pratique judiciaire structurée autour de la coutume, mobilisée pour résoudre une large variété d'affaires civiles et pénales.

La relation entre le droit coutumier et le droit musulman dans l'*UUB* est marquée par la complémentarité plutôt que par la substitution. En d'autres termes, le droit musulman ne vise pas à remplacer le *dirgama*. Il n'intervient d'ailleurs que dans un nombre limité de domaines, notamment le droit successoral, tandis qu'il exerce une influence substantielle sur le statut personnel (mariage et divorce) et sur certains aspects du droit pénal. Par ailleurs, en cas de conflit normatif, le cadi privilégiait explicitement la coutume locale. Ce fut un choix que l'on peut lire comme une politique juridique d'enracinement social : l'« islamisation » progressive du droit, procédée par l'insertion sélective de normes islamiques dans le tissu coutumier, et non par substitution.

L'option méthodologique et le choix personnel du cadi de prendre la coutume comme source relèvent d'un *ijtihād*[15] assumé, pleinement légitime au regard de la théorie juridique islamique (*uṣūl al-fiqh*). En vertu des notions d'*ʿurf* (habitude, us) ou d'*ʿādat* (usage, coutume), le droit musulman reconnaît la validité de la coutume lorsqu'elle ne contredit pas les principes fondamentaux du Coran et de la sunna[16]. Si les juristes musulmans (*fuqahā'*) ont

---

15 Dans le droit musulman, l'*ijtihād* est l'effort d'interprétation et de raisonnement par analogie (*qiyās*) pour trouver une solution à un problème qui n'est pas explicitement traité ni dans le Coran ni dans la tradition prophétique (*sunna*). L'homme habilité à cette pratique est un mujtahid, voir *Ijtihād*, *EI*, *op.cit.*, vol. III, 1990, p. 1052-1053.

16 SHABANA Ayman, *Custom in Islamic Law and Legal Theory: The Development of the Concepts of ʿUrf and ʿĀdah in the Islamic Legal Tradition*, New York, Springer, 2010.

longtemps rejeté la coutume comme source formelle – jusqu'à la fin du IIIe/IXe siècle – celle-ci est admise à partir du Ve/XIe siècle, notamment au sein de l'école hanafite, puis largement pratiquée dans l'Empire ottoman dès le XVIe siècle[17]. Le cadi de Banten, en privilégiant le *dirgama* comme sa source première et l'*agama* une source intégratrice, s'inscrit donc pleinement dans une tradition jurisprudentielle solidement établie au sein du droit musulman classique.

En somme, l'*UUB* manifeste un pluralisme juridique où le droit coutumier javanais demeure la matrice principale, tandis que le droit musulman intervient comme source complémentaire, fournissant des catégories, des techniques et des standards de validité qui reconfigurent, sans l'abolir, l'économie du droit local. Cette architecture explique la cohérence interne du recueil *UUB* malgré son hétérogénéité formelle et rend compte de sa force opératoire dans la pratique judiciaire bantenoise. Autrement dit, ce modèle de coexistence normative, fondé sur l'autorité du cadi et sur un usage raisonné du droit musulman, révèle une culture juridique bantenoise pragmatique, syncrétique et profondément enracinée dans les réalités sociales locales.

2.2 Le droit musulman (*agama*)

Le texte d'*UUB* utilise trois mots : *šara'*[18], *pĕqih*[19] et *agama*[20] pour désigner le droit religieux émanant du Coran et du *hadith*/de la *Sunna* (paroles ou pratique du prophète Muhammad) ou issu de la jurisprudence des juristes musulmans (*fiqh*, normativité islamique). Pour des raisons de commodité terminologique, le concept, le terme et le mot « *agama* » sont traduits par « droit musulman[21] » dans cet ouvrage ; il convient toutefois de préciser que cette expression renvoie ici au contexte précolonial de Banten, antérieur à toute positivisation de la charia et du *fiqh*, dans le cadre colonial néerlandais en Indonésie au XIXe siècle[22].

---

17 LIBSON Gideon, *Jewish and Islamic Law. A Comparative Study of Custom during the Geonic Period*, Cambridge, Islamic Legal Studies Program of Harvard Law School, 2003, p. 68-79.

18 *Šara'*, mot synonyme de *šarī'a* (en français à l'usage courant : charia), est ici une référence à l'Islam, au Coran et/ou à la Sunna.

19 *Pĕqih* est une forme javanaise du mot arabe *fiqh*, traduit en français par « la normativité islamique » ou « la jurisprudence islamique ».

20 *Agama* signifie littéralement « religion », et voir plus haut pour une discussion autour du concept d'*agama*.

21 Voir la discussion sur la transformation et l'évolution des termes « charia » et « fiqh » vers le droit musulman dans l'ouvrage de DUPRET Baudouin, *De la charia au droit musulman : Dynamique du positivisme en terre d'islam*, Paris, Dalloz et Presses de Sciences Po, 2025.

22 Je prévois de consacrer un article distinct à l'analyse de l'usage et de la transformation du

Dans cette compilation juridique de Banten d'*UUB*, le droit musulman constitue une source parmi d'autres mobilisées par le cadi. Sur un total de 335 articles, 52 relèvent explicitement de la normativité islamique, soit environ 15 % du corpus. Cette matière se concentre principalement sur le droit successoral (*al-farā'iḍ*), qui comprend 29 articles, sur les peines discrétionnaires (*ta'zīr*), qui comptent 11 articles, et est complétée par une douzaine d'articles épars concernant le droit de la famille et certaines obligations rituelles (prière et jeûne). Le droit pénal islamique, pour sa part, n'est pas réuni en un seul chapitre ; on le trouve réparti dans plusieurs passages du manuscrit.

Le chapitre consacré aux successions, intitulé en arabe *bāb al-farā'iḍ* (chapitre sur la succession), dérive exclusivement du droit musulman. Son architecture et sa terminologie indiquent une traduction littérale d'un manuel chaféite, très probablement le *Minhāj al-Ṭālibīn* d'al-Nawāwī (m. 677 AH./1278 EC.) ou l'un de ses grands commentaires : *Tuḥfat al-Muḥtāj* d'Ibn Ḥajar al-Hayṯamī (m. 973 AH./1565 EC.) ou *Nihāyat al-Muḥtāj ilā Šarḥ al-Minhāj* de Šams al-Dīn al-Ramlī (m. 1004 AH./1595 EC.). La stricte filiation doctrinale avec la tradition chaféite, perceptible dans l'agencement des parts, des héritiers et des cas d'exclusion et de retour, confère au chapitre une forte cohérence interne et une identité juridique nettement islamique.

La section 5 de l'*UUB* sur les peines discrétionnaires puise également directement dans la littérature du *fiqh*, en particulier dans le *Mawāhib al-Rabbāniyya* d'Ibn 'Allān (m. 1057 AH./1647 EC.), qui se réfère à l'école malikite et cite les avis de l'Imām Mālik (m. 179 AH./796 EC.). Si la théorie du *ta'zīr*[23] est transversale aux écoles, l'opinion malikite – caractérisée par une latitude judiciaire calibrée en fonction de la gravité de l'infraction et du souci de l'ordre public (*siyāsa shar'iyya*) – est privilégiée. L'*UUB* en retient par analogie : des peines particulières adaptées à des manquements qui ne relèvent pas des peines fixes (sg. *ḥadd*, pl. *ḥudūd*, sanction pour certains actes interdits ou répréhensibles par des châtiments prévus dans le Coran et la Sunna), mais nécessitent néanmoins une réponse normative proportionnée.

Les dispositions relatives au mariage, au divorce et aux rites (prière, jeûne) reflètent l'inspiration islamique tout en manifestant une forte interpénétration avec la coutume javanaise (*dirgama*). Le registre des années 1754-1756 des

---

fiqh et de la charia en « droit musulman » dans le contexte indonésien, depuis l'époque précoloniale jusqu'à la période postcoloniale, afin d'approfondir la réflexion sur les notions de droit musulman, de charia et de *fiqh*.

23 Dans le droit musulman, le *ta'zīr* est une peine laissée à l'appréciation du juge et/ou à la discrétion des autorités musulmanes locales, alors que les *ḥudūd* sont les sept peines établies par le Coran et la Sunna.

jugements du cadi de Banten que nous avons consulté[24] révèle un fait social significatif : les demandes de divorce émanent majoritairement de femmes, un phénomène rare dans d'autres régions appliquant le même droit (notamment en Asie de l'Ouest et en Afrique du Nord)[25]. Le droit musulman prévoit certes des voies de dissolution à l'initiative de l'épouse (par exemple le *ḫulʿ*), mais l'octroi effectif par les juges varie selon les contextes normatifs et les pratiques locales. À Banten, sur l'île de Java, la coutume paraît jouer un rôle amplificateur, facilitant l'accès effectif des femmes à la séparation lorsque des motifs juridiquement recevables sont établis.

Un exemple emblématique atteste la préférence locale des solutions coutumières sur le droit musulman : en cas d'incapacité conjugale de l'époux constatée lors de la nuit de noces, l'*UUB* prévoit une amende équivalente à la moitié de la dot :

> *Lamon ana wong papajangan, maka wurung saking kang lanang iku, kadhĕndha sĕparo ilang duwene : angaranana ingpas beya* (Si, lors de la nuit de noces, l'homme ne peut pas consommer le mariage, il sera condamné à une amende s'élevant à la moitié de la dot. Cela s'appelle *ingpas beya*[26]).

Dans le *fiqh* classique, si l'homme est atteint d'impuissance, comme dans l'exemple ci-dessus, selon les chaféites, sa femme doit d'abord attendre un an avant de demander le divorce, tandis que, d'après les hanafites, les malikites et les hanbalites, elle ne doit attendre que six mois. Toujours selon le *fiqh*, si l'impuissance est connue – toujours dans le contexte du mariage – après la première relation sexuelle, le mari est tenu de remettre la dot à son épouse, tandis que si elle est connue avant la première relation sexuelle, la femme n'a pas à la lui réclamer[27]. À Banten, non seulement l'époux doit remettre la dot à l'épouse,

---

24 *UBL*, ms. L.Or. 5626.

25 À ce sujet, voir : CARLISLE Jessica, *Muslim Divorce in the Middle East : Contesting Gender in the Contemporary Courts*, London, Palgrave Pivot, 2018 et VOORHOEVE Maaike, *Gender and Divorce Law in North Africa : Sharia, Custom and the Personal Status Code in Tunisia*, London, I.B. Tauris, 2014.

26 Article 40 des Lois de Java (Majapahit).

27 Si l'un des conjoints est atteint par certaines maladies comme la maladie mentale, la lèpre, l'éléphantiasis ou l'impuissance ou l'absence d'organes génitaux pour l'homme ou l'excroissance anormale des chairs du vagin qui empêche toute relation sexuelle et l'augmentation anormale de la taille des os du vagin pour la femme, l'autre partenaire peut demander l'annulation du mariage (*fasḫ*), voir al-ǦAZĪRĪ ʿAbd Rahmān, *Kitāb al-fiqh ʿalā al-maḏāhib al-arbaʿa*, 5 volumes, Beyrouth, Dār al-Fikr, 1987/1406, vol. IV, p. 180-198. A notre connaissance, il n'existe pas de condamnation à une amende pour les hommes impuissants dans le droit musulman.

mais il est également condamné à une sanction pécuniaire immédiate au bénéfice de cette dernière, ce qui révèle une politique locale de protection sociale des femmes insérées dans le *dirgama*.

Toutefois, si la présence du droit musulman dans l'*UUB* atteste d'une identité islamique bien réelle à Banten, celle-ci est intégrée de façon sélective et contextuelle, dans la mesure où il s'agit d'une des sources du sultanat, et non de la source unique ou principale. Le degré d'islamisation et la part de *dirgama* (préislamique ou islamisé) ne diffèrent pas sensiblement de ceux de l'*Undang-Undang Melaka* (*UUM*) du sultanat de Melaka[28]. La distinction majeure est que l'*UUM* ne comporte pas de chapitre de succession (*bāb al-farā'iḍ*), singularité qui confère à l'*UUB* une originalité notable dans le paysage des compilations juridiques malayo-javanaises.

De ce fait, l'*UUB* articule un pluralisme normatif où le droit musulman, principalement chaféite pour la succession et fortement malikite pour le *ta'zīr*, coexiste avec une coutume locale dynamique. La compilation bantenoise démontre une stratégie d'adaptation : adopter les cadres du droit musulman lorsqu'ils sont compatibles avec les mœurs javanaises, tout en modulant ou en complétant les solutions par le *dirgama* pour répondre aux impératifs sociaux – notamment la protection des femmes. Cette combinaison explique à la fois la proportion relativement limitée d'articles explicitement islamiques et la densité doctrinale des chapitres où le droit musulman est pleinement repris.

2.3 Le droit européen

L'introduction du droit européen à Banten se cristallise autour de deux instruments imposés par les autorités hollandaises – un traité et un accord – obtenus d'abord par la force militaire, puis par la menace de sanctions politiques et économiques. L'arrivée des Hollandais et leur établissement à Batavia, qu'ils entendaient constituer en possession souveraine, transforment la grammaire des relations politiques. Dans la conception européenne, l'acte écrit et signé ne vaut pas seulement une formalité : il établit la reconnaissance, par l'autre partie – en l'occurrence, le sultanat de Banten –, d'un État, de ses limites territoriales et de ses droits. Autrement dit, la normativité du traité ne se réduit pas à son contenu substantiel ; elle s'inscrit dans un système juridique et une structure théorique où la souveraineté se prouve et se borne par écrit.

Dans le manuscrit de l'*UUB*, 18 articles sur 335 (soit environ 5 %) relèvent de ce registre « européen ». Ils correspondent aux dispositions du traité et de

28 LIAW Yock Fang, *Undang-Undang Melaka*, La Haye, Martinus Nijhoff, 1976.

l'accord conclus entre le sultanat de Banten et la *VOC*. Le cadi, en sélectionnant et en conservant les seules parties utiles à la résolution des litiges entre Hollandais et habitants de Banten, les a intégrées comme des articles de droit opératoires, destinés à guider ses jugements. En d'autres termes, le cadi disposait d'un fondement normatif permettant de trancher les conflits opposants Hollandais et Bantenois. Ce choix révèle une double intelligence juridique : d'une part, la compréhension de l'importance que les Européens attribuent aux instruments écrits comme base de validité et de légitimation ; d'autre part, l'exigence pratique de connaître le contenu précis du traité et de l'accord pour trancher, au sein du sultanat, ce que les Hollandais pouvaient ou non prétendre faire.

Ces documents introduisaient dans le sultanat de Banten un type d'instrument juridique jusqu'alors inédit : le traité et l'accord écrits. Avant le contact avec l'Europe, l'ordre juridique local ne recourait pas à ce mode de formalisation des engagements. C'est à partir du début du XVIIe siècle, avec l'arrivée des émissaires, des marchands et des commerçants du Portugal, de la France, de l'Angleterre, du Danemark et des Pays-Bas, que le sultanat découvre des systèmes juridiques exogènes, ainsi que leurs techniques de preuve et de limitation de la souveraineté. Dans la pensée européenne, le traité et l'accord constituent la base juridique des relations interétatiques ; leur transposition dans le contexte bantenois opère une internalisation progressive d'une souveraineté « nationale » telle que définie par ces actes et critères, marquée par le formalisme et la culture juridique européens.

Cette imposition ne se joua pas seulement au niveau institutionnel : elle se diffusa au sein de la société par une « acceptation » tacite, à travers laquelle les acteurs locaux reconnurent progressivement l'efficacité de ces nouvelles formes de normativité[29]. En intégrant les deux documents (traité et accord) dans la compilation juridique du sultanat, le cadi acte à la fois la contrainte et la fonctionnalité : contrainte, parce que ces instruments sont imposés dans un rapport de force ; fonctionnalité, parce qu'ils deviennent des bases de décision, articulant le droit local aux prétentions européennes dans un cadre juridiquement intelligible et lisible par tous les protagonistes.

Il en résulte que, la présence de ces textes « européens » dans l'*UUB* ne relève ni de l'anecdote ni d'une simple accommodation pragmatique. Elle témoigne d'une véritable hybridation juridique sous pression, où l'autorité judiciaire de Banten s'approprie, filtre et ordonne des normes externes pour résoudre

---

29 SLAATS H., « The Imposition and Radiation of Dutch Law in Indonesia », dans J. de Moor et D. Rothermund (eds.), *Our Laws, Their Lands : Land Laws and Land Use in Modern Colonial Societies*, Münster, LIT Verlag, 1994, p. 98-229, ici p. 99-100.

des conflits concrets et répondre à des enjeux réels, tout en entérinant – au moins dans l'ordre des preuves (probatoires) et des limites (territoriales) – une conception européenne de la souveraineté. À l'échelle de Banten, et plus largement de l'Indonésie, ces marques attestent de l'empreinte durable du système juridique européen : un transfert de techniques, de catégories et de formes d'autorité, dont la trace matérielle témoigne de l'importance normative au-delà de sa proportion numérique.

3 Questions de droit pénal

Si le droit pénal islamique se retrouve bien dans ce recueil de lois, il n'apparaît que dans trois articles qui mentionnent la peine de *ḥadd* et de *qiṣāṣ* (peine du talion appliquée lors d'un meurtre ou en cas de blessures n'entraînant pas la mort, prévue dans le Coran 2 : 173). Les articles en question concernent le délit de fausse accusation de relation sexuelle hors mariage, d'adultère, le vol et le meurtre.

D'ailleurs, la peine de fausse accusation de relation sexuelle illicite et celle de relation sexuelle illicite sont également prévues par le droit musulman. Le texte mentionne :

> *Tĕgĕse : panungkul wong kang luput pandalihe ping wolung puluh, lan panungkul wong kadalih zinah iku ping satus gĕtikan*
>
> (La peine sanctionnant la fausse accusation de relation sexuelle illicite est de quatre-vingts coups de fouet, alors que celle sanctionnant la relation sexuelle illicite est de cent coups de fouet[30]).

La première phrase se réfère à la peine de *qaḏf* dans le droit musulman[31]. Le *qaḏf* est une accusation calomnieuse relative à la relation sexuelle hors mariage (*zinā*). Le coupable est puni d'une peine fixe (*ḥadd*) de 80 coups de fouet, prévue par le Coran al-Nūr/24:4 :

30 Article 62 des Lois de Java (Majapahit).

31 En droit musulman, les conditions probatoires du *qaḏf* sont délibérément rigoureuses – exigence de quatre témoins masculins ayant directement vu l'acte de pénétration – afin de dissuader les dénonciations et de rendre, en pratique, l'application de la peine quasi impossible.

> Ceux qui visent les *muḥṣana* [c.à.d les personnes mariées, *dans leur honneur*] sans ensuite produire quatre témoins, flagellez-les de quatre-vingts coups de fouet et n'acceptez plus jamais leur témoignage ! Ceux-là sont les pervers[32].

La deuxième phrase se réfère à la peine sanctionnant l'acte de «*zinā*» pour les célibataires («*ġayru muḥṣan*») dans le droit musulman. La peine du coupable s'élève, si le partenaire est une personne libre, à 100 coups de fouet, tandis qu'elle n'est que de 50 coups de fouet si le partenaire est un esclave[33]. Cette peine, pour les célibataires, est basée sur une interprétation du Coran al-Nūr/24:2 :

> *La fornicatrice et le fornicateur, flagellez chacun d'eux de cent coups de fouet* [...][34].

Toutefois, le texte donne la possibilité d'appliquer une autre peine. En d'autres termes, le texte montre que le droit pénal islamique n'est donc qu'une alternative dans ce cas.

> *Lan sing sapa ambabangkelakěn ing wong sawiji kalawan azina ing ḥale ora nyata pězinahe ing papariksaning ḥukum, maka kapidhana kang ambabangkelakěn azinah iku lima wělas reyal. Anapon lamon wong jěro kutha : tigang puluh reyal.*
>
> (Quiconque accuse une personne d'adultère sans que l'adultère ne soit prouvé par enquête judiciaire, est condamné à une amende de 15 réaux. S'il s'agit d'un *wong jěro*[35] de la ville [l'amende] sera de 30 réaux)[36].

Il semble que le cadi de Banten était conscient de la sévérité du droit pénal islamique et qu'il a, en conséquence, proposé une peine alternative « plus javanaise ».

Par ailleurs, concernant le vol, l'article affirme :

> [...] *Atawa anyolong ing duwene kang těka ing niṣāb ajayan-jayan sareyal iku, kiněthok tangane* [...]

32 BLACHÈRE Régis, *Le Coran*, Paris, Maisonneuve et Larose, 1999, p. 376.
33 al-ŠĀFIʿĪ Muḥammad ibn Idrīs, *al-Umm*, edité par Muḥammad Zuhrī al-Naǧǧār, 7 volumes, Beyrouth, Dār al-Maʿrifa, s. d., vol. VI, p. 133 et p. 154-155.
34 BLACHÈRE Régis, *Le Coran*, *op.cit.*, p. 375.
35 Les habitants de la ville intra-muros de Surasowan.
36 Article 4 des Lois du Kyai Arya Mangunjaya.

> (Ou s'il vole leur bien jusqu'au *niṣāb* [le montant passible d'une condamnation], à savoir un réal, il aura la main coupée)[37].

La punition consistant à couper la main d'un voleur fait penser à la peine du droit musulman[38] dans le Coran, sourate V, verset 38 :

> Au voleur et à la voleuse, tranchez les mains en « récompense » de ce qu'ils se seront acquis et en châtiment d'Allah. Allah est puissant et sage.[39]

Néanmoins, cet article ne concerne que le cas des biens volés aux Européens à Banten. S'il s'agit en revanche des biens d'un Bantenois, le voleur est condamné soit à la peine de dédommagement, soit à la peine de collecte des madrépores en mer[40]. Il est clair que cet article vise particulièrement à préserver les Européens contre le vol.

Sur le meurtre le texte d'*UUB* dit :

> *Sing sapa, sira, amateni ʿabdining wong ing ḥale amaha puniku. Yen kang amějahi titiyang amardika, dhěndhanipun sinamekakěn kalawan titiyang amardika kang cinatokakěn ing kang darbe ʿabdi : sapangahosing titiyang kang awis. Yen kang amějahi punika ʿabdi, kang pinějahan punika ʿabdi malih, punika ḥukumipun qiniṣaṣ. Yen kang amějahi punika titiyang amardika lan kang pinějahan punika amardika malih, punika dhěndhane kalih atus reyal. Salagi suka kang ahlul wariṯ pidhana punika, cinatokakěn kalih atus pisan dhatěng ahlul wariṯ. Yen ahlul wariṯ punika botěn suka ing dhěndha punika maka ḥukumipun qiniṣaṣ malih*[41].

> (Meurtre volontaire d'un esclave appartenant à autrui. Si le meurtrier est un homme libre, l'amende convenable à verser par cet homme libre au propriétaire de l'esclave correspondra à la valeur la plus élevée d'un [esclave]. Si le meurtrier est un esclave lui-même et celui qui a été tué aussi, le meurtrier sera mis à mort [*qiniṣaṣ*]. Si le meurtrier est un homme libre et celui qui a été tué aussi un homme libre, le meurtrier sera condamné à une amende de 200 réaux. Si les héritiers [de la victime] acceptent cette peine, on leur donnera les 200 [réaux]. Si les héritiers n'acceptent pas cette amende, la peine sera la mort [*qiniṣaṣ*] pour le meurtrier).

---

37 Article 43 des Lois du Sultan Haji.

38 al-ĞAZĪRĪ ʿAbd Rahmān, *Kitāb al-fiqh ʿalā al-maḏāhib al-arbaʿa*, *op.cit.*, vol. V, p. 153-154 ; SĀBIQ Sayyid, *Fiqh al-Sunna*, Le Caire, s. n., 1988/1409, vol. II, p. 410.

39 BLACHÈRE Régis, *Le Coran*, *op.cit.*, p. 138.

40 Voir par exemple l'article 50 et l'article 60 des Lois du Sultan Zainul Abidin.

41 Article 3 des Lois du Kyai Arya Mangunjaya.

Le mot *qiniṣaṣ* signifie «être mis à mort». Il s'agit d'un mot d'origine arabe, *qiṣāṣ*, avec l'infixe javanais «*in*». Il s'agit d'une peine qui peut être infligée en cas d'homicide (*qiṣāṣ fī al-nafs*: vengeance du sang) ou de blessures n'entraînant pas la mort (*qiṣāṣ fīmā dūn al-nafs*)[42]. Cette peine du talion est prévue dans le Coran, sourate al-Baqarah/2:178:

> Ô vous qui croyez! La loi du talion vous est prescrite à l'égard des tués: l'homme libre contre l'homme libre, l'esclave contre l'esclave, la femme contre la femme…[43].

À partir de ce verset, le droit musulman (ici le *fiqh*) prévoit que celui qui tue sera tué[44], mais les écoles juridiques divergent quant aux trois cas cités ci-dessus.

Premièrement, si un homme libre tue l'esclave d'autrui, il sera condamné à une amende. Selon les malikites, les chaféites et les hanbalites, un homme libre qui a tué un esclave ne sera pas lui-même tué[45]. En revanche, d'après les hanafites, un homme libre ayant tué un esclave sera tué, sauf s'il s'agit de son maître[46].

Deuxièmement, si un esclave tue un autre esclave, il sera mis à mort. Ce cas est conforme à la loi du talion prévue par le droit musulman.

Troisièmement, si un homme libre tue un homme libre, il sera condamné à une amende ou mis à mort. Cette peine fait penser au droit musulman. La première peine s'appelle le prix du sang (*diyya*); la deuxième, le *qiṣāṣ*, ou loi du talion.

Très clairement, cet article est influencé par le droit musulman, mais modifié pour l'adapter à la coutume et à la tradition locales.

En revanche, le texte affirme qu'il est interdit d'appliquer la peine prévue par le droit musulman dans les affaires pénales. Bien que le *ḥadd* et le *qiṣāṣ* soient mentionnés dans le texte, leur mise en application n'était pas autorisée. Le texte dit:

---

42 *Ḳiṣāṣ*, *EI*, 12 volumes, Leyde-Paris, E.J. Brill & G.P. Maisonneuve-Larose, 1960-2007, vol. V, 1986, p. 174-177.

43 BLACHÈRE Régis, *Le Coran*, *op.cit.*, p. 53.

44 al-ǦAZĪRĪ, *Kitāb al-fiqh ʿalā al-madhāhib al-arbaʿa*, *op.cit.*, vol. V, p. 244.

45 Ibid., p. 282-286, SĀBIQ Sayyid, *Fiqh al-Sunna*, *op.cit.*, vol. II, p. 445-447. Les malikites, les chaféites et les hanbalites disent qu'un esclave qui a tué un homme libre devra être tué, parce qu'ils ne sont pas égaux: un homme libre a une position plus éminente qu'un esclave, voir al-ǦAZĪRĪ, *Kitāb al-fiqh ʿalā al-madhāhib al-arbaʿa*, *op.cit.*, vol. V, p. 282-283 et SĀBIQ Sayyid, *Fiqh al-Sunna*, *op.cit.*, vol. II, p. 446-447.

46 Ibid., p. 447 al-ǦAZĪRĪ, *Kitāb al-fiqh ʿalā al-madhāhib al-arbaʿa*, *op.cit.*, vol. V, p. 311. «Un homme qui a tué son esclave n'est pas tué…».

> [...] *Lan ora kĕna pisan2 iku ingukumakĕn ing wong kang tumĕka ing ḥukum qiṣaṣ atawa ḥukum ḥad* [...]
>
> (Il est formellement interdit de condamner quelqu'un à la peine du *qiṣaṣ* ou à la peine du *ḥad*)[47].

Cette contradiction dans le texte a deux explications. D'une part, le texte dispose que seul le roi a la prérogative d'alourdir ou d'alléger les sanctions et les peines[48]. On notera ici que le roi était non seulement la plus haute autorité politique, mais aussi la plus haute autorité juridique. Cette autorité a le pouvoir de modifier à sa guise la peine prévue par le droit pénal islamique. D'autre part, la peine de *ḥadd* pour le vol et la peine de *qiṣāṣ*, citées ci-dessus, proviennent de l'époque du Sultan Ageng Tirtayasa et de son Premier ministre, Kyai Arya Mangunjaya. À leur époque, le sultanat de Banten était un État indépendant et jouissait d'une souveraineté totale à tous les niveaux. L'autorité judiciaire pouvait alors promulguer les lois que souhaitait le pouvoir politique de Banten. La situation était tout autre à partir de 1682 quand Banten est tombé sous la domination des Hollandais.

Or, les autorités de la Compagnie hollandaise à Batavia étaient opposées à l'application des lois pénales islamiques dans les royaumes et principautés sous leur domination, comme à Cirebon. En effet, dans cette principauté, l'application de ces peines a été interdite dès 1688[49]. Ainsi, on peut affirmer que le droit pénal islamique ne tient qu'une place minime dans le texte d'*UUB*. Banten préférait se référer au droit coutumier et des amendes en numéraire étaient appliquées dans la majorité des cas[50]. En conséquence, « le Code[51] pénal des Javanais

---

47 Article 43 des Lois du Sultan Zainul Arifin.

48 Article 2 des Lois du Sultan Abul Mafakhir.

49 HOADLEY Mason C., *Selective Judicial Competence, op.cit.*, p. 53.

50 Le vol, le meurtre, la fornication et la fausse accusation sont passibles d'une amende en numéraire. Même pour un meurtre, l'assassin est condamné à une amende (article 62 des Lois de Java et article 18 des Lois du Sultan Zainul Abidin). En 1596, les Hollandais à Banten témoignent que l'amende est la peine la plus courante comme le montre l'exemple suivant : « [...] Nul homme ne peut aller au-delà de la ligne du marché des femmes mariées, sauf à avoir une grande amende », voir la version originale hollandaise ancienne « [...] *daer nevens der ghehouder vrouwen lijwaet werckt, binnen wiens royen niemandt mach in gaen op grooter boeten* », LODEWYCKSZ Willem, *De Eerste Schipvaart der Nederlanders Naar Oost-Indië onder Cornelis de Houtman 1595-1597*, *op.cit.*, vol. I, 1915, p. 112.

51 L'emploi du terme « code » par l'auteur cité ici ne doit pas être interprété dans son acception contemporaine occidentale ; il s'agit simplement d'une compilation des usages et des coutumes.

réclamait une révision générale, surtout en raison de certaines lois sanguinaires et ultra-draconiennes qui ne sont plus en rapport avec les mœurs […] »[52].

Cependant, dans certains cas, le droit coutumier pouvait être aussi sévère que le droit musulman. Par exemple, pour un vol, un article prévoit qu'un suspect soit aspergé de fer fondu, d'étain fondu ou encore d'huile bouillante pour qu'il avoue sa culpabilité. Si celle-ci est prouvée, il sera mis à mort[53]. Pour l'assassinat, le meurtrier doit être mis à mort, mais s'il a pu prendre la fuite, l'un des membres de sa famille doit être mis à mort à sa place[54]. Très clairement, ces exemples montrent que ces peines draconiennes ne relèvent pas du droit pénal islamique.

En conclusion, il est certain que les juges de Banten connaissaient le droit musulman et en possédaient même des ouvrages, mais ils ont néanmoins choisi leur propre voie soit en l'ignorant, soit en le modifiant. Cette situation n'est pas unique à Banten. On sait, par exemple, qu'à l'époque des Mameloukes (648-922 AH./1215-1517 EC.)[55] et de l'Empire ottoman (680-1342 AH./1281-1924 EC.)[56], les cadis et leurs officiers infligeaient des peines conformément aux coutumes locales, en ignorant le droit musulman ou en le modifiant selon leur interprétation.

52 MARRE Aristide, « Préface », dans *La translittération et la traduction d'un manuscrit malais Ms. no 12 à la Bibliothèque nationale de France à Paris*, 1874, p. 1-2.

53 Article 6 des Lois de Java (Majapahit).

54 Article 7 des Lois de Java (Majapahit).

55 Les juges de Mamlouk condamnaient les assassins, les voleurs, les brigands, les cambrioleurs, les faux-monnayeurs, les pédophiles, les coupables d'adultère et les blasphémateurs à diverses peines. On leur coupait la main, le pied et le bras, on les étranglait avec une corde jusqu'à ce que leurs yeux tombent par terre, on leur mettait une bague brûlante au doigt, on leur arrachait le bout des seins avec une pince brûlante et on les leur fit manger, on les pendait, on les sciait en deux, on les empalait, on leur tranchait le cou, on leur coupait les organes génitaux, on exposait leur corps dans un lieu public et puis on les jetait aux flammes, voir : ESPÉRONNIER Maryta, « La mort violente à l'époque mamelouke : le crime et le châtiment », *Der Islam*, vol. 74, no 1 (juillet-septembre), 1997, p. 137-155 et ESPÉRONNIER Maryta, « Un regard du côté mamlouk à travers les témoignages de Maqrīzī et d'Ibn Iyās », dans Gilles Veinstein (ed.), *Les Ottomans et la mort. Permanences et mutations*, Leyde, New York et Cologne, E.J. Brill, 1996, p. 175-186.

56 Les juges de l'Empire ottoman du XVe au XIXe siècles et leurs officiers condamnaient les coupables à avoir la main, les organes génitaux, le nez et les oreilles coupés. On punissait également les criminels par l'exposition, la coupe de la barbe, la marque au front et le paiement d'une amende pour l'homicide, le vol, l'adultère et la blessure, voir HEYD Uriel, *Studies in Old Ottoman Criminal Law*, édité par V.L. MÉNAGE, Londres, Oxford University Press, 1973, p. 15 ; pour en savoir plus, voir p. 41-289. Les condamnés étaient aussi empalés, étranglés, cordés, mutilés, pendus et exposés dans un espace public pendant plusieurs jours ou jetés à la mer, voir CAZACU Matei, « La mort infâme. Décapitation et exposition des têtes à Istanbul (XVe-XIXe siècles) », dans Gilles Veinstein (ed.), *Les Ottomans et la mort. Permanences et mutations*, Leyde, New York et Cologne, E.J. Brill, 1996, p. 245-289.

CHAPITRE 3

Le juge à Banten

1 Le cadi de Banten

Le premier juge musulman ou cadi connu au sultanat de Banten[1] était Ki Ali, ou Kyai Ali[2], sous le règne de Hasanuddin (1527-1570), selon une chronique du XVIe siècle sur Banten, intitulée *Sajarah Banten*[3]. Ki Ali était également connu sous le nom de *Kyai Dukuh*. Comme il vivait dans le village de Kasunyatan, il était également appelé *Pangeran Kasunyatan* (prince de Kasunyatan)[4]. Cependant, le terme « prince » ne signifiait pas nécessairement qu'il était de sang royal. Le village de « Kasunyatan »[5] était une sorte de centre d'enseignement islamique, ou *madrasa*, situé à l'extérieur de la ville de Banten, où les candidats à la fonction de juge étaient censés être formés. Le prince Kasunyatan en devint « le maître et l'enseignant ».

La fonction du cadi Prince Kasunyatan était centrale. Il avait des devoirs essentiels dans les affaires religieuses et politiques. Il était l'enseignant de religion du sultan et du prince héritier puis de toute la famille royale[6]. Il agissait en tant que tuteur du prince héritier lorsque celui-ci était encore enfant et le représentait dans tous les domaines[7]. Il était régent lorsque le sultan et le Premier ministre étaient absents du royaume[8]. Plus important encore, il était chargé des affaires juridiques. En effet, après le sultan et le Premier ministre, il était la personne la plus importante. Sans aucun doute, le cadi était la plus haute autorité en matière religieuse et juridique. Ce qui ressort également des observations des premiers Hollandais arrivés à Banten en 1596, notamment au

1 C'était pendant la seconde moitié du XVIe siècle.

2 Il s'appelait Ali et avait reçu le titre honorifique de *Kiyahi* ou de *Kyai*.

3 DJAJADININGRAT Hoesein, *Tinjauan Kritis Tentang Sajarah Banten*, Jakarta, Djambatan, 1983.

4 Id. p. 39, chant. 22.

5 Kasunyatan vient du mot « *sunyi* » qui signifie « calme, paix ou tranquillité ».

6 Il fut l'enseignant de religion de trois souverains de Banten : Maulana Yusuf (1570-1580), Maulana Muhammad (1580-1596) et son petit-fils Abul Mafakhir (1596-1651) ; voir DJAJADININGRAT Hoesein, *Tinjauan Kritis Tentang Sajarah Banten, op.cit.*, p. 39 et p. 43.

7 Il fut le tuteur du prince héritier Maulana Muhammad pendant sa petite enfance et son enfance, fonction dont le cadi se déchargea lorsque celui-ci atteignit l'âge légal pour devenir roi ; voir DJAJADININGRAT Hoesein, *Tinjauan Kritis Tentang Sajarah Banten, op.cit.*, p. 39-41.

8 Le sultan et le Premier ministre étaient partis à la conquête du royaume de Palembang, voir DJAJADININGRAT Hoesein, *Tinjauan Kritis Tentang Sajarah Banten, op.cit.*, p. 41-43.

© 2026 KONINKLIJKE BRILL BV, LEIDEN | HTTPS://DOI.ORG/10.1163/9789004766587-004

moment de leurs discussions avec le Premier ministre (Mangkubumi Kyai Mas Patih) sur la place royale (voir la figure 1)[9].

Le cadi, le prince Kasunyatan, était le fils de cheikh Muhammad Madani Syah, le souverain de Médine. Il a voyagé à travers le monde avant d'arriver à Minangkabau, à Sumatra. Le roi de ce pays a appris le Coran auprès de lui et lui a présenté une épouse. Il se rendit ensuite à Banten, où le roi l'accueillit pour enseigner l'islam au prince Muhammad (*r.* 1580-1596)[10]. Il semble donc que le premier cadi de Banten était d'origine arabe et venait directement de Médine. On peut supposer que la principale raison de la venue de Ki Ali était de renforcer la légitimité religieuse de Banten en tant que royaume islamique et centre d'études islamiques.

Sous le règne du cinquième souverain de Banten, le sultan Ageng Tirtayasa, le cadi obtint un titre spécial, à savoir *Kiyahi Pĕqih Najmuddin* (ou *Kyai Fakih Najmuddin*). Ce titre fut accordé pour la première fois à Enthol Kawista[11] vers 1651. Le sultan de Banten l'a nommé cadi, après que le prince Jayasantika a refusé d'accepter cette fonction[12]. Après Kawista, le titre de *Kiyahi Pĕqih Najmuddin* a été systématiquement porté par tous les cadis de Banten. Le dernier cadi à porter ce titre fut Haji Muhammad Adian, décédé en 1855 ou 1856[13].

Ainsi, cadi était le titre officiel et le nom fonctionnel d'un juge à Banten. Ce qui ressort aussi bien de la chronique locale *Sajarah Banten Besar* que du sceau du cadi de Banten. En effet, un sceau, daté de 1726-1727, porte l'inscription «*Alamat Cap Kadi Bantĕn*» (Ceci est le sceau du cadi de Banten) et un autre, daté de 1733, porte l'inscription «*Pangeran Kadi Syamsuddin*» (Prince Cadi Syamsuddin), tous deux écrits en *Pegon*[14]. Deuxièmement, «*Kiyahi Pĕqih Naj-*

---

9 L'image du Premier ministre et du cadi se trouve à l'image 113 du livre «*Eerst Schipvaart…*», voir LODEWYCKSZ Willem, *De Eerste Schipvaart der Nederlanders Naar Oost-Indië onder Cornelis de Houtman 1595-1597*, *op.cit.*, vol. I, 1915, p. 114.

10 DJAJADININGRAT Hoesein, *Tinjauan Kritis Tentang Sajarah Banten*, op.cit., p. 163.

11 *Enthol* était un titre honorifique et son nom était *Kawista.*

12 Pangeran Jayasantika était un véritable prince et un noble. Il est intéressant de noter que c'était très rare et que cela aurait été la première fois qu'un cadi de Banten aurait été membre de la famille royale, s'il avait accepté. Or, celui-ci a refusé ce poste et a préféré se rendre à La Mecque où il est resté jusqu'à la fin de sa vie, DJAJADININGRAT Hoesein, *Tinjauan Kritis Tentang Sajarah Banten*, op.cit., p. 71, chant 55.

13 *UBL*, Cod.Or. 7936 B, compilation de plusieurs feuilles (31 lignes par page en caractères romains) comprenant l'explication sur *Fakih Nadjmoedin*, 12 pages, p. 2, la liste des *pangulu*, 6 pages et 4 pages sur les archives de *Kyai Fakih Najmuddin* et 1 lettre de *Kyai Fakih Najmuddin* (H. Abu Bakar.). J'ai trouvé cette date dans l'explication sur *Fakih Najmuddin*, p. 9.

14 GALLOP Annabel Teh, *Malay Seal Inscriptions: A Study in Islamic Epigraphy from Sou-*

FIGURE 1 Le Premier ministre et le cadi en 1596 (*Lodewycksz ; 1915 : 114*)

muddin » était le titre officiel du cadi du sultanat de Banten, selon une source locale, à savoir le manuscrit LOr 5626[15]. Une grande partie des archives de Banten, conservées aux Archives nationales d'Indonésie (*ANRI*) à Jakarta, contient les sceaux du cadi de Banten portant le titre officiel « *Kiyahi Pĕqih Najmuddin* »[16].

2 Administration du cadi

Le système judiciaire du sultanat de Banten reposait sur le cadi, figure centrale de l'administration de la justice islamique. Dans l'exercice de sa fonction, le

theast Asia, thèse de doctorat non publiée, Université de Londres, School of Oriental and African Studies, 2002, vol. III, partie 2, annexe, Banten, p. 574-617, p. 585 et p. 593.

15 Voir la translittération et la traduction de ce manuscrit dans YAKIN Ayang Utriza, « The Transliteration and Translation of the Leiden Manuscript Cod.Or. 5626 on the *Sijill* of the Cadi of Banten 1754-1756 CE », *Heritage of Nusantara. International Journal of Religious Literature and Heritage*, vol. 5, no 1, 2016, p. 23-76, register no 2, 10, 15-16, 27, 48, 50-56, 59, 62, 66, 68-69.

16 Archives de Banten datées de 1738, 1747, 1748, 1753 et 1789, voir *ANRI*, n° 72, livre 43/6, n° 73, livre 43/7, n° 74, p. 2, sceau B, n° 76, livre 43/10, p. 17, n° 77, livre 43/12, p. 37.

cadi ne travaillait pas seul. Plusieurs officiers apparaissaient dans l'*Undhang-Undhang Bantĕn* (UUB), désignés par des termes spécifiques : *ḥakim*, *jaksa*, *paliwara* et *karta*[17].

Sur le plan étymologique, le terme de *jaksa* est d'origine sanscrite[18], alors que *ḥakim* vient de l'arabe[19] ; les deux signifient « juge ». À Banten, le *jaksa* occupait une position élevée auprès du cadi. Une illustration du numéro 13 du livre « *De Eerste Schipvaart…* » montre le *jaksa* placé devant le Premier ministre, ce qui témoigne de son importance[20]. Le tribunal de *karta* ou de *jaksa* semble s'inspirer du modèle du sultanat de Demak, héritier du royaume de Majapahit. Ce sultanat avait adopté le système judiciaire de Majapahit où siégeaient les sept *upapati* (les hommes de loi). Ainsi, le tribunal de *karta* ou de *jaksa* ne relève pas d'une institution islamique, mais d'une tradition hindoue-javanaise[21].

Toutefois, les différences entre les fonctionnaires de la justice à Banten et leurs compétences exactes demeurent obscures, puisque l'*UUB* ne fournit aucune précision à ce sujet. C'est dans un autre texte que l'on peut trouver des éléments de réponse. En effet, le *Pĕpakĕm Tjĕrbon* indique que le *karta* désignait un tribunal dirigé par le conseil des ministres, qui représentait le sultan. Ce conseil était également appelé tribunal des sept *jaksa* (juge-procureurs). Ces derniers appliquaient le droit séculier ou coutumier appelé *drigama*[22]. Ainsi, le tribunal de *karta* était aussi connu sous le nom de « tribunal de *drigama* »[23], en référence à ce droit coutumier. En résumé, à Cirebon, le *karta* était un tribunal présidé par les *jaksa*, dont les décisions reposaient sur le droit coutumier javanais.

Ce que confirme le témoignage de Raffles dans *The History of Java*, selon lequel, à Java, le *jaksa* était un juge spécialisé chargé du droit coutumier[24], le *paliwara* était son adjoint[25] et le *karta* correspondait à l'ensemble des officiers

17 Les mots *ḥakim* et *jaksa* apparaissent chacun quatre fois, *paliwara* une fois et *karta* dix fois dans le texte d'*UUB*.

18 Le nom de *jaksa* est originaire de l'Inde et était donné à un juge, BALL John, *Indonesian Legal History 1602-1848*, Sydney, Oughtershow, 1982, p. 38, 45-47, 60-62.

19 *Ḥākim* (juge) : tout détenteur d'une autorité judiciaire qui statue sur un litige, voir *ḥakam*, *EI*, *op.cit.*, vol. III, 1990, p. 74-75.

20 LODEWYCKSZ Willem, *De Eerste Schipvaart der Nederlanders Naar Oost-Indië onder Cornelis de Houtman 1595-1597*, *op.cit.*, vol. I, 1915, p. 114.

21 KERN R.A., « Javaansche Rechtsbedeeling. Een Bijdrage tot de Kennis der Geschiedenis van Java », *BKI*, no 83, 1927, p. 316-445, p. 428-429 ; voir aussi BALL John, *Indonesian Legal History 1602-1848*, op. cit., p. 49.

22 HAZEU G.A.J., *Tjeribonsch Wetboek* (*Pĕpakĕm Tjĕrbon*) *van het jaar 1768*, *op.cit.*, p. 43.

23 BALL John, *Indonesian Legal History 1602-1848*, *op.cit.*, p. 60-63.

24 RAFFLES Thomas Stamford, *The History of Java*, *op.cit.*, 1817, vol. I, p. 277.

25 Id., p. 313.

placés sous l'autorité du *jaksa*[26]. Dans le registre de 1754-1756 du cadi *Kiyahi Pĕqih Najmuddin*, le terme *paliwara* apparaît au registre n° 21[27], désignant un autre fonctionnaire du tribunal[28]. Une autre source locale de Banten, datant de 1892, précise que «*karta*» (ou *kĕrta*) renvoyait à un membre du personnel ou un assistant du cadi[29]. Par analogie avec Cirebon et Java, on peut supposer que ces assistants étaient compétents en droit coutumier à Banten et qu'ils travaillaient sous l'autorité du *Kiyahi Pĕqih Najmuddin*.

Le registre de 1754-1756[30] des jugements rendus par le cadi de Banten mentionne également les termes *pangulu* et *ḥakim*[31] pour conférer des assistants du cadi. Deux termes dans ce texte du registre, *Ḥakim* et *Kiyahi Pĕqih Najmuddin*[32], semblent interchangeables. Dans ce contexte, *ḥakim* indique souvent le cadi lui-même, mais peut également s'appliquer à ses adjoints.

Dans le texte d'*UUB*, le terme *pangulu* apparaît 47 fois, identifiant, au sens premier, un représentant du sultan de Banten à Lampung Tulang Bawang. Toutefois, celui-ci exerçait également des fonctions judiciaires[33]. Selon le registre du cadi de Banten de 1754 à 1756, il semble que le *pangulu* ait été nommé par le cadi pour représenter ce dernier dans les villages éloignés du centre administra-

---

26 Ibid.

27 YAKIN Ayang Utriza, «The Transliteration and Translation of the Leiden Manuscript Cod.Or. 5626 on the *Sijill* of the Cadi of Banten 1754-1756 CE.», *art.cité.*, p. 37, record no. 21 «*Ing dina Ṯĕlaṯa tanggal ping nĕmlikur saking wulan Rabīʿ al-'Awwal tahun Wāwu 1169 Hijrah, kala iki* ***paliwara*** *bumi aran pun Qabir anggawa wong lanang 'abdi, bature Mas Arya Kusuma Yuda, aran pun Bayududin, apiksa yen den-dhodhoki dening wong wadon aran pun Jijah, anake Ki Arya Jaga Laksana wong Kajoran. Ana dening kang den-dhodhoki iki omahe ing Pakalangan*» (Le mardi 26e du mois de Rabīʿ al-'Awwal 1169 A.H., en l'an Wāwu [30e décembre 1755 C.E.], le *paliwara* [officier du juge], nommé Qabir, avait amené un esclave [*abdi*], appelé Bayududdin, le serviteur [*batur*] de Mas Arya Kusuma Yuda, devant [le juge] pour l'informer que Jijah, une fille de Ki Arya Jaga Laksana de Kajoran, passait ses nuits dans sa [Bayududdin] maison à Pakalangan).

28 YAKIN, Ayang Utriza, «The Register of the Qadi Court 'Kiyahi Pĕqih Najmuddin' of the Sultanate of Bantĕn, 1754-1756 CE.» *Studia Islamika* 22 (3), 2015, p. 405-442, p. 470-471 et la note en bas de page p. 482.

29 *UBL*, Cod.Or. 7936 B, explication concernant Fakih Najmuddin de Sutadinata à Snouck Hurgronje, en caractères romains, sept pages, 21 septembre 1892, p. 5. *Kĕrta/karta*, dans les systèmes juridiques de Cirebon et du centre de Java, désigne un «tribunal», généralement composé de *nayaka*.

30 *UBL*, ms. L.Or. 5626, voir l'étude de ce manuscrit dans YAKIN Ayang Utriza, «The Register of the Qadi Court 'Kiyahi Pĕqih Najmuddin' of the Sultanate of Bantĕn, 1754-1756 CE.», *art.cité.* et YAKIN Ayang Utriza, «The Transliteration and Translation of the Leiden Manuscript Cod.Or. 5626 on the *Sijill* of the Cadi of Banten 1754-1756 CE.», *art.cité.*

31 Les deux termes signifient «juge», mais l'un est d'origine arabe et l'autre d'origine malaise.

32 Ce terme correspondait au titre du cadi de Banten.

33 Article 38 des Lois du Sultan Zainul Arifin pour Lampung Tulang Bawang.

tif[34]. Ce registre mentionne à plusieurs reprises Ki Mas Namar (ou Manamar), autorisé à unir des couples en mariage, ce qui suggère qu'il était probablement un *pangulu*. Une source locale datant d'approximativement 1890, recense 122 *pangulu* à Bantĕn en 1837, et une autre liste en mentionne 162[35], probablement au début du XIXe siècle.

En somme, le *Kiyahi Pĕqih Najmuddin* était la plus haute autorité du tribunal islamique de Bantĕn. Ses fonctionnaires – *pangulu, karta, jaksa* et *paliwara* – lui servaient d'adjoints et représentaient le cadi dans le village. Ce système judiciaire, relativement élaboré, mobilisait plusieurs acteurs. Malheureusement, les sources ne permettent pas de connaître la formation, l'éducation ni le contexte religieux et social du cadi et de ses fonctionnaires. On sait seulement que le cadi de Banten était généralement originaire de Lebak Parahiang (Lebak) ou de Cimanuk (Pandeglang)[36]. À Banten, l'appareil judiciaire reposait sur une organisation complexe, intégrant diverses fonctions et personnalités. Il s'agissait d'un système évolué, combinant des influences islamiques et des traditions javanaises.

3 Lieu du tribunal du cadi

La cour de justice du cadi siégeait sur la place royale (*alun-alun*). À la fin du XVIe siècle, d'après *De Eerste Schipvaart der Nederlanders* (*Le premier voyage des Hollandais*), le tribunal se tenait sur la place royale en 1596 et y est vraisemblablement resté au cours du XVIIe siècle[37]. Sur cette place se trouvaient deux banians (*waringin*) sous lesquels de nombreuses affaires étaient tranchées par le cadi. L'un était réservé à la discussion des affaires de l'État, tenue en soirée. L'autre servait à la cour de justice, qui tenait audience en journée. Les procès pouvaient rassembler 500 personnes ou davantage[38]. Cette pratique, consistant à rendre la justice sur la place royale[39], s'est poursuivie jusqu'à la première moitié du XVIIIe siècle.

---

34 *UBL*, Cod.Or. 7936 B, explication concernant Fakih Najmuddin, de Sutadinata à Snouck Hurgronje, 7 pages, 21 septembre 1892, p. 1.

35 *UBL*, Cod.Or. 7936 B, liste des *pangulu*, 6 pages.

36 *UBL*, Cod.Or. 7936 B, explication concernant Fakih Nadjmoedin, 12 pages, p. 1.

37 LODEWYCKSZ Willem, *De Eerste Schipvaart der Nederlanders Naar Oost-Indië onder Cornelis de Houtman 1595-1597*, *op.cit.*, vol. I, 1915, p. 114.

38 VAN DER CHIJS J.A., « Oud Banten », *TBG*, vol. 26, 1881, p. 1-62, et on se réfère à la traduction indonésienne, p. 44, faite à l'usage personnel de M. Mujahid Chudori, Serang, Banten.

39 Voir le récit du Hollandais F. Valentijn, lors de son séjour à Banten de 1724 à 1726 : VALENTIJN F., *Oud en Nieuw Oost Indiën…*, Dordrecht-Amsterdam, 1724-1726, vol. IV, p. 214-215, vue de Banten, cité dans GUILLOT Claude, Banten en 1678, *art.cité.*, p. 130.

Selon le registre de 1754-1756 du cadi *Kiyahi Pêqih Najmuddin*, le terme « *Bale Watangan* » qui apparaît au registre n°33, prend le sens de « salle d'audience » ou de « tribunal »[40], mais sa localisation demeure incertaine. Selon un document local sur *Kiyahi Pêqih Najmuddin*, rédigé à la fin du XIXe siècle, la cour du

40 YAKIN Ayang Utriza, « The Transliteration and Translation of the Leiden Manuscript Cod.Or. 5626 on the *Sijill* of the Cadi of Banten 1754-1756 CE », *art.cité.*, p. 43-44, record n°33 « *Ing dina Arba' tanggal ping 10 wulan Ḏū al-Qa'dah tahun Dāl 1167 Hijrah, kala iki ḥakim amethot padune Mas Bari kalawan Nyi Mas Wadon. Aṣal mas'alah Nyi Mas Wadon duwe pihutang tunggon ing pun Aripah. Utange sapuluh reyal. Piyagĕme lawas ana. Maka pun Aripah den-turuni dening pun Kĕrĕsĕk sapuluh reyal. Kang atampa reyal mas Bari angaku den-wakili dening Nyi Mas Wadon. Kari-kari Nyi Mas Wadon matur ing ḥakim yen ora wĕwakil ing Mas Bari. Maka ḥakim putusan ing Mas Bari kinon amĕtuni padu. Maka Mas Bari mĕtu ing* ***<u>Bale Watangan</u>***. *Ature "Inggih kula kang atampa artane sadasa arta saking pun Kĕrĕsĕk, sabab kula dipunwakili dening pun wadon." Milanipun arta sadasa punika boten kula tampakakĕn dhatĕng pun Wadon. Sabab pun wadon anarima sambĕtan sadasa arta dhatĕng kula sabab ṣaḥ. Pun Wadon punika amamĕruh sade kancing kula kĕncana dipunsade nĕm arta. Lan kula aken dhatĕng pĕcil kula. Kula ken numbasakĕn dangdang. Artanipun sampun kula tampakaken dhatĕng pecil kula kawan arta. Artanipun dipunangge malih dening pun Wadon. Dhatĕng ing rorompok kula, kocape pun Wadon dhatĕng kula wontĕn dening arta kang sadasa munkir 'adam saksi. Wontĕn dening ṣaḥ punika dados panahur kula ing ngandika Mas Bari, maka kocap kula dhatĕng iya sun tarima. Maka jawabe Nyi Mas Wadon "Arta sadasa punika, arta kula piya'mbak, lan kula botĕn wĕwakil." Maka saking arah ḥakim andhĕp mas Bari, mĕnang Nyi Mas Wadon.* » (Le mercredi 10 du mois de Ḏū al-Qa'dah 1167 A.H. de l'année Dāl [29 août 1754 C.E.], le juge a statué sur un litige entre Mas Bari et Nyi Wadon. Nyi Mas Wadon avait prêté dix *reyal* à Aripah, dont le remboursement avait été reporté. Le certificat de dette [*piyagĕm*] existait. La dette de dix *reyal* d'Aripah a ensuite été remboursée par Keresek. La personne qui a reçu l'argent était Bari, qui affirmait avoir été nommé agent de Nyi Mas [Wadon]. [Mais] Nyi Mas Wadon a témoigné devant le juge qu'elle n'avait jamais délégué Mas Bari [pour accepter cet argent]. En conséquence, le juge a envoyé un message à Mas Bari pour lui demander de comparaître devant **<u>le tribunal/salle d'audience [*Bale Watangan*]</u>** afin de répondre à cette accusation. Il [Mas Bari] a déclaré : « *Oui, c'est vrai. En tant que mandataire autorisé de Nyi Mas Wadon, j'ai reçu dix reyal de Kĕrĕsĕk.* [*Cependant*], *je n'ai pas donné ces dix reyal à* [*Nyi Mas*] *Wadon, car elle avait légalement une dette de dix reyal envers moi.* » En réalité, [Nyi Mas] Wadon avait vendu mon bouton en or d'une valeur de six *reyal*, comme il l'a déclaré. Elle a ensuite pris les quatre *reyal* que j'avais donnés à mon enfant pour qu'il achète un cuiseur à riz [*dandang*]. Mais [Nyi Mas] Wadon est ensuite venue chez moi et m'a dit qu'elle ne reconnaissait pas ces dix *reyal* susmentionnés, car il n'y avait pas de témoin [*'adam saksi*]. [Elle a ajouté] « *Si ce* [*type d'échange*] *était légal, alors cet argent a été utilisé pour régler ma dette envers vous, Mas Bari.* » Mas Bari a répondu « *Oui, j'accepte* ». Cependant, Nyi Mas Wadon a répondu : « *Cet argent de dix* [*reyal*] *est mon propre argent* [*provenant du règlement de la dette d'Aripah payée par Keresek*] *et je n'ai jamais délégué* [*quiconque pour recevoir cet argent*] ». Du point de vue du juge, il a statué en faveur de Nyi Mas Wadon, qui avait gagné le procès contre Mas Bari).

cadi se serait tenue à *Bale Bandung*[41]. Tout indique donc que le tribunal du cadi fut d'abord transféré de la place royale à Bale Watangan, puis à Bale Bandung, et que les heures d'ouverture furent prolongées jusqu'à la nuit au XVIIIe siècle, comme en témoignent les archives du cadi de Banten[42].

4 Compétence partielle et procédure du cadi

D'après les cas rassemblés dans ce recueil de l'*UUB*, le cadi traitait la quasi-totalité des affaires privées et pénales. Il convient toutefois de souligner que ces dispositions ne couvrent ni l'ensemble des catégories sociales ni tous les problèmes susceptibles de survenir dans un État. Le recueil de l'*UUB* ne contient pas de dispositions régissant une éventuelle révolte de princes ou un meurtre commis par le roi ou l'un de ses proches. Tout porte à croire que le cadi n'était pas compétent pour les affaires relatives au palais. Autant qu'on puisse le déduire des sources, c'était le Premier ministre interne, l'*upapatih* ou le *patih jĕro*, nommé en fonction de son âge et de son expérience[43], qui réglait les problèmes internes au sein de la famille royale[44].

Par ailleurs, le principal problème juridique à Banten tenait à l'absence de droit constitutionnel formalisé. Le texte d'*UUB* ne contient aucune norme ne fixe les modalités de transmission du pouvoir d'un sultan à son successeur, ni la décision de nommer un nouveau Premier ministre (*mangkubumi*)[45]. Ce qui explique la survenance de plusieurs guerres civiles à Banten, notamment en 1608 et en 1682.

En outre, l'*UUB* ne contient pas non plus de règles de procédure ni d'articles relatifs au dépôt d'un dossier judiciaire ou au déroulement de la saisine. L'analyse des archives des décisions rendues par le cadi de Banten, notamment

41 *UBL*, Cod.Or 7698 B, explication concernant Fakih Nadjmoedin, 12 pages, p. 2. Il est très probable que *Bale Bandung* était le nom donné au tribunal du cadi.

42 YAKIN Ayang Utriza, « The Register of the Qadi Court *'Kiyahi Pĕqih Najmuddin'* of the Sultanate of Bantĕn, 1754-1756 CE. », *art.cité.*, p. 471-472.

43 On sait, par exemple, que sous le sultan Abul Mafakhir Abdul Kadir, Pangeran Gĕbang (1575-1669) – oncle du souverain – occupait cette fonction jusque dans les années 1650 à l'époque du Sultan Ageng Tirtayasa, le petit-fils de Sultan Abul Mafakhir, et il fut remplacé par Pangeran Mandureja ; voir GUILLOT Claude, « Libre entreprise contre économie dirigée : guerres civiles à Banten, 1580-1609 », *Archipel*, n°43, 1992, p. 57-72, p. 59 et p. 70, note 10.

44 Id., p. 58.

45 GUILLOT Claude, « Le difficile équilibre entre ambition politique et développement économique : guerre et paix à Banten (XVIe-XVIIe siècles) », dans Nguyên Thê Anh et Alain Forest (eds.), *Guerre et paix en Asie du Sud-Est*, Paris, L'Harmattan, 1998, p. 95-108, p. 105.

le registre de 1754-1756, suggère toutefois que la procédure était relativement simple. Les parties pouvaient se présenter au tribunal à tout moment. Les heures d'ouverture n'étaient pas fixes et dépendaient très probablement du cadi lui-même. Le cadi et ses fonctionnaires tenaient audience quotidiennement, de jour comme de nuit. Le requérant exposait sa cause au cadi, qui l'acceptait et la faisait consigner au registre par son secrétaire ou son scribe[46].

De plus, quant à la nature des affaires, il ressort du registre du cadi de 1754-1756 que ce dernier acceptait presque tous les types de litiges, des affaires familiales aux affaires pénales. Cette pratique judiciaire du cadi (« droit en action ») confirme le « code » de Banten de l'*UUB* (« droit en livre »). Il est toutefois significatif de noter que le registre ne mentionne ni les affaires de meurtre ni les transactions commerciales importantes. Les homicides relevaient très probablement de la compétence du palais (*dalĕm*) ou du Premier ministre (*bumi*), tandis que les grandes transactions commerciales relevaient de la compétence du chef des douanes et du port maritime (*syahbandar*)[47]. Enfin, lorsqu'une partie n'était pas satisfaite de la décision d'un adjoint du cadi, par exemple le *pangulu*, elle pouvait interjeter appel devant le cadi. Si elle contestait la décision du cadi lui-même, elle pouvait faire appel auprès du *bumi* (Premier ministre) ou du *dalĕm* (Palais).

5 Juridiction du *bumi* et du *dalĕm*

D'après le texte d'*UUB*, il existe une autre instance juridique qui s'appelle le *bumi*[48] comme on le voit dans les deux exemples suivants :

> *Lan singsapa angindhĕt-indhĕti, maka aweh wĕruh maring bumi. Salagi ora aweh wĕruh maring* ***bumi****, kinon angolihakĕn malih maring kang aduwe lan dhinĕndha karang limang tĕnggang.*
>
> (Quiconque ne peut pas s'acquitter de sa dette, doit en informer **l'Administration**. S'il ne le fait pas, il sera condamné à une peine de cinq bateaux de madrépores et il devra en plus s'acquitter de sa dette auprès de son créancier).[49]

---

46 YAKIN Ayang Utriza, « The Register of the Qadi Court *'Kiyahi Pĕqih Najmuddin'* of the Sultanate of Bantĕn, 1754-1756 CE. », *art.cité.*, p. 472.

47 Ibid.

48 On trouve davantage le mot « *bumi* » dans les lois du Sultan Zainul Abidin que dans d'autres lois.

49 Article 31 des Lois du Sultan Zainul Abidin.

Lan singsapa giniring padu ora mětoni, rong padu, kaping tělune pidhanane sapuluh reyal, nadyan nayaka atawa ponggawa alihadansih. Lamon wong cili pidhanane sapuluh reyal uga maring ***bumi.***

(Quiconque est emmené parce qu'il a une dispute que l'on ne parvient pas à [régler], si bien qu'il a une deuxième dispute, sera condamné, lors de la troisième dispute, à une amende de 10 réaux, même s'il s'agit d'un *nayaka* ou d'un *ponggawa*. S'il s'agit d'un *wong cili*, il sera condamné [à payer] à **l'Administration** une amende de 10 réaux).[50]

Le mot *bumi* signifie « territoire » ou « pays »[51]. On retrouve ce mot dans un titre de fonction, *Mangkubumi*, qui signifie « celui qui prend soin d'un pays »[52]. Le *bumi* était placé sous l'autorité de son chef, le *Mangkubumi* (porteur du *bumi*), sorte de Premier ministre. Il nous semble donc que la traduction la plus adéquate de « *bumi* » serait « Gouvernement », « Administration » ou « Premier ministre ». Ce titre désignait le Premier ministre interne (*patih jěro*), auquel on s'adressait sous la forme honorifique : *Pangeran Papatih* (*Upapatih*). En tant que conseiller privilégié du souverain, le *Mangkubumi* s'occupait des affaires internes du palais et de la famille royale et il réglait toutes les affaires de la noblesse[53]. Toutefois, à partir de l'époque du gouvernement du Sultan Ageng en 1651, il semblerait que le pouvoir de *Mangkubumi* gagna en importance. Il se mit à régler et diriger toutes les affaires politiques, juridiques et économiques relevant de sa juridiction, avec son gouvernement ; il disposait d'un pouvoir immense et était considéré comme le numéro deux après le sultan. D'après le texte d'*UUB*, on ne peut pas établir avec une grande précision comment fonctionnait le *bumi*. Il semble toutefois avoir eu un statut supérieur à celui du tribunal du cadi et fonctionnait peut-être comme une cour d'appel ou une cour de cassation en tant qu'Administration du pays.

50 Article 2 des Lois du Sultan Zainul Abidin.

51 PIGEAUD Theodore G.Th., *Javaans-Nederlands Woordenboek*, Dordrecht, Foris Publication, 1989 (1936), p. 47.

52 TALENS Johan, « Ritual Power : The Installation of a King in Banten, West Java, in 1691 », *art.cité.*, p. 344. On trouve, par exemple, dans l'Agama, le plus ancien code javanais de l'époque de Majapahit, le mot '*Sang Amawa Bumi*' (celui qui porte le monde) pour désigner le prince, voir HOADLEY Mason C. et HOOKER M.B., *An Introduction to Javanese Law. A Translation of and Commentary on the Agama*, Tucson, The University of Arizona Press, 1981, p. 102.

53 GUILLOT Claude, « Libre entreprise contre économie dirigée : guerres civiles à Banten, 1580-1609 », *art.cité.*, p. 58.

Le texte ajoute une autre instance juridique, le *dalĕm* comme le montre l'article suivant :

> *Titiyang kang minggat mangetan atawa kang minggat ing Surakarta lami-lami ajĕng mantuk dhatĕng Bantĕn, anging botĕn ajĕng mantuk ing gustinipun lami, punika pinidulur dening* ***dalĕm****, wontĕna ing nayaka utawi ing ponggawa soka mantuk dhatĕng Bantĕn. Anging,* ***dalĕm*** *botĕn amilikakĕn maring kang kadhatĕngan.* [...].
>
> (Si quelqu'un qui s'est enfui vers l'Est ou à Surakarta, veut retourner à Banten après quelque temps, sans vouloir retourner chez son premier maître, il y est autorisé par **le palais** à condition que ce soit un *nayaka* ou un *ponggawa* qui lui permette de retourner à Banten. Mais, pour **le palais** [qui le lui permet] [ce fugitif] ne devient pas la propriété de celui qui l'a accueilli. [...]).[54]

Le *dalĕm* était un terme de politesse désignant le souverain. En effet, nul ne peut le nommer directement. En 1769, Stavorinus rapporte que « le *dalĕm* est le nom que l'on donne au "le palais", ce qui signifie *l'intérieur* en langue malaise[55] ». Le texte semble montrer que le palais constituait l'instance suprême en matière de droit puisque c'était à lui qu'était laissé un certain nombre de décisions dans les cas difficiles. De même, le *dalĕm* prononçait une peine qui s'appelle « la peine royale » comme on le trouve dans quelques exemples :

> [...] *Lan lamon amateni si Anggĕris atawa si Paracis atawa si Danamarka atawa si Walanda tinrapakĕn ing parentah dalĕm.*
>
> ([...] Si [quelqu'un] assassine un Anglais, un Français, un Danois ou un Hollandais, il sera condamné à la peine royale).[56]
>
> *Lan singsapa atutukaran ing ĕnggon kang liyan saking pasebaning nayaka lan liyan saking pasebaning ponggawa tinrapakĕn ing parentah dalĕm* [...].

---

54 Article 1 des Lois du Kyai Arya Mangunjaya.

55 STAVORINUS J.S., *Voyage par le cap de Bonne-Espérance à Batavia, à Bantam et au Bengale en 1768, 69, 70 et 71, par J.S. Stavorinus, avec des observations sur la Navigation et le Commerce de ces contrées, ainsi que sur le Caractère, les Mœurs et la Religion des Peuples qui les habitent*, trad. H.J. Jansen, Paris, Chez H.J. Jansen, 1798, p. 58-59.

56 Article 43 des Lois du Sultan Haji.

> (Quiconque a une querelle dans un lieu autre que le *paseban* d'un *nayaka* ou d'un *ponggawa*, sera condamné à la peine royale [...])[57].
>
> *Lan singsapa mĕtu 'iša, padha anggawaha obor. Lan lamon ora anggawa obor, katraping parentah dalĕm* [...].
>
> (Quiconque sort dans la soirée, doit porter une torche. S'[il] ne porte pas de torche, il sera condamné à la peine royale [...])[58].

Il est manifeste que les pouvoirs politiques et juridiques n'étaient pas séparés. Il apparaît que le *dalĕm* avait tous les droits. D'après un témoignage du Hollandais, Valentijn, le roi était effectivement le juge suprême[59]. Il avait la prérogative de prendre des décisions juridiques, notamment dans certains cas. Toutefois, on peut s'interroger sur la question de savoir si le *dalĕm* et le *bumi* n'étaient pas une seule et même instance. Faute d'éléments, on ne peut pas répondre à cette question. En somme, le cadi était la première instance juridique auprès de laquelle le peuple bantenois pouvait porter plainte et obtenir une décision.

---

57 Article 47 des Lois du Sultan Zainul Abidin.

58 Article 72 des Lois du sultan Zainul Abidin.

59 VALENTIJN F., *Oud en Nieuw Oost Indiën...*, cité dans GUILLOT Claude, Banten en 1678, *art.cité.*, p. 130.

CHAPITRE 4

Société et peine à Banten

1 Structure sociale selon le cadi

Les sources hollandaises de la fin du XVIe siècle sont les premières à avoir transmis des informations sur la société de Banten[1]. Cornelis de Houtman (1565-1599) et ses hommes ont jeté l'ancre à Banten le 22 juin 1596 et y ont séjourné pendant quelque temps. Quant à l'ouvrage de Willem Lodewycksz, il narre le séjour de ce dernier et fait état de l'établissement d'une taxinomie des groupes ethniques de la société de Banten, incluant Perses, Arabes, Pegu[2] (originaires de Birmanie), Malais, Keling[3] (venant de l'Inde du Sud), Chinois[4] et Portugais[5]. Cette information met en exergue la richesse et la diversité sociales de Banten, ainsi que son ouverture au monde extérieur. La composition plurale de sa société se poursuivit et se développa au cours des XVIIe et XVIIIe siècles, selon diverses sources hollandaises.

Toutefois, une perspective émique nous paraît incontournable. En effet, une approche fondée sur la source locale permet de comprendre comment les Bantenois percevaient et définissaient leur propre société. L'*Undhang-Undhang Bantĕn* constitue une source juridique locale fondamentale pour comprendre l'organisation sociale du sultanat de Banten et de la société javanaise. D'après notre analyse, ce texte met en lumière cinq axes majeurs de structuration : la catégorie territoriale, la catégorie politique, la catégorie statuaire, la catégorie originaire et la catégorie aristocratique. Cette dimension structurale révèle la complexité et la sophistication de la société javanaise de Banten à l'époque précoloniale.

1.1 La catégorie territoriale

La structuration territoriale de la société bantenoise repose sur une division en quatre niveaux, chacun correspondant à une sphère d'autorité distincte.

---

1 LODEWYCKSZ Willem, *De Eerste Schipvaart der Nederlanders Naar Oost-Indië onder Cornelis de Houtman 1595-1597*, *op.cit.*, vol. I, 1915.

2 Ibid., vol. I, p. 120, image n°17.

3 Ibid., vol. I, p. 121, image n°18.

4 Ibid., vol. I, p. 122, image n°19.

5 Ibid., vol. I, p. 126, image n°21.

© 2026 KONINKLIJKE BRILL BV, LEIDEN | HTTPS://DOI.ORG/10.1163/9789004766587-005

1.1.1 Le *dalĕm* (le palais royal)

Le premier territoire est désigné par le terme *dalĕm* (littéralement « intérieur »), qui renvoie, de manière euphémisée, au roi ou au sultan lui-même. Ce territoire correspond au palais royal, placé sous l'autorité directe du sultan. Les résidents du *dalĕm* sont constitués de la famille royale (épouses, concubines, enfants), des officiers du palais et des esclaves (*abdi dalĕm*). Ce noyau central constitue le cœur du pouvoir du sultanat.

1.1.2 Le *bumi* (la cité-capitale)

Autour du *dalĕm* s'étend le *bumi*, qui désigne la cité-capitale, également appelée *Surasowan*, correspondant à la ville intra-muros. Ce territoire est administré par le *Mangkubumi* (litt. « porteur du *bumi* »), titre attribué au Premier ministre interne (*patih jĕro*). Les habitants de cette zone sont appelés *wong jĕro*, soit « gens de l'intérieur », ce qui souligne leur résidence dans la ville intra-muros, en proximité du centre du pouvoir.

1.1.3 Le *nagari*/*nagara* (l'État)

Au-delà du *bumi* s'étend le *nagari*, ou *nagara*, qui désigne l'État proprement dit, englobant les territoires périphériques de la cité-capitale. Ce niveau relève de la responsabilité du Premier ministre externe, le *Tumĕnggung*. Ce dernier exerce son autorité sur l'ensemble du territoire de l'État de Banten. Les résidents de cette zone sont appelés *wong jaba*, c'est-à-dire « gens de l'extérieur », en référence à leur position en dehors du centre urbain.

1.1.4 Le *duradesa* (les territoires périphériques)

Enfin, le *duradesa* désigne les territoires éloignés ou périphériques, comprenant des villages et des régions situés en dehors des limites administratives de l'État de Banten. Le *duradesa* est identique au *mancanĕgara* (étranger) selon le concept politique en vigueur au royaume javanais de Mataram (VIIIe-Xe siècles). Les habitants sont appelés *wong duradesa* (gens des territoires lointains, c'est-à-dire la population vivant à l'extérieur du sultanat).

1.2 La catégorie politique

Le *Undhang-Undhang Bantĕn* met en évidence la structure sociale du sultanat à travers une hiérarchie politique clairement définie, répartie en quatre niveaux principaux.

1.2.1 Le rang supérieur

Ce niveau regroupe les figures les plus éminentes du sultanat, à savoir :
- Le sultan, chef suprême du royaume ;
- Le prince héritier, successeur désigné ;
- Trois hauts dignitaires qui assistent le sultan dans la gouvernance :
  - Le Premier ministre (*Mangkubumi* ou *Tumĕnggung*), responsable de l'administration générale ;
  - Le grand cadi (*Kiyahi Pĕqih Najmuddin*), autorité religieuse suprême ;
  - Le trésorier (*Syahbandar* ou *Tandha*), chargé des finances et du commerce.

1.2.2 Le rang intermédiaire

Ce niveau comprend les responsables administratifs et les nobles occupant des fonctions importantes :
- Les *Dipati*, chefs de région ;
- Les *Nayaka*, nobles hauts fonctionnaires ;
- Les *Ponggawa* (appelés également *pĕryayi*), membres du peuple investis de hautes fonctions administratives ;
- Les *Mantĕri*, fonctionnaires de rang intermédiaire ;
- Les *Kaliwon Dalĕm*, responsables de l'administration interne du palais.

1.2.3 Le rang inférieur

Ce groupe est composé de fonctionnaires subalternes, répartis selon leur domaine d'intervention :
- Les *Lurah Jaba*, chargés des affaires extérieures au palais, sous l'autorité du Premier ministre externe ;
- Les *Lurah Dalĕm*, responsables des affaires internes du palais et, potentiellement, de la capitale Surasowan ;
- Les *Bĕkĕl Jaba*, gérants-fermiers ou collecteurs d'impôts dans les territoires du sultanat, également sous la supervision du Premier ministre externe ;
- Les *Bĕkĕl Dalĕm*, exerçant des fonctions similaires au sein du palais et, vraisemblablement, à Surasowan.

1.2.4 Le rang subalterne

Enfin, le niveau le plus bas de la hiérarchie est constitué des travailleurs du palais :

- Les *Pakathik*, serviteurs responsables des chevaux (faucheurs, laquais, palefreniers) ;
- Les *Parekan*, serviteurs accompagnant et assistant la famille royale ;
- Les *Punakawan*, porteurs de symboles de la noblesse à Banten, à savoir :
  - *Lampit* : porteur de natte en rotin ;
  - *Kandhaga Lante* : porteur de coffret à bétel en bois et feuilles de cocotier ;
  - *Payung* : porteur de parasol ;
  - *Pangangsu Damar Dalĕm* : porteur de la résine royale ou du *damar*.

1.3 La catégorie statutaire

Le *Undhang-Undhang Bantĕn* propose également une classification de la société selon le statut de la personne révélant les rapports de dépendance et les dynamiques sociales au sein du sultanat. Quatre catégories principales sont distinguées :
- *Mardika* : personnes libres jouissant de droits civiques et d'autonomie sociale,
- *Abdi* : esclaves, soumis à la propriété d'un maître et dépourvus de liberté individuelle,
- *Batur* : serfs ou dépendants, liés à un maître ou une institution par des obligations de service,
- *Kawula* : individus initialement libres, mais réduits à l'état d'esclaves en raison de dettes contractées, illustrant les mécanismes de servitude pour dette dans la société bantenoise.

Cette typologie met en lumière la diversité des statuts sociaux et les modalités de subordination dans le cadre juridique du sultanat.

1.4 La catégorie originaire

Le *Undhang-Undhang Bantĕn* distingue également les individus selon leur origine ethnique et géographique, ce qui reflète la pluralité culturelle du sultanat et ses interactions avec le monde extérieur.
- *Wong Bantĕn* : désigne les habitants autochtones du sultanat, toutes catégories sociales confondues.
- *Wong Asing* : désigne les étrangers, subdivisés en trois groupes :
  - Les Européens : Français, Portugais, Hollandais, Danois, Anglais ;
  - Les Asiatiques : Chinois, Indiens du Sud (*Keling*), Indiens du Nord (*Gujarati*) ;
  - Les Insulindiens : peuples de l'archipel, tels que les Malais, les Macassarais, les Balinais, les Bugis et les habitants de Lampung.

- *Wong Capeyo* : désigne les Bantenois, portant le chapeau hollandais, travaillant pour les étrangers résidant à Banten et à qui le droit local ne s'applique pas. En revanche, il existait une législation spécifique pour le *wong capeyo*[6].

Cette classification témoigne de la conscience géopolitique du sultanat et de son intégration dans les réseaux commerciaux et diplomatiques, tant régionaux qu'internationaux.

1.5 La catégorie aristocratique

Enfin, le *Undhang-Undhang Bantĕn* établit une distinction sociale fondée sur le sang (origine noble) et le rang (fonction occupée), divisant la société en deux grandes catégories :

- *Wong Gĕdhe* : personnes de rang élevé ou de sang noble, incluant :
  - Les *Warga*, membres de la famille royale ;
  - Les *Nayaka*, nobles hauts fonctionnaires ;
  - Les *Ponggawa*, gens ordinaires occupant des fonctions élevées ;
  - Les *Mantĕri*, fonctionnaires (nobles ou roturiers) de rang intermédiaire ;
  - Les *Suranagara*, soldats du sultanat.
- *Wong Cili* : gens ordinaires, sans statut noble ni fonction élevée.

Cette dernière typologie illustre la stratification sociale fondée à la fois sur l'héritage familial et sur l'intégration dans l'appareil administratif ou militaire du sultanat.

Ces structures et catégorisations sociales au sein de l'*Undhang-Undhang Bantĕn* sont renforcées par le registre de 1754-1756 du cadi de Banten. Selon ce dernier, les personnes qui comparaissaient devant le tribunal du cadi étaient soit des gens libres (*mardika*), soit des esclaves (*abdi*). En ce qui concerne les personnes libres, il s'agit à la fois de la population locale de Banten (*wong Bantĕn*) et d'étrangers (*wong asing*), tels que les Chinois, les Arabes, les Indiens ou les Perses. Quant aux personnes libres de Banten, il s'agit à la fois de membres de la famille royale (*wong gedhe*) et de roturiers (*wong cili*), vivant en milieu urbain (*bumi*) ou en milieu rural (*nagara/nagari*)[7].

6 Par ex. Art. 13 des lois du Sultan Haji.

7 YAKIN Ayang Utriza, « The Register of the Qadi Court *'Kiyahi Pĕqih Najmuddin'* of the Sultanate of Bantĕn, 1754-1756 CE. », *art.cité.*, p. 475.

2 Différenciation des peines en fonction du statut

La structure sociale à Banten est assez complexe et la sanction dépend du statut personnel. Selon les articles de plusieurs lois de l'*Undhang-Undhang Bantĕn*, toute personne est susceptible d'être condamnée si elle commet une infraction, mais les sanctions diffèrent très souvent selon le statut social et le sexe de l'auteur de l'infraction[8]. De même, elles tiennent compte du moment où l'infraction a été commise et du lieu où elle s'est déroulée.

Pour les nobles et les dignitaires (*nayaka, ponggawa, mantĕri ou suranagara*) qui commettent certaines infractions, la peine est beaucoup plus élevée que celle appliquée aux gens ordinaires (*wong cili*)[9], mais pour d'autres infractions, elle est plus élevée pour ces derniers que pour les premiers[10]. De même, la peine appliquée pour une infraction dans le *paseban* d'un dignitaire (prince, famille royale, fonctionnaire) est plus élevée que celle appliquée pour une infraction commise dans le *paseban* des personnes ordinaires[11]. Cependant, la peine infligée à ces derniers lorsqu'ils se rebellent contre les officiers est bien plus lourde que celle infligée à ceux qui ne contestent pas leur autorité[12].

Pour les hommes libres, la peine est beaucoup plus lourde que celle appliquée aux esclaves (*abdi*) ou aux dépendants (*batur* et *kawula*)[13] à quelques exceptions près ; la plus importante de celles-ci est en cas de meurtre[14]. De même, les amendes infligées aux hommes libres sont plus élevées que celles infligées aux esclaves ou aux dépendants[15]. Très souvent, au début d'un article, on ne précise pas que celui-ci ne concerne que les esclaves, mais, cette information apparaît au fil de l'énoncé[16].

Le corpus juridique étudié opère une différenciation systématique du prononcé des peines selon le sexe de la personne condamnée, distinction dont l'analyse révèle la cohérence interne ainsi que les implications normatives. Les articles consacrés exclusivement aux esclaves n'indiquent d'ailleurs que rarement leur sexe de manière explicite[17].

8 Articles 11, 12, et 13 des Lois du Sultan Haji.
9 Articles 21 et 43 des Lois du Sultan Zainul Abidin.
10 Article 21 des Lois du Sultan Haji, articles 2 et 77 des Lois du Sultan Zainul Abidin.
11 Articles 1-4 des Lois du Sultan Haji.
12 Article 20 des Lois du Sultan Zainul Arifin.
13 Articles 35 et 38 des Lois du Sultan Zainul Abidin.
14 Article 3 des Lois du Kyai Arya Mangunjaya.
15 Article 7 des Lois du Kyai Arya Mangunjaya.
16 Article 18 des Lois du Sultan Haji.
17 Articles 5 et 7 des Lois du Sultan Haji.

La distinction entre hommes et femmes se manifeste de manière constante dans la gradation des peines. De façon générale, les sanctions infligées aux hommes sont plus lourdes que celles infligées aux femmes[18]. Ainsi, les amendes infligées à un homme excèdent systématiquement celles imposées à une femme pour une infraction identique, ce qui reflète une hiérarchie pénale fondée sur le sexe. Cette règle connaît toutefois une exception majeure en matière d'homicide : « Si un homme assassine une femme, l'amende sera de 6000 (*dirham*). Si une femme assassine un homme, l'amende sera de 12 000 (*dirham*)[19]. » L'inversion de la logique punitive habituelle met en lumière l'importance symbolique et sociale accordée à la vie d'un homme dans ce cadre juridique.

La modulation des peines ne repose cependant pas uniquement sur le sexe de l'auteur ; elle dépend également du lieu et du moment de l'infraction. Une transgression commise dans le *paseban* d'une femme entraîne une sanction plus sévère que celle perpétrée dans le *paseban* d'un homme[20], ce qui indique que l'espace associé à la figure féminine peut, dans certains cas, bénéficier d'une protection juridique renforcée. De même, une infraction commise en soirée ou durant la nuit est punie plus lourdement qu'un acte similaire commis en journée[21], ces éléments constituant des circonstances aggravantes.

La peine varie également selon l'origine de la personne. Les autochtones, c'est-à-dire les Bantenois, ont le droit d'habiter dans la cité-capitale (*bumi*) de Surasowan ou dans le pays (*nagara/nagari*) de Banten, tandis que les étrangers doivent habiter dans un quartier à part, le « quartier des étrangers ». La peine est également différente chez les autochtones selon le lieu où ils habitent. Les Bantenois habitant dans la cité-capitale Surasowan (*wong jĕro*) sont généralement condamnés à une peine plus élevée que celle appliquée aux Bantenois habitant à l'extérieur de la capitale, mais toujours dans le pays de Banten (*wong jaba*)[22]. Les peines infligées aux étrangers (y compris aux personnes venant d'Asie du Sud-Est maritime) sont plus élevées que celles infligées aux autochtones[23]. En revanche, la peine infligée aux étrangers, qu'ils soient musulmans

18 Article 19 des Lois du Sultan Haji et article 10 des Lois du Sultan Abul Mafakhir.

19 Article 62 des Lois de Java (Majapahit), voir aussi l'article 52 des Lois de Java (Majapahit).

20 Article 6 des Lois du Sultan Abul Mafakhir.

21 Articles 34 et 37 des Lois du Sultan Zainul Abidin, articles 6 et 9 des Lois du Kyai Arya Mangunjaya, et articles 53 et 54 des Lois de Java.

22 Article 4 des Lois du Kyai Arya Mangunjaya.

23 Comparer les articles 16 et 24 des Lois du Sultan Haji concernant la querelle sur la place royale. Pour les indigènes, la peine consiste en la saisie des biens et l'exil à Lampung (art. 16), tandis que, pour les étrangers, elle se compose de la prison, de l'amende, de la saisie et de l'exil à Lampung (art. 24).

ou non, est identique ; par exemple, il n'y a pas de différence de peine entre les Chinois musulmans et les non-musulmans[24]. Donc, il n'est jamais question d'une différenciation de la peine en fonction de la religion.

Ainsi, à Banten, l'application du droit ne présente pas un caractère uniforme. Le système juridique prend explicitement en considération une série de paramètres – le statut social, le sexe, l'origine, ainsi que le lieu et le moment de l'infraction – qui déterminent la nature et la sévérité de la peine. L'ensemble de ces critères compose une architecture normative complexe, au sein de laquelle s'entrecroisent les hiérarchies sociales, les distinctions de genre, la structuration spatiale et la temporalité. Chacun de ces éléments contribue à produire une gradation des sanctions à la fois nuancée, cohérente et profondément hiérarchisée, révélant la sophistication du système pénal bantenois.

3 Peines à Banten

3.1 Peine matérielle

3.1.1 Amende

D'après le texte de l'*UUB*, la peine la plus courante à Banten est l'amende. Dans 93 des 335 cas mentionnés, soit 28 %, les coupables sont condamnés à une amende. Cette dernière est exprimée en réal (*reyal*), en *dirham* et en *picis*.

Le mot *reyal* apparaît 104 fois dans les lois du Sultan Abul Mafakhir, du Kyai Arya Mangunjaya, du Sultan Haji, du Sultan Zainul Abidin et du Sultan Zainul Arifin, c'est-à-dire à partir du XVIIe siècle, tandis que le mot *dirham*, qui apparaît 24 fois, se trouve exclusivement dans la partie des lois de Java antérieures au XVIe siècle.

Il y a 47 cas d'amende en *reyal*, soit 50 % ; 19 cas d'amendes exprimées en *dirham*, soit 20 %, et seulement un cas en *picis*. 30 % ne mentionnent pas l'unité de monnaie. Il est évident que trois unités monétaires sont utilisées, majoritairement le *reyal* et le *dirham*, au XVIIe et au XVIIIe siècle à Banten.

3.1.1.1 Réal

Reyal[25] (réal) est une ancienne monnaie espagnole en argent. En Amérique, les Espagnols ont découvert une énorme mine d'argent sur la montagne de Potosí

24 Article 24 des Lois du Sultan Haji.

25 À la fin du XVIe siècle et au XVIIe siècle un réal valait 12 000-13 500 *picis* (sapéque chinoise), (LODEWYCKSZ Willem, *De Eerste Schipvaart der Nederlanders Naar Oost-Indië onder*

(actuellement en Bolivie) en 1545. Cela leur a permis de produire massivement les réaux, devenus peu à peu la principale monnaie du commerce mondial, notamment du XVIe au XVIIIe siècle[26].

Les acheteurs de poivre, dont dépendait principalement l'économie de Banten, étaient les Européens résidant à Banten. Ces Occidentaux ne disposaient pas d'argent liquide pour l'acheter et dépendaient de l'argent apporté par leurs compatriotes marchands, dont ils devaient attendre le navire en provenance d'Europe. Banten devait avoir suffisamment d'argent à prêter aux marchands dans son trésor public, afin qu'ils puissent acheter les produits locaux. Dans les faits, le gouvernement de Banten jouait le rôle de banque et se procurait de l'argent auprès d'un Portugais[27] : Francisco Vieira de Figueiredo. Ce dernier se procurait des réaux à Manille, ville sous domination espagnole, où l'on trouvait donc de nombreux réaux en provenance du Mexique[28].

Cornelis de Houtman 1595-1597, *op.cit.*, vol. I, 1915, p. 128, note 1, figure 23) ou 2 florins (gulden) et 6-8 *stuijvers* (*Encyclopaedie van Nederlandsch-Indië* [*EvNI*], 8 volumes, 's-Gravenhage-Leiden, M. Nijhoff & E.J. Brill, 1917-1939, 1918, p. 794). Au XVIIIe siècle, un réal valait 1,31 *Rijksdaalder* (environ 2,5 florins), (OTA Atsushi, *Changes of Regime and Social Dynamics in West* Java, *op.cit.*, p. xvii).

26 CUHAJ George S. (ed.), *Standard of World Coins 1601-1700*, Lola, Krause Publication, 2011, p. 1478-1495 et p. 1438 et FREY Albert R., *Dictionary of Numismatic Names*, New York, The American Numismatic Society, 1917 (rééd. Burnes & Nobles, 1947), p. 198.

27 La présence des Portugais dans la région datait de la prise de Melaka en 1511 et à partir de 1518, Melaka faisait du commerce avec Banten. Le premier accord conclu, à Banten, en 1522 entre le « roi » hindou-bouddhiste et les Portugais autorisait la construction d'une forteresse en aval sur la rivière Cisadane, afin de lutter contre l'invasion musulmane à Java central. Ils érigèrent un *padrão* (monument en pierre) à Banten. Tout cela était un signe de liens très étroits entre Banten et les Portugais. Ces derniers n'ont cessé d'entretenir des relations commerciales avec les Bantenois, bien que Banten soit devenu un royaume musulman en 1527 (GUILLOT Claude, « La nécessaire relecture de l'accord luso-soundanais de 1522 », *Archipel*, n°42, 1991, p. 53-76). Durant le XVIe siècle, les Portugais commerçaient toujours avec Banten. Selon Fernao Mendez Pinto, Banten était un lieu où les Portugais faisaient leur commerce. En 1545 et en 1548, il a témoigné qu'il y avait des navires portugais à Banten. Plus tard, en 1561, Manuel Alvares, écrit que Banten était un lieu où des Portugais venaient pour faire du commerce et un grand nombre des Portugais vivaient à Banten (GUILLOT Claude, « Les Portugais et Banten (1511-1682) », *Revista de Cultura*, n°13/14, vol. I, ano V, Janeiro-Junho, 1991, p. 84-85). Les Portugais étaient toujours présents à Banten, durant les XVIe et XVIIe siècles, mais ils ne disposaient pas de loge, contrairement aux autres Européens (GUILLOT Claude, « Banten en 1678 », *art.cité.*, p. 141), et ce jusqu'à la prise de Banten par les Hollandais en 1682.

28 Ce marchand particulier est déjà venu en 1648 à Banten en tant qu'ambassadeur à la fois du Vice-roi de Goa et du roi de Macassar, GUILLOT Claude, « Les Portugais et Banten (1511-1682) », *art.cité*, p. 80-95, p. 88 et p. 91.

Banten avait besoin de réaux liquides et Manille d'un nouveau partenaire commercial dans le monde insulindien pour obtenir du poivre en grande quantité afin d'approvisionner, via Macao, la Chine, grande consommatrice de poivre. En 1663, pour la première fois, grâce à l'information et au réseau des marchands portugais, en l'occurrence Francisco Vieira, le sultan de Banten, alors Sultan Ageng Tirtayasa, commença à envoyer des bateaux à Manille. Vieira a certainement joué un rôle primordial dans l'ouverture de la route commerciale Banten-Manille. Il a proposé cette nouvelle route commerciale à Banten en s'appuyant sur ses connaissances des réseaux : ayant auparavant servi le sultanat de Macassar de 1640 à 1660 et ouvert la route commerciale Macassar-Manille[29].

De plus, Claude Guillot écrit que « chaque année, à partir de 1667 et jusqu'à la conquête du royaume de Banten par les Hollandais en 1682, un ou deux navires, appartenant toujours au gouvernement bantenois, firent le voyage aux Philippines, d'où ils rapportaient, certes, des marchandises, mais surtout de la monnaie d'argent[30] ». D'ailleurs, Guillot a fourni quelques chiffres importants pour donner une idée de ce grand trafic commercial : « 73 000 réaux furent rapportés de Manille en 1673, 55 000 en 1675, 25 000 en 1676, 32 000 en 1677, 80 000 en 1678, 60 000 en 1679. On sait qu'à partir de 1663, le chabandar (maître de port) avait informé les marchands étrangers qu'il fallait payer les taxes en monnaie espagnole[31]. »

Au vu de ces informations, on comprend que le réal est devenu une monnaie de référence lorsque le gouvernement de Banten disposait de suffisamment d'argent dans la caisse royale et pouvait donc jouer le rôle de banquier, prêtant aux marchands afin qu'ils puissent acheter les produits de Banten. Ce qui explique que la majorité des amendes en réaux figure dans les lois du Kyai Arya Mangunjaya, alors Premier ministre de Sultan Ageng Tirtayasa, du Sultan Haji, du Sultan Zainul Abidin et du Sultan Zainul Arifin, c'est-à-dire entre la seconde moitié du XVIIe siècle et la première moitié du XVIIIe siècle.

3.1.1.2 Dirham

Le *dirham* est utilisé dans le texte d'*UUB* uniquement lorsqu'on se réfère aux lois javanaises censées avoir été rédigées à l'époque de Majapahit, c'est-à-dire avant 1527. En effet, le dirham est une unité monétaire en argent très utilisée dans le monde musulman à partir du VIIIe siècle, mais aussi dans le commerce

29 Id., p. 89-90.
30 Id., p. 90-91.
31 Ibid.

international[32]. C'est donc une monnaie de l'Asie de l'Ouest qui était reconnue comme monnaie de référence à Java.

Le *dirham* est largement utilisé dans le monde insulindien, par exemple à Aceh, plus précisément au sultanat de Samudera-Pasai. On trouve le *dirham* en or, fabriqué aux XIIIe-XIVe siècles, à l'époque de Sultan Muhammad Malik az-Zahir (1297-1326)[33]. D'ailleurs, au musée de Pasai, on peut encore voir, de nos jours, le *dirham* abbasside (750-1258) fabriqué au IXe siècle[34]. Java ne fait pas exception à cette règle, qui accepte le dirham comme monnaie de référence bien avant 1527, lorsque Java était composé de royaumes hindous bouddhiques.

En bref, la présence de la monnaie en argent du monde musulman, le *dirham*, à Java était certainement due au commerce entre le monde insulindien et l'Asie de l'Ouest, remontant à une époque ancienne. Ce qui explique que les amendes soient prévues en dirham dans les lois javanaises lorsqu'on étudie le texte d'*UUB*.

3.1.1.3 Picis

Le terme «*picis*»[35] avait plusieurs sens. On utilisait le terme *picis* pour la monnaie d'or et d'argent à Java avant que les Mongols n'arrivent à Java à la fin du XIIIe siècle. Après cette invasion et la disparition du royaume (Singasari en 1292), il n'y avait plus de monnaie en or et en argent, ce qui obligeait Java, à l'époque de Majapahit (1293-1527), au XIVe siècle, à adopter les sapèques chinoises comme unité monétaire principale. D'un autre côté, durant les XIe et XIIe siècles, la Chine a frappé massivement de la monnaie. En 1150, on l'a importé à Java grâce

32 Il s'agissait d'abord d'une monnaie grecque, la *drakhma*, en forme dorienne, qui est passée au latin; en grec antique, on dit *drakhmê*; et le pluriel en est, dans les deux cas, *drakhmai*, alors que *drakhmes* est du grec moderne, et non pas du grec classique (*communication personnelle*, L.F.R. Thomaz). Il a ensuite été utilisé par les Persans (550-330 av. E.C.) comme leur monnaie, *drachm*, dans leur empire. Quand l'Islam a conquis le monde persan au VIIe siècle, l'Empire Omeyyade (661-750) a repris et s'est réapproprié cette monnaie, *dirham*, en 79 de l'hégire (698-699). Le calife Abdul Malik bin Marwan a d'ailleurs introduit le mot d'Allah, la date de fabrication et le nom de la monnaie. Au VIIIe siècle, l'Empire Abbaside (750-1258) a introduit le nom de calife, le nom du souverain local, le nom de leur titre d'honneur, le nom de la monnaie et la date de fabrication en kufique, voir ESHRAGH A. Shams, *Silver Coinage of the Caliphs*, London, Spink, 2010, p. 2-4; AL-NAQŠABANDIĪ Nāṣir al-Sayyid Maḥmūd, *al-Dirham al-Islāmī*, Bagdad, Maṭbū'āt al-Majma' al-'Ilmī al-'Irāqī, 1969, p. 1-2.

33 ALFIAN T. Ibrahim, *Mata Uang Emas Kerajaan-Kerajaan di Aceh*, Aceh, Proyek Rehabilitasi dan Perluasan Museum Daerah Istimewa Aceh, 1979, p. 8 et p. 15-17.

34 D'après l'information de Claude Guillot.

35 12000-13500 *picis* valaient un réal et 100000 *picis* 8 réaux, LODEWYCKSZ Willem, *De Eerste Schipvaart der Nederlanders Naar Oost-Indië onder Cornelis de Houtman 1595-1597*, *op.cit.*, vol. I, 1915, p. 130 et p. 233-234, note n° 36.

aux relations commerciales sino-javanaises établies depuis longtemps[36]. Effectivement, les marchands chinois ont apporté cette sapèque chinoise en grande quantité, qu'on appelait à Java «*picis*». D'ailleurs, à l'époque de Majapahit, dans le décret de Jaya Song, datant de ca. 1350, on utilisait déjà le *picis* comme monnaie de référence[37]. Cette utilisation de *picis* a continué aux XVe-XVIIe siècles comme le montrent les amendes en *picis* dans l'*Undang-Undang Surya Alam*, le code des lois de Demak à Java[38]. Au XVIe siècle, les premiers Hollandais arrivés à Banten en 1569 témoignent: «*Ils [les Chinois] apportent la monnoye qui a le cours en tout l'isle de java et isles circonvoisines, laquelle en langue Malaique*[39] *est appelée cas et en Java pitis [picis]*[40].»

On sait qu'à Banten existaient deux types de monnaie de valeur inférieure: les sapèques chinoises et la monnaie locale. En effet, les premières étaient utilisées comme partout à Java durant les périodes hindoue-bouddhique et musulmane. Les Hollandais, arrivés à Banten en 1596, ont trouvé beaucoup de monnaie chinoise sur le marché et dans le port, où se déroulait le commerce international. Selon les fouilles archéologiques dirigées par Claude Guillot, sur les 150 pièces de monnaie, 149 étaient chinoises et une seule de la Compagnie des Indes néerlandaises. Cette monnaie chinoise était fabriquée à l'époque des dynasties Tang (608-907) et Song du Nord (960-1127)[41].

Les relations commerciales entre Banten et la Chine sont attestées de longue date, vraisemblablement depuis le XIIIe siècle, et témoignent de l'ancienneté des réseaux d'échanges qui structuraient la région[42]. Parmi les indices maté-

---

36 VAN AELST A., «Majapahit Picis: The Currency of a 'Moneyless' Society 1300-1700», *Bijdragen tot de Taal-, Land- en Volkenkunde*, vol. 151, no 3, 1995, p. 357-393 et WICKS Robert S., *Money, Markets, and Trade in Early Southeast Asia. The Development of Indigenous Monetary Systems to AD1400*, Ithaca, Cornell University Press, 1992, p. 243 et p. 290-291.

37 LODEWYCKSZ Willem, *De Eerste Schipvaart der Nederlanders Naar Oost-Indië onder Cornelis de Houtman 1595-1597, op.cit.*, vol. I, 1915, p. 214, note n°7, figure 44 et note n°36, p. 233-234 et WICKS Robert S., Money, *Markets, and Trade in Early Southeast Asia, the Development of Indigenous Monetary Systems to AD. 1400, op.cit.*, p. 291.

38 RAFFLES Thomas Stamford, *The History of Java, op.cit.*, vol. II, Appendix C, chapitre III.

39 Cela signifie «malaise».

40 G.M.A.W.L, *Premier livre de l'histoire de la navigation aux Indes Orientales par les Hollandais*, Amsterdam, Chez Cornille Nicolas, 1609, p. 31 et voir la version originale hollandaise de l'édition 1915, vol. I, p. 122: «*Zy brenghen tgelt dat tot bantam, heel Java, ende de omliggende Eylanden cours heeft, dwelck inde Maleyse tale* Cas, *ende in Java* Pitis *ghenoemt wordt*».

41 GUILLOT Claude et al., *Banten avant l'Islam, op.cit.*, chapitre V, sur la monnaie à Banten, analysée par François Thierry, p. 197-202.

42 GUILLOT Claude, «Le difficile équilibre entre ambition politique et développement économique: guerre et paix à Banten (XVIe-XVIIe siècles)» *art.cité.*, p. 101.

riels les plus significatifs figure la production monétaire locale, qui reflète à la fois l'autorité politique en place et l'intégration de Banten dans les circuits économiques régionaux.

Les plus anciennes monnaies connues portent des inscriptions javanaises mentionnant le titre « *Pangeran Ratu* ». L'une d'elles, datée de 1489 de l'ère javanaise – soit 1563 de l'ère chrétienne – a été associée au souverain Maulana Yusuf, dont le titre correspond à cette appellation. L'usage de monnaies locales se poursuit au XVIIe siècle. Une pièce inscrite en *pegon* « *Pangeran Ratu ing Bantĕn* » renvoie clairement à Sultan Abul Mafakhir (*r.* 1624-1651), tandis qu'une autre, portant une inscription arabe « Sultan Abul Maʿali », est attribuée à son fils, mort en 1650[43].

Au XVIIIe siècle, le terme *picis* apparaît comme désignation de la monnaie locale, généralement constituée de petites pièces en étain ou en plomb. Selon H.C. Millies, deux exemplaires de cette période ont été identifiés. La première pièce, portant l'inscription *pegon* « *Picis Bantĕn Sanah 1146* », correspond à l'année 1146 de l'hégire, soit 1731-1748 EC., et se rattache au règne du Sultan Zainul Arifin. La seconde, datée « *Picis Bantĕn Sanah 1181* », correspond à l'année 1181 de l'hégire, équivalente à 1767-1768 EC, durant le règne de Sultan Zainul Asyikin[44].

L'ensemble de ces témoignages numismatiques révèle la continuité de l'autorité monétaire à Banten, tout en soulignant le rôle central des sultans dans l'ordonnancement politique, économique et symbolique du sultanat. Ainsi, il est très certain qu'au XVIe siècle, *picis* était un mot javanais désignant une monnaie chinoise. Ce mot *picis* a évolué aux XVIIe et XVIIIe siècles pour ne plus désigner uniquement les monnaies chinoises, mais aussi la monnaie fabriquée localement à Banten. H.C. Millies écrit en 1858 : « [...] *On fabriquait à Banten, dans l'île de Java, de petites pièces d'étain de 0,80 grammes* [...][45] ».

En conclusion, selon la période, la monnaie de référence pour les amendes à Banten était d'abord le *dirham* (notamment au XVIe siècle), puis le réal s'est imposé comme monnaie de référence, comme ailleurs en Asie du Sud-Est et dans le monde, à partir de la première moitié du XVIIe siècle. Quant aux *picis*, il est très difficile de savoir exactement ce qu'il en est et d'en estimer la valeur, car elle a varié au fil des années. Ce qui est sûr, c'est qu'aux XVIIe et XVIIIe siècles,

---

43 MILLIES Hendrik Christiaan, *Recherches sur les monnaies des indigènes de l'Archipel Indien et de la Péninsule Malaie*, La Haye, M. Nijhoff, 1871, p. 42-51.

44 Ibid.

45 MILLIES Hendrik Christiaan, *Notice sur les nouvelles monnaies pour les Colonies Orientales-Néerlandaises*, Bruxelles, Imprimeur du roi, 1858, p. 13.

c'était une monnaie inférieure aux dirhams et aux réaux. Le *picis* était donc une monnaie subsidiaire de faible valeur qui ne permettait pas de mener de grandes opérations.

Ces amendes en réal ou dirham ou *picis* prononcées par le cadi doivent être payées au *bumi*[46] qui est l'Administration du pays. Ce que montre l'article suivant sur l'intrusion dans la propriété de quelqu'un : « [...] *Lan lamon mandhĕg sajĕroning pagĕr atawa sajĕroning pakarangan ora ana pakolehe kang anduweni pakarangan iku, maka dhĕndhane kang anggorojogi iku katur maring bumi tĕlung puluh reyal* [...] (S'il est arrêté dans un enclos ou dans une propriété privée et que le propriétaire ne subit aucun dommage, il versera une amende de 30 réaux à l'Administration du pays)[47] ».

3.1.2 Saisie et confiscation

La peine de saisie et de confiscation concerne 19 cas sur 335 mentionnés dans le texte de l'*UUB*, soit 6 %[48]. La saisie et la confiscation sont effectuées par l'Administration du pays, le *bumi*.

Un exemple de saisie est le cas où une personne (marchand ou commerçant) ne possède pas le cachet du palais pour faire du commerce à Batavia. « [...] *Ing ḥale oranana cap Kangjĕng Sulṭān Abū al-Naṣr, maka karampas parahune lan saisine dening bumi.* ([...] En l'absence du cachet de Sa Majesté le Sultan Abu Nasar, son bateau et sa cargaison seront saisis par l'Administration)[49]. »

Pour la confiscation, l'article suivant montre un exemple de cette peine : « *Lan singsapa angalong2 ing alun2, liyan saking wong capeyo, kinon sinĕndhal kĕrise, tĕbusane satali* (Quiconque se trouve la nuit sur la place royale, à l'exception des *wong capeyo*, verra son kriss confisqué et son rachat sera de 25 [unités de monnaie])[50] ».

---

46 Les articles 2, 17-20, 33 et 60 des Lois du Sultan Zainul Abidin et l'article 46 des lois du Sultan Haji affirment clairement que l'amende doit être payée au *bumi*, tandis que la majorité des articles ne mentionne pas à qui l'amende doit être payée. Toutefois, on peut supposer, en se basant sur d'autres articles, que l'amende est payée au *bumi*.

47 Article 33 des Lois du Sultan Zainul Abidin.

48 Article 10, 11, 12, 13, 16, 23, 24, 33, 36 et 40 des Lois du Sultan Haji, article 43, 57, 68, 58 et 78 des lois du Sultan Zainul Abidin et article 3, 6, 20 et 21 des Lois du Sultan Zainul Arifin pour Lampung.

49 Article 36 des Lois du Sultan Haji.

50 Article 13 des Lois du Sultan Haji.

3.1.3 Dédommagement

Le dédommagement représente 7 cas sur les 335 articles, soit 2 %[51], par exemple : « *Lan singsapa anumbak jaran atawa sapi atawa kěbo atawa wědhus lan sapapadhane ing alun alun* (…) *sarta angilenana sarěgane kang dentumbak iku* » (Quiconque tue un cheval, un bœuf, un buffle ou une chèvre et des animaux de la même sorte avec une lance sur la place royale (…) devra verser [une somme] égale à la valeur de l'animal tué)[52].

3.1.4 Destruction de biens

On ne trouve cette peine que dans un seul cas, soit 0,3 %. Il s'agit de la destruction d'une maison où se pratiquaient des jeux d'argent interdits par la loi[53].

3.2 Peines physiques

3.2.1 Travaux forcés

On trouve 14 cas d'infractions assorties d'une peine de travaux forcés, soit 4 %. Ces peines n'apparaissent que dans les lois du Sultan Haji et du Sultan Zainul Abidin. Elles consistent à aller recueillir des madrépores, des coraux, en mer à bord d'un bateau, la quantité exigée variant selon les infractions[54]. Il s'agissait bien évidemment d'une peine particulièrement pénible.

À Banten, à l'époque de Sultan Haji, il existait une forte demande de madrépores qui servaient de matériaux, de pierres à chaux ou de pierres de construction, comme le montrent aujourd'hui les ruines de Banten, et notamment les murailles de la ville, celles du palais, de la forteresse hollandaise ainsi que les fondations des habitations.

En effet, Sultan Haji s'est fait construire un palais à la mode européenne en dur[55] à Surasowan et après la prise de Banten, en 1682, les Hollandais ont

51 Article 1 des Lois du Kyai Arya Mangunjaya, article 14 des lois du Sultan Haji, article 15, 28 et 74 des lois du Sultan Zainul Abidin et article 8 et 18 des lois du Sultan Zainul Arifin sur Lampung.

52 Article 14 des Lois du Sultan Haji.

53 C'est la peine pour le propriétaire de la maison où se font les paris (article 67 des Lois du Sultan Zainul Abidin).

54 Articles 29, 32, 35, 38 et 39 des Lois du Sultan Haji et articles 13, 17, 21, 24, 27, 28, 31, 64 et 68 des lois du Sultan Zainul Abidin.

55 Les Javanais ont construit les maisons en bois et les Chinois en briques.

construit une forteresse à l'embouchure de la rivière Cibanten[56]. L'utilisation des madrépores dans la construction avait déjà commencé à l'époque de son père, Sultan Ageng Tirtayasa et Sultan Haji ne fit que poursuivre une politique de construction et d'urbanisme lancée par son père.

Pendant le règne du Sultan Ageng Tirtayasa, au début des années 1670, Cakradana, un Chinois converti à l'islam, d'abord forgeron, puis directeur de douane (*Kyai Tandha*), a construit deux ponts, l'un en madrépores, au nord du palais, encore visibles de nos jours, et l'autre à Karangantu. Entre 1677 et 1679, Cakradana, le nouveau *chabandar* après la mort de Kaytsu[57], a été l'architecte de la construction d'une forteresse. Le matériau utilisé pour cette construction était justement des madrépores. C'est ainsi que l'on infligeait des travaux forcés aux criminels à Banten. C'est-à-dire : ils devraient récolter des coraux en mer[58].

Il faut tout de même noter qu'en dehors du texte d'*UUB*, on trouve, dans des sources hollandaises, une autre forme de travaux forcés : creuser un canal ou défricher un champ. Cette peine de travaux forcés existait à l'époque du Sultan Ageng Tirtayasa. Celui-ci envoya entre 400 et 450 toxicomanes[59] à Banten en novembre 1675 pour creuser le canal du projet d'irrigation à Anyer[60]. Le sultan envoya aussi d'autres délinquants pour défricher les champs et construire de nouvelles habitations. Cette peine visait à réintégrer ces délinquants ou criminels dans la société en les faisant vivre notamment dans ces nouvelles habitations.

3.2.2 Travail d'intérêt public

Il existait des « travaux forcés » moins durs qu'on appellerait aujourd'hui « travaux d'intérêt public ». C'est ce que semble montrer un seul cas : le coupable

56 OTA Atsushi, *Changes of Regime and Social Dynamics in West Java, op.cit.*, p. 22-23.

57 Kaytsu, ancien chabandar, était un Chinois converti à l'islam, à qui on a donné le nom musulman Abdul Ghafur, et qui reçut le titre honorifique '*kyai*', COOLHAAS W.Ph. (ed.), *Generale Missiven van Gouverneurs-Generaal en Raden aan Heren XVII der Verenigde Oostindische Compagnie*, 13 volumes, vols. 1-8 édités par W.Ph. Coolhaas, 's-Gravenhage, M. Nijhoff, 1960-2007, vol. III, 1968, p. 207.

58 GUILLOT Claude, « Un maître d'œuvre du XVIIe siècle à Banten : Kiyai Ngabehi Cakradana », dans Henri Chambert-Loir et B. Dagens (eds.), *Anamorphoses : Hommage à Jacques Dumarçay*, Paris, Les Indes Savantes, 2006, p. 449-456.

59 Ibid.

60 GUILLOT Claude, « La Politique vivrière de Sultan Ageng (1651-1682) », *Archipel*, n°50, 1995, p. 89-95.

fut condamné à tondre la pelouse sur la place royale[61]. Cette peine ne survient qu'une fois sur 300 cas, soit 0,3 %.

3.3 Peine de limitations de liberté de mouvement

3.3.1 Emprisonnement

La peine d'emprisonnement figure dans les lois du Sultan Haji, du Sultan Zainul Abidin et du Sultan Zainul Arifin. Elle représente 8 cas sur 335, soit 2,3 %. On sait d'après ces textes que des prisons se trouvaient à Lampung[62]. Quant à la prison de Banten, elle est citée au XVIIe siècle par le médecin danois Cortemünde dans le *Premier yoyage des Hollandais*[63]. Quant à l'*UUB*, il cite deux prisons à Banten : l'une dans la ville intra-muros, à Surasowan, et l'autre à la douane, dans le port, hors des murs, dans la ville chinoise[64]. La première servait aux Bantenois[65], tandis que la seconde semble avoir été réservée aux étrangers[66].

3.3.2 Exil

La condamnation à l'exil figure dans les lois du Sultan Haji, du Sultan Zainul Abidin et du Sultan Zainul Arifin. On la trouve dans 14 cas sur 335, soit 4 % de l'ensemble des peines. L'exil se faisait, dans les deux sens, entre Lampung et Banten, c'est-à-dire que les auteurs d'une infraction à Banten étaient exilés à Lampung[67] et ceux de Lampung à Banten[68].

---

61 Article 35 des Lois du Sultan Haji.

62 Les articles des Lois du Sultan Haji (22-24 et 43) et du Sultan Zainul Abidin (28, 64 et 80) indiquent clairement que la prison était à Banten, tandis que celles du Sultan Zainul Arifin mentionnent l'édification d'une prison à Lampung (article 39).

63 CORTEMÜNDE Johan Petri, *Dagbog fra en Ostindiefart, 1672-1675*, Henning Henningsen (ed.), Kronborg, Søhistoriske Skrifter V, 1953, p. 126 et Guillot, Claude, « Banten en 1678 », *art.cité.*, p. 134.

64 Les premiers voyageurs hollandais parlent du quartier chinois en 1596, G.M.A.W.L, *Premier livre de l'histoire de la navigation aux Indes Orientales par les Hollandais, op.cit.*, p. 27.

65 Articles 28, 64 et 80 des lois du Sultan Zainul Abidin.

66 Articles 22, 23, 24 et 43 des Lois du Sultan Haji et *Indian Office Record*, Java 3, 27.04.1635, f. 693, voir RANTOANDRO Gabriel A., « Lieux de rencontre particuliers de l'ancien Banten : les *pabean* », *Archipel*, no 50, 1995, p. 29 et p. 37, note 19.

67 Articles 16, 19, 22 et 24 des Lois du Sultan Haji et articles 28, 43, 57, 78 et 80 des lois du sultan Zainul Abidin.

68 Articles 49 et 20 des Lois du Sultan Zainul Arifin sur Lampung Tulang Bawang et articles 3 et 19 des lois du sultan Zainul Arifin sur Lampung.

Les cas les plus célèbres sont ceux du Premier ministre du Sultan Ageng Tirtayasa, Kyai Arya Mangunjaya, et surtout du frère du roi, Pangeran Lor, à Lampung, en 1680, par Sultan Haji, alors prince héritier et cosouverain[69]. Il est intéressant de noter que l'exil semble avoir été une peine plus fréquemment prononcée que l'emprisonnement.

3.4 Peines corporelles

3.4.1 Peine corporelle

Les peines corporelles, c'est-à-dire couper la main pour le vol[70] et infliger un coup de fouet pour la fornication et la fausse accusation de relations sexuelles illicites[71], ne représentent que 2 cas, soit 0,5 %, dans le texte d'*UUB*. Si ces peines étaient prévues par le texte, elles n'étaient que très rarement appliquées[72]. Puis, à partir de 1682, elles étaient explicitement interdites d'application.

3.4.2 Peine de mort

La peine de mort apparaît dans huit cas, soit 2,3 %. Elle était officiellement prononcée pour vol[73], meurtre[74], adultère[75], tir d'arme à feu faisant une victime[76], querelle inapaisable et rébellion lors d'un contrôle d'identité[77]. Par exemple, en

---

69 VACHET Bénigne, « Mémoires sur la prise de Bantan par les Hollandais, April 7, 1682 », *op.cit.*, p. 383-384.

70 Article 43 des Lois du Sultan Haji.

71 Article 63 des Lois de Java (Majapahit).

72 Article 43 des Lois du sultan Zainul Arifin. Néanmoins, il semble bien avoir été appliqué parfois puisque, à la seconde moitié du XVIIe siècle, Cortemünde rapporte que : « ... *deux orangkayas (nobles) macassars avaient eu la main droite coupée. Ils s'étaient cachés clandestinement dans le cabinet du roi [Sultan Ageng] où ils avaient dérobé de nombreux bijoux, des vêtements précieux et quelques-unes de ses meilleures armes.* » CORTEMÜNDE Johan Petri, *Dagbog fra en Ostindiefart, 1672-1675, op.cit.*, p. 105. Il s'agit ici d'une affaire politique. Le sultan était évidemment très vexé de voir que les gens qu'il recevait chez lui pouvaient voler ses biens. En revanche, au XVIIIe siècle, De Rovere van Breugel rapporte, lors de son séjour à Banten en 1787, que le vol à Banten relevait de l'emprisonnement, voir VAN BREUGEL De Rovere, « Beschrijving van Bantam en De Lampongs (Beschrijving van Bantam in 1787) », *BKI* I, 1856, p. 309-362, p. 335.

73 Article 6 des Lois de Java (Majapahit).

74 Article 7 des Lois de Java, article 3 des Lois du Kyai Arya Mangunjaya, article 11 du Traité entre le Sultan Haji et la Compagnie des Indes-Néerlandaises.

75 Article 19 des Lois du Sultan Zainul Abidin.

76 Article 19 des Lois de Java (Majapahit).

77 Articles 12 et 13 des Lois du Sultan Zainul Arifin sur Lampung.

1603, Edmund Scott rapporte que lorsqu'un Bantenois assassinait un Javanais, il n'était pas condamné à mort alors qu'il l'était s'il avait tué un chrétien[78].

Il existait également d'autres infractions passibles de la peine capitale. En 1769, J.S. Stavorinus rapporte des exemples de délits passibles de la peine de mort, tels qu'escalader les murailles des chambres du sérail du sultan, commettre des obscénités dans les environs du tombeau du saint à Gunung Santri, Bojonegara, ou souiller le tombeau du saint[79].

Il faut signaler que le prononcé de la peine de mort était le privilège du roi. Pour certaines infractions, la condamnation à la peine capitale était décidée par le sultan, avec l'accord du grand cadi, le *Kiyahi Pĕqih Najmuddin*, sauf pour les délits commis directement à l'encontre du sultan, tels que séduire l'une de ses concubines, comme en témoigne, plus tard en 1787, un Hollandais J. De Rovere van Breugel[80].

Enfin, il est assez frappant de constater que la peine de mort était appliquée alors que les peines corporelles ne l'étaient pas.

3.5 Asservissement

Dans certains cas, des personnes pouvaient être condamnées à l'asservissement, c'est-à-dire à devenir esclaves du roi. Cette peine représente 6 cas sur 335, soit 1,7 %. En cas d'infractions, la personne devenait esclave du roi dans quatre cas, esclave du Premier ministre (*mangkubumi*) dans un cas, et esclave d'une autre personne dans un cas[81].

---

78 GUILLOT Claude, « Une saison en enfer : Scott à Banten, 1603-1605 », dans Denys Lombard, & R. Ptak (eds.), *Asia Maritima : Images et Realité 1200-1800*, Wiesbaden, Harrassowitz, 1994, p. 27-38, p. 35 et p. 37.

79 STAVORINUS J.S., *Voyage par le cap de Bonne-Espérance à Batavia, à Bantam et au Bengale en 1768, 69, 70 et 71*, *op.cit.*, 1798, p. 59, p. 64-65.

80 VAN BREUGEL De Rovere, « Beschrijving van Bantam en De Lampongs (Beschrijving van Bantam in 1787) », *art.cité*, p. 335.

81 Article 42 des Lois du Sultan Zainul Abidin : la femme et les enfants d'un voleur, d'un cambrioleur, ou d'un ravisseur d'une femme ou d'une personne séquestrant un serf (*kawula*) deviennent les esclaves du dénonciateur de ces délits, comme récompense.

CHAPITRE 5

Manuscrit du cadi de Banten

1 Histoire du manuscrit

Le manuscrit provient des archives de *Kiyahi Pĕqih Najmuddin*[1]. Ce nom est le titre officiel porté par le juge religieux (cadi), détenteur de l'autorité suprême en matière de droit[2], au sultanat de Banten. Selon la chronique locale, la *Sajarah Banten*, ce titre de *Kiyahi Pĕqih Najmuddin*, fut attribué pour la première fois par Sultan Ageng Tirtayasa à son cadi, Enthol Kawista[3], vers 1651. Après Kawista, il fut adopté systématiquement par tous les cadis de Banten. Le dernier cadi l'ayant porté jusqu'à sa mort (en 1855 ou en 1856[4]) fut Haji Muhammad Adian.

Ces archives sont entrées à la bibliothèque de Leyde par l'intermédiaire de Snouck Hurgronje, conseiller auprès du gouvernement des Indes néerlandaises à Batavia qui visita Banten en 1890[5]. Son séjour avait pour but d'observer et d'étudier les institutions religieuses de cet ancien sultanat et c'est dans cet esprit qu'il a collecté les manuscrits[6]. En effet, il obtient les archives du dernier

1 Pour la description introductive du cadi de Banten et ses archives, voir VAN BRUINESSEN Martin, « Shariʿa Court, Tarekat and Pesantren: Religious Institutions in the Banten Sultanate », *Archipel* 50, 1995, p. 165-199.

2 Les archives de Banten conservées à Jakarta, datées de 1738, 1747, 1748, 1753, et 1789, contiennent le cachet en cire du Cadi de Banten portant le titre *Kiyahi Pĕqih Najmuddin*, (*ANRI*, n° 72, livre 43/6 ; n° 73, livre 43/7 ; n°74, p. 2, cire B ; n°76, livre 43/10, p. 17 ; n° 77, livre 43/12, p. 37).

3 DJAJADININGRAT Hoesein, *Tinjauan Kritis Tentang Sajarah Banten*, *op.cit.*, p. 71, chant 55. Enthol est un titre honorifique et Kawista correspond au nom du cadi.

4 *UBL*, Cod.Or. 7936 [B], p. 9.

5 Snouck parle dans une lettre de « *mijn verblijf in Banten in 1890* », GOBÉE Emile et ADRIAANSE Cornelis (eds.), *Ambtelijke Adviezen van C. Snouck Hurgronje 1889-1936*, 3 vol., 's-Gravenhage, M. Nijhoff, 1965, t. III, p. 1987. Lors de sa visite à Banten, Snouck était accompagné de son assistant, un Soudanais, Haji Hasan Mustapa (1852-1930), voir VAN KONINGSVELD Pieter Sjirk, « Nasihat-Nasihat Snouck Hurgronje sebagai Sumber Sejarah Zaman Penjajahan », dans Emile Gobée et Cornelis Adriaanse (eds.), *Nasihat-Nasihat Snouck Hurgronje Semasa Kepegawaiannya kepada Pemerintah Hindia Belanda 1889-1936*, Jakarta, INIS, 1990, vol. 1, p. LI.

6 Snouck fait un rapport de sa visite à Banten dans une lettre datée du 15 août 1892 adressée au gouvernement des Indes Néerlandaises (GOBÉE Emile et ADRIAANSE Cornelis (eds.), *Ambtelijke Adviezen van C. Snouck Hurgronje 1889-1936*, *op.cit.*, p. 1986-1999). Snouck a très activement collecté les manuscrits provenant de tout l'Archipel indonésien (voir GOBÉE Emile et ADRIAANSE Cornelis (eds.), *Nasihat-Nasihat Snouck Hurgronje Semasa Kepega-*

© 2026 KONINKLIJKE BRILL BV, LEIDEN | HTTPS://DOI.ORG/10.1163/9789004766587-006

cadi par l'intermédiaire de deux frères, Raden Adipati Soetadiningrat[7] (*Regent* de Pandeglang, 1870-1893) et Raden Soetadinata[8] (*Patih* de Menes, 1888-1894, m. 1899). Snouck avait bien connu leur frère, Raden Aboe Bakar Djajadiningrat, en Arabie, car ce dernier lui avait servi de fidèle informateur lors de son séjour à La Mecque (en 1884-1885) et même après, aux Pays-Bas, jusqu'à sa mort en 1912[9]. Après sa visite, à Banten, Snouck entretenait une relation épistolaire très suivie avec Soetadiningrat et Soetadinata qu'il interrogeait régulièrement à propos de divers sujets liés à Banten.

Il est important de remarquer que, parmi les lettres reçues par Snouck, plusieurs dizaines d'entre elles ont pour auteur Soetadinata et portent principalement sur l'organisation religieuse de Banten, en particulier sur les fonc-

---

waiannya kepada Pemerintah Hindia Belanda 1889-1936, op.cit.). En 1890 Snouck a obtenu le manuscrit javanais de Banten « *Wawacan Haji Mangsur* » conservé actuellement à *UBL* (WIERINGA Edwin, « Eine Gegen-Geschichte des Sultanats Banten. Vergangenheitsbewältigung in westjavanischen Erzählungen über den verborgenen Herrscher Hadschi Mangsur », *Zeitschrift der Deutschen Morgenländischen Gesellschaft*, no 154, 2004, p. 417-446, ici p. 419-420.).

7 Raden Adipati Murawan Soetadiningrat a été le régent de Serang (1870-1893) succédant à son père Raden Adipati Natadiningrat (1850-1870) (DJAJADININGRAT Achmad, *Herinneringen van Pangeran Aria Achmad Djajadiningrat*, Amsterdam-Batavia, Uitgave G. Kolff & Co., 1936, p. 1.). On sait qu'il donna à plusieurs reprises des manuscrits à Snouck : (A.) En novembre 1890, celui de la *Babad Banten*, « Chronique de Banten », la première page porte la note « *Babad Banten Nov 1890 Soetadiningrat* » (*Babad Banten*, Cod.Or. 7387, UBL, et PIGEAUD Theodore G.Th., *Literature of Java, Catalogue Raisonné of Javanese Manuscripts in the Library of the University of Leiden and Other Public Collections in the Netherlands*, La Haye, M. Nijhoff, 1968-1980, 4 volumes, vol. II, 1968, vol. II, p. 426). (B.) En 1892 celui de la *Sajarah Banten*, « Histoire de Banten », la première page porte une note « *Regent Serang Rd. Adipati Soetadiningrat 1892* » (*Sajarah Banten*, Cod.Or. 7390, UBL, et PIGEAUD Theodore G.Th., *op.cit.*, 1968, vol. II, p. 427). Par la position élevée qu'il occupait à Serang à l'époque, il lui était facile de se faire remettre des manuscrits dans sa zone d'autorité. Il est donc parfaitement possible que les archives de *Kiyahi Pěqih Najmuddin* soient parvenues à Snouck par l'intermédiaire de Soetadiningrat.

8 Né en 1854, Raden Soetadinata – auparavant Raden Bagoes Djajawinata – frère du précédent, était le fils de Raden Adipati Aria Natadiningrat (*regent* – régent en français – de Pandeglang). Il occupa le poste de *wedana* (chargé de district) de Kramatwatoe (1882-1888), puis de *patih* (administrateur sous le *bupati*) de Menes (1888-1894) et enfin de *bupati* (*regent* : administrateur de préfecture) de Serang (1894-1899) poste auquel il succéda à son frère qui avait succédé auparavant à leur père (DJAJADININGRAT Achmad, *Herinneringen van Pangeran Aria Achmad Djajadiningrat, op.cit.*, p. 1). Voir la photo de famille figurant sur la première de couverture de cet ouvrage, qui montre Raden Soetadinata (à l'époque *Patih* de Menes) avec ses enfants, notamment Achmad et Hoesein Djajadiningrat.

9 LAFFAN Michael, « Raden Aboe Bakar : An Introductory Note Concerning Snouck Hurgronje's Informant in Jeddah (1884-1912) », *Bijdragen tot de Taal-, Land- en Volkenkunde* (BKI), vol. 155, no 4, 1999, p. 517-542.

tions de cadi et sur l'histoire institutionnelle de *Kiyahi Pĕqih Najmuddin*[10]. Il est possible que Soetadinata ait eu les archives du dernier cadi, Haji Muhammad Adian, étant donné que Soetadinata occupait une très haute position « autochtone » à Banten : *régent*[11]. Toutefois, il est très difficile de savoir qui de Soetadinata ou Soetadiningrat, a remis ces archives à Snouck. Cependant, selon Jan Just Witkam, les manuscrits bantenois conservés à la bibliothèque de l'Université de Leyde proviennent principalement d'un érudit musulman de Banten (un cheikh) accusé d'hérésie. Snouck Hurgronje les découvrit à Serang lors de sa visite à Banten en 1890. Ces manuscrits, confisqués puis déposés sur place, y étaient entreposés depuis un certain temps lorsqu'il les a identifia[12]. De retour aux Pays-Bas en 1905, Snouck se consacra à l'enseignement à l'Université de Leyde et, en 1906, il lui fit don de sa collection de manuscrits, dont les archives du cadi de Banten[13]. C'est ainsi que les archives du cadi se trouvent actuellement à l'Université de Leyde, dans la collection Snouck Hurgronje.

2 Description du manuscrit

D'après les différents catalogues de manuscrits javanais, le manuscrit de l'*UUB* n'existe qu'à la bibliothèque de l'Université de Leyde et n'est mentionné que dans les trois catalogues de cette université, ceux de Juynboll[14], de Pigeaud[15] et d'Iskandar[16]. Par ailleurs, ce manuscrit ne comporte pas de titre original.

---

10 On trouve dans ce recueil deux lettres datées respectivement du 21 septembre 1892 (7 pages) et du 29 septembre 1892 (15 pages) et une lettre non-datée (13 pages), qui contiennent des explications de Soetadinata concernant le cadi.

11 Le régent désigne un chef local issu de l'aristocratie autochtone, placé sous l'autorité coloniale néerlandaise en Indonésie. Il exerçait des fonctions administratives, notamment la collecte des impôts et le maintien de l'ordre traditionnel dans sa juridiction.

12 WITKAM J.J., *Inventory of the Oriental Manuscripts of the Library of the University of Leiden*, Leiden, Ter Lugt Press, 2007, vol. 6, p. 159-160.

13 PIGEAUD Theodore G.Th., *op.cit.*, 1968, vol. II, p. 10 et p. 327-328.

14 JUYNBOLL H.H., *Supplement op den Catalogus van de Javaansche en Madoereesche Handschriften der Leidsche Universiteits-Bibliotheek*, 2 volumes, Leyde, E.J. Brill, 1911, vol. II, p. 432. Dans son catalogue, Juynboll a intitulé le manuscrit L.Or. 5598 « *Piyagems en Undhang-Undhangs* » dans le chapitre *Nieuwjavaansch* (le javanais moderne).

15 PIGEAUD Theodore G.Th., *op.cit.*, 1968, vol. 2, p. 327-328. Dans son catalogue, Pigeaud donne un bref aperçu du manuscrit L.Or. 5598 et note que celui-ci constitue le « livre de droit » du Sultanat de Banten.

16 ISKANDAR Teuku, *Catalogue of Malay, Minangkabau, and South Sumatran Manuscripts in the Netherlands*, 2 volumes, Leyde, Documentatiebureau Islam-Christendom, 1999, vol. I,

Néanmoins, Pigeaud lui attribua le titre de « *Undhang-Undhang Bantěn* » (*Lois ou Code de Banten*), inscrit au crayon sur le papier de l'enveloppe de protection[17], sans doute en l'empruntant à une formule récurrente dans plusieurs colophons[18]. Par ailleurs, Pigeaud, en 1929, publia un article intitulé « Afkondigingen Van sultans Van Banten Voor Lampung » consacré à la translittération et à la traduction en néerlandais d'une inscription en *pegon* gravée sur deux plaques de cuivre. Cette inscription, relative à une loi promulguée par Sultan Zainul Abidin concernant les obligations et les interdictions faites à ses sujets de Banten et de Lampung, fut republié en 1931 dans *Adatrechbundels* sous un autre titre, *Undang-Undang Van Banten*[19]. Conformément à l'usage établi par Pigeaud, ce manuscrit sera désigné sous l'appellation : *Undhang-Undhang Bantěn* (*UUB*).

Il faut garder à l'esprit que, bien que l'*UUB* signifie littéralement « *Lois ou Code de Banten* », le manuscrit n'est pas une codification de lois ni un code juridique au sens occidental moderne, mais plutôt un recueil de sources juridiques destiné à être utilisé par les cadis (juges suprêmes) de Banten. Le manuscrit est une compilation de textes et d'extraits de nature variée liés à des questions juridiques.

2.1 État du manuscrit

Le manuscrit est en si mauvais état général que les bibliothécaires hésitent à le mettre à la disposition des lecteurs[20] (voir figure 2). En effet, le papier très fragile a tendance à se casser lors du feuilletage du manuscrit, mais, surtout, a été détérioré par l'humidité et les insectes, et présente, à plusieurs endroits, des trous d'un diamètre assez important qui le transpercent, notamment dans sa partie inférieure. Par endroits, les cahiers ou les feuilles sont détachés de la reliure.

---

p. 202-203. Dans son catalogue, Iskandar indique que la troisième partie du manuscrit L.Or. 5598 contient les lois de Banten (*undang-undang Banten*).

17 D'après le Dr. Marie-Odette Scalliet, conservatrice et responsable des manuscrits d'Asie du Sud-Est à l'Université du Leyde, l'écriture manuscrite qui y figure est bien celle de Pigeaud, entretien en janvier 2010.

18 Certains colophons comportent des formules plus ou moins analogues telles que « le *undhang-undhang* (la loi) a été promulgué dans l'État ou le royaume de Banten ».

19 *Adatrechtbundels*, 1931, n°34 : Java en Madoera.

20 Le manuscrit en version microfiche est mise à la disposition des lecteurs pour consulter le texte d'*UUB*.

FIGURE 2 : Le manuscrit d'*UUB* en état très abîmé. *UBL*, Cod.Or. 5598. Photo : Ayang Utriza YAKIN.

2.2 Reliure

Le manuscrit est relié et pourvu d'une couverture rigide[21]. Les feuilles sont liées entre elles par des fils noir ou blanc, formant des cahiers dont le dos a été ensuite fixé à la reliure. Précisons que le dos de la couverture a entièrement disparu et a été remplacé postérieurement par une grande feuille de papier marron, qui sert également à recouvrir la couverture (voir figure 3).

21 La reliure est manifestement ancienne et date sans doute de l'époque de la rédaction du texte le plus récent (1820) contenu dans ce volume.

FIGURE 3 Une grande feuille de papier marron sert à couvrir le manuscrit. *UBL*, Cod.Or. 5598. Photo : Ayang Utriza YAKIN.

2.3 Couverture

De façon générale, cette couverture est dans un très mauvais état. Elle est constituée d'une feuille de carton de couleur marron-jaune. La première de couverture présente de petites perforations, voire des trous importants nettement visibles, dues aux termites (voir figure 4). Au verso du carton (i.e. la deuxième couverture), sur le côté gauche, on distingue une feuille portant des inscriptions en caractères arabes qui a été collée et utilisée pour la reliure. La quatrième de couverture est également très détériorée, notamment par un large trou qui la transperce en son centre. Les insectes ont rongé la partie inférieure. En haut de la couverture arrière extérieure, une petite feuille de papier a été collée, sur laquelle figure l'étiquette portant le numéro « 93 5598 », ajoutée par les bibliothécaires, sans doute un ancien numéro de classification sans rapport avec le manuscrit. À l'intérieur de cette couverture (c.-à-d. la troisième couverture) se trouve une feuille de papier collée sur le carton, portant un fragment de texte religieux écrit en arabe, où l'on peut lire « *iman* », « *islam* » et « *ihsan* », ainsi que quelques lignes en javanais (voir figure 5).

FIGURE 4 Couverture de devant (premier plat) enveloppée de papier destiné à protéger le manuscrit des dégradations. *UBL*, Cod.Or. 5598. Photo : Ayang Utriza YAKIN.

FIGURE 5 Dernière page du manuscrit (p. 163) en *pegon* et la partie intérieure de la quatrième de couverture, toutes deux extrêmement abîmées. *UBL*, Cod.Or. 5598. Photo : Ayang Utriza YAKIN.

2.4 Pages, dimensions et pagination

Le manuscrit et le texte ont respectivement les dimensions suivantes : 31 × 20 cm et 24×14 cm[22]. Le texte compte au total 227 pages. Les 227 pages ne comportaient aucune numérotation jusqu'à ce qu'y soit ajoutée, au crayon, une pagination en chiffres arabes, mais pas en caractères arabes. Ceci est l'œuvre de Pigeaud, l'ancien conservateur des manuscrits de l'Université de Leyde. En effet, l'écriture est similaire à celle de la note de la page 120 « *94/93 sing*[*?*] *hijra 1269* »[23]. Il faut noter cependant qu'avant cette pagination, 22 pages avaient été numérotées à l'encre, mais en chiffres arabes – et non pas en caractères arabes – prouvant que cette pagination remonte à une date postérieure au texte.

2.5 Langues et caractères

Le texte du manuscrit est essentiellement en javanais et ne comporte que 11 pages en malais. Il présente trois types d'écritures : en caractères javanais, en *pegon*[24] et en *jawi*. La majorité des textes en *pegon* comportent des voyelles, contrairement au *jawi*, invariablement dépourvu de voyelles. Le texte est entièrement rédigé à l'encre noire, à l'exception d'un verset du Coran à l'encre rouge (page 156). Il est probable qu'une règle ait servi à tracer les lignes sur lesquelles écrire. Notons que ce manuscrit ne contient ni illustration ni enluminure.

1. 65 pages sont écrites en caractères javanais (voir figure 6). Chaque page ne compte que 6 ou 7 lignes. Les phrases sont extrêmement espacées. Le texte couvre 32 feuilles numérotées séparées par Pigeaud. Un feuillet non numéroté est blanc au verso, tandis qu'au recto, un seul et unique mot : *masalah* (cas), inscrit six fois (voir figure 7).

---

22 Les catalogues de Pigeaud (PIGEAUD Theodore, *op.cit.*, 1968, vol. II) et d'Iskandar (ISKANDAR Teuku, *Catalogue of Malay, Minangkabau, and South Sumatran Manuscripts in the Netherlands*, *op.cit.*, vol. I) indiquent respectivement les dimensions du manuscrit et du texte comme étant 32 × 21 cm et 24 × 13,5 cm.

23 Nous avons montré la photo de cette pagination à Edwin P. Wieringa, philologue indonésien et professeur à l'Université de Cologne, qui a travaillé pendant plusieurs années sur le catalogue des manuscrits de Leyde (2 volumes), et il a confirmé que l'écriture était bien celle de Pigeaud, lors d'un entretien en hiver 2011 à l'Université de Cologne.

24 Dans le *pegon*, on compte 20 caractères : 13 caractères arabes d'origine et 7 caractères arabes modifiés, créés pour les besoins du javanais pour les lettres ca, *pa*, *dha*, *nya*, *ga*, *tha* et *nga*.

FIGURE 6 Le texte de *Masalah Undhang-Undhang* en caractères javanais (p. 62). *UBL*, Cod.Or. 5598. Photo : Ayang Utriza YAKIN.

FIGURE 7 Non-numéroté. *UBL*, Cod.Or. 5598. photo : Ayang Utriza YAKIN.

FIGURE 8 Manuscrit, pages 61 et 62 : deux des 140 pages en pegon vocalisé, dans le style de *naskhi*. *UBL*, Cod.Or. 5598. Photo : Ayang Utriza YAKIN.

2. 140 pages sont rédigées en *pegon* (les pages 1 à 106 et 130 à 163) (voir figure 8). Le texte est écrit en *naskhi*[25]. Le nombre de lignes sur ces pages varie de 7 à 13, à l'exception des pages 162 et 163. La page 162 est divisée en deux par une ligne horizontale (voir figure 9). La partie supérieure comporte trois lignes bien écrites. La partie inférieure comporte environ six lignes écrites de manière irrégulière et peu lisibles. À la page 163, le style et le type d'écriture s'apparentent à ceux de la partie inférieure de la page 162 avec des lignes serrées. La page 163 comporte 24 lignes d'une écriture irrégulière (voir figure 10). La densité des caractères et la détérioration du papier rendent la lecture particulièrement difficile, au point de rendre impossible sa translittération et donc sa traduction.

25 *Naskhi* (Ar. *nasḫi*) est un style calligraphique islamique cursif, le plus courant pour la copie des manuscrits, car les lettres sont bien distinctes, ce qui facilite la lecture. Chaque lettre respecte des règles strictes de taille et d'alignement, avec l'utilisation de diacritiques (voyelles courtes, points) pour une lecture précise.

FIGURE 9 Texte des pages 161 et 162. Source : *UBL*, Cod.Or. 5598. Photo : Ayang Utriza YAKIN.

FIGURE 10 Texte de la dernière page 163. *UBL*, Cod.Or. 5598. Photo : Ayang Utriza YAKIN.

FIGURE 11 Texte A : rédigé en caractères javanais et *jawi* (p. 109) à droite (11 pages). Texte B : rédigé en *pegon* (p. 110) à gauche (11 pages). *UBL*, Cod.Or. 5598. Photo : Ayang Utriza YAKIN.

3. 22 pages (pages 107 à 129) comportent deux textes différents, disposés côte à côte : l'un sur les pages de droite (numéros impairs, recto) et l'autre sur les pages de gauche (numéros pairs, verso) (voir figure 11). Ces deux textes possèdent d'ailleurs leur propre numérotation (voir ci-dessus). Par commodité, nous appellerons le texte de droite « texte A » et celui de gauche « texte B ».

A. Le texte A comporte 11 pages écrites sur deux colonnes et en deux langues : en malais (*jawi*) dans la colonne de droite et en javanais (caractères javanais *ha-na-ca-ra-ka*) dans la colonne de gauche (voir figure 12). Chaque colonne comporte 10 à 13 lignes, assez espacées les unes des autres. La pagination est faite à l'encre, mais elle a été effectuée en sens inverse (de la fin vers le début et non pas du début vers la fin). Les numéros sont écrits en chiffres arabes, mais pas en caractères arabes, ce qui prouverait que cette numérotation a été ajoutée par un Européen. Ces pages correspondent aux numéros 109, 111, 113, 115, 117, 119, 121, 123, 125, 127 et 129 de la pagination de Pigeaud.

FIGURE 12 Texte A : l'onzième texte (11 pages), l'accord entre la *VOC* et le Sultan Zainul Arifin, en deux langues (malais et javanais) et en deux écritures (javanais à gauche et *jawi* à droite). *UBL*, Cod.Or. 5598. Photo : Ayang Utriza YAKIN.

B. Le texte B couvre, bien entendu, 11 pages et est rédigé en *pegon* sans voyelles, à l'exception de la dernière page (128) écrite en *pegon* avec voyelles. Il possède une pagination propre à l'encre en chiffres arabes, mais pas en caractères arabes, en haut et en bas du texte. Ces pages correspondent aux numéros 108, 110, 112, 114, 116, 118, 120, 122, 124, 126 et 128 de la pagination de Pigeaud (voir figure 13). Malgré la netteté de l'écriture, ce texte reste difficilement lisible en raison de la petite taille et de l'irrégularité des caractères. Les lignes sont très resserrées. Chaque page compte 22 lignes, à l'exception de la dernière page (p. 128, trois lignes seulement). Les difficultés de déchiffrage – phrases coupées, écriture irrégulière et peu claire – s'accentuent au fur et à mesure qu'on avance dans le texte.

FIGURE 13 Texte B : « *Sajarah Majapahit* » (Lois de Java, 7 pages), page 108. *UBL*, Cod.Or. 5598. Photo : Ayang Utriza YAKIN.

2.6 Type de papier

Le papier utilisé pour l'écriture du texte est du papier vergé hollandais de couleur beige, rugueux, assez épais et pourvu de lignes et de filigranes, observables à la transparence. Les filigranes apparaissent sur les feuilles de droite, tandis que celles de gauche comportent les initiales du fabricant de papier ou la contremarque.

Le filigrane représente deux lions tenant un bouclier orné de trois croix, reposant sur un socle orné de fleurs et surmonté d'une couronne. Selon la classification établie par H. Voorn, cet objet relève de la catégorie des « Armes d'Amsterdam », correspondant précisément au modèle numéro 67 décrit dans son ouvrage[26]. D'après cet auteur, ce filigrane fut utilisé pour la première fois en 1722, en Hollande septentrionale[27], et vraisemblablement à Amsterdam.

26 VOORN H., *De Papiermolens in de provincie Noord-Holland*, Haarlem, De Papierwereld, 1960, p. 157.

27 Id., p. 133. Merci beaucoup à Russels Jones pour la correction de la référence (communication personnelle, 7 février 2012).

Edward Heawood, quant à lui, présente dans son livre l'illustration d'un filigrane similaire (numéro 401)[28]. D'après cet auteur, il remonterait à environ 1723[29] ou serait postérieur à cette date. Il convient de préciser que le filigrane du manuscrit que nous étudions s'apparente davantage au modèle n° 67 de Voorn qu'au modèle n° 401 de Heawood.

Selon Russels Jones, éminent spécialiste des manuscrits malais et ancien professeur à la *School of Oriental and African Studies* (SOAS) de Londres, il convient de privilégier l'analyse des occurrences de filigranes dans les manuscrits malais plutôt que de se fier exclusivement aux catalogues de filigranes. Jones a noté les armoiries d'Amsterdam dans le Cod.Or. 10.879, qui peut être daté de 1682 avec une confiance raisonnable. Si Jones avait raison, cela nous donnerait un précédent plus fiable pour dater Cod.Or. 5598, que n'importe quelle date dans Voorn ou Heawood. Ce qui signifierait que vers la seconde moitié du XVIIe siècle, les papiers étaient déjà utilisés.

En ce qui concerne la contremarque, on peut identifier plusieurs séries de deux caractères. Sur les 65 premières pages figurent les lettres HI et LS, et sur les pages suivantes figurent en revanche les initiales HM, avec, au-dessous, les lettres GI. D'après Voorn, HI correspond à 1755 comme année de fabrication du papier, tandis que HM correspond à 1815 (fabriquée par H. Meijerink et L.H. Ledeboer)[30]. D'après Russels Jones, il a trouvé les initiales HM dans le manuscrit Or. 165 du KITLV à Leyde, qui semble dater du début du XVIIIe siècle[31]. Sa découverte apporte un argument supplémentaire allant dans le sens de la considération de notre manuscrit Cod.Or. 5598 comme un manuscrit ancien. Si Jones avait raison, on pourrait penser que les papiers ont sans doute été fabriqués au début du XVIIIe siècle. Après presque 50 ans, ils auraient été importés à Banten, mais cela semble vraisemblablement impossible car il n'existait ni entrepôt ni centre de stockage pour préserver les papiers et ces derniers avaient une durée de vie d'une cinquantaine d'années en raison du climat du pays.

Il ressort des considérations ci-dessus que le papier du manuscrit est entièrement d'origine hollandaise, mais qu'il a été fabriqué à deux époques. On peut

28 HEAWOOD Edward, *Watermarks Mainly of the 17th and 18th Centuries*, Hilversum, The Paper Publications Society, 1950, p. 65.

29 Ibid., p. 73.

30 Le sens des lettres LS ne figure pas dans la liste d'initiales dressée par Voorn dans son ouvrage, voir : VOORN H., *De papiermolen in de provincie Gelderland alsmede in Overijssel en Limburg*, Haarlem, Vereniging van Nederlandse Papier- en Kartonfabrieken, 1985, p. 183.

31 Communication personnelle avec Russels Jones, 7 février 2013.

donc affirmer que les 65 premières pages ont été écrites après 1755 et le reste l'a été après 1815. En d'autres termes, le premier texte est plus ancien que le reste du manuscrit.

2.7 Auteurs, scribes et colophons du manuscrit

Aux fins du présent ouvrage, un auteur est défini comme la personne qui rédige un texte à partir de ses propres idées, alors qu'un scribe est défini comme la personne qui met sur papier ces idées dictées par l'auteur. Il apparaît clairement que le texte du manuscrit a été rédigé par plusieurs scribes, dont le nombre est difficile à déterminer, puisqu'il existe six colophons différents, situés indifféremment au début, au milieu ou à la fin des textes.

1. Page 73 : « *Dhawuhing undhang2 ing dina iṯnayn tanggal ping kalih wulan Jumādī al-Aẖir tahun Jīm 1191 hijra. Wa Allāhu a'lam.* » (La loi a été promulguée le lundi 2 du mois de Jumādī al-Aẖir de l'année Jīm[32] de 1191 de l'hégire [le 8 juillet 1777]. *Allāh* est omniscient.)
2. Page 74 : « *Wulan Jumādī* (......) *sanat 1111*. Bulan Jumadil (......) Tahun 1111 H. » (Mois de Jumādī (......) année 1111 de l'hégire [entre la fin d'octobre et décembre 1699]).
3. Page 75 : « *Ing dina Arba' tanggal ping 5 saking wulan Rabī'u al-Awwal tahun Dāl 1151 hijrah, kala iku Kangjĕng Sulṭān Abū al-Fatḥ Muḥammad Šifā' Zayn al-'Ārifīn andhawuhakĕn undhang–undhang.* » (Le mercredi 5 du mois de Rabī'u al-Awwal, année Dāl[33] de 1151 de l'hégire [le 23 juin 1738], loi promulguée par Sa Majesté le Sultan Abul Fathi Muhammad Syifa Zainul Arifin).
4. Page 87 : « *Hijratu al-Nabī ṣallā Allāhu 'alayhi wa sallam sewu satus seket tunggal lumampah ing tahun Dāl ing sasi Jumādī al-Awwal tanggal wolu* (...) *Bantĕn Ṯalaṯa waqtu Ẕuhur aẖir.* » (À Banten le mardi vers midi, le huit (...) du mois de Jumādī al-Awwal, mille cent cinquante et un [1151] de l'hégire du prophète, année Dāl. [8 août ou 3/13 septembre 1738]).
5. Page 109 : « (...) *Surat dalam nagari Surasowan atas karajaan nagari Banten pada dua puluh lima bulan Jumadil Awal 1151 sanah Dal.* » ((...) texte [promulgué] au Pays de Surasowan dans le royaume de Banten, le 25 Jumadil Awal 1151 [10 septembre 1738], année Dal.).

32 *Jim* est la troisième année du cycle *Windu* (huit année javanaise) qui symbolise la stabilité, la force et la consolidation. Ce calendrier javanais instauré par sultan Agung de Mataram en 1555 Saka (1633 de notre ère) combine le cycle lunaire islamique (année de 345 jours) avec la numérotation hindoue *Saka*.

33 *Dal* est la cinquième année du cycle *Windu* ; elle symbolise l'expansion et la prospérité et est associée à l'élément *feu*.

6. Page 120 : « *Tamāt al-kalām bi al-ḫayr wa al-ʿāfiya. Ing dinten ḫamis* (…) *sasi Jumādī al-Ṯānī 1235 sanat ze kalaning sanah ngerat kitāb.* » (Texte achevé dans les meilleures conditions le jeudi (…) du mois de Jumādī al-Ṯānī 1235 [de l'hégire] [entre 16 mars – 14 avril 1820], année Ze[34], l'année de la composition du texte.)

À la lecture de ces colophons, il est évident que les scribes sont des personnes différentes pour les textes datés de 1699, 1777 et 1820. Concernant les trois textes datés de la même année, 1738, on pourrait supposer que le scribe était la même personne. Toutefois, il est bien sûr impossible de les identifier. Ce qui est certain, en revanche, c'est qu'il s'agissait de fonctionnaires du palais ; c'est-à-dire qu'ils occupaient probablement les fonctions de secrétaires royaux. Il y a plusieurs raisons à cette hypothèse. Premièrement, en 1680, le Sultan Haji était accompagné d'un écrivain malais lorsqu'il reçut les envoyés de la Compagnie néerlandaise des Indes orientales, arrivés de Batavia pour lui rendre visite[35]. Deuxièmement, la lettre du Sultan Abul Mafakhir Muhammad Aliuddin, datée du 1er novembre 1781, fut rédigée par l'un des scribes de Sa Majesté[36]. Ces preuves nous permettent de conclure que les sultans de Banten avaient leurs propres écrivains ou secrétaires (lire : scribes), dont l'un pourrait bien avoir écrit ces textes de l'*UUB*. En revanche, les auteurs du texte d'*UUB* étaient manifestement les autorités juridiques du sultanat de Banten dirigées par le cadi.

2.8 Copistes du manuscrit

Un copiste est défini ici comme celui qui a copié le texte écrit par le scribe à une date ultérieure. Les différentes écritures dans les textes montrent clairement qu'ils ont été copiés par plusieurs personnes.

1. Les 65 premières pages, en javanais, ont été copiées par une personne que nous appellerons C1 (copiste 1).
2. Les 140 pages de la suite (p. 1-106 et p. 130-162), en *pegon*, ont été copiées par C2.

---

34 *Ze* (version formelle : *Je*) est la quatrième année du cycle *Windu*. Elle symbolise la transition et la prudence et est associée à l'élément *air*.

35 According to the *VOC* archive of 2 July 1680, *VOC* 1351, f. 2257-2270, cité dans RANTOANDRO Gabriel A., *Banten et les pays du détroit de la Sonde aux XVIe et XVIIe siècles, op.cit.*, p. 507.

36 PUDJIASTUTI Titik, « Letters of the Sultans of Banten in the National Archives of the Republic of Indonesia », *SARI*, vol. 23, 2005, p. 123-135, ici p. 125.

3. Les 22 pages intercalées (p. 108-129) ont été copiées très vraisemblablement par trois personnes : respectivement C3 pour le texte en *jawi*, C4 pour le texte en javanais et C5 pour le texte B en *pegon*.

Les copistes étaient donc probablement au nombre de cinq, mais on ne dispose d'aucune information à leur égard. La copie étant parfaitement exécutée et dépourvue d'erreurs majeures, on peut supposer que les copistes étaient des personnes de culture et de langue javanaises, nées et résidant à Banten[37]. D'autant plus qu'on retrouve, selon Edwin P. Wieringa, une spécificité des scribes bantenois, à savoir un point sous la lettre *dāl*[38].

3 Contenu du manuscrit

Il suffit de parcourir l'ensemble du manuscrit pour se rendre compte qu'il ne comprend pas qu'un seul texte : différences de langues, de caractères et de dates, présence ou non de titres pour certains passages prouvent que nous avons affaire à plusieurs textes réunis ensemble. En réalité, ce manuscrit contient onze textes que nous allons passer en revue ci-dessous en suivant l'ordre du manuscrit et en les divisant en fonction des règnes des différents sultans.

3.1 Masalah Undhang-Undhang

Le premier texte est « l'index des sujets traités », intitulé *Masalah Undhang-Undhang*, qui compte 65 pages (p. i-lxv) en 33 folios numérotés séparément

---

37 Il existe des preuves qu'à Banten, il y avait une grande activité de copie de manuscrits. Selon Edwin P. Wieringa, les scribes des manuscrits malais « *Syair seribu masalah* » et « *Syair burung* » étaient des Bantenois. De plus, il a pu identifier le scribe du manuscrit « *Syair burung* », qui s'appelait Muhammad Asnawi et qui était un Bantenois. Voir : WIERINGA Edwin P., « Dotting the dal and penetrating the letters ; The Javanese origin of the *Syair seribu masalah* and its Bantenese spelling », *BKI*, vol. 159, no 4, 2003, p. 499-518, ici p. 509 et 514. Le manuscrit d'*Undang-Undang Aceh* MSS Malay D.12, à la Bibliothèque nationale d'Angleterre à Londres, a été copié soit par un Bantenois, soit par un habitant de Bintan. En effet, le mot *bā-nūn-tā'-nūn* est dépourvu de voyelles et ne permet pas de distinguer entre « Banten » ou « Bintan », voir : RICKLEFS M.C. et VOORHOEVE P., *Indonesian Manuscripts in Great Britain*, Oxford, Oxford University Press, 1977, p. 127. Tout cela atteste, d'une part, du rôle prédominant de Banten en tant que centre de copie majeur de manuscrits islamiques et, d'autre part, de son influence dans l'ensemble de l'Archipel.

38 WIERINGA Edwin P., « Dotting the dal and penetrating the letters : The Javanese origin of the *Syair seribu masalah* and its Bantenese spelling », *art.cité.*, p. 513.

par Pigeaud[39]. Contrairement aux autres, le premier texte présente deux particularités. D'abord, il est écrit en caractères javanais, alors que les autres sont rédigés en caractères arabes[40]. Ensuite, il constitue la plus ancienne partie du manuscrit puisque, comme nous l'avons montré plus haut, ce texte a été copié, d'après les marques et les contremarques du papier, après 1755, tandis que les autres l'ont été après 1815. Ce texte contient une liste d'articles des lois ou des cas de jurisprudence. En effet, la première phrase est très explicite: «*Punika masalah undhang-undhang satunggal-tunggal ingkang kasĕbut karuhun*» (Cas juridiques cités ci-dessus énoncés l'un après l'autre). Toutefois, il ne s'agit pas de l'index de notre manuscrit mais plutôt d'articles figurant dans les différents textes du manuscrit. Tandis que cette liste compte 399 entrées, environ 160 seulement correspondent à des articles figurant effectivement dans le manuscrit. Autrement dit, quelque 240 articles mentionnés dans cette liste en sont absents. On peut en déduire qu'il s'agit de l'index d'un livre antérieur, perdu ou inconnu, dont moins de la moitié seulement a été recopiée dans ce manuscrit.

3.2 Undhang-Undhang Sultan Haji (1682-1687)

Le deuxième texte est la loi du Sultan Haji. Ce texte remonte pour l'essentiel à l'époque du Sultan Abu Nasar Abdul Kahar, connu sous le nom de Sultan Haji. Il compte 26 pages (p. 1-26) et comprend 46 articles. Néanmoins, il comprend également trois articles (12, 43 et 45) rattachés au règne de son père, Sultan Ageng Tirtayasa. Il n'a pas de titre, mais plusieurs phrases indiquent qu'il s'agit bien de lois promulguées à l'époque du Sultan Haji:

1. «*Tinĕtĕpakĕn dening Kangjĕng Sulṭān Ḥajji...*» (Ainsi en a-t-il été décidé par Sa Majesté le Sultan Haji [...])[41].
2. «*Pengĕt. Ingkang undhang2 Kangjĕng Sulṭān Abū al-Naṣr ing Surasowan, lumraha ing nagara Surasowan, ing sakehing nayaka lan ing sakehing ponggawa, atanapi ing jajahan tĕpis-wiring sĕkabeh*» (Avertissement. Lois de Sa Majesté le Sultan Abu Nasar à Surasowan à diffuser dans l'ensemble du Pays de Surasowan parmi tous les *nayaka* et les *ponggawa* ainsi que dans tous les territoires frontaliers sous sa domination)[42].

---

39 Un folio non numéroté est vierge au recto, tandis que le verso ne contient que le mot *masalah* (affaire) écrit six fois.

40 À l'exception d'un accord entre Sultan Zainul Arifin et la *VOC*, qui constitue une exception puisqu'il est rédigé en deux langues: javanais (en caractères javanais) et *jawi*.

41 *UUB*: 2, article 5.

42 *UUB*: 4, article 8.

3. «*Lan kang undhang2 Kangjĕng Sulṭān Abū al-Naṣr*» (Lois de Sa Majesté le Sultan Abu Nasar)[43].
4. Par ailleurs, le nom de Pangeran Arya Dipaningrat est mentionné à plusieurs reprises[44]. Or, celui-ci était le Premier ministre du Sultan Haji.

Cet ensemble d'articles, qui s'adresse à toutes les couches de la société, paraît à première vue assez disparate. Mais à la lecture, on se rend compte qu'il s'articule autour d'un thème principal: la réglementation des rapports entre une couche sociale très diverse et le pouvoir royal.

3.3 Undhang-Undhang Sultan Zainul Abidin (1690-1733)

Le troisième texte est composé des lois du Sultan Zainul Abidin. Comme il est explicitement mentionné, ce texte comporte une série de lois datant de l'époque du Sultan Abul Mahasin Muhammad Zainul Abidin «*Ana dening kang denlakokakĕn iki ing undhang-undhang iki saking zaman Sulṭān Abū al-Maḥāsin Muḥammad Zayn al-'Ābidīn*» (Lois mises en œuvre ici datant de l'époque du Sultan Abul Mahasin Muhammad Zainul Abidin)[45]. Il compte 49 pages (p. 26-75) et comprend 80 articles. Cette section contient deux colophons distincts. Le premier colophon se trouve à la page 73: «*Dhawuhing undhang2 ing dina iṯnayn tanggal ping kalih wulan Jumādī al-Aẖir tahun Jīm 1191 hijra. Wa Allāhu a'lam.*» (Ces lois ont été promulguées le lundi 2 du mois de Jumādī al-Aẖir de l'année Jīm 1191 de l'hégire [le 8 juillet 1777]. Allah est omniscient). Le deuxième colophon se trouve à la page 74: «*Wulan Jumādī... sanat 1111*» (Mois de Jumādī (...) année 1111 de l'hégire [entre fin octobre et décembre 1699]). Les colophons révèlent que les successeurs du Sultan Zainul Abidin ont repromulgué la loi du Sultan Zainul Abidin après sa mort, et qu'elle demeure en vigueur jusqu'en 1777. Le texte est un assemblage de cas disparates. Mais on s'aperçoit qu'à la lecture, il s'articule également autour d'un thème central. Ce sont les règles juridiques régissant les affaires privées de tous les individus au sein de la société.

3.4 Undhang-Undhang Sultan Zainul Arifin (1733-1748)

Le quatrième texte est la loi du Sultan Zainul Arifin. Il compte 13 pages (p. 75-87) et comprend 22 articles. Ce texte renferme les lois du Sultan Abul Fathi Muhammad Syifa Zainul Arifin comme il est précisé *"Ing dina Arba' tanggal*

---

43 *UUB*: 14, article 33.
44 Il apparaît aux articles 1, 36-39 et 44 du texte (*UUB*: 17-20 et *UUB*: 22).
45 *UUB*: 26.

ping 5 saking wulan Rabī'u al-Awwal tahun Dāl 1151 hijra, kala iku Kangjěng Sulṭān Abū al-Fatḥ Muḥammad Šifā' Zayn al-'Ārifīn andhawuhaken undhang-undhang" (Lois promulguées par Sa Majesté le Sultan Abul Fathi Muhammad Syifa Zainul Arifin le mercredi 5 du mois de Rabī'u al-Awwal, de l'année Dāl de 1151 de l'hégire [23 juin 1738])[46]. Il s'agit moins de la promulgation de lois nouvelles par le sultan régnant que de la confirmation, par celui-ci, de la pérennité de celles édictées pendant les règnes de son grand-père, sultan Haji, et de son père, Sultan Zainul Abidin, comme le montre la phrase suivante: « *Pengět. Ingkang undhang2 Kangjěng Sulṭān Marḥūm Sulṭān Ḥajji Abū al-Naṣr 'Abd al-Qahhār dhumatěng ingkang putra Kangjěng Sulṭān Marḥūm Sulṭān Abū al-Maḥāsin Muḥammad Zayn al-'Ābidīn maka dhumatěng ing Kangjěng Abū al-Fatḥ Šifā' Zayn al-'Ārifīn Kang Sinuhun ing Nagari Bantěn aṣlaha Allāhu mulkahu ingkang wus tinětěpakěn salawas-lawase…* ». (Avertissement: Lois de Sa défunte Majesté le Sultan Haji Abu Nasar Abdul Kahar [1682-1687], de Sa défunte Majesté le Sultan Abul Mahasin Muhammad Zainul Abidin [1690-1733, puis] et de Sa Majesté le Sultan Abul Fathi Syifa Zainul Arifin [1733-1748], honoré en l'État de Banten. Qu'Allah rende durable son royaume)[47]. Ce texte, destiné aux habitants de Lampung, légifère sur le rapport que ceux-ci doivent entretenir avec le sultan de Banten et ses représentants ainsi que sur la production et le commerce du poivre à Lampung, épice qui, on le sait, constituait la principale ressource économique du sultanat de Banten.

3.5 Undhang-Undhang Sultan Abul Mafakhir (1624-1651) au sujet du *ta'zīr*

Le cinquième texte contient la loi du Sultan Abul Mafakhir Abdul Kadir. Il compte huit pages (p. 88-95) et comprend 11 articles consacrés à la peine discrétionnaire (*ta'zīr*) préconisée par la charia: « *Iki bab ing dalěm anyatakakěn ta'zīr* » (Chapitre sur l'explication du *ta'zīr*)[48] et appliquées par le sultan de Banten. Il s'agit en fait de lois remontant à l'époque du Sultan Abul Mafakhir Abdul Kadir: « *Maka ing zaman Sulṭān Abū al-Mafāḫir 'Abd al-Qādir raḥmatullāhi 'alayhi satuhune akon anglampahakěn ana'zirakěn…* » (Sultan Abul Mafakhir Abdul Kadir, que Dieu ait son âme ordonna en son temps d'appliquer la peine discrétionnaire [*ta'zīr*]…)[49]. Ce texte concerne les actes répréhensibles

46 *UUB*: 75.
47 *UUB*: 79.
48 *UUB*: 88.
49 *UUB*: 92.

commis par les sujets du sultan de Banten et susceptibles d'être soumis à la peine discrétionnaire.

Le texte dispose que seul le sultan est habilité à prononcer une peine discrétionnaire (*ta'zīr*). C'est-à-dire qu'il a la prérogative d'alourdir ou d'alléger les sanctions et les peines. Il est également le seul à disposer du droit d'utiliser la méthode de l'*ijtihād*[50] en délibérant avec ses conseillers pour argumenter une décision[51]. On notera ici que la possibilité d'utiliser la peine discrétionnaire n'est pas accordée à un *faqīh*, juriste, mais à un sultan. Donc, selon ce texte, le sultan n'est pas seulement la plus haute autorité politique, mais c'est aussi la plus haute autorité judiciaire comme souvent dans les royaumes musulmans.

L'intérêt pour la peine discrétionnaire à Banten remonte au règne d'Abul Mafakhir, lorsque ce souverain envoya un ambassadeur à La Mecque pour soumettre aux oulémas mecquois des questions sur la manière la plus conforme de gouverner un pays selon l'Islam. Le cheikh Muḥammad 'Ali Ibn 'Allān Bakrī Makkī se chargea de la réponse. Ce juriste, né le 20 ṣafar 996 (21 janvier 1588) et mort le 21 ḏūlḥijjah 1057 (18 janvier 1647) à La Mecque, et enterré au cimetière de Ma'lā, était l'un des oulémas mecquois les plus connus au XVIIe siècle. Il a écrit plus de soixante ouvrages. Sultan Abul Mafakhir Mahmud Abdul Kadir proposa au cheikh Ibn 'Allān d'être le cadi du sultanat de Banten, mais celui-ci refusa[52].

Le sultan de Banten lui pose dix questions précises qui portaient, entre autres, sur la *wujūdiyyah*[53], la manière de gouverner ses sujets et les modalités d'application de la charia. Il a traité ces questions en se référant à l'une des quatre grandes écoles juridiques sunnites, l'école juridique malékite, en citant les avis de son fondateur, l'Imām Mālik (m. 179 AH./796 EC.).

---

50 Le texte de cette loi recourt au terme *ijtihād* (art. 2, *UUB*: 88): « *Maka jinising ta'zīr iku saking amanjara atawa anggitik, andĕra kalawan gigitik, atawa anabok maring sawicara* (……) ***ijtihād*** *ratu*. (Le type [de châtiment] du *ta'zīr* sera donc l'incarcération, le châtiment corporel à l'aide d'un ustensile ou l'administration de coups ; tous ceux-ci proviennent de la décision (……) ***ijtihād*** du roi.) »

51 *UUB* : 88-89, article 2 des Lois du Sultan Abul Mafakhir.

52 DJAJADININGRAT Hoesein, *Tinjauan Kritis Tentang Sajarah Banten*, *op.cit.*, p. 54 et p. 195. La *Sajarah Banten* écrit que le charif de la Mecque n'a pas pu faire venir *ahli faqih* (le juriste musulman) à Banten, mais il a accordé le titre de sultan aux souverains de Banten, p. 54, p. 195 et p. 196.

53 DJAJADININGRAT Hoesein, *Tinjauan Kritis Tentang Sajarah Banten*, *op.cit.*, p. 193. La *wujūdiyyah* est un courant mythique de l'Islam qui voit dans l'univers toutes choses comme des émanations de Dieu, puisque toute création n'est que par Sa volonté. C'est en fait la forme extrême de *tawhīd*, qui signifie « il n'y a rien d'autre dans l'être que Dieu ». C'est donc la réalisation de l'existence divine d'une manière telle que toute autre chose est totalement annihilée (Wujūdiyyah, *EI*, *op.cit.*, 2005, vol. XI, p. 236).

D'ailleurs, l'Imām Mālik est cité dans le manuscrit UUB: «*Maka ing zaman Sulṭān Abū al-Mafāḥir 'Abd al-Qādir raḥmatullāhi 'alayhi satuhune akon anglampahakĕn ana'zirakĕn kalawan angambil arta karana taqlīd maring Imām Mālik raḍiyallāhu 'anhu*» (sultan Abul Mafakhir Abdul Kadir, que Dieu ait son âme, ordonna en son temps d'appliquer la saisie des biens comme peine discrétionnaire [*ta'zīr*] en se référant [*taqlīd*] à l'Imām Mālik, que Dieu ait son âme)[54].

Les réponses d'Ibn 'Allān ont été compilées dans un ouvrage intitulé *Mawāhib al-Rabbāniyya 'an al-As'ila al-Jāwiya*[55] (Présents divins en réponse aux questions des Javanais). L'ambassadeur de Banten est revenu en 1638 en rapportant cet ouvrage. En bref, cet ouvrage de *Mawāhib al-Rabbāniyya* est cité dans l'*UUB*.

3.6 Undhang-Undhang Kyai Arya Mangunjaya (1651-1680)

Le sixième texte compte quatre pages (p. 95-98) et contient cinq articles promulgués par le Premier ministre, Kyai Arya Mangunjaya, lors du règne du Sultan Ageng Tirtayasa: «*Undhang2 Lami saking Kiyahi Arya Mangunjaya*» (Lois anciennes du Kyai Arya Mangunjaya)[56]. À l'époque du Kyai Arya Mangunjaya, le sultanat de Banten était un État indépendant et jouissait d'une liberté totale à tous les niveaux: politique, juridique et commercial. Son Premier ministre a donc pu promulguer les lois comme le souhaitait le pouvoir politique de Banten à cette époque. Par ailleurs, ce texte rassemble des cas disparates, mais s'articule autour d'un thème général: les règlements juridiques en matière d'affaires pénales applicables aux habitants de Banten.

3.7 Kitab Pĕrjanjiyan Kumpĕni lan Sultan Haji (1682-1687)

Ce texte contient un traité passé entre Sultan Haji et la Compagnie des Indes-Orientales (*VOC*). Il porte précisément le titre de *Kitab Pĕrjanjiyan Kumpĕni lan Kangjĕng Sulṭān Ḥajji*, soit «Traité entre la Compagnie et Sa Majesté le Sultan

54 *UUB*: 92. Il est intéressant de noter qu'aujourd'hui, dans l'Archipel insulindien, les musulmans appartiennent majoritairement à l'école juridique chaféite.

55 Ce livre a été étudié philologiquement par SUDRAJAT Budi, *al-Mawāhib al-Rabbāniyyah 'an al-As'ilah al-Jāwiyah. Suntingan naskah dan analisis isi disertai tinjauan sejarah tentang kebijakan Sultan Abul Mafakhir Abdul Qadir (1596-1651)*, Thèse de mastère, Université islamique d'État de Jakarta, Jakarta, 2002, p. 8-11 et historiquement par PEACOCK A.C.S., *op.cit.*, chap. 4, «The Banten Mission to Mecca and the Works of Ibn 'Allān», p. 112-154.

56 *UUB*: 95.

Haji ». Le premier paragraphe mentionne « *Ikilah surat tĕkĕnan olihing amĕthiki anurun saking surat pĕrjangjiyan saking Kangjĕng Sulṭān Ḥajji Abū Naṣr 'Abd al-Qahhār kalawan Kumpĕni kang wus muwafaqat sarta wus denlakokakĕn ing nagara Bantĕn salawas-lawase* » (Ceci est la copie du traité signé entre Sa Majesté le Sultan Haji Abu Nasar Abdul Kahar et la Compagnie, convenu et établi pour toujours dans le pays de Banten)[57].

Pour rappel, en 1682 éclata une guerre entre Sultan Ageng Tirtayasa et son fils, le prince héritier, Sultan Haji. Ce dernier fit appel aux forces hollandaises pour écraser les troupes de son père puis lui succéda en 1682. Les Hollandais eurent diverses exigences à l'égard de Banten en échange de leur soutien. C'est ainsi que trois traités furent signés en 1682, 1684 et 1686. C'est une partie de ce dernier traité qui a été incluse dans le manuscrit *UUB*.

La comparaison entre le texte du traité dans le manuscrit *UUB* et celui du traité de 1686 qui se trouve dans le *Corpus Diplomaticum*, montre que le premier ne comporte que 12 articles quand l'original en comporte 35[58]. Le contenu des articles est identique, mais en javanais il s'agit plutôt d'une adaptation que d'une traduction *stricto sensu*[59]. Le commanditaire de cette traduction, sans doute un cadi de Banten, a laissé de côté 23 articles pour n'en retenir que 12.

Le contenu des 12 articles inclus dans le manuscrit concerne les interdictions adressées aux membres de la Compagnie comme le viol d'une Bantenoise ou l'intrusion d'un soldat ivre dans une mosquée. Le cadi avait pour compétence de juger les personnes qui s'en rendaient coupables.

En revanche, les 23 articles du traité qui ont disparu du manuscrit comportent essentiellement les devoirs du sultanat de Banten comme les restrictions sur le commerce des esclaves, du coton, du poivre noir et blanc, l'obligation aux navires d'obtenir une autorisation maritime des autorités hollandaises, la surveillance du trafic illégal, le contrôle des esclaves et de l'immigration, les limitations des relations internationales et des contacts avec le monde extérieur.

57 *UUB* : 98-99.

58 Cet accord est publié dans J.E. Heeres, & W.F. Stapel (eds.) le *Corpus Diplomaticum Neerlando-Indicum Verzameling van Politieke Contracten en Verdere Verdragen door de Nederlanders in Het Oosten Gesloten : van Privilegebrieven aan hen Verleend, Enz.*, 6 volumes, 's-Gravenhage, M. Nijhoff, 1907-1955, 1934, vol. III, p. 392-405.

59 Pour en savoir plus concernant ces douze articles et leur adaptation au contexte bantenois, voir la deuxième partie de cet ouvrage, dans le chapitre consacré au traité avec transcription et traduction annotée.

Il est très vraisemblable que cette copie ait été commandée et utilisée par l'un des cadis qui souhaitait disposer des dispositions du traité de 1686 pour l'aider à rendre des jugements sur les conflits entre les sujets de Banten et les Hollandais.

3.8 Sajarah Majapahit

Le huitième texte est «la loi de Majapahit» qui constitue un recueil de lois javanaises comprenant 66 articles. Il compte sept pages sur les pages verso (numérotation paire) de la page 108 à la page 120 (texte B, voir figure 12). Il comporte sa propre pagination à l'encre en chiffres arabes, mais pas en écriture arabe, en haut et en bas du texte. Ces pages correspondent aux numéros 108, 110, 112, 114, 116, 118 et 120 de la pagination de Pigeaud. Malgré la clarté de l'écriture, le texte est difficile à lire en raison de sa petite taille et de l'irrégularité de l'écriture. Les lignes sont très serrées. Chaque page comporte 22 lignes. Dans cette section, nous avons trouvé un colophon à la page 120 : « *Tamāt al-kalām bi al-ḫayr wa al-'āfiya. Ing dinten ḫamis* (...) *sasi Jumādī al-Ṯānī 1235 sanat ze kalaning sanah nyĕrat*[60] *kitāb* » (Ce texte a été achevé le jeudi (...) du mois Jumādī al-Ṯānī 1235 [de l'hégire] [entre le 16 mars et le 14 avril 1820], l'année Ze, l'année de la composition du texte).

Bien qu'il soit indiqué dans son premier paragraphe qu'il date de l'époque de Majapahit (*punika sajarah saking Majapahit*), le texte remonte en réalité à des époques différentes. Son contenu ne concerne pas l'histoire de Majapahit, comme le laisse suggérer le mot «*sajarah*» qui signifie «histoire[61]», mais évoque une culture et une tradition juridique javanaise hindo-bouddhique. Le plus grand royaume hindo-javanais, ca. 1293/4-1527, Majapahit, fondé par Raden Wijaya, connut son apogée à l'époque du roi Hayam Wuruk (1350-1389) et de son Premier ministre Gajah Mada (1331-1364).

La première partie du huitième texte est particulière, puisqu'on y explique pour la première fois sur quelles bases reposent les lois de Banten. Le texte est une sorte d'historique. On y mentionne l'origine de ce corps de lois adopté par Banten. Parmi les infractions et les peines figurent des noms tels qu'*Aji Saka*, *Raja Niti*, *Jugal Mudha*, *Anglangkara* (*Jaya Lengkara*) et *Kunthara*. En effet, à Java, on a attribué les lois en vigueur à certains personnages légendaires javanais. En réalité, il s'agit du droit coutumier propre à Java. Le texte indique

60 Texte : *ngĕrat*.

61 Le premier sens de ce mot est «arbre généalogique», LABROUSSE Pierre, *Dictionnaire général indonésien-français*, Paris, Association Archipel, 1984, p. 738.

donc clairement que Banten dispose de plusieurs sources juridiques, parmi lesquelles figure le droit coutumier javanais.

Le droit à Java était caractérisé par l'*akṣara*, une formule écrite en sanscrit ou en javanais ancien, servant à désigner une infraction ou une peine[62]. L'emploi de l'*akṣara*, emprunté au monde indien, est une spécificité du monde javanais qu'on ne retrouve nulle part ailleurs dans le grand ensemble de l'Insulinde[63].

Par exemple, le mot *kunthara*, variante de *kuthara* ou *kutara*, est une abréviation de *kuṭāra mānawa*, le livre élaboré à partir des lois de *Manu*. Dans l'Inde ancienne, le discours du roi Manu a servi de base au droit brahmanique. Ses enseignements ont permis la constitution d'un des codes juridiques indiens, le *Dharmasastra*. Par ailleurs, le *Manavadharmaçâstra*, ou « Lois de Manou », est le plus connu des *dharmaçâstras*, mais pas l'unique, car il y en a d'autres, comme les « Lois de Gautama » (les plus anciennes), les « Lois de Vishnu », celles de Yajñavâlkya, etc. Plutôt qu'un roi, Manu est l'Adam et le Noé de la mythologie indienne ; il est censé avoir révélé ces lois à la fin du déluge, pour éviter une autre catastrophe[64]. Donc, les lois de *Manu* ont servi de cadre juridique aux royaumes javanais dès leur fondation, comme le montrent des inscriptions trouvées à Java-Est, datées de 732 et de 794, qui font référence au roi *Manu* et à la tradition juridique indienne[65].

Pendant la période de Majapahit, l'influence de la culture et de la tradition juridique hindoue-indienne perdura. Le *Nagarakṛtāgama*, un livre panégyrique du roi de Majapahit, Hayam Wuruk, écrit par Rakawi Prapanca en 1365, désigne le *kuṭāra mānawa* comme la source juridique du royaume de Majapahit. Le texte explique que les *upapati*, ou hommes de loi, consultent

62 Raffles écrit sur cette spécifité du droit javanais : "*The body of regulations etc. compressed in these codes is curious, from the laborious refinement of their distinctions, from the mixture of moral maxims and illustrations with positive law, from the most incongruous combinations, and from their casuistical spirit,*" RAFFLES Thomas Stamford, *The History of Java*, *op.cit.*, vol. I, p. 280 ; voir également HOADLEY Mason C. et HOOKER M.B., *An Introduction to Javanese Law. A Translation of and Commentary on the Agama*, Tucson, The University of Arizona Press, 1981, p. 209.

63 Les *akṣara* utilisés dans notre texte : *abadham beya, amangkur beya, ambalang beya, ambang beya, anancang beya, anangatang beya, ananjah beya, angacar beya, angalusi beya, angamu beya, anganak beya, angarang beya, angarkarta beya, anglamar beya, angrampok beya, angrang beya, anyĕgah beya, anyĕrang beya, anyomanging beya, embong beya, ilĕb beya, irang beya, kibar beya, mancing beya, nanjang beya, ngamuk kapunggung beya, pongah beya, sakar beya, sandyang beya* et *sepa beya*. *Beya* signifie ici amende.

64 Merci beaucoup à Luis Filipe R. Thomaz pour cette explication.

65 BALL John, *Indonesian Legal History 1602-1848*, *op.cit.*, p. 42 et HOADLEY Mason C., « Continuity and Change in Javanese Legal Tradition : The Evidence of the Jayapattra », *Indonesia*, nº 11 (avril), 1971, p. 95-109, ici p. 99.

le *kuṭāra mānawa* lors du procès juridique[66]. De plus, le Code de Majapahit, appelé *Ấgama*, se réfère, parmi plusieurs sources juridiques indiennes, au *kuṭāra mānawa-çâstra*[67]. Ces exemples montrent la forte influence de la culture juridique hindou-bouddhique sur le droit javanais[68].

Ce droit d'origine indo-javanaise n'est pas le seul à servir aux fondements du droit à Banten comme le souligne un passage très important de cette première partie « *Ratu anjĕnĕngakĕn parentah kang tĕlung pĕrkara iya iku : agama, lan dirgama, lan karinah : iku ḥukum wong Islam* » (Le souverain doit promulguer selon ces trois droits, à savoir : l'*Agama*, le *Dirgama*, et la *Ḳarinah*. Voilà ce qu'est le droit pour les musulmans)[69]. Ce passage nous donne ainsi une vision claire du droit à Banten. C'est le seul endroit du texte où l'auteur a conceptualisé ce qu'est le droit à Banten. Rappelons que le droit des musulmans de culture javanaise repose sur : le droit religieux (*agama*), le droit coutumier (*dirgama*) et le droit mixte des deux (*karinah*). Effectivement, dans les cas traités par ce texte, apparaissent deux principales sources juridiques, puisque 58 articles s'inspirent du droit coutumier javanais de l'époque hindo-bouddhique, tandis que les 8 derniers relèvent, eux, du droit musulman.

Ainsi, si la deuxième partie du huitième texte constitue un ensemble de règles juridiques, majoritairement relatives aux affaires de nature pénale et applicables à tous les habitants de Banten, quelle que soit leur origine sociale ou ethnique, il faut toutefois signaler que le texte concerne également, dans une moindre mesure, les affaires civiles, notamment le mariage, les contrats et les personnes.

Les articles relatifs au droit musulman de la famille concernent le mariage (*nikāḥ*), le divorce (*ṭalāq*), le *li'ān* (accusation sous serment de l'infidélité de l'épouse par son époux ou que les enfants issus du mariage ne sont pas les siens), le *ẓihār* (l'utilisation de la formule « tu es pour moi intouchable comme le dos de ma mère[70] ») et le *'īlā'* (le serment du mari de s'abstenir de tout rapport sexuel).

---

66 PIGEAUD Theodore G.Th., *Java in the 14th Century*, *op.cit.*, vol. III, p. 154, figure 6 recto, ligne 1.

67 HOOKER M.B., *A Concise Legal History of South-East Asia*, Oxford, Clarendon Press, 1978, p. 39.

68 KERN R., « Gegevens van Professor Kern Over Hindoerecht (1907-1910) », dans *Adatrechtbundels*, 1910, vol. I, p. 197-200.

69 *UUB* : 112.

70 En disant que la femme est « tu es pour moi intouchable comme le dos de ma mère », le mari la rendait « interdite » par analogie, car la mère est une figure sacrée et sexuellement interdite. C'est une forme répudiation symbolique, une pratique condamnée par l'Islam (voir QS. 58:2-4) qui oblige l'expiation à ceux qui le prononcent pour reprendre la vie conjugale.

Cette seconde partie est la seule du manuscrit où sont vraiment traités les cas privés à caractère pénal ou civil entre particuliers. Ce huitième texte montre bien que, pour régler ces problèmes, l'autorité judiciaire de Banten fondait ses jugements principalement sur le droit coutumier javanais, à l'exception de ceux qui touchent au mariage et au divorce, fondés, eux, en partie sur le droit musulman.

3.9 Bāb al-Farā'iḍ

Le neuvième texte est «*loi sur la succession d'après le droit musulman*». D'ailleurs, le titre a été conservé en arabe *Bāb al-Farā'iḍ* (chapitre sur la succession). De la page 122 à la page 128, le texte comprend 29 articles et s'étend sur quatre pages. Nous pensons qu'il suit l'école chaféite[71] et, plus particulièrement, le *Minhāj al-Ṭālibīn*[72] d'al-Nawāwī ou, au moins, un de ses commentaires postérieurs[73].

---

71 Il existe des différences minimes au sujet de la succession entre les quatre écoles juridiques sunnites, par exemple concernant l'esclave et le meurtrier. Un affranchi contractuel (*mukātab*) qui meurt avant la fin du contrat ne peut pas laisser d'héritage selon les chaféites, alors que selon les hanéfites et les malékites, il le peut à certaines conditions. Concernant le meurtre, selon les chaféites, les meurtriers ne peuvent jamais recevoir l'héritage, alors que selon les hanbalites et les malékites, dans certains cas (*qatl bitasabbub* et *qatl ḫaṭa'*), ceux-ci peuvent hériter. Voir : 'ABD AL-ḤAMĪD Muḥammad Muḥyi al-Dīn, *Aḥkām al-Mawāriṯ fī al-Šarī'a al-Islāmiyya 'alā Mazāhib al-'A'imma al-Arba'a*, Le Caire, Dār Iḥyā' al-Kutub al-'Arabiyya, 1947, p. 34-35 et p. 39-41 et SĀBIQ Sayyid, *Fiqh Sunna*, Beyrouth, Dār al-Fikr, 1983, 3 t., t. I, p. 427. On peut donc conclure que *Bāb al-Farā'iḍ* du manuscrit *UUB* fait référence à l'école chaféite.

72 Le *Minhāj al-Ṭālibīn* de l'Imām Muḥyiddīn Abū Zakariyyā Yaḥyā Ibn Šaraf al-Nawāwī, né en 631/1233 et mort en 677/1278 à Damas, est un résumé du livre de droit intitulé *al-Muḥarrar*, écrit par l'imām al-Rāfi'ī (m. 623/1226), puis commenté par al-Nawāwī lui-même. Ce dernier livre est également un résumé de l'ouvrage al-Wajīz de l'imām al-Ġazālī (m. 505/1111), qui, lui-même, est un résumé de *Nihāyat al-Maṭlab* de l'imām al-Juwaynī (m. 478/1085). Enfin, celui-ci est une compilation des nouveaux avis (*qawl jadīd*) de l'imām Šāfi'ī (m. 204/819).

73 Le *Minhāj al-Ṭālibīn* existe sous plusieurs formes : développée (*šarḥ*), abrégée (*muḫtaṣar*) ou expliquée en marge (*ḥāšiyah*) par une centaine de juristes musulmans dans leurs ouvrages. Parmi ceux-ci, les plus connus sont : Jalāl al-Dīn al-Maḥallī (m. 864/1459) dans son ouvrage *Kanz al-Rāġibīn Šarḥ Minhāj al-Ṭālibīn* ; Yaḥyā Zakariyyā al-'Anṣārī (m. 926/1520) qui en a fait deux résumés : *Minhāj al-Ṭullāb* et *Fatḥ al-Wahhāb Šarḥ Minhāj al-Ṭullāb* ; Ibn Ḥajar al-Hayṯamī (m. 973/1565) dans son ouvrage *Tuḥfat al-Muḥtāj* ; Ibn Ḫaṭīb al-Šarbīnī (m. 977/1569) dans son ouvrage *Muġnī al-Muḥtāj Ilā Ma'rifat al-Ma'āni Alfāẓ Šarḥ al-Minhāj* et Šams al-Dīn al-Ramlī (m. 1004/1595) dans son ouvrage *Nihāyat al-Muḥtāj ilā Šarḥ al-Minhāj*.

En effet, une comparaison entre l'ouvrage de *Minhāj al-Ṭālibīn* et le texte que nous étudions montre que le contenu et la formulation sont identiques. Seule différence, mais de taille : le chapitre de l'*UUB* sur la succession n'a repris qu'une petite partie du livre original, en excluant certains chapitres, notamment toute la partie finale, ainsi que certains passages, comme le chapitre sur l'exclusion des femmes de l'héritage.

Il ne reste malheureusement aucun élément attestant l'existence de ce livre ou de ses commentaires à Banten avant 1820, date à laquelle le *Bāb al-Farā'iḍ* a été copié. La Bibliothèque nationale d'Indonésie à Jakarta compte une collection d'environ 116 manuscrits de la Bibliothèque royale de Banten, la plupart en arabe. Ils ont été acquis par les Hollandais en 1832 après l'exil du dernier sultan[74]. Cependant, dans le catalogue *Codicum Arabicorum* rédigé par Van den Berg[75], nous n'avons trouvé qu'une douzaine de manuscrits ayant appartenu aux sultans de Banten et aucun d'entre eux ne comprend le *Minhāj al-Ṭālibīn*. Le catalogue des manuscrits arabes de la Bibliothèque nationale de la République d'Indonésie (*PNRI*) de Van Ronkel mentionne cinq exemplaires du *Minhāj al-Ṭālibīn*[76], mais ils ne proviennent pas de la Bibliothèque royale de Banten. Toutefois, on sait qu'au XVIIe siècle, sous le règne du Sultan Ageng Tirtayasa, le cadi, cheikh Yusuf al-Makassari, était un juriste chaféite[77].

On sait en revanche qu'à Aceh, à la même époque, le *Minhāj al-Ṭālibīn* et son commentaire *Fatḥ al-Wahhāb* d'al-'Anṣārī ont servi de sources principales au cadi du sultanat, Nuruddin Ar-Raniri (1590-1658), pour rédiger son ouvrage de droit musulman, le *Sirāṭ al-Mustaqīm* (écrit en malais en 1044AH./1634

---

74 GALLOP Annabel Teh et AKBAR Ali, « The art of the Qur'an in Banten », *Archipel*, no 72, 2006, p. 95-156, ici p. 141.

75 VAN DEN BERG L.W.C., *Codicum Arabicorum in Bibliotheca Societatis Artium et Scientiarum quae Bataviae asservantur Catalogum, inchoatum a Doct. R. Friederich, absolvit indicibusque instruxit L.W.C. van den Berg*, Batavia, M. Nijhoff, 1873, p. 24, 58, 63, 68, 72-73, 77-78, 89, 90-92, 98-99, 123-145, et 133.

76 VAN RONKEL Philippus Samuel, *Supplement to the Catalogue of the Arabic Manuscripts preserved in the Museum of the Batavia Society of Arts and Sciences*, Batavia, Albrescht, 1913, p. 224-225.

77 Le cheikh Yusuf al-Makassari, né à Macassar en 1626 et mort à Cape Town, en Afrique du Sud, en 1699, a étudié à La Mecque et en Asie de l'Ouest avec des maîtres de l'école chaféite, et ses ouvrages portent fortement l'empreinte de cette école. Avant de retourner à Banten, il s'est marié à la fille d'un ouléma chaféite à Jeddah. À son retour, Sultan Ageng Tirtayasa, dont il était l'ami lorsque ce dernier était encore prince en 1644, lui donna sa fille en épouse et l'installa comme cadi et mufti de Banten. Quand Yusuf voulait partir en Terre Sainte en 1649, Sultan Abul Mafakhir, le grand-père du Sultan Ageng Tirtayasa a demandé à Yusuf de revenir à Banten pour devenir ouléma et mufti, HAMID Abu, *Syekh Yusuf: Seorang Ulama, Sufi, dan Pejuang*, Jakarta, Obor, 1994, p. 92-97 et AZRA Azyumardi, *The Origins of Islamic Reformism in Southeast Asia*, *op.cit.*, p. 89-94.

EC.)[78]. Un peu plus tard, dans le même sultanat, le cadi Abdurrauf al-Singkeli (1620-1693) a utilisé le commentaire de *Minhāj al-Ṭālibīn* d'al-'Anṣārī «*Fatḥ al-Wahhāb Šarḥ Minhāj al-Ṭullāb*», comme source principale pour rédiger son ouvrage de droit «*Mir'āt al-Ṭullāb Fī Tashīl Ma'rifat Aḥkām al-Šar'iyya Li al-Mālik al-Wahhāb*[79]» (écrit en arabe avec traduction malaise). Al-Singkeli se réfère également à d'autres commentaires du *Minhāj al-Ṭālibīn*, tels que la *Tuḥfat al-Muḥtāj*, le *Fatḥ al-Jawwād* d'Ibn Ḥajar al-Hayṯamī ainsi que la *Nihāyat al-Muḥtāj* de Šams al-Dīn al-Ramlī[80].

On sait par ailleurs qu'après 1820, le *Minhāj al-Ṭālibīn* était répandu et enseigné dans les écoles coraniques de Java, de Madura et, par conséquent, de Banten. Au XIXe siècle, ce livre a été connu dans le monde insulindien comme source du droit chaféite[81]. En effet, dès la première moitié de ce siècle, un grand nombre d'étudiants de l'Archipel insulindien, appelés «les *Jawah*», sont allés étudier à La Mecque auprès de juristes de l'école chaféite. Ce fut pour eux l'occasion d'étudier le *Minhāj al-Ṭālibīn*, qu'ils enseignèrent à leur retour dans leur

78 Ce missionnaire arabe né et mort en Inde se référa aussi aux *Hidāyat al-Muḥtāj Šarh al-Muḫtaṣar* d'Aḥmad Šayḫ Ibn Ḥajar al-Makkī, *al-Nūr* ou *al-Anwār* d'Ardabīlī et *'Umdat al-Sālik Muḫtaṣhar Minhāj* d'al-Ālim al-Fādil Ibn Naqīb (*Katalog Naskah Melayu*, PNRI, Jakarta, 404, p. 1-2, *op.cit., Ml. 419*, 376 p., p. 1-3, *op.cit., Ml. 417*, 178 p., p. 4-5). Selon l'histoire de Kedah (*Hikayat Merong Mahawangsa*) le sultan d'Aceh Iskandar Thani et Ar-Raniri ont envoyé le livre du *Sirāṭ al-Mustaqīm* au sultan de Kedah dans la péninsule malaise (LOW James, «The Keddah Annals (Hikayat Merong Mahawangsa)», *The Journal of the Indian Archipelago and Eastern Asia*, vol. III, no 1, 1849, p. 90-101, 162-181, 253-270, 314-336, 467-493, ici p. 476). Le *Sirāṭ al-Mustaqīm* fut largement expliqué et interprété au XVIIIe siècle par le cadi du sultanat de Banjar à Bornéo, Muhammad Arsyad al-Banjari, dans son ouvrage *Sabīl al-Muhtadīn Li-Tafaqquh Fī Amr al-Dīn*, qui devint un texte fondamental du droit musulman pour ce sultanat.

79 *PNRI* Jakarta avec la cote Ml. 445, Ml. 473, Ml. 289 et Ml. 399. La *Mir'āt al-Ṭullāb* s'est répandue dans le monde insulindien. Par exemple, on sait que le roi de Gorontalo avait cet ouvrage, KEYZER S., «Introduction», dans *Précis de jurisprudence musulmane selon le rite chaféite*, par Abou Chodjâ', Leyde, E.J. Brill, 1859, p. III-XXXII, ici p. XV.

80 Ms. *Mir'āt al-Ṭullāb*, *PNRI* Jakarta, Ml. 445. Al-Singkeli se réfère également au *Tafsīr al-Bayḍāwī* d'Ibn 'Umar al-Bayḍāwī (m. 685), à l'*al-Iršād* d'al-Muqrī al-Yamanī (m. 873) et au *Šarḥ Ṣaḥīḥ Muslim* d'al-Nawāwī. Ces noms se trouvent souvent dans les manuscrits du *Mir'āt al-Ṭullāb*, voir par exemple, *PNRI* Ml. 473.

81 VAN DEN BERG L.W.C., «Préface», dans *Minhādj aṭ-Ṭālibīn* d'al-Nawāwī, *Le guide des zélés croyants. Manuel de jurisprudence musulmane selon le rite châfi'ī*, trad. et annoté par L.W.C. van den Berg, Batavia, Imprimerie du Gouvernement, 3 volumes, 1882-1884, vol. I, p. v-viii et VAN BRUINESSEN Martin, «*Kitab Kuning*: Books in Arabic Script Used in the Pesantren Milieu. Comments on a New Collection of the KITLV Library», *Bijdragen tot de Taal-, Land- en Volkenkunde* (BKI), vol. 146, nos 2-3, 1990, p. 226-269. Sur la page 246, l'auteur présente une généalogie qui met clairement en évidence l'importance du livre *Minhāj al-Ṭālibīn* dans le monde nousantarien.

région en rapportant des livres de l'école chaféite. Tout ceci explique la popularité des livres chaféites dans le monde insulindien[82].

Par ailleurs, un manuscrit du *Minhāj al-Ṭālibīn*, daté de 1845, est conservé à la Bibliothèque nationale d'Indonésie[83]. Aussi, on trouve le commentaire du *Minhāj al-Ṭālibīn* d'Ibn Ḥajar al-Hayṯamī, « la *Tuḥfat al-Muḥtāj* », en version javanaise, datée de 1808, appartenant au régent de Semarang, Surya Adi Menggala[84]. Ce texte fut édité et publié en 1853 par Salomo Keyzer puis réédité par Taco Roorda en 1895[85]. Ces deux travaux étaient réalisés à la demande du gouvernement colonial néerlandais. En effet, leurs travaux ont été utilisés à l'époque coloniale par les juges et les régents à Java pour régler les problèmes liés au statut personnel[86].

On peut conclure de ce qui précède qu'il est plus que probable que la source principale du *Bāb al-Farā'iḍ* de notre manuscrit soit le *Minhāj al-Ṭālibīn* ou l'un de ses commentaires. Cette conclusion corrobore d'ailleurs l'avis selon lequel, à partir du Xe/XVIe siècle, le « *Minhāj al-Ṭālibīn* » ainsi que ses deux commentaires, la *Tuḥfa* d'Ibn Ḥajar et la *Nihāya* d'al-Ramlī, étaient les traités fondamentaux de l'école chaféite dans le monde musulman[87]. Banten ne fait donc pas exception à cette règle.

3.10 Perjanjiyan Kumpĕni – Sultan Zainul Arifin (1733-1748)

Le dixième texte contient un accord passé entre la *VOC* et Sultan Zainul Arifin (voir figure 12, texte B) sur les pages verso (numérotation impaire) de la page 109 à la page 129. Il est écrit en deux colonnes : en *jawi* dans la colonne de droite et en script javanais *ha-na-ca-ra-ka* dans la colonne de gauche. Chaque colonne

82 HURGRONJE C. Snouck, *Mekka in the Latter Part of the 19th Century*, Leyde, E.J. Brill, 1970, p. 186-189 et p. 258.

83 BEHREND T.E. (ed.), *Katalog Perpustakaan Nasional Republik Indonesia*, Jakarta, Yayasan Obor Indonesia et École française d'Extrême-Orient, 1998, p. 12.

84 KEYZER S., *Het Mohammedaansche strafrecht, naar Arabische, Javaansche en Maleische bronnen*, 's-Gravenhage, H.C. Susan Chzoon, 1857, p. 74.

85 VAN BRUINESSEN Martin, « *Kitab Kuning* : Books in Arabic Script Used in the Pesantren Milieu. Comments on a New Collection of the KITLV Library », *Bijdragen tot de Taal-, Land- en Volkenkunde* (BKI), vol. 146, nos 2-3, 1990, p. 246 et VAN BRUINESSEN Martin, « Kitab Fiqih di Pesantren Indonesia dan Malaysia », dans *Kitab Kuning, Pesantren, dan Tarekat*, Bandung, Mizan, 1995, p. 112-130, ici p. 113-114.

86 KEYZER S. (trad.), *Précis de jurisprudence musulmane selon le rite chaféite*, par Abou Chodjâ', Leyde, E.J. Brill, 1859, voir l'introduction, p. iii-xxxii, surtout p. vii-xii et ROORDA T., *Kitab Toehpah. Een Javaansche handboek voor het Mohammedaansche recht*, Leyde, E.J. Brill, 1895, voir l'introduction, p. i-x.

87 *EI*, *op.cit.*, vol. VII, 1993, p. 1043-1044.

comprend 10 à 13 lignes suffisamment espacées les unes des autres. La numérotation des pages a été faite à l'encre et de l'arrière vers l'avant. Des chiffres arabes sont utilisés, mais pas en arabe, ce qui suggère que Pigeaud a numéroté ces pages : 109, 111, 113, 115, 117, 119, 121, 123, 125, 127 et 129. Cette section contient un colophon à la page 109 : « *Surat dalam nagari Surasowan atas karajaan nagari Banten pada dua puluh lima bulan Jumadil Awal 1151 sanah Dal* » (Texte [rédigé] dans le Pays de Surasowan pour le Royaume de Banten, le 25 Jumadil Awal 1151, année Dal).

Cet accord de six articles, sur onze pages, concerne l'édification d'un logement et de son enceinte pour les officiers et les soldats de la Compagnie à Lampung. Il s'agit d'une copie de l'accord original, daté du 9 septembre 1738, conservé aux Archives nationales de la République d'Indonésie. Il est écrit sur une grande feuille pliée en deux, en trois langues : hollandais à gauche, malais au centre et javanais à droite. Cet accord porte les signatures et les cachets de cire des deux parties : six personnes de la Compagnie, dont Willem Maurits Bruynink, chef de la délégation, et seize personnes du sultanat de Banten, dont Sultan Zainul Arifin lui-même[88]. La version hollandaise de l'accord figure dans le *Corpus Diplomaticum*[89]. Ce texte est une copie très fidèle de l'original, à l'exception de quelques différences minimes[90].

3.11 Undhang-Undhang Sultan Zainul Arifin (1733-1748) pour Lampung Tulang Bawang

Le onzième texte expose les lois du Sultan Zainul Arifin sur Lampung : « *Pengět. Iki karsa dalěm sarta undhang2 Kangjěng Sulṭān Abū al-Fatḥ Muḥammad Šifā' Zayn al-ʿĀrifīn kang denlakoni dening kang dadi panguluning ponggawa dalěm…* » (Avertissement : ceci est le décret du Palais ainsi que les lois de Sa Majesté le Sultan Abul Fathi Muhammad Syifa Zainul Arifin que doit faire appliquer le responsable des fonctionnaires du Palais)[91]. Le texte comprend 58 articles sur 33 pages (p. 130-162) décrivant les politiques relatives à Lampung en tant que partie intégrante du sultanat de Banten et traite à la fois du droit public et du droit administratif. Il régit les obligations et les devoirs des fonctionnaires de Banten dans leur administration de Lampung et définit leurs relations avec les fonctionnaires néerlandais affectés à cette province de Ban-

88 *Archives de Banten* n° 72, *ANRI* Jakarta, manuscrit de 13 pages.
89 *BKI*, n° 96, vol. V, 1938, p. 270-273.
90 On notera ces différences dans le travail philologique.
91 *UUB* : 130.

ten. Il régit également les tâches du représentant du sultan (*pangulu*) et des autres fonctionnaires et fournit une liste de ces fonctionnaires avec leurs noms et leurs fonctions.

Le texte précise que le représentant du sultan (*pangulu*)[92] et le juge (*jaksa*)[93] doivent, pour rendre leurs jugements, s'appuyer, comme à Banten, sur le droit musulman (*agama/šaraʿ*) et sur le droit coutumier (*dirgama*). Il laisse aux juges la possibilité de choisir, parmi ces droits, la base de leur raisonnement juridique. Toutefois, le texte précise que, dans les cas spécifiques des affaires criminelles, il ne faut pas condamner les coupables conformément au droit pénal islamique[94]. Cette mention particulière venait du fait que les autorités de la Compagnie hollandaise à Batavia avaient interdit, dès 1688, l'application de toutes les peines pénales islamiques dans les royaumes et principautés sous leur domination, comme à Cirebon[95]. Le sultanat de Banten n'étant plus tout à fait un État indépendant à l'époque du Sultan Zainul Arifin, car sous domination des Hollandais à Batavia, était contraint d'accepter cette exception.

92 « *...iya iku apa sapĕryogane kang patut kalawan agama lan dirgama, apa maning kang patut kalawan šara'...* » (... il faut prendre des décisions conformes aux droits de l'*agama* et du *dirgama* et plus encore au droit musulman [la charia]...), *UUB* : 159, article 52.

93 « *... jaksa iku arĕp angalap saking ḥukum šara' sa'atas qadare pangawruhe* (......) *angalap saking ḥukum šara' iku, ora kĕna ora kukuh kaya apa saḥukume iku, lakokĕna. Lan lamon angalap saking ḥukum dirgama, iya iku arĕp bĕnĕr dirgamane, kaya kang wus kalakon saban2 atawa tatrapan iku kaya kang wus sinĕbut ing dalĕm undhang2* » (Tous les juges [...] doivent utiliser la charia pour autant qu'ils la connaissent. Ainsi, si on utilise la charia, on doit l'appliquer telle qu'elle est : faites comme cela. Si on utilise le droit coutumier [le *dirgama*], il faut vraiment le suivre et il est appliqué pour tous ; sinon, juger selon les lois existantes), *UUB* : 155-156, article 45.

94 « *Lan ora kĕna pisan2 iku ingukumakĕn ing wong kang tumĕka ing ḥukum qiṣaṣ atawa ḥukum ḥad...* » (Il est formellement interdit de condamner quelqu'un à la peine du *qiṣaṣ* ou à la peine du *ḥad*), *UUB* : 154-155, article 43.

95 HOADLEY Mason C., *Selective Judicial Competence, op.cit.*, p. 53. À Cirebon, cela aboutit à une affaire dans laquelle le résident écrivit sans ambages que la Compagnie *VOC* avait conclu un accord avec les princes, et non avec les *paepen* (érudits musulmans/ouléma), de sorte que leur permettre de fixer les peines n'était que pure fantaisie (State vs Braja Pati, 1688, dans HOADLEY Mason C., *Selective Judicial Competence, op.cit.*, p. 29-30).

DEUXIÈME PARTIE

Undhang-Undhang Bantĕn

Édition critique du manuscrit: Translittération et traduction annotée

∵

CHAPITRE 6

Index des sujets traités

1 **Punika masalah undhang-undhang satunggal-tunggal ingkang kasĕbut karuhun**

[1] Masalah wong tĕtukaran ing alun-alun[1].
[2] Masalah mbarak[2] wong wadon ing alun-alun.
[3] Masalah angujar-ujari ĕwong ing alun-alun.
[4] Masalah wong nyothe ing alun-alun.
[5] Masalah wong duradesa nabok-tinabok ing alun-alun.
2 [6] Masalah wong papayungan ing alun-alun.
[7] Masalah wong duradesa tutukaran ing alun-alun.
[8] Masalah geger ing alun-alun.
[9] Masalah geger liyan saking ing alun-alun.

1 *Alun-alun*: place royale située au nord du palais et qui se prolongeait dans la direction septentrionale jusqu'à la rivière. La *Sajarah Banten* la désigne par le terme «*darparagi*», Djajadiningrat, 1983, chant VIII[a], p. 21. Selon Claude Guillot, le contour de la place royale comprenait le centre administratif et politique où un certain nombre de bâtiments officiels étaient construits. Elle correspondait avant tout au lieu où le roi apparaissait à son peuple, étant à mi-chemin entre le marché, point de rencontre de la population, et le palais, résidence du souverain, Guillot, 1989, p. 130.

2 *Mbarak* signifie «voler le bétail», Gericke & Roorda, 1901, vol. II, p. 670-671. D'après Pigeaud, il signifie simplement «voler», Pigeaud, 1989, p. 26. On interprète ce mot, selon le présent contexte, par «rechercher» puisqu'il y a une nuance: «voler» l'attention d'une femme pour avoir ses faveurs.

© 2026 KONINKLIJKE BRILL BV, LEIDEN | HTTPS://DOI.ORG/10.1163/9789004766587-007

Les cas juridiques cités ci-dessus[3] énoncés l'un après l'autre 1

[1] Cas relatif aux personnes qui se querellent sur la place royale[4].

[2] Cas relatif [aux personnes] qui recherchent [les faveurs d'une] femme sur la place royale[5].

[3] Cas relatif aux personnes proférant des insultes sur la place royale[6].

[4] Cas relatif aux personnes portant un kriss sur la place royale[7].

[5] Cas relatif aux *wong duradesa*[8] se donnant mutuellement un coup sur la place royale.

[6] Cas relatif aux personnes utilisant un parasol[9] sur la place royale[10]. 2

[7] Cas relatif aux *wong duradesa* se querellant sur la place royale.

[8] Cas relatif à des troubles violents intervenant sur la place royale[11].

[9] Cas relatif à des troubles violents intervenant hors de la place royale[12].

---

3 Le texte javanais dit clairement « *karuhun* » signifiant en français « ci-dessus », mais il faut bien sûr comprendre en français ci-dessous.

4 Correspond à l'article 16 des lois du sultan Haji. Ce cas se retrouve à l'identique au numéro 311 de cette liste.

5 Correspond à l'article 15 des lois du sultan Haji.

6 Correspond à l'article 22 des lois du sultan Haji.

7 Correspond à l'article 12 des lois du sultan Haji. Ce cas se retrouve à l'identique au numéro 114 de cette liste.

8 *Duradesa* (territoire lointain, Zoetmulder, 2006, p. 236) désigne des territoires entourant et avoisinant l'État de Banten. Le *duradesa* est identique au *mancanegara* (étranger) selon le concept politique en cours dans le royaume javanais de Mataram (VIIIe-Xe siècles). Le *wong duradesa* désignerait la population habitant à l'extérieur du sultanat de Banten dans des territoires éloignés.

9 Le parasol était l'un des symboles de la noblesse à Banten, comme la natte et le coffret à bétel portés par un serviteur, voir les illustrations 13 et 14, dans le livre *De Eerste Schipvaart der Nederlanders Naar Oost-Indië onder Cornelis de Houtman 1595-1597* par Willem Lodewycksz, 1915, vol. I, p. 114 et 116. Il est donc logique que les autorités bantenoises aient décrété un article spécial concernant le parasol.

10 Correspond à l'article 10 des lois du sultan Haji. Ce cas se retrouve à l'identique au numéro 116 de cette liste.

11 Correspond à l'article 27 des lois du sultan Haji. Ce cas se retrouve à l'identique aux numéros 222 et 350 de cette liste.

12 Correspond à l'article 31 des lois du sultan Haji.

[10] Masalah angĕmbari wong ngamuk ing alun-alun.
[11] Masalah angĕmbari wong ngamuk liyan saking alun-alun.
[12] Masalah anumbak (……).
3 [13] Masalah angalong-ngalong[13] ing waringin alun-alun.
[14] Masalah wong tutukaran ing pasebaning ponggawa lan nayaka.
[15] Masalah wong giniring padu.
[16] Masalah wong mumurugul ing pakaranganing ponggawa atawa nayaka.

13 *Ngalong*: se comporter comme une chauve-souris, Gericke & Roorda, 1901, vol. 1, p. 507; ou une chauve-souris, id., vol. II, p. 797. On devrait interpréter ce mot par: quelqu'un qui se trouve sur la place royale dans la nuit.

[10] Cas relatif à la maîtrise d'une personne en proie à l'amok sur la place royale[14].

[11] Cas relatif à la maîtrise d'une personne en proie à l'amok hors de la place royale[15].

[12] Cas relatif aux personnes projetant une lance (......).

[13] Cas relatif aux personnes se trouvant la nuit sous le banian de la place 3
royale[16].

[14] Cas relatif aux personnes se querellant dans le *paseban*[17] des *ponggawa*[18] et des *nayaka*[19].

[15] Cas relatif aux personnes ayant été emmenées à cause d'une dispute[20].

[16] Cas relatif aux personnes commettant un viol sur la propriété des *ponggawa* ou des *nayaka*[21].

---

14 Correspond à l'article 26 des lois du sultan Haji.

15 Correspond à l'article 44 des lois du sultan Zainul Abidin.

16 Correspond à l'article 13 des lois du sultan Haji. On comprend que le sultanat ait interdit aux gens de s'asseoir ou de se reposer sous cet arbre. En effet, le banian (*waringin kurung*) et la pierre sacrée (*watu gigilang*) qui se trouve en dessous, étaient les symboles sacrés du trône royal, Guillot, 1989, p. 121-125.

17 *Paseban*, construit sur la base «*seba*» en javanais «se présenter», désigne un lieu où tant les roturiers que les vassaux «se présentaient» pour informer leur suzerain ou les dignitaires des divers problèmes ou pour exposer leurs plaintes. Les grands nobles et les hauts fonctionnaires devaient avoir chacun leur propre *paseban*. Le *paseban* du palais (du roi) était l'*alun-alun* (la place royale), Stavorinus, 1798, p. 54. Le *paseban* des nobles et d'autres grands dignitaires était la place ouverte en plein air, de forme carrée, construite en bambou et élevée à quelques mètres de la terre, Van Breugel, 1787 (1851), vol. I, p. 330, l'équivalent du mot *balai* en malais.

18 *Ponggawa*: les fonctionnaires de l'État (généralement d'origine roturière). Selon Claude Guillot, le mot *ponggawa*, aux XVIe-XVIIe siècles, à Banten recouvre les fonctionnaires, mais plus précisément ceux, jouissant de la richesse et de la puissance c'est-à-dire une petite minorité de l'ensemble des fonctionnaires, Guillot, 1992, p. 64. Le sens de *ponggawa* s'est élargi au XVIIIe siècle à Banten. Il renvoie aux élites locales très écoutées et aux gens importants et influents nommés par le sultan en tant que ses représentants dans les régions rurales pour appliquer les lois royales, administrer les affaires des habitants, régler la production du poivre et prélever les taxes, Atsushi, 2006, p. 40-58.

19 Correspond à l'article 3 des lois du sultan Haji. *Nayaka:* ensemble des membres de la famille royale (Djajadiningrat, 1983, p. 67, chant LI) et leurs descendants principalement à partir de la quatrième génération (Van Den Berg, 1887, p. 64) devenus fonctionnaires et envoyés par le pouvoir central pour administrer et gouverner les villes et villages proches ou éloignés du territoire du sultanat, et qui prélevaient les taxes (Lombard, 1990, vol. III, p. 217).

20 Correspond à l'article 2 des lois du sultan Zainul Abidin. Ce cas se retrouve à l'identique au numéro 98 de cette liste.

21 Correspond à l'article 45 des lois du sultan Zainul Abidin.

[17] Masalah wong nangnangtang ing pakaranganing wong.
[18] Masalah wong (......) ing pabeyan.
4 [19] Masalah wong ora melu salat jumangat.
[20] Masalah angaku němu wong minggat.
[21] Masalah angrěbut wong deniwat.
[22] Masalah angurung ěwong wadon atawa bocah lanang.
[23] Masalah aněmu wong minggat.
[24] Masalah wong atataya[22] wong lanang atawa wadon.
[25] Masalah (......) amrědi (......).
5 [26] Masalah wong andalih mamaling atawa ngiwat atawa zinah.
[27] Masalah amateni ěwong mradika atawa ngabdi.
[28] Masalah angukuhi[23] batur kauming wong.
[29] Masalah anarik kanca baturing wong[24].

---

22 Le mot '*atataya*' se trouve dans un article, p. 30 du manuscrit. Ce mot serait sans doute une variante ou une faute d'orthographe du mot '*atatawa*' (*tawa*). Il se retrouve dans le même article signifiant: « proposer à la vente », Pigeaud, 1989, p. 556.

23 *Angukuhi* signifie « protéger ceux qui se sont exilés » Gericke & Roorda, 1901, vol. I, p. 447. On interprète ce mot ici, selon le contexte, par « s'approprier, assujettir et retenir » afin de [pouvoir] « garder et protéger ».

24 Nous ne savons pas à quoi correspond *kanca baturing wong*. Peut-être ce terme signifie-t-il tout simplement « *batur* ».

[17] Cas relatif aux personnes qui profèrent des menaces sur la propriété d'autrui[25].

[18] Cas relatif aux personnes (......[26]) se trouvant au bureau de douane[27].

[19] Cas relatif aux personnes n'accomplissant pas la prière du vendredi[28]. 4

[20] Cas relatif aux personnes disant avoir retrouvé un fugitif[29].

[21] Cas relatif aux personnes reprenant une personne enlevée[30].

[22] Cas relatif aux personnes séquestrant une femme ou un garçon[31].

[23] Cas relatif aux personnes ayant retrouvé un fugitif[32].

[24] Cas relatif aux personnes proposant un homme ou une femme à la vente.

[25] Cas relatif aux personnes (......) causant (......).

[26] Cas relatif aux personnes accusant quelqu'un de vol, d'enlèvement de 5
femme ou relation sexuelle illicite[33].

[27] Cas relatif aux personnes ayant assassiné un homme libre ou un esclave[34].

[28] Cas relatif aux personnes retenant le *batur*[35] de la famille de quelqu'un.

[29] Cas relatif aux personnes prenant le *batur* de quelqu'un[36].

---

25 Correspond à l'article 39 des lois du sultan Zainul Abidin.

26 Comporte sans doute le mot '*atutukuran*' (se querellant).

27 Correspond à l'article 25 des lois du sultan Haji. *Pabeyan* (*pabean*) : bureau de douane. Le bureau de douane est le lieu de pesée des produits. Il représente une institution royale administrée par un fonctionnaire du sultan et gardée par des soldats. Il existait deux bureaux de douane à Banten : celui situé à l'Ouest qui se trouvait dans le quartier étranger ou ville chinoise où se passait l'essentiel du commerce international, et celui situé à l'Est qui se trouvait à Karangantu, Rantoandro, 1995, p. 25-39.

28 Correspond à l'article 35 des lois du sultan Haji. Ce cas se retrouve à l'identique au numéro 224 de cette liste.

29 Correspond à l'article 27 des lois du sultan Zainul Abidin. Ce cas se retrouve à l'identique au numéro 384 de cette liste.

30 Correspond à l'article 28 des lois du sultan Zainul Abidin. Ce cas se retrouve à l'identique au numéro 385 de cette liste.

31 Correspond à l'article 24 des lois du sultan Zainul Abidin. Ce cas se retrouve à l'identique au numéro 381 de cette liste.

32 Correspond à l'article 26 des lois du sultan Zainul Abidin. Ce cas se retrouve à l'identique au numéro 383 de cette liste.

33 Correspond peut-être à l'article 42 des lois de Java pour l'accusation de vol et à l'article 4 des lois du Kyai Arya Mangunjaya pour l'accusation de relation sexuelle illicite.

34 Correspond à l'article 18 des lois du sultan Zainul Abidin. *Abdi* : mot d'origine arabe *'abd* signifiant esclave.

35 *Batur* : subordonné ou serf ou domestique. Nous ne connaissons pas le sens de ce terme à Banten. Mais, nous pouvons supposer que le terme de *batur* à Banten, aux XVIIe et XVIIIe siècles, avait un sens très proche de celui qu'il avait à l'époque de Majapahit et qui s'appliquait aux serfs ou aux domestiques, Hoadley & Hooker, 1981, p. 99.

36 Correspond à l'article 21 (alinéa 2) des lois du sultan Zainul Abidin. Ce cas se retrouve à l'identique au numéro 378 de cette liste.

[30] Masalah ambanda wonge dhewek.
[31] Masalah wong (……) adol (……).
6 [32] Masalah wong tuku kĕbo sapi atawa wĕdhus.
[33] Masalah cap numbĕleh kĕbo.
[34] Masalah wong anambĕleh kĕboning wong atawa sapi.
[35] Masalah wong nyĕkĕl kĕboning wong atawa sapining wong.
[36] Masalah wong angingu kĕbo.
[37] Masalah pagĕr sawah lan hu(……)ing papadan sawah.
7 [38] Masalah wong duwe juru sawah[37].
[39] Masalah wong morod jukung.
[40] Masalah wong ambabarakĕn wong mamaling.
[41] Masalah jaran mati dentumbak ing wong atawa kĕbo sapi.
[42] Masalah wong angrarampog ing wong duradesa.
[43] Masalah cap laut.
8 [44] Masalah langlang laut.
[45] Masalah anggawa baturing wong.
[46] Masalah totowan.
[47] Masalah wong laki rabi atinggal umah.

---

37 *Juru sawah* : nom de fonctionnaire pour un responsable des rizières dans le royaume javanais Madjapahit de Brawijaya V, Gericke & Roorda, 1901, vol. I, p. 388.

[30] Cas relatif aux personnes attachant les mains de leur propre dépendant [*batur* ou *kawula*][38].
[31] Cas relatif aux personnes (......) vendant (......).
[32] Cas relatif aux personnes achetant un buffle, un bœuf, ou une chèvre[39]. 6
[33] Cas relatif au cachet pour égorger un buffle[40].
[34] Cas relatif aux personnes égorgeant le buffle ou le bœuf de quelqu'un[41].
[35] Cas relatif aux personnes volant le buffle ou le bœuf de quelqu'un[42].
[36] Cas relatif aux personnes gardant des buffles[43].
[37] Cas relatif à la clôture d'une rizière et (......) rizière[44].
[38] Cas relatif au responsable des rizières. 7
[39] Cas relatif aux personnes commettant le vol d'une pirogue[45].
[40] Cas relatif aux personnes dénonçant un voleur[46].
[41] Cas relatif aux personnes tuant un cheval, un buffle ou un bœuf avec une lance[47].
[42] Cas relatif aux personnes dévalisant des *wong duradesa*[48].
[43] Cas relatif aux permis de navigation maritime[49].
[44] Cas relatif aux personnes faisant le guet en mer[50]. 8
[45] Cas relatif aux personnes amenant le *batur* de quelqu'un.
[46] Cas relatif aux jeux de hasard (aux paris)[51].
[47] Cas relatif à un couple marié quittant sa maison.

38 Correspond à l'article 20 des lois du sultan Zainul Abidin. Ce cas se retrouve à l'identique au numéro 376 de cette liste.
39 Correspond à l'article 51 des lois du sultan Zainul Abidin. Ce cas se retrouve à l'identique au numéro 66 de cette liste.
40 Correspond à l'article 53 des lois du sultan Zainul Abidin.
41 Correspond à l'article 55 des lois du sultan Zainul Abidin. Ce cas se retrouve à l'identique au numéro 69 de cette liste.
42 Correspond à l'article 60 des lois du sultan Zainul Abidin. Ce cas se retrouve à l'identique au numéro 67 de cette liste.
43 Correspond à l'article 58 des lois du sultan Zainul Abidin.
44 Correspond à l'article 59 des lois du sultan Zainul Abidin.
45 Correspond à l'article 50 des lois du sultan Zainul Abidin.
46 Correspond à l'article 42 des lois du sultan Zainul Abidin.
47 Correspond à l'article 14 des lois du sultan Haji.
48 Correspond à l'article 43 des lois du sultan Zainul Abidin.
49 Correspond peut-être à l'article 38 des lois du sultan Haji. Ce cas se retrouve à l'identique aux numéros 117 et 219 de cette liste.
50 Correspond à l'article 42 des lois du sultan Haji. Ce cas se retrouve à l'identique au numéro 362 de cette liste.
51 Correspond à l'article 67 des lois du sultan Zainul Abidin. Ce cas se retrouve à l'identique au numéro 135 de cette liste.

[48] Masalah sahid.
[49] Masalah ora anggawa obor.
[50] Masalah sasanjan.
9 [51] Masalah wong Bantĕn lunga ing Jakĕtra dagang atawa nambangi.
[52] Masalah si petor akirim surat ing Jakĕtra
[53] Masalah wong anjamalani panglaku.
[54] Masalah udud madat atawa indĕl.
[55] Masalah wong adol apyun.
[56] Masalah (……).
10 [57] Masalah yen ana geger kinon kumpul ing alun-alun angiring gustine.
[58] Masalah angrakul wong wadon lan angambung.
[59] Masalah anabok wong anjamalani.
[60] Masalah wong utang pralina[52].
[61] Masalah ujar-ujar ing wong.
[62] Masalah manjing ing umahing wong.
[63] Masalah wong wadon (……).

52 *Utang pralina* ou *pĕralina* fait manifestement référence à une sorte de dette, mais nous ne connaissons pas le sens précis de cette expression. On devrait peut-être dire : une dette dont l'acquittement est repoussé.

[48] Cas relatif aux témoins[53].
[49] Cas relatif aux personnes ne portant pas de torche[54].
[50] Cas relatif aux personnes entrant chez quelqu'un pour se parler[55].
[51] Cas relatif aux Bantenois se rendant à Jakĕtra[56] pour commercer ou rendre visite à quelqu'un[57]. 9
[52] Cas relatif au *petor*[58] faisant parvenir une lettre à Jakĕtra[59].
[53] Cas relatif aux personnes maltraitant les officiers.
[54] Cas relatif aux personnes fumant et préparant de l'opium[60].
[55] Cas relatif aux personnes vendant de l'opium[61].
[56] Cas relatif à (……).
[57] Cas relatif aux [personnes] qui, en cas de troubles violents, doivent se rassembler sur la place royale et suivre leur maître. 10
[58] Cas relatif aux personnes étreignant ou embrassant une femme[62].
[59] Cas relatif aux personnes qui donnent un coup ou maltraitent [quelqu'un d'autre][63].
[60] Cas relatif aux personnes ayant une dette dont l'acquittement est repoussé[64].
[61] Cas relatif aux personnes insultant quelqu'un[65].
[62] Cas relatif aux personnes s'introduisant chez quelqu'un[66].
[63] Cas relatif aux femmes (……).

---

53 Correspond à l'article 10 des lois du sultan Zainul Abidin et sans doute aussi à l'article 62 des mêmes lois.

54 Correspond à l'article 72 des lois du sultan Zainul Abidin.

55 Correspond à l'article 24 des lois de Java.

56 *Jakĕtra* : nom ancien de l'actuelle capitale Jakarta.

57 Correspond peut-être à l'article 37 des lois du sultan Haji.

58 *Petor :* vice-résident et responsable des affaires de la Compagnie à Banten. Le mot *petor* est d'origine portugaise « *feitor* » et signifie « facteur » en charge d'une factorerie ou d'un comptoir commercial, Jones, 2007, p. 242.

59 Correspond à l'article 40 des lois du sultan Haji.

60 Correspond à l'article 68 des lois du sultan Zainul Abidin. Ce cas se retrouve à l'identique aux numéros 109 et 293 de cette liste.

61 Correspond très vraisemblablement à l'article 68 des lois du sultan Zainul Abidin.

62 Correspond à l'article 34 des lois du sultan Zainul Abidin.

63 Correspond à l'article 35 des lois du sultan Zainul Abidin.

64 Correspond à deux articles 5 et 29 des lois du sultan Zainul Abidin. Ce cas se retrouve à l'identique au numéro 367 de cette liste.

65 Correspond à l'article 8 des lois du sultan Abul Mafakhir et à l'article 36 des lois du sultan Zainul Abidin.

66 Correspond à l'article 9 des lois du sultan Abul Mafakhir et à l'article 37 des lois du sultan Zainul Abidin. Ce cas se retrouve à l'identique au numéro 391 de cette liste.

11 [64] Masalah wong anumbak maling lan wong anggĕmpol lan wong angiwat.
[65] Masalah kaporodan kĕbo lawan sapi.
[66] Masalah adol atuku kĕbo atawa sapi.
[67] Masalah anyĕkĕl kĕboning wong atawa sapining wong.
[68] Masalah angrĕbut kĕboning wong atawa sapining wong.
[69] Masalah adol kĕboning wong atawa sapi lan ambĕleh.
12 [70] Masalah wong papara kĕbo atawa sapi.
[71] Masalah wong agawa kĕbo sapi jaran nyabrang mangetan.
[72] Masalah wong sabrang wetan nabrang mangulon.
[73] Masalah wong tutukaran ing pakaranganing para lurah[67].
[74] Masalah wong manjing pancaniti atawa lawang wĕsi.
[75] Masalah langlang ing pakarangane dhewek.
13 [76] Masalah kĕmit jagongan.
[77] Masalah langlang ing bumirata[68].
[78] Masalah wong nanggap tandhak
[79] Masalah marica saking Kumĕring lan para tuwan.

---

67 Sans en savoir davantage du sens de *lurah* et de sa fonction exacte aux XVIIe et XVIIIe siècles à Banten, *lurah* était un titre porté par Astrasusila (ou Sastrasusila) comme le mentionne la *Sajarah Banten*, Djajadiningrat, 1983, p. 69. Au XVIIIe siècle à Banten, *lurah* était le titre et le rang le plus inférieur pour les serviteurs du palais (selon un manuscrit L.Or 2055, en javanais, conservé à Leyde, sur le recensement des habitants de Banten en ca. 1700). Mais, le porteur de ce titre faisait partie de l'élite dans la société locale, Atsushi, 2006, p. 50. À l'époque de Majapahit, *lurah* signifie « territoire » selon un manuscrit conservé à Oxford depuis 1627 ou 1629 sur le récit de voyage de Bujangga Manik, un ermite hindo-soundanais, qui avait passé plusieurs *lurah* de Majapahit au XVe siècle, Noorduyn, 1982, p. 415.

68 *Bumirata* n'est pas répertorié dans les dictionnaires, mais on trouve le mot « *bumintara* » signifiant territoire (*nagara* ou *nagari*), Gericke & Roorda, 1901, vol. II, p. 749 ; Winter & Ranggawarsita, 2007, p. 25. On pourrait penser que *Bumirata* est peut-être le territoire placé sous la responsabilité du *Mangkubumi* (Premier ministre).

[64] Cas relatif aux personnes donnant un coup de lance à un voleur; un voleur de bétail, ou un ravisseur d'une femme. 11

[65] Cas relatif aux personnes volant un buffle ou un bœuf[69].

[66] Cas relatif aux achats et aux ventes de buffles ou de bœufs[70].

[67] Cas relatif aux personnes prenant le buffle ou le bœuf de quelqu'un[71].

[68] Cas relatif aux personnes reprenant le buffle ou le bœuf de quelqu'un[72].

[69] Cas relatif aux personnes vendant et égorgeant le buffle ou le bœuf de quelqu'un[73].

[70] Cas relatif aux colporteurs vendant des buffles ou des bœufs. 12

[71] Cas relatif aux personnes qui passent la rivière à l'Est[74] avec un buffle, un bœuf ou un cheval.

[72] Cas relatif aux personnes venant de l'Est qui passent la rivière pour se rendre à l'Ouest.

[73] Cas relatif aux personnes se querellant sur la propriété des *lurah*[75].

[74] Cas relatif aux personnes pénétrant dans le *pancaniti*[76] ou franchissant «une porte de fer»[77].

[75] Cas relatif aux personnes faisant le guet dans leur propriété[78].

[76] Cas relatif aux gardiens de nuit faisant le guet. 13

[77] Cas relatif aux personnes faisant le guet dans le territoire du Premier ministre [?].

[78] Cas relatif aux personnes invitant quelqu'un à danser.

[79] Cas relatif au poivre de Kumĕring [à Palembang] et à ses propriétaires.

---

69 Correspond à l'article 60 des lois du sultan Zainul Abidin.

70 Correspond aux articles 51 et 52 des lois du sultan Zainul Abidin. Ce cas se retrouve à l'identique au numéro 32 de cette liste.

71 Correspond à l'article 56 des lois du sultan Zainul Abidin. Ce cas se retrouve à l'identique au numéro 35 de cette liste.

72 Correspond à l'article 60 des lois du sultan Zainul Abidin.

73 Correspond à l'article 55 des lois du sultan Zainul Abidin. Ce cas se retrouve à l'identique au numéro 34 de cette liste.

74 Il s'agit de la rivière de Cisadane, vers Tangerang, qui fait la frontière entre Banten et le territoire de la Compagnie hollandaise. L'Est désigne donc Jakĕtra ou Batavia, le siège de la Compagnie.

75 Correspond à l'article 4 et l'article 45 des lois du sultan Haji.

76 *Pancaniti*: l'endroit où le sultan exerce la justice et où les *abdi dalĕm* attendent d'être reçus par le sultan. Le *pancaniti* est aussi l'endroit réservé aux spectacles et aux fêtes du palais, Gericke & Roorda, 1901, vol. II, p. 187. Le *pancaniti* est également un *sitinggil*, i.e. un endroit pour tenir les audiences au palais, Pigeaud, 1989, p. 532.

77 Tous les numéros dans cette liste concernant le *pancaniti* ne se trouvent pas dans les textes des lois du manuscrit.

78 Tous les numéros dans cette liste, concernant le guet, ne se trouvent pas dans les textes de lois du manuscrit (à l'exception du numéro 44 de cette liste).

[80] Masalah kinon dagang ing Lampung ora kěna ing liyane.
[81] Masalah wong pitukang kinon matur ing bumi.
14 [82] Masalah aněbusi wong lanang.
[83] Masalah cap laut Ponthang.
[84] Masalah kěmit jagongan lan langlang ing pakarangane dhewek.
[85] Masalah katitipan dening maling atawa kapondhokan dening wong maling.
[86] Masalah wong paminggir kapondhokan dening wong Cina, landrat kumpěni.
[87] Masalah wong lalayangan.
[88] Masalah wong manjing (......).
15 [89] Masalah buntut běrit.
[90] Masalah asrah diwan lan pupundhutane.
[91] Masalah wong gawa seba ing dina tětělu sarta upacarane.
[92] Masalah geger gěni kinon anggawa samaptane.

[80] Cas relatif à l'obligation de ne faire du commerce qu'à Lampung[79].
[81] Cas relatif aux personnes endettées devant le faire savoir au *bumi*[80] [au Premier ministre, c'est-à-dire à l'Administration].
[82] Cas relatif aux personnes rachetant un esclave[81] mâle. 14
[83] Cas relatif aux permis de navigation maritime à Pontang[82].
[84] Cas relatif aux gardiens de nuit veillant et faisant le guet sur leur propre terrain.
[85] Cas relatif aux personnes auxquelles un voleur a confié quelque chose ou qu'elles ont hébergé pour la nuit.
[86] Cas relatif aux gens des côtes[83] qui sont hébergés pour la nuit par un Chinois ou un officiel[84] de la Compagnie[85].
[87] Cas relatif aux personnes échangeant des lettres.
[88] Cas relatif aux personnes entrant (......).
[89] Cas relatif aux personnes participant à la culture d'un champ. 15
[90] Cas relatif aux personnes donnant un *diwan* [?] et à celles qui l'acceptent.
[91] Cas relatif aux personnes apportant [des choses] et assistant à l'audience le troisième jour de la fête [?].
[92] Cas relatif aux personnes devant apporter le matériel [nécessaire] en cas d'un désordre provoqué par l'incendie[86].

---

79 Ce cas se retrouve à l'identique au numéro 183 de cette liste. Mais on ne trouve pas ces cas dans les textes de lois du manuscrit.

80 *Bumi* (la Cité capitale) : territoire entourant le palais. Le *bumi* était placé sous l'autorité de son chef, soit le *Mangkubumi* (porteur du *bumi*). Le *Mangkubumi* était le titre porté par le Premier ministre 'interne' (*patih jĕro*) et on s'adressait à lui : *Pangeran Papatih* (*Upapatih*). Le *Mangkubumi* s'occupait des affaires internes du palais et de la famille royale. Conseiller privilégié du souverain, le *Mangkubumi* réglait toutes les affaires de la noblesse, Guillot, 1992, p. 58. Toutefois, à partir de l'époque du gouvernement du sultan Ageng en 1651, il semblerait que le pouvoir de *Mangkubumi* gagnât en importance. Le *Mangkubumi* réglait et dirigeait toutes les affaires politiques, juridiques et économiques sous sa juridiction, avec son gouvernement ; il avait un pouvoir immense et était considéré comme le numéro deux après le sultan. Au vu de ces informations, nous traduisons le *bumi* par Administration ou Gouvernement ou Premier ministre.

81 On devrait traduire le mot *wong* en javanais par esclave.

82 Pontang, où se trouvait le second palais du sultan Ageng Tirtayasa, est devenu un district qui fait actuellement partie du département de Serang à Banten.

83 Les *wong paminggir* sont les habitants le long des côtes. Le mot *paminggir* du même mot *minggiran* signifie : habitant sur les côtes de la rivière, Pigeaud, 1989, p. 283.

84 Le terme '*landrat*' d'origine hollandaise '*landraad*' signifie tribunal (Pigeaud, 1989, p. 229), mais ici il faut le traduire dans le sens : membre du tribunal ou du conseil de la Compagnie.

85 Le *Kumpĕni* (Compagnie) est une abréviation en javanais désignant la Compagnie des Indes Orientales (*Vereenigde Oost Indische Compagnie* : VOC).

86 Correspond peut-être à l'article 27 des lois du sultan Haji.

[93] Masalah ora kěna manjing ing bumirata.
16 [94] Masalah tuku ěcap bumi.
[95] Masalah andokan gěni parěk pagěr.
[96] Masalah ambrěsihi dadalan lan angambakakěn lulurung.
[97] Masalah wong duwe batur kaum wong kang ala.
[98] Masalah wong giniring padu.
[99] Masalah sasapton.
[100] Masalah anumběleh (……).
17 [101] Masalah wong nuntun kěbone dhewek.
[102] Masalah sěsalar gajah.
[103] Masalah sěsalar katandhan.
[104] Masalah wong tagih-tinagih.
[105] Masalah wong angingu caměra.
[106] Masalah nitik duwening taton.
18 [107] Masalah papaten barang rupane.
[108] Masalah Cina adol madat.
[109] Masalah wong Bantěn adol madat.
[110] Masalah wong kadhodhokan dening wong ngasin[87].
[111] Masalah wong kadhodhokan dening wong pětěng.
[112] Masalah wong Tanggěran kadhodhokan dening (……).
19 [113] Masalah wong Tanggěran kinon padha langlang.
[114] Masalah nyothe ing alun-alun.
[115] Masalah wong nyangking tumbak ing alun-alun.
[116] Masalah wong papayung ing alun-alun.
[117] Masalah cap laut.
[118] Masalah nayaka lumaku nyělap.

87 C'est l'orthographe originale.

[93] Cas relatif à l'interdiction de pénétrer dans le territoire du Premier ministre [?].
[94] Cas relatif aux personnes achetant un permis de l'Administration. 16
[95] Cas relatif aux personnes mettant le feu près des clôtures.
[96] Cas relatif aux personnes devant nettoyer les rues et élargir les ruelles.
[97] Cas relatif aux personnes possédant un méchant *batur*.
[98] Cas relatif aux personnes ayant été emmenées à cause d'une dispute[88].
[99] Cas relatif aux tournois à cheval du samedi[89].
[100] Cas relatif à l'égorgement [des animaux] (......).
[101] Cas relatif aux personnes menant leurs propres buffles. 17
[102] Cas relatif à l'impôt levé sur la vente d'un éléphant.
[103] Cas relatif à l'impôt levé sur les denrées.
[104] Cas relatif aux personnes chargées du recouvrement des dettes.
[105] Cas relatif aux propriétaires de chiens.
[106] Cas relatif aux personnes recherchant des preuves concernant des blessés.
[107] Cas relatif aux divers types d'assassinats. 18
[108] Cas relatif aux Chinois vendant de l'opium préparé.
[109] Cas relatif aux Bantenois vendant de l'opium préparé.
[110] Cas relatif aux personnes hébergeant des étrangers.
[111] Cas relatif aux personnes hébergeant des inconnus.
[112] Cas relatif aux habitants de Tangĕrang[90] hébergeant (......).
[113] Cas relatif aux habitants de Tangĕrang chargés de faire le guet. 19
[114] Cas relatif aux personnes portant un [kriss] sur la place royale[91].
[115] Cas relatif aux personnes portant une lance sur la place royale.
[116] Cas relatif aux personnes utilisant un parasol sur la place royale[92].
[117] Cas relatif aux permis de navigation maritime[93].
[118] Cas relatif aux *nayaka* ayant commis une faute.

---

88 Correspond à l'article 2 des lois du sultan Zainul Abidin. Ce cas se retrouve à l'identique au numéro 15 de cette liste.

89 Ce cas se retrouve à l'identique au numéro 225 de cette liste. Mais, on ne trouve pas ces cas dans les textes du manuscrit.

90 Tangĕrang est la région frontalière entre Banten et Jakĕtra.

91 Correspond à l'article 12 des lois du sultan Haji. Ce cas se retrouve à l'identique au numéro 4 de cette liste.

92 Correspond à l'article 10 des lois du sultan Haji. Ce cas se retrouve à l'identique au numéro 6 de cette liste.

93 Correspond peut-être à l'article 38 des lois du sultan Haji. Ce cas se retrouve à l'identique aux numéros 43 et 219 de cette liste.

20 [119] Masalah ora kĕna nambĕleh kĕbo, kinon nambĕleh sapi.
[120] Masalah sawah gagadhuwan pacuwan bĕra.
[121] Masalah wong edan.
[122] Masalah wong manek pagĕr bĕngi.
[123] Masalah wong kelang-ngelangan.
[124] Masalah wong lulungan ing dina seba.
[125] Masalah wong *nga* (......).
21 [126] Masalah amanglakoni cĕpĕnging wong.
[127] Masalah puragah gunung lan sawah.
[128] Masalah padu alas.
[129] Masalah wong ngĕpek gaga, ora kĕna ginunte, kĕna nggawe.
[130] Masalah utang-piutang.
[131] Masalah wong (......) wong.
22 [132] Masalah wong akeh utange.
[133] Masalah wong aweh piutang.
[134] Masalah wong ngalong-ngalong lan nyĕrang baris.
[135] Masalah wong totowan.
[136] Masalah kinon padha mipit.
[137] Masalah angaturi lĕnga.
[138] Masalah kalapa (......).
23 [139] Masalah wong ngabendrong.
[140] Masalah reyal kang sareyal nĕm ewu.

[119] Cas relatif à l'interdiction d'égorger des buffles et à l'obligation d'égorger des bœufs. 20

[120] Cas relatif à une rizière prêtée pour usage. Il est interdit de la laisser en friche.

[121] Cas relatif aux fous.

[122] Cas relatif aux personnes passant de nuit par-dessus les clôtures[94].

[123] Cas relatif aux personnes ayant perdu [quelque chose][95].

[124] Cas relatif aux personnes s'absentant les jours d'audience.

[125] Cas relatif aux personnes qui (......).

[126] Cas relatif à l'arrestation d'une personne. 21

[127] Cas relatif à la surveillance des montagnes et des rizières.

[128] Cas relatif aux personnes se querellant pour [le terrain] dans la forêt[96].

[129] Cas relatif aux personnes s'accaparant d'une rizière sèche : elles ne peuvent pas en être propriétaires, elles peuvent cependant la cultiver.

[130] Cas relatif aux dettes et aux prêts[97].

[131] Cas relatif aux personnes (......) quelqu'un.

[132] Cas relatif aux personnes très endettées. 22

[133] Cas relatif aux prêteurs[98].

[134] Cas relatif aux personnes aidant et attaquant le front [?].

[135] Cas relatif aux personnes pratiquant les jeux de hasard (les paris)[99].

[136] Cas relatif aux personnes chargées d'obtenir de l'huile de noix de coco par pression.

[137] Cas relatif aux personnes offrant de l'huile de noix de coco.

[138] Cas relatif aux noix de coco (......).

[139] Cas relatif aux personnes qui s'envoient des signaux avec des instruments à percussion[100]. 23

[140] Cas relatif au réal (*reyal*[101]) valant six mille [*samas*].

---

94 Correspond à l'article 37 des lois du sultan Zainul Abidin et à l'article 9 des lois du sultan Abul Mafakhir.

95 Ce cas se retrouve à l'identique au numéro 307 de cette liste. Mais on ne trouve pas ces cas dans les textes du manuscrit.

96 Correspond peut-être aux articles 16 et 17 des lois du sultan Zainul Abidin.

97 Correspond à l'article 9 des lois du sultan Zainul Abidin. Ce cas se retrouve à l'identique au numéro 214 de cette liste.

98 Correspond peut-être aux articles 9 et 49 des lois du sultan Zainul Abidin.

99 Correspond à l'article 67 des lois du sultan Zainul Abidin. Ce cas se retrouve à l'identique au numéro 46 de cette liste.

100 Correspond à l'article 34 des lois du sultan Haji.

101 Il s'agit ici du *real d'a ocho* (*réal de 8*), en fait une pièce de 8 réaux, et donner son poids (une once d'argent, à l'instar du *thaler* autrichien de la même époque). *Reyal* (réal) était une monnaie espagnole en argent introduite par les Portugais durant la seconde moitié

[141] Masalah wong saba ing Pulo Panjang.
[142] Masalah wong dodol yen esuk kinon ing Karangantu.
[143] Masalah wong Bantĕn lunga ing Jakĕtra.
[144] Masalah wong gawa Tanggĕrang pacuwan bature padha nabrang Mangetan.
24 [145] Masalah wong ngiwat.
[146] Masalah wong katĕkan dening wong minggat.
[147] Masalah wong Bantĕn tuku wong pĕtĕng.
[148] Masalah wong Bantĕn adol atuku wong padha Bantĕn.
[149] Masalah wong Jakĕtra padha rakyat kumpĕni.
[150] Masalah wong tĕka dagang.
25 [151] Masalah anggĕbuki panglaku dalĕm.
[152] Masalah wong tatadha ngaku panglaku dalĕm.
[153] Masalah kinon nangkar sapitikiwene dhewek.
[154] Masalah olihing panglaku nanapak pacuwan denĕmbil dhewek.
[155] Masalah ngaru-ngaru Walanda lan kapondhokan lan anggitiki.
[156] Masalah landrat kumpĕni mateni landrat Bantĕn.
[157] (......) ing papinggir muwah Walanda.
26 [158] Masalah wong Pontang ora kĕna lunga-lunga.
[159] Masalah wong Pontang ora kĕna kapondhokan wong Cina.

---

du XVIIe siècle à Banten. Le réal est devenu une monnaie de référence aux XVIIe et XVIIIe siècles à Banten comme dans le monde entier. Au XVIIe siècle, un réal valait 2 florins (gulden) et 6-8 *stuijvers*, *EvNI*, 1918, vol. II, p. 794. Au XVIIIe siècle, il valait : 1.31 *Rijksdaalder* [environ 2,5 florins], Atsushi, 2006, p. xvii. D'après ce manuscrit, un *reyal* vaut 6 000 *samas* selon ce cas nº 140, f. 23v.

[141] Cas relatif aux personnes se rendant à Pulo Panjang[102].
[142] Cas relatif à l'obligation pour les petits vendeurs qui travaillent le matin de se tenir à Karangantu[103].
[143] Cas relatif aux Bantenois se rendant à Jakĕtra.
[144] Cas relatif aux personnes [des Bantenois] amenant des gens à Tangĕrang dont les *batur* ne sont pas autorisés à aller vers l'Est [?].
[145] Cas relatif aux personnes enlevant des femmes[104]. 24
[146] Cas relatif aux personnes [dans la maison desquelles] un fugitif s'est introduit[105].
[147] Cas relatif aux Bantenois achetant à des inconnus[106].
[148] Cas relatif aux Bantenois faisant du commerce d'esclaves bantenois[107].
[149] Cas relatif aux habitants de Jakĕtra. Ils sont tous des sujets de la Compagnie.
[150] Cas relatif aux personnes venant faire du commerce.
[151] Cas relatif aux personnes frappant des officiers du palais. 25
[152] Cas relatif aux personnes très pauvres qui se disent des officiers du palais.
[153] Cas relatif à l'obligation d'assurer soi-même la reproduction de ses volailles.
[154] Cas relatif aux officiers n'ayant pas le droit de recevoir le fruit de leur travail.
[155] Cas relatif aux personnes qui ennuient ou frappent des Hollandais et [cas relatif aux Hollandais qui] s'introduisent dans une maison [bantenoise][108].
[156] Cas relatif à un officiel de la Compagnie qui tue un officiel de Banten[109].
[157] (……) dans le faubourg encore pour les Hollandais.
[158] Cas relatif aux habitants de Pontang n'ayant pas le droit de partir. 26
[159] Cas relatif aux habitants de Pontang n'ayant pas le droit d'héberger des Chinois chez eux.

---

102 Pulo Panjang (Pulau Panjang) est une petite île dans la baie de Banten faisant partie du département de Serang.

103 Karangantu est le deuxième port et bureau de douane dans le faubourg oriental à Banten.

104 Correspond à l'article 4 des lois de Java. Ce cas se retrouve à l'identique au numéro 205 de cette liste.

105 Correspond peut-être à l'article 1 des lois du Kyai Arya Mangunjaya.

106 Correspond peut-être à l'article 21 des lois du sultan Zainul Arifin pour Lampung.

107 Correspond à l'article 21 des lois du sultan Zainul Arifin pour Lampung.

108 Correspond à l'article 4 du traité entre la Compagnie et le sultan Haji.

109 Correspond peut-être à l'article 11 du traité entre la Compagnie et le sultan Haji.

[160] Masalah tarik-tinarik rĕbut-rinĕbut.
[161] Masalah putra warga amanglakoni cĕpĕnging wong
[162] Masalah nĕmu duwening wong.
[163] Masalah adol atuku padha dhewek barang rupane.
[164] Masalah wong gawa (......).
27 [165] Masalah ora kĕna duwe kaum liyan saking ngabdi titikan.
[166] Masalah tutulung gĕni.
[167] Masalah wong babaradhah wong kagĕnen.
[168] Masalah nyawat wong Walanda.
[169] Masalah wong angapĕgakĕn Pakowan.
[170] Masalah wong tutukaran rĕbut-rinĕbut.
28 [171] (......) kang lulungguh lampit | iku padha ora anduweni milik.
[172] Masalah ngabdi nikah ora kĕna nikah lan wong mradika.
[173] Masalah padu arĕbut milik.
[174] Masalah wong anjawa manjing ing pancaniti.
[175] Masalah wong angaku cĕkĕling wong
[176] Masalah wong denbegal.
[177] Masalah wong maling (......).
29 [178] Masalah wong ora kĕna munggah maring prau Lampung.
[179] Masalah wong kalasi ora kĕna saba ing paminggir.
[180] Masalah padu kĕbo, sapi, jaran.
[181] Masalah patuturan.
[182] Masalah dagangan saking wong duradesa.
[183] Masalah (......) ora kĕna, kinon dagang ing Lampung.

[160] Cas relatif aux personnes se volant et se disputant mutuellement leurs affaires.
[161] Cas relatif à un membre de la famille [royale] arrêtant quelqu'un.
[162] Cas relatif aux personnes trouvant des biens appartenant à autrui[110].
[163] Cas relatif à toute personne faisant le commerce de tous les produits.
[164] Cas relatif aux personnes portant (……).
[165] Cas relatif aux familles qui n'ont pas le droit d'avoir des esclaves, sauf des *abdi titikan*[111]. 27
[166] Cas relatif aux moyens pour [combattre ?] un incendie.
[167] Cas relatif aux personnes s'enfuyant lors d'un incendie.
[168] Cas relatif aux personnes jetant des pierres à un Hollandais.
[169] Cas relatif aux personnes fomentant des troubles [?] à Pakuwan[112].
[170] Cas relatif aux personnes se querellant pour s'emparer de quelque chose.
[171] (……) qui s'assoient sur une natte | qui ne leur appartient pas. 28
[172] Cas relatif aux esclaves n'ayant pas le droit d'épouser des femmes libres.
[173] Cas relatif aux personnes se disputant un bien.
[174] Cas relatif aux Javanais entrés dans le *pancaniti*.
[175] Cas relatif aux personnes disant avoir arrêté quelqu'un.
[176] Cas relatif aux personnes ayant été cambriolées[113].
[177] Cas relatif aux personnes ayant volé (……)[114]
[178] Cas relatif aux personnes n'ayant pas le droit d'aller à Lampung en bateau. 29
[179] Cas relatif aux matelots n'ayant pas le droit de jeter l'ancre en bord de mer.
[180] Cas relatif aux disputes concernant des buffles, des bœufs ou chevaux.
[181] Cas relatif aux conversations.
[182] Cas relatif aux marchandises des *wong duradesa*.
[183] Cas relatif à (……) est interdit, mais le commerce doit avoir lieu à Lampung[115].

---

110 Correspond à l'article 15 des lois du sultan Zainul Abidin.

111 L'*abdi titikan* est un esclave, dont on s'occupe et que l'on entretient depuis sa petite enfance (Entretien personnel avec Sriratna Sakti Mulya à l'Université de Gajah Mada, Yogyakarta en 2008).

112 *Pakuwan* est un ancien nom pour Surasowan. Le nom complet était *Kedhaton Pakuwan* (le palais de Pakuwan). Selon Serrurier, *Pakuwan* est la résidence principale du roi. À *Pakuwan* se trouvait la chambre royale, la salle de bain et la porte du Nord et de l'Est en fer, Serrurier, 1908, p. 3. Correspond peut-être à l'article 9 des lois du sultan Haji.

113 Correspond peut-être à l'article 45 des lois de Java.

114 Correspond peut-être à l'article 16 des lois de Java.

115 Ce cas se retrouve à l'identique au numéro 80 de cette liste. Mais, on ne trouve pas ces cas dans les textes de lois du manuscrit.

30 [184] Masalah wong ngasin ora kěna ana ing wong cili.
[185] Masalah wong durjana.
[186] Masalah wong Jawa ora kěna manjing ing loji.
[187] Masalah wong Jawa ora kěna kěkěrisan manjing ing lawang pabeyan.
[188] Masalah wong anjaluk cap laut maring Kumandur.
[189] Masalah kalapa manjing bumi.
31 [190] Masalah wong puwasa ing dintěn Sěnen lan salat ing ara-ara.
[191] Masalah wiwitaning gěni.
[192] Masalah wong Cina ora kěna tuku anggon-anggone wong Jawa.
[193] Masalah sakehing wong ngasin kinon padha lunga saking Bantěn.
[194] Masalah bujang[116] ora lumaku ing panggawe kang ora patut[117].
[195] Masalah bujang kinon padha tuku ěcap.
32 [196] Masalah wong kinon padha ngaji lan maca donga[118].
[197] Masalah wong nyěkěl wong ngobong umah.
[198] Masalah wong anjuru tuduh.
[199] Masalah wong ngasin rabi wong Bantěn.
[200] Masalah duwe wong ala angliwati saking had.
[201] Masalah babandan.
[202] Masalah wong lulungan.
33 [203] Masalah panjalin walatung kang těka ing Bantěn.

---

116 *Bujang* : travailleur, Robson & Singgih, 2002, p. 120.

117 Il est possible que le scribe ait fait une petite erreur en mettant deux fois le mot '*ora*' (non) dans cette phrase.

118 *Donga* : forme javanaise du mot arabe *du'ā'* désignant appel et invocation adressée à Dieu.

[184] Cas relatif à l'interdiction pour les étrangers d'être dans la maison d'un *wong cili*[119]. 30
[185] Cas relatif aux criminels[120].
[186] Cas relatif à l'interdiction pour un Javanais d'entrer dans un comptoir [du quartier hollandais].
[187] Cas relatif à l'interdiction pour un Javanais de porter un kriss pour entrer au bureau de douane.
[188] Cas relatif aux personnes demandant un permis de navigation maritime au commandant [hollandais][121].
[189] Cas relatif aux noix de coco introduites dans le territoire sous l'administration du Premier ministre.
[190] Cas relatif aux personnes jeûnant le lundi et faisant la prière en plein air. 31
[191] Cas relatif aux causes d'incendie.
[192] Cas relatif à l'interdiction faite aux Chinois d'acheter des vêtements javanais.
[193] Cas relatif à l'obligation pour les étrangers de quitter Banten.
[194] Cas relatif aux travailleurs accomplissant des actes inappropriés.
[195] Cas relatif aux travailleurs devant tous acheter un cachet.
[196] Cas relatif à l'obligation pour tous de lire le Coran et de faire le *du'ā* 32
[appel et invocation adressée à Dieu].
[197] Cas relatif aux personnes arrêtant quelqu'un qui a mis le feu à une maison.
[198] Cas relatif aux gens qui indiquent le chemin[122].
[199] Cas relatif aux étrangers épousant des Bantenoises.
[200] Cas relatif aux personnes possédant un esclave méchant[123] qui a dépassé les limites.
[201] Cas relatif aux personnes ayant deux mains attachées[124].
[202] Cas relatif aux personnes qui sont en déplacement.
[203] Cas relatif aux artisans spécialisés dans le rotin venu à Banten. 33

119 *Wong cili*: les petites gens ou les gens ordinaires qui ne sont pas nobles et qui n'ont pas de lien familial avec la royauté. Correspond peut-être à l'article 4 du traité entre la Compagnie et le sultan Haji.

120 Correspond peut-être à l'article 15 des lois de Java.

121 *Kumĕndhur*: commandant ou responsable militaire de la Compagnie. Le terme '*kumĕndhur*' vient du mot hollandais «*commandeur*», c'est-à-dire commandeur en français (chevalier d'un ordre militaire pourvu d'une commanderie), De Bruin, 1901, vol. II, p. 116, alors que d'après Labrousse: commandant ou contrôleur, 1984, p. 382.

122 Correspond à l'article 50 des lois de Java.

123 On devrait traduire le mot '*wong*' en javanais par: esclave ou subordonné.

124 Correspond aux articles 20 et 23 des lois du sultan Zainul Abidin.

[204] Masalah langlang bajo.
[205] Masalah wong ngiwat.
[206] Masalah simpĕn wong ala.
[207] Masalah piyagĕm nuruni wong.
[208] Masalah (......).
34 [209] Masalah wong ngĕlĕb kĕbo atawa sapi.
[210] Masalah wong dagang marica.
[211] Masalah wong adol wong ing Lampung.
[212] Masalah wong nandur turus marica.
[213] Masalah piutang maring wong Lampung.
[214] Masalah wong utang-piutang.
35 [215] Masalah tatrapaning durjana.
[216] Masalah tatrapaning wong ngungsi.
[217] Masalah tatrapaning wong kang kaungsen.
[218] Masalah ngalih diwaning wong.
[219] Masalah cap laut.
[220] Masalah sakehing wong gawa padha kapundutan buntut bĕrit.
[221] (......) macara.
36 [222] Masalah geger ing alun-alun.
[223] Masalah liwat ing bumirata.
[224] Masalah wong salat jumangah.
[225] Masalah sasapton.

[204] Cas relatif aux personnes faisant le guet contre les pirates.
[205] Cas relatif aux personnes enlevant des femmes[125].
[206] Cas relatif aux personnes cachant des malfaiteurs.
[207] Cas relatif à l'acte attestant le don d'un[e] esclave.
[208] Cas relatif à (......)
[209] Cas relatif aux personnes lavant un buffle ou un bœuf. 34
[210] Cas relatif aux marchands de poivre[126].
[211] Cas relatif aux personnes vendant des esclaves à Lampung[127].
[212] Cas relatif aux planteurs de poivriers[128].
[213] Cas relatif aux personnes faisant des prêts à des habitants de Lampung.
[214] Cas relatif aux débiteurs et prêteurs[129].
[215] Cas relatif aux peines encourues par les criminels. 35
[216] Cas relatif aux peines encourues par les réfugiés[130].
[217] Cas relatif aux peines encourues par ceux qui accueillent des réfugiés[131].
[218] Cas relatif aux personnes qui déménagent le *diwan* [?] de quelqu'un.
[219] Cas relatif aux permis de navigation maritime[132].
[220] Cas relatif à tous ceux qui demandent à participer aux travaux des champs.
[221] (......) mettre du rouge sur les ongles [?].
[222] Cas relatif aux troubles violents sur la place royale[133]. 36
[223] Cas relatif au passage dans le territoire du Premier ministre [?].
[224] Cas relatif à la prière du vendredi[134].
[225] Cas relatif aux tournois à cheval du samedi[135].

125 Correspond à l'article 4 des lois de Java. Ce cas se retrouve à l'identique au numéro 145 de cette liste.
126 Correspond à l'article 5 des lois du sultan Zainul Arifin pour Lampung.
127 Correspond à l'article 21 des lois du sultan Zainul Arifin pour Lampung.
128 Correspond aux articles 4 et 17 des lois du sultan Zainul Arifin pour Lampung.
129 Correspond à l'article 9 des lois du sultan Zainul Abidin. Ce cas se retrouve à l'identique au numéro 130 de cette liste.
130 Correspond peut-être à l'article 5 des lois du sultan Haji et à l'article 2 du traité entre la Compagnie et le sultan Haji.
131 Correspond à l'article 18 des lois du sultan Zainul Arifin pour Lampung.
132 Correspond peut-être à l'article 38 des lois du sultan Haji. Ce cas se retrouve à l'identique aux numéros 43 et 117 de cette liste.
133 Correspond à l'article 27 des lois du sultan Haji. Ce cas se retrouve à l'identique aux numéros 8 et 350 de cette liste.
134 Correspond à l'article 35 des lois du sultan Haji. Ce cas se retrouve à l'identique au numéro 19 de cette liste.
135 Ce cas se retrouve à l'identique au numéro 99 de cette liste. Mais on ne trouve pas ce cas dans les textes du manuscrit.

[226] Masalah cap panungtun.
[227] Masalah nanagih ing Lampung.
37 [228] Masalah watěs Tanggěran.
[229] Masalah beyaning dodot tapih saking Jakětra.
[230] Masalah beyaning wěsi.
[231] Masalah beyaning gangsa.
[232] Masalah beyaning gangsa gěcěkan.
[233] Masalah beyaning kukuningan.
38 [234] Masalah beyaning purunggu kang sapikul.
[235] Masalah beyaning purunggu gěcěkan.
[236] Masalah beyaning kukuningan gěcěkan.
[237] Masalah mangsodhi.
[238] Masalah jintěn.
[239] Masalah tambaga.
[240] Masalah pucuk wawangi.
39 [241] Masalah panjalin.
[242] Masalah lěnga damar.
[243] Masalah balapěcah kang alus.
[244] Masalah balapěcah kang wadhag.
[245] Masalah kawali waja.
[246] Masalah kandu[?] (......).
40 [247] Masalah wědhus.
[248] Masalah mayang ing Jakětra lan ambadhong.
[249] Masalah wong wadon jinis Sělam lunga ing Jakětra.
[250] Masalah prau dagang sing Jakětra těka ing Bantěn.
[251] Masalah prau kang lunga ing Jakětra.
[252] Masalah prau dagang ing Lampung.
41 [253] Masalah prau kulon dagang ing Jakětra.
[254] Masalah prau kulon kang cili beyane.
[255] Masalah wong Wetan kang andongawe ing Bantěn.
[256] Masalah wong Bantěn dagang Ngetan.
[257] Masalah wong Bantěn kang těka dagang sing Wetan.

[226] Cas relatif aux permis des gens qui indiquent le chemin.
[227] Cas relatif au recouvrement [des dettes ?] à Lampung.
[228] Cas relatif à la frontière de Tangĕrang. 37
[229] Cas relatif aux taxes sur les étoffes batikées en provenance de Jakĕtra.
[230] Cas relatif aux taxes sur le fer.
[231] Cas relatif aux taxes sur le bronze.
[232] Cas relatif aux taxes sur le bronze en plaque.
[233] Cas relatif aux taxes sur le laiton.
[234] Cas relatif aux taxes sur 62,5 kg de bronze. 38
[235] Cas relatif aux taxes sur le bronze en plaque.
[236] Cas relatif aux taxes sur le laiton en plaque.
[237] Cas relatif au *mangsodhi* [?].
[238] Cas relatif au cumin.
[239] Cas relatif au cuivre.
[240] Cas relatif aux racines odoriférantes.
[241] Cas relatif au rotin. 39
[242] Cas relatif à *damar* [l'huile de résine].
[243] Cas relatif à la vaisselle de qualité.
[244] Cas relatif à la vaisselle ordinaire.
[245] Cas relatif aux poêles en acier.
[246] Cas relatif à kandu [?] (……).
[247] Cas relatif aux chèvres[136]. 40
[248] Cas relatif aux pêcheurs au filet et à la nasse à Jakĕtra.
[249] Cas relatif aux femmes musulmanes se rendant à Jakĕtra.
[250] Cas relatif aux bateaux de commerce venant de Jakĕtra et arrivant à Banten.
[251] Cas relatif aux bateaux allant à Jakĕtra.
[252] Cas relatif aux bateaux de commerce à Lampung[137].
[253] Cas relatif aux bateaux venant de l'Ouest, allant faire du commerce à Jakĕtra. 41
[254] Cas relatif aux taxes sur les petits bateaux venant de l'Ouest.
[255] Cas relatif aux personnes venant de l'Est travaillant à Banten.
[256] Cas relatif aux Bantenois allant faire du commerce à l'Est[138].
[257] Cas relatif aux Bantenois venant de l'Est après avoir fait du commerce[139].

136 Correspond à l'article 1 des lois du sultan Zainul Arifin pour Lampung.
137 Correspond peut-être à l'article 27 des lois du sultan Zainul Arifin pour Lampung Tulang Bawang.
138 Correspond aux articles 36 et 37 des lois du sultan Haji.
139 Correspond à l'article 38 des lois du sultan Haji.

[258] Masalah putih kadhiri kang dengawa ing Lampung beyane.
[259] Masalah (......) wa ing lama (......) beyane.
42 [260] Masalah tapih bathik kang dengawa ing Lampung beyane.
[261] Masalah dagangan garaban kang dengawa ing Lampung beyane.
[262] Masalah dagangan garaban kang dengawa ing Jakĕtra beyane.
[263] Masalah dagangan jĕruk kang dengawa ing Jakĕtra beyane.
[264] Masalah dagangan kalapa kang dengawa ing Jakĕtra beyane.
[265] Masalah jĕbug kang dengawa ing Jakĕtra beyane.
43 [266] Masalah gĕthak kang dengawa ing Jakĕtra beyane.
[267] Masalah apu kang dengawa ing Jakĕtra beyane.
[268] Masalah gula sakar kang sapikul beyane.
[269] Masalah gula watu kang saking Jakĕtra atawa saking wetan beyane.
[270] Masalah tambako suka barĕs kang sapikul beyane.
[271] Masalah lawe putih kang dengawa ing Lampung unusane.
44 [272] Masalah tubar kang dengawa ing Lampung unusane.
[273] Masalah damar malam beyane.
[274] Masalah tambako Cina unusane.
[275] Masalah banyu ĕmas beyane.
[276] Masalah pĕda kang dengawa ing Jakĕtra beyane kang salaksa.
[277] Masalah mĕnyan beyane kang sapikul.
[278] Masalah walirang kang sapikul beyane.
45 [279] Masalah tarusi kang sapikul beyane.
[280] Masalah tapas kang sapikul beyane.
[281] Masalah pijĕr kang sapikul beyane.
[282] Masalah sundawa kang sapikul beyane.
[283] Masalah garu kang sapikul beyane.
[284] Masalah candhu kang sapikul beyane.
46 [285] Masalah saĕcang kang sapikul beyane.

[258] Cas relatif aux *kadhiri* [?] blancs transportés à Lampung.
[259] Cas relatif à (……) à *lama* [?] (……) sa taxe.
[260] Cas relatif aux taxes sur les étoffes batikées transportées à Lampung. 42
[261] Cas relatif aux taxes sur le commerce des épices transportées à Lampung.
[262] Cas relatif aux taxes sur les épices transportées à Jakĕtra.
[263] Cas relatif aux taxes sur les agrumes transportés à Jakĕtra.
[264] Cas relatif aux taxes sur les noix de coco transportées à Jakĕtra.
[265] Cas relatif aux taxes sur les noix d'arec transportées à Jakĕtra.
[266] Cas relatif aux marmites à riz transportées vers Jakĕtra. 43
[267] Cas relatif aux taxes sur la chaux à bétel transportée à Jakĕtra.
[268] Cas relatif aux taxes sur 62,5 kg [un *pikul*] de sucre de canne[140].
[269] Cas relatif aux taxes sur le sucre de palme provenant de Jakĕtra ou de l'Ouest.
[270] Cas relatif aux taxes sur 62,5 kg de tabac *suka barĕs* [?].
[271] Cas relatif aux taxes sur le fil blanc transporté vers Lampung.
[272] Cas relatif aux taxes sur les tubercules transportés vers Lampung. 44
[273] Cas relatif aux taxes sur les bougies de résine.
[274] Cas relatif aux taxes sur le tabac chinois.
[275] Cas relatif aux taxes sur la dorure.
[276] Cas relatif aux taxes sur les 10 000 pièces de poisson salé transportées vers Jakĕtra.
[277] Cas relatif aux taxes sur 62,5 kg de benjoin.
[278] Cas relatif aux taxes sur 62,5 kg de soufre.
[279] Cas relatif aux taxes sur 62,5 kg de cuivre. 45
[280] Cas relatif aux taxes sur 62,5 kg de fibres de palmier.
[281] Cas relatif aux taxes sur 62,5 kg de borax.
[282] Cas relatif aux taxes sur 62,5 kg de nids d'hirondelle.
[283] Cas relatif aux taxes sur 62,5 kg de bois d'aigle.
[284] Cas relatif aux taxes sur 62,5 kg d'opium préparé.
[285] Cas relatif aux taxes sur 62,5 kg de manioc. 46

140 Sur les terres de Banten, durant le XVIIe siècle, seul Kelapadua était un centre de plantations de canne à sucre, de raffinage et de distillation d'arak. Les milliers de Chinois, y vivant, cultivaient la canne à sucre de façon assez extensive grâce à la grosse demande du marché. Les Anglais étaient les principaux acheteurs et passèrent avec eux deux contrats en 1638 (pour plus de 17 tonnes) et en 1640, Guillot, Nurhakim & Salmon, 1990, p. 141-142. Suite à la guerre civile entre le sultan Ageng et le sultan Haji qui mit fin à l'indépendance du Sultanat de Banten par l'intervention de la Compagnie hollandaise de Batavia, il fut mis un terme à ce centre de production de canne à sucre. Mais la production de sucre redémarra au milieu du XVIIIe siècle avec les mêmes acteurs, à savoir les Chinois.

[286] Masalah kayu lak kang sapikul beyane.
[287] Masalah sawala[141] kang sapikul beyane.
[288] Masalah agěr-agěr kang sapikul beyane.
[289] Masalah timah irěng kang sapikul beyane.
[290] Masalah timah putih kang sapikul beyane.
47 [291] Masalah sutra kang sapikul beyane.
[292] Masalah mastuli kang sapikul beyane.
[293] Masalah wong anggawa apyun
[294] Masalah dodot tapih.
[295] Masalah běras kala murah kěna dengawa ing Lampung.
[296] Masalah uyah.
48 [297] Masalah kapas.
[298] Masalah wong duradesa adol wong ing Bantěn kěna salikuran.
[299] Masalah wong duradesa adol wong ora kěna adol ing wong Cina.
[300] Masalah wong adol malam.
[301] Masalah arak saking Jakětra kang dengawa ing Bantěn.
[302] Masalah prau lunga ing Baletung atawa kang t̲ěka.
49 [303] Masalah wědhus kang lunga atawa kang těka.
[304] Masalah wong adol atuku prau.
[305] Masalah maling.
[306] Masalah kamalingan.
[307] Masalah wong kelang-ngelangan.
[308] Masalah wong nyanyawat.
50 [309] Masalah wong gawe pitěnahipun.
[310] Masalah wong papadon ing pancaniti.
[311] Masalah wong tukar ing alun-alun.
[312] Masalah wong duracara ing pancaniti.

141 Texte : *sawal*.

[286] Cas relatif aux taxes sur 62,5 kg de bois de laque.
[287] Cas relatif aux taxes sur 62,5 kg de bois de palmier borasse.
[288] Cas relatif aux taxes sur 62,5 kg d'agar-agar.
[289] Cas relatif aux taxes sur 62,5 kg de plomb.
[290] Cas relatif aux taxes sur 62,5 kg d'étain.
[291] Cas relatif aux taxes sur 62,5 kg de soie. 47
[292] Cas relatif aux taxes sur 62,5 kg de tissu en soie de mauvaise qualité.
[293] Cas relatif aux personnes transportant de l'opium brut[142].
[294] Cas relatif aux étoffes batikées[143].
[295] Cas relatif à l'exportation du riz quand il est bon marché à Lampung.
[296] Cas relatif au sel.
[297] Cas relatif au coton. 48
[298] Cas relatif aux *wong duradesa* autorisés à vendre 20 esclaves [?] à Banten.
[299] Cas relatif aux *wong duradesa* non autorisés à vendre des esclaves à des Chinois.
[300] Cas relatif aux personnes vendant de la cire.
[301] Cas relatif à l'arak de Jakĕtra importé à Banten.
[302] Cas relatif aux bateaux allant et revenant de Belitung[144].
[303] Cas relatif aux chèvres. 49
[304] Cas relatif au commerce des bateaux.
[305] Cas relatif aux voleurs[145].
[306] Cas relatif aux victimes de vols[146].
[307] Cas relatif aux personnes ayant perdu [quelque chose][147].
[308] Cas relatif aux personnes qui jettent [des choses].
[309] Cas relatif aux personnes qui calomnient. 50
[310] Cas relatif aux personnes se querellant au *pancaniti*.
[311] Cas relatif aux personnes se querellant sur la place royale[148].
[312] Cas relatif aux personnes commettant un crime au *pancaniti*.

142 Correspond à l'article 68 des lois du sultan Zainul Abidin.
143 Correspond peut-être à l'article 70 des lois du sultan Zainul Abidin.
144 *Belitung*, situé à l'Est de Sumatra, faisait partie des régions sous la domination du sultanat de Banten. Belitung au XVIIIe siècle était un grand producteur de poivre blanc et l'un des principaux producteurs d'étain dans le monde.
145 Correspond peut-être à l'article 16 des lois de Java.
146 Correspond à l'article 71 des lois du sultan Zainul Abidin.
147 Ce cas se retrouve à l'identique au numéro 123 de cette liste. Mais on ne trouve pas ces cas dans les textes de lois du manuscrit.
148 Correspond à l'article 16 des lois du sultan Haji. Ce cas se retrouve à l'identique au numéro 1 de cette liste.

[313] Masalah wong pisuh-pinisuh ing pancaniti.
[314] Masalah wong kang měnangi tutukaran ing pancaniti.
[315] Masalah wong kang gawe geger ing pabeyan.
51 [316] Masalah wong duradesa tabok-tinabok padha rewange.
[317] Masalah wong duradesa pědhang-pinědhang padha rewange.
[318] Masalah wong tukar ing pasebaning putra atawa pasebaning ponggawa.
[319] Masalah wong adol sawah desane.
[320] Masalah wong adol dhukuh desane.
[321] Masalah wong adol (……) ing wong saking prau wong duradesa.
52 [322] Masalah putra warga ponggawa kang padha anyěkěl Lampung.
[323] Masalah wong dagang marica ing Lampung.
[324] Masalah wong Lampung mondhok ing pangkalaning wong.
[325] Masalah wong Bantěn lunga ing Lampung angukum-ukumi.
[326] Masalah wong anggrojogi umahing wong.
[327] Masalah ambanda ěwong.
53 [328] Masalah wong angukuhi babandaning wong.
[329] Masalah wong ngukuhi kanca baturing wong.
[330] Masalah kaungsen dening cěpěnging wong.
[331] Masalah wong andhupak lawanging wong.
[332] Masalah wong ambědhah pagěr
[333] Masalah (……).
54 [334] Masalah padu wirayating wong.

[313] Cas relatif aux personnes s'insultant au *pancaniti*.
[314] Cas relatif aux personnes assistant à une querelle au *pancaniti*.
[315] Cas relatif aux personnes causant des troubles violents à la douane.
[316] Cas relatif aux *wong duradesa* se donnant des coups. 51
[317] Cas relatif aux *wong duradesa* dégainant leur épée[149].
[318] Cas relatif aux personnes se querellant au *paseban* d'un membre de la famille royale ou d'un *ponggawa*.
[319] Cas relatif aux personnes vendant une rizière du village.
[320] Cas relatif aux personnes vendant un hameau du village.
[321] Cas relatif aux personnes vendant (……) à une personne depuis un bateau d'un *wong duradesa*[150].
[322] Cas relatif aux enfants et aux familles de *ponggawa* travaillant à Lampung. 52
[323] Cas relatif aux personnes faisant le commerce du poivre à Lampung[151].
[324] Cas relatif aux habitants de Lampung logeant chez quelqu'un.
[325] Cas relatif aux Bantenois allant à Lampung pour punir.
[326] Cas relatif aux personnes pénétrant de force chez d'autres personnes[152].
[327] Cas relatif aux personnes attachant les deux mains d'une autre[153].
[328] Cas relatif aux personnes s'appropriant les biens d'autres personnes. 53
[329] Cas relatif aux personnes s'appropriant le *batur* de quelqu'un[154].
[330] Cas relatif aux personnes accueillant un esclave arrêté par quelqu'un.
[331] Cas relatif aux personnes donnant des coups de pied dans la porte de quelqu'un[155].
[332] Cas relatif aux personnes brisant une clôture[156].
[333] Cas relatif aux personnes (……).
[334] Cas relatif aux personnes se querellant à cause du récit de quelqu'un. 54

149 Correspond à l'article 22 des lois du sultan Haji.
150 On devrait interpréter que l'achat et la vente avaient lieu sur un bateau.
151 Correspond à l'article 5 des lois du sultan Zainul Arifin pour Lampung.
152 Correspond à l'article 33 des lois du sultan Zainul Abidin et à l'article 11 des lois du sultan Abul Mafakhir. Ce cas se retrouve à l'identique au numéro 389 de cette liste.
153 Correspond à l'article 20 des lois du sultan Zainul Abidin. Ce cas se retrouve peut-être à l'identique au numéro 30 de cette liste.
154 Correspond à l'article 21 (alinéa 1) des lois du sultan Zainul Abidin.
155 Correspond à l'article 33 des lois du sultan Zainul Abidin et à l'article 11 des lois du sultan Abul Mafakhir.
156 Correspond à l'article 33 des lois du sultan Zainul Abidin et à l'article 11 des lois du sultan Abul Mafakhir.

[335] Masalah nanagih tanpa utang.
[336] Masalah wong Bali umah-umah ing gunung.
[337] Masalah panglaku wong tan Jawa
[338] Masalah wong dentabok.
[339] Masalah wong nabok.
55 [340] Masalah wong wus padha anarik kĕris.
[341] Masalah wong ngujar-ujari padha lanang kang sawiji ora malĕs.
[342] Masalah wong lanang denujar-ujari padha lanang ing alun-alun.
[343] Masalah wong wadon angujar-ujari maring wong lanang ing alun-alun.
[344] Masalah wong lanang denujari-ujari dening wong wadon.
[345] Masalah wong wadon denujar-ujari dening wong lanang.
56 [346] Masalah wong Cina atawa Cina sĕlam tukar ing alun-alun.
[347] Masalah Cina gĕlung atawa Cina sĕlam pĕdhang-pinĕdhang ing alun-alun.
[348] Masalah wong tutukaran ing pabeyan.
[349] Masalah ngĕmbari wong ngamuk ing alun-alun.

[335] Cas relatif aux personnes venant recouvrer [de l'argent] auprès de quelqu'un qui n'est pas endetté envers elles[157].

[336] Cas relatif aux Balinais[158] qui construisent des maisons dans les montagnes.

[337] Cas relatif aux officiers non javanais.

[338] Cas relatif aux personnes ayant reçu un coup[159].

[339] Cas relatif à l'auteur d'un coup[160].

[340] Cas relatif aux personnes dégainant leur épée[161]. 55

[341] Cas relatif à un homme insultant un autre qui ne réplique pas[162].

[342] Cas relatif à un homme se faisant insulter par un autre sur la place royale[163].

[343] Cas relatif à une femme insultant un homme sur la place royale[164].

[344] Cas relatif à un homme se faisant insulter par une femme[165].

[345] Cas relatif à une femme se faisant insulter par un homme[166].

[346] Cas relatif aux Chinois ou Chinois musulmans se querellant sur la place 56
royale[167].

[347] Cas relatif aux Chinois [non-musulmans] portant un chignon ou aux Chinois musulmans dégainant leur épée sur la place royale[168].

[348] Cas relatif aux personnes se querellant à la douane[169].

[349] Cas relatif aux personnes maîtrisant un forcené sur la place royale[170].

---

157 Correspond à l'article 48 des lois du sultan Zainul Abidin et à l'article 43 des lois de Java.

158 La *Sajarah Banten* mentionne la présence des Balinais à Banten. Lors de l'attaque du royaume javanais Mataram contre Banten, les Balinais étaient la cible de cambriolage des Bantenois. Lorsque la guerre entre le Sultanat de Banten et la Compagnie hollandaise de Jakĕtra a éclaté, les Balinais ont aidé les Bantenois, Djajadiningrat, 1983, p. 51 et p. 73. Les Balinais sont restés dans le faubourg oriental de Banten avec d'autres étrangers comme les Javanais, les Malais, les Macassarais, les Bugis et les Européens, ainsi que les Chinois, Guillot, 1989, p. 147.

159 Correspond aux articles 17 et 20 des lois du sultan Haji.

160 Correspond aux articles 17 et 20 des lois du sultan Haji et à l'article 35 des lois du sultan Zainul Abidin.

161 Correspond à l'article 17 des lois du sultan Haji.

162 Correspond à l'article 18 (alinéa 2) des lois du sultan Haji.

163 Correspond à l'article 18 (alinéa 1) des lois du sultan Haji.

164 Correspond à l'article 19 (alinéa 1) des lois du sultan Haji.

165 Correspond à l'article 19 (alinéa 1) des lois du sultan Haji.

166 Correspond à l'article 19 (alinéa 2) des lois du sultan Haji.

167 Correspond à l'article 24 des lois du sultan Haji.

168 Correspond à l'article 24 des lois du sultan Haji.

169 Correspond à l'article 25 des lois du sultan Haji.

170 Correspond à l'article 26 des lois du sultan Haji.

[350] Masalah geger ing alun-alun.
[351] Masalah wong ora gĕlis mĕtu ing alun-alun.
[352] Masalah mantĕri, suranagara (……) bĕkĕl (……).
57 [353] Masalah kanca baturing wong atinggal pangiring-ngiringan.
[354] Masalah wong ora ngulati gustine.
[355] Masalah yen gong tinabuh ing Pakombalan.
[356] Masalah wong Tanggĕran lunga ing Jakĕtra.
[357] Masalah wong Jakĕtra tĕka maring Tanggĕran.
[358] Masalah wong tĕka saking (……).
58 [359] Masalah wong saba ing gĕdhonge si petor Walanda.
[360] Masalah wong mulih saking gĕdonge si petor.

[350] Cas relatif aux troubles violents sur la place royale[171].
[351] Cas relatif aux personnes n'allant pas tout de suite sur la place royale [pour calmer une émeute][172].
[352] Cas relatif aux *mantĕri*[173], aux *suranagara*[174], (……), aux *bĕkĕl*[175], (……)[176].
[353] Cas relatif au *batur* quittant le convoi [de leur maître][177]. 57
[354] Cas relatif aux esclaves ne prenant pas soin de leur maître[178].
[355] Cas relatif aux gongs sur lesquels on frappe à Pakombalan[179].
[356] Cas relatif aux habitants de Tangĕrang allant à Jakĕtra[180].
[357] Cas relatif aux habitants de Jakĕtra venant de Tangĕrang[181].
[358] Cas relatif aux personnes venant de (……).
[359] Cas relatif aux personnes se rendant à la résidence du *petor* hollandais[182]. 58
[360] Cas relatif aux personnes revenant de la résidence du *petor*[183].

171 Correspond à l'article 27 des lois du sultan Haji. Ce cas se retrouve à l'identique aux numéros 8 et 222 de cette liste.
172 Correspond à l'article 28 des lois du sultan Haji.
173 *Mantĕri*: un groupe de fonctionnaires de rang moyen à Banten au XVIIIe siècle, Talens, 1999, p. 235.
174 *Suranagara*: un nom recouvrant l'ensemble des soldats à Banten (Talens, 1999, p. 236; id., 1993, p. 337-339, 342) et parmi eux, il y avait un régiment de soldats qui n'étaient pas convertis à l'Islam. Ils avaient les cheveux longs et venaient de la montagne et des villages éloignés de Banten. Ils étaient au service des sultans de Banten, Guillot, 2002, p. 153-155.
175 Nous ne connaissons pas le sens de *bĕkĕl* à Banten. La *Sajarah Banten* montre simplement l'existence de *bĕkĕl* à Banten, Djajadiningrat, 1983, p. 68, chant LIII. À titre de comparaison, à Madjapahit au XIVe siècle, le *bĕkĕl* était un noble local ayant pour fonction de prélever les taxes des rizières d'apanage, Pigeaud, 1960, vol. IV, p. 399. À Surakarta (au centre de Java), avant 1848, le *bĕkĕl* avait la fonction de prélever les taxes. Mais, après 1848, ce terme désigna seulement un chef de village. Le terme de *bĕkĕl* fut ensuite supprimé en 1918 à cause de la restructuration du système de l'administration des villages, Suhartono, 1991, p. 5 et 53. Sur cette base, on peut supposer que ce titre avait avant à Banten au XVIIe siècle un sens voisin de celui qu'il avait ailleurs et à Java, et qu'il s'appliquait à des gérants-fermiers d'une rizière ou à des collecteurs des taxes.
176 Correspond peut-être à l'article 31 des lois du sultan Haji.
177 Correspond à l'article 29 des lois du sultan Haji.
178 Correspond à l'article 31 des lois du sultan Haji.
179 *Pakombalan*: poste de guet pour les *wong gunung* ou « les montagnards » avec le sens: « la population reculée », qui étaient sans doute des *suranagara*, à Surasowan, Banten, Djajadiningrat, 1983, p. 57. Correspond peut-être à l'article 33 des lois du sultan Haji.
180 Correspond à l'article 37 (alinéa 1) des lois du sultan Haji.
181 Correspond à l'article 37 (alinéa 2) des lois du sultan Haji.
182 Correspond à l'article 39 (alinéa 1) des lois du sultan Haji.
183 Correspond à l'article 39 (alinéa 2) des lois du sultan Haji.

[361] Masalah prau Walanda ora kĕna minggir.
[362] Masalah wong langlang ing laut.
[363] Masalah wong tukar ing pasebaning para ponggawa.
[364] Masalah wong tukar ing pasebaning para nayaka.
59 [365] Masalah wong alpa ing panglaku dalĕm.
[366] Masalah wong papara dagangan.
[367] Masalah wong ngutang pralina.
[368] Masalah wong tatawa-tutukon denjaluk reyale dhingin.
[369] Masalah wong wadon utang pralina tunggon[184].
60 [370] Masalah wong narka ngati.
[371] Masalah wong anyarad prauning wong.
[372] Masalah wong anyarad jaran.
[373] Masalah wong gawe gaga atawa sawah.
[374] Masalah wong mateni wong abdi atawa mradika.
[375] Masalah wong abdi zinah lan wong mradika.
61 [376] Masalah wong ambanda wonge dhewek.
[377] Masalah wong narik bature dhewek.

184 *Utang tunggon* est une dette pour laquelle son débiteur doit travailler pour son créancier, jusqu'à ce que sa dette soit effacée, Gericke & Roorda, 1901, vol. I, p. 727.

[361] Cas relatif aux bateaux de Hollandais non autorisés à rester au bord de la mer[185].

[362] Cas relatif aux personnes faisant le guet en mer[186].

[363] Cas relatif aux personnes se querellant au *paseban* des *ponggawa*.

[364] Cas relatif aux personnes se querellant au *paseban* des *nayaka*[187].

[365] Cas relatif aux personnes négligeant une tâche commandée par l'officier 59
du palais[188].

[366] Cas relatif aux colporteurs[189].

[367] Cas relatif aux personnes ayant une dette dont l'acquittement est repoussé[190].

[368] Cas relatif aux personnes voulant marchander et auxquelles on demande de payer d'abord en réaux[191].

[369] Cas relatif aux femmes ayant une dette dont l'acquittement est repoussé travaillant chez leur créancier jusqu'à ce que leur dette soit recouvrée[192].

[370] Cas relatif aux personnes ayant véritablement des soupçons. 60

[371] Cas relatif aux personnes conduisant le bateau de quelqu'un[193].

[372] Cas relatif aux personnes conduisant un cheval[194].

[373] Cas relatif aux personnes cultivant une rizière sèche ou irriguée[195].

[374] Cas relatif aux personnes ayant tué un esclave ou un homme libre[196].

[375] Cas relatif aux esclaves ayant eu des relations sexuelles hors mariage avec une personne libre[197].

[376] Cas relatif aux personnes attachant les mains de leur propre dépendant 61
[*batur* ou *kawula*][198].

[377] Cas relatif aux personnes reprenant elles-mêmes leur *batur* [fugitif].

---

185 Correspond à l'article 41 des lois du sultan Haji.

186 Correspond à l'article 42 des lois du sultan Haji. Ce cas se retrouve à l'identique au numéro 44 de cette liste.

187 Correspond à l'article 3 des lois du sultan Haji.

188 Correspond à l'article 3 des lois du sultan Zainul Abidin.

189 Correspond à l'article 4 des lois du sultan Zainul Abidin.

190 Correspond aux articles 5 et 29 des lois du sultan Zainul Abidin. Ce cas se retrouve à l'identique au numéro 60 de cette liste.

191 Correspond à l'article 6 des lois du sultan Zainul Abidin.

192 Correspond à l'article 7 des lois du sultan Zainul Abidin.

193 Correspond à l'article 13 des lois du sultan Zainul Abidin.

194 Correspond à l'article 14 des lois du sultan Zainul Abidin.

195 Correspond à l'article 16 des lois du sultan Zainul Abidin.

196 Correspond à l'article 18 des lois du sultan Zainul Abidin.

197 Correspond à l'article 19 des lois du sultan Zainul Abidin.

198 Correspond à l'article 20 des lois du sultan Zainul Abidin. Ce cas se retrouve à l'identique au numéro 30 de cette liste.

[378] Masalah wong narik kanca baturing wong.
[379] Masalah wong nanarka dosaning wong.
[380] Masalah anguculi babandaning wong.
[381] Masalah wong ngurung wong wadon kawulaning wong.
62 [382] Masalah wong angurung wong kang denkurung mati.
[383] Masalah nĕmu wong minggat.
[384] Masalah wong angaku nĕnĕmu wong minggat.
[385] Masalah wong angrĕbut wong deniwat.
[386] Masalah wong dagang anggawa kawulaning wong.
[387] Masalah wong angindhĕti-indhĕti wong ngutang.
63 [388] Masalah wong ngupahakĕn.
[389] Masalah anggorojogi umahing wong manjing sajĕroning wong.
[390] Masalah wong narik kĕris.
[391] Masalah wong manjing maring umahing wong.

[378] Cas relatif aux personnes prenant le *batur* de quelqu'un[199].

[379] Cas relatif aux personnes soupçonnant quelqu'un de commettre un délit[200].

[380] Cas relatif aux personnes détachant les liens de quelqu'un d'autre[201].

[381] Cas relatif aux personnes séquestrant un *kawula*[202] de quelqu'un[203].

[382] Cas relatif aux personnes séquestrant quelqu'un qui meurt[204]. 62

[383] Cas relatif aux personnes ayant trouvé un fugitif[205].

[384] Cas relatif aux personnes affirmant avoir trouvé un fugitif[206].

[385] Cas relatif aux personnes reprenant quelqu'un qui avait été enlevé[207].

[386] Cas relatif aux personnes faisant du commerce en emmenant le *kawula* de quelqu'un[208].

[387] Cas relatif aux personnes ne pouvant pas payer leurs dettes au créditeur[209].

[388] Cas relatif aux personnes payant un salaire. 63

[389] Cas relatif aux personnes se rendant chez quelqu'un et pénétrant de force chez lui[210].

[390] Cas relatif aux personnes dégainant leur kriss[211].

[391] Cas relatif aux personnes entrant chez quelqu'un d'autre[212].

---

199 Correspond à l'article 21 (alinéa 2) des lois du sultan Zainul Abidin. Ce cas se retrouve à l'identique au numéro 29 de cette liste.

200 Correspond à l'article 22 des lois du sultan Zainul Abidin.

201 Correspond à l'article 23 des lois du sultan Zainul Abidin.

202 *Kawula*: personne dépendante et en état de servitude. À l'époque de Madjapahit, *kawula* était un terme juridique pour désigner l'état de servitude lié à la dette plutôt qu'à l'esclavage dans le code de Madjapahit '*Agama*', Hoadley & Hooker, 1981, p. 104. Sur cette base, on peut supposer que le terme de *kawula* à Banten, aux XVIIe et XVIIIe siècles, avait un sens très proche de celui qu'il avait ailleurs.

203 Correspond à l'article 24 (alinéa 1) des lois du sultan Zainul Abidin. Ce cas se retrouve à l'identique au numéro 22 de cette liste.

204 Correspond à l'article 24 (alinéa 2) des lois du sultan Zainul Abidin.

205 Correspond à l'article 26 des lois du sultan Zainul Abidin. Ce cas se retrouve à l'identique au numéro 23 de cette liste.

206 Correspond à l'article 27 des lois du sultan Zainul Abidin. Ce cas se retrouve à l'identique au numéro 20 de cette liste.

207 Correspond à l'article 28 des lois du sultan Zainul Abidin. Ce cas se retrouve à l'identique au numéro 21 de cette liste.

208 Correspond à l'article 29 des lois du sultan Zainul Abidin.

209 Correspond aux articles 30 et 31 des lois du sultan Zainul Abidin.

210 Correspond à l'article 33 des lois du sultan Zainul Abidin et à l'article 11 des lois du sultan Abul Mafakhir. Ce cas se retrouve à l'identique au numéro 326 de cette liste.

211 Correspond à l'article 33 des lois du sultan Zainul Abidin.

212 Correspond à l'article 9 des lois du sultan Abul Mafakhir et à l'article 38 des lois du sultan Zainul Abidin. Ce cas se retrouve à l'identique au numéro 62 de cette liste.

[392] Masalah wong nyilih prauning wong.
[393] (……)
64 [394] Masalah wong nancang sato ing dadalan.
[395] Masalah wong ambabarakĕn wong angiwat.
[396] Masalah wong ambabarakĕn wong mamaling.
[397] Masalah wong ambabarakĕn wong angrarampog.
[398] Masalah wong ambabarakĕn wong angurung kawulaning wong.
[399] Masalah wong Bantĕn angrarampog.

[392] Cas relatif aux personnes empruntant le bateau de quelqu'un d'autre[213].

[393] (……).

[394] Cas relatif aux personnes attachant un animal sur un chemin[214]. 64

[395] Cas relatif aux personnes dénonçant le ravisseur d'une femme[215].

[396] Cas relatif aux personnes dénonçant un voleur[216].

[397] Cas relatif aux personnes dénonçant un cambrioleur[217].

[398] Cas relatif aux personnes dénonçant quelqu'un qui a séquestré le *kawula* de quelqu'un d'autre[218].

[399] Cas relatif aux Bantenois commettant un cambriolage[219].

213 Correspond à l'article 33 des lois du sultan Zainul Abidin.
214 Correspond à l'article 40 des lois du sultan Zainul Abidin.
215 Correspond à l'article 42 des lois du sultan Zainul Abidin.
216 Correspond à l'article 42 des lois du sultan Zainul Abidin.
217 Correspond à l'article 42 des lois du sultan Zainul Abidin.
218 Correspond à l'article 42 des lois du sultan Zainul Abidin.
219 Correspond à l'article 43 des lois du sultan Zainul Abidin.

CHAPITRE 7

Lois du Sultan Haji (1682-1687)

1 Lan singsapa atutukaran ing paseban Pangeran Dipaningrat lan atutukaran ing paseban Kiyahi Pěqih Najm al-Dīn kapidhana sajěněnge : kalih yuta.

Lan singsapa atutukaran ing paseban para pangeran kapidhana sajěněnge, sayuta tigang kěthi.

Lan singsapa atutukaran ing paseban para nayaka, gědhe-cili, kapidhana, sajěněnge, sayuta.

Lan singsapa atutukaran ing paseban para arya, gědhe-cili, kapidhana, sajěněnge, sayuta ; para arya kang cili anangang kěthi ; jěněnging kandhaga lante

© 2026 KONINKLIJKE BRILL BV, LEIDEN | HTTPS://DOI.ORG/10.1163/9789004766587-008

[Article 1. Querelle au *paseban* du Premier ministre et du cadi]
Quiconque se querelle au *paseban* du Pangeran Dipaningrat[1] et au *paseban* du 1
Kiyahi Pĕqih Najmuddin[2] sera condamné à l'amende applicable, à savoir 2 millions[3].

[Article 2. Querelle au *paseban* des princes]
Quiconque se querelle au *paseban* d'un prince[4] sera condamné à l'amende applicable, à savoir 1300 000.

[Article 3. Querelle au *paseban* des familles royales]
Quiconque se querelle au *paseban* d'un *nayaka* de rang supérieur ou inférieur sera condamné à l'amende applicable, à savoir 1 million.

[Article 4. Querelle au *paseban* des officiers et des employés royaux]
Quiconque se querelle au *paseban* d'un *arya*[5] de rang supérieur ou inférieur sera condamné à [l'amende] applicable, à savoir un million; au *paseban* d'un

---

1 D'abord nommé Ki Arya Mangunsadana, Sultan Haji (1682-1687), co-souverain entre 1676(?)-1682, lui attribua le 15 juin 1681 le nom et le titre de noblesse de "Pangeran Arya Dipaningrat", *DR*, 15.6.1681, 1919, p. 369. Il le nomma Premier ministre de son gouvernement. Après la disparition du sultan Haji en 1687, Dipaningrat conserva cette fonction et devint beaucoup plus puissant sous le règne du sultan Abu Fadhal Muhammad Jaya (1687-1690). Suite à la mort de ce dernier, on a couronné son frère Abul Mahasin Muhammad Zainul Abidin comme sultan de Banten (1690-1733). Les *ponggawa* se sont immédiatement débarrassés de Dipaningrat. On l'a ensuite emprisonné et confisqué tous ses biens, Talens, 1993, p. 351-352. Il est mort en février 1691, *GM*, 1971, vol. IV, p. 831, note 2.

2 À l'époque du sultan Haji, le *Kiyahi Pĕqih Najmuddin* était Pangeran Arya Tajuddin (1683-1714). Les textes hollandais le mentionnent sous le nom de « *Ke Socke Tojadjoenan* ou *Keay Soeko Tajodien* », *GM*, 8.1.1686, 1975, vol. V, p. 5. Il est mort en 1714, *GM*, 26.11.1714, 1985, vol. VIII, p. 127.

3 Nous ignorons l'unité monétaire après *yuta* (million) et donc nous ne savons pas à quelle unité monétaire cela correspond.

4 *Pangeran* est un titre correspondant à « prince » donné en principe aux fils du sultan nés de la reine et ayant le droit d'accéder au trône royal, mais accordé aussi exceptionnellement à des personnes étrangères à la famille royale comme par exemple Pangeran Dipaningrat qu'on vient d'évoquer.

5 *Arya* signifiant « honorable » est un titre donné à de hauts fonctionnaires ou à de grands nobles à l'époque du royaume de Madjapahit au XIVe siècle, Pigeaud, 1962, vol. IV, p. 20, par exemple chant 10-1-2 ; id., 1963, vol. V, p. 79-80, mais utilisé partout à Java y compris à Banten, Van Den Berg, 1887, p. 3.

amolung kĕthi; jĕnĕnging lampit bahe amitung kĕthi; jĕnĕnging ponggawa kang dadi musuh, gĕdhe-cili, angĕnĕm kĕthi; jĕnĕnging lurah dalĕm (......)
2 jĕnĕnging | bĕbĕkĕl dalĕm, lan pĕryayi jaba, lan lurah jaba angalimang kĕthi; jĕnĕnging kaliwon dalĕm lan pambĕkĕl ⟨d⟩ jaba amatang kĕthi; jĕnĕnging

arya de rang inférieur à 900 000; d'un porteur du coffret à bétel[6] à 800 000; d'un porteur de natte[7] à 700 000; des *ponggawa* de rang supérieur ou inférieur devenus ennemis [?][8] à 600 000; d'un lurah dalěm[9] (......) | *běkěl dalěm*[10], 2
pěryayi jaba[11] ou *lurah jaba*[12] à 500 000; d'un *kaliwon dalěm*[13] ou *běkěl jaba*[14]

---

6 *Kandhaga lante*: coffret à bétel en bois et en feuilles de cocotier, symbole de la noblesse à Banten, porté par un serviteur, voir les illustrations 14 et 16 dans le livre *De Eerste Schipvaart...*, Lodewycksz, 1915, p. 116 et 118.

7 *Lampit*: natte en rotin, symbole de la noblesse à Banten comme le parasol et le coffret à bétel portés par un serviteur, voir l'illustration 13 du livre *De Eerste Schipvaart...*, Lodewycksz, 1915, p. 116.

8 Le sens de cette expression nous échappe.

9 Nous ignorons la fonction exacte correspondant à *lurah dalěm* (*lurah* du palais) à Banten aux XVIIe et XVIIIe siècles. Peut-être, s'agissait-il du *lurah* chargé des affaires du palais, mais nous ne connaissons pas ses tâches exactes.

10 *Běkěl* à Banten fait manifestement référence à des gérants-fermiers d'une rizière ou à des collecteurs de taxes comme on vient de le voir ci-dessus. Mais nous ignorons à quoi *běkěl dalěm* correspondait à Banten aux XVIIe et XVIIIe siècles. Peut-être, ce terme s'appliquait-il à des gérants-fermiers d'une rizière ou à des collecteurs de taxes pour les gens habitant au palais comme les employés et les serviteurs du palais.

11 *Pěryayi*, à Banten, étaient des fonctionnaires d'État, appelés *ponggawa*, Guillot, 1992, p. 58. Toutefois, nous n'avons pas les moyens de savoir à quoi correspond exactement ce terme *pěryayi jaba* à Banten aux XVIIe et XVIIIe siècles. Peut-être, s'agissait-il des *pěryayi* qui habitaient à l'extérieur de la Cité-capitale (*bumi*) Surasowan, ou encore dans le Pays (*nagara*) de Banten.

12 Nous ignorons la fonction exacte correspondante à *lurah jaba* (*lurah* 'externe') à Banten aux XVIIe et XVIIIe siècles. Peut-être, s'agit-il d'un *lurah* sous la direction du Premier ministre 'externe' (*Patih Jaba*) et donc sous le *Tuměnggung* pour s'occuper des affaires à l'extérieur de la Cité-capitale (*bumi*) Surasowan, ou encore dans le Pays (*nagara*) de Banten, mais nous n'avons aucune idée de ses tâches exactes.

13 *Kaliwon dalěm* était un fonctionnaire de rang intermédiaire à Banten chargé de l'administration du palais et peut-être placé directement sous la responsabilité du Premier ministre, voir l'illustration numéro 13 dans le livre *De Eerste Schipvaart...*, Lodewycksz, 1915, p. 114. On remarque qu'il s'est assis juste derrière le Premier ministre 'interne' (*Kiayi Mas Patih Mangkubumi*) montrant ainsi l'importance de sa position.

14 Nous n'avons pas les moyens de savoir à quoi correspond exactement ce terme *běkěl jaba* aux XVIIe et XVIIIe siècles. Peut-être s'appliquait-il à des collecteurs de taxes auprès des gens qui habitaient à l'extérieur de la Cité-capitale (*bumi*) Surasowan, ou encore dans le Pays (*nagara*) de Banten.

panglaku dalĕm: kaya pangangsu dhamar dalĕm, pakathik anĕlung kĕthi; lan kaya mongkono parĕkan, paliwara.

Lan lamon ana wong angungsi ing wong jĕro kutha iku: 'abdining wong cili iku
ora pinundhut dening dalĕm. Anging ora kĕna denjaluq dening kang aduwe.
Tinĕtĕpakĕn dening Kangjĕng Sulṭān Ḥajji maring kang kahungsiyan. Tatapi,
ora denmilikakĕn ing iya. Lamon arĕp kang kaungsen iku anĕbusi ingkang
aduwe milik, tĕbusana saparoning rĕga. Wehana kang saparo rĕga iku maring
kang aduwe milik. Lan mongkono maning wong kang (……) anĕbusi, wehĕna
3 saparone utange | iku maring kang apihutang. Lan lamon arĕp abali kang ing
atase iku maring gustine lawas sarta suka kang angungsi iku ing baline, maka
aweha gustine iku saparone rĕgane iku ing wong kang kaungsen. Lan mong-
kono malih wong kang ahutang, aweha gustine lawas iku ing saparone utange
iku maring kang kaungsen.

à 400 000 ; d'un officier du palais, tel qu'un porteur de damar royal ou un faucheur[15] à 300 000 ; et il en va de même pour les suivants[16] et adjoints du juge[17].

[Article 5. Fuite d'un esclave d'un *wong cili*]

Si une personne s'enfuit de chez un *wong jĕro*[18] de la cité, et que [cette per-
sonne] est l'esclave d'un *wong cili*, elle ne peut être prise par le palais[19], mais
ne peut pas non plus être réclamée par son propriétaire. Ainsi en a décidé Sa
Majesté le Sultan Haji pour les personnes auprès desquelles se réfugient [les
esclaves]. Néanmoins, le *wong jĕro* ne la possède pas non plus. S'il veut la rache-
ter à son propriétaire, il doit payer la moitié du prix. Il doit donner la moitié de
ce prix au propriétaire [de l'esclave]. De même, pour celui qui (……) racheter,
qu'il paye la moitié de sa dette | au créditeur. Si [cet esclave] veut retourner 3
chez son ancien maître et que la personne auprès de laquelle il s'est réfugié est
d'accord, le maître doit alors donner la moitié du prix [de l'esclave] à cette der-
nière. De même, si [l'esclave] est endetté, le premier maître paye la moitié de
la dette à la personne auprès de laquelle [l'esclave] s'est réfugié[20].

15 Le terme *pakathik* désigne une personne qui coupe l'herbe pour la donner en fourrage aux chevaux, Gericke & Roorda, 1901, vol. 1, p. 555, un serviteur amenant un cheval ou un laquais, Poerwadarminta, 1939, p. 458, ou un palefrenier, Winter & Ranggawarsita, 2007, p. 193. Au vu de ces informations, on peut supposer que *pakathik* à Banten aux XVIIe et XVIIIe siècles s'appliquait à toute personne s'occupant des chevaux (faucheur, laquais et palefrenier).

16 Nous ignorons la fonction exacte correspondant à *parekan* à Banten aux XVIIe et XVIIIe siècles. Toutefois, le terme *parekan* désigne un(e) suivant(e) du palais, Zoetmulder, 2006, p. 774 et Prawiroatmodjo, 1981, vol. II, p. 65. Sur cette base, on peut supposer que *parekan* était des personnes qui suivaient la famille royale pour les assister (les suivants).

17 Selon Thomas Stamford Raffles (1781-1826), le *paliwara* à Java est un adjoint d'un *jaksa* (juge en droit coutumier), Raffles, 1817, vol. I, p. 313, mais on ne sait pas ce qu'il en est pour Banten. Sans doute est-il l'un des officiers du cadi.

18 Nous n'avons pas les moyens de savoir exactement ce que ce terme désignait à Banten. Toutefois, étymologiquement, le *wong jĕro* désigne les gens de l'intérieur. Peut-être, renvoie-t-il aux habitants *intra muros* de la Cité-capitale (*bumi*) Surasowan.

19 Le *dalĕm* désigne le roi par euphémisme. En effet, nul ne peut le nommer de manière directe. Selon la tradition javanaise, il est la représentation de Dieu sur terre. En 1769, Stavorinus rapporte que « le *dalĕm* est le nom que l'on donne pour "le palais", ce qui signifie *l'intérieur* en langue malaise », Stavorinus, 1798, p. 58-59.

20 Il n'est pas facile de suivre le raisonnement vu la complexité du javanais de cet article.

Lan lamon nayaka atawa ponggawa adol wong dalĕm[21], maka katitik ing padolan, maka kabĕdhol wong iku dening ḥukum. Sarta tinĕtĕpakĕn wong iku ing ḥukum dening bumi.

Lan lamon ana wong ambabarakĕn wong kang angaku mardika sarta nyata ing
dalĕm papariksan iya ʻabdi dalĕm, maka tinĕtĕpakĕn wong kang angaku mar-
4 dika iku (......) | amicarakaken kang kadhodhokan ʻabdi dalĕm iku ing pamardi-
kane. Ing ḥale nyata ing papariksan wong kang angaku mardika[22] ʻabdi dalĕm,
maka ana parentah dalĕm[23] ing wong iku.

Penget. Ingkang undhang2 Kangjĕng Sulṭān Abū al-Naṣr ing Surasowan, lumraha ing nagara Surasowan, ing sakehing nayaka lan ing sakehing ponggawa, atanapi ing jajahan tĕpis-wiring sĕkabeh.

Singsapa angarani[24] Bantĕn, ora angarani Surasowan, katrap ing bĕbĕndu dalĕm[25].

---

21 Les *wong dalĕm* sont sans doute les dépendants du palais c'est-à-dire les personnes qui travaillent pour le palais au sens large, y compris les serviteurs du palais et les esclaves du roi (*abdi dalĕm*).

22 Texte : *maradika.*

23 *Parentah dalĕm* : « la décision royale », traduit littéralement, est une peine prononcée par le sultan lui-même et non par le tribunal. Ce privilège royal se retrouve aussi dans les codes en malais de Malaka, Pahang, etc., sous le terme *'Perintah Raja'.*

24 Le sens de ce mot donné par les dictionnaires javanais (d'après Zoetmulder *"to regard, to believe, to call, to mention,"* 1982, vol. I, p. 1208 et par Poerwadarminta *"mastani, nyebut, njenengi, nganggep, ndakwa"*, 1939, p. 380) ne convient pas ici. En malais de Jakarta (Betawi), on trouve le mot «*paranin* et *maranin*» signifiant «venir et rencontrer», Chaer, 1976, p. 277. On interprète selon le contexte ici qu'il s'agit très vraisemblablement de «venir». Néanmoins l'article reste obscur.

25 *Bĕndu* signifie une peine, Gericke & Roorda, 1901, vol. II, p. 648, et *dalĕm* renvoie bien sûr au palais. Il s'agit ainsi d'une peine prononcée directement par le roi en tant que juge suprême et donc équivalent à *parentah dalĕm.*

[Article 6. Capture d'un officier royal]
Si un *nayaka* ou un *ponggawa* vend un dépendant du palais et qu'il est surpris ce faisant, le [dépendant du palais] sera repris par le tribunal. Il sera ensuite jugé au tribunal par l'Administration[26].

[Article 7. Esclave du roi se proclamant homme libre]
Si une personne rapporte qu'un individu se proclame homme libre, et qu'il
apparaît lors de l'enquête qu'il s'agit d'un esclave du roi[27], cet individu sera
jugé (......) | parler du statut d'un esclave du roi et de sa liberté. S'il apparaît 4
dans l'enquête que la personne se proclamant libre est, en réalité, un esclave
du palais, alors la peine royale lui sera infligée.

[Article 8. Application des lois du sultan Haji]
Avertissement : Lois de Sa Majesté le Sultan Abu Nasar[28] à Surasowan, à diffuser dans l'ensemble du Pays[29] de Surasowan, parmi tous les *nayaka* et les *ponggawa* ainsi que dans tous les territoires frontaliers sous sa domination.

[Article 9. Ne pas informer Surasowan]
Quiconque vient à Banten, [mais] ne vient pas [informer] Surasowan, sera condamné à la peine royale.

---

26 On ignore si '*wong iku*' se réfère au vendeur, au dépendant du palais ou à l'acheteur, mais on peut supposer qu'il s'agit du dépendant du palais.

27 Un *abdi dalĕm* : un esclave du roi ayant un statut de dépendant. Nous trouvons le terme malais *hamba raja* dans tous les textes de « codes » du monde malais, comme dans l'*Undang-Undang Melaka* et l'*Undang-Undang Pahang*. Un « *hamba raja* » est l'équivalent d'un *abdi dalĕm* en javanais.

28 Sultan de Banten du 7 avril 1682 au 12 octobre 1687. D'abord appelé Pangeran Gusti, il prit le nom de Pangeran Ratu ou sultan Anom (le jeune sultan) lorsqu'il fut nommé prince héritier. Son surnom était sultan Haji parce qu'il se rendit deux fois à La Mecque, Kathiritamby-Wells, 1990, p. 115. Le 16 février 1671, il reçut le titre de « Sultan Abdul Kahar Abun Nasar » du Grand Chérif de La Mecque, de Jonge, *De Opkomst*, 17.2.1672, 1871, vol. VI, p. 207. Le 7 avril 1682, il devint sultan après avoir évincé son père, le sultan Ageng Tirtayasa, avec l'aide de la *VOC*, Vachet, *AMEP*, microfiche, vol. 112B, p. 376-417. Cette même année, la souveraineté du sultanat de Banten prit fin. Le 17 avril 1684, le sultan Haji fut contraint de signer un traité inique avec la Compagnie qui plaçait Banten sous l'autorité de la *VOC*, *CD*, 1934, vol. III, p. 336-350.

29 *Nagara* (pays) fait référence à l'État lui-même et désigne le territoire autour de la Cité-capitale (*bumi*). À titre de comparaison, il est identique au concept de « *nagaragung* » dans le royaume de Mataram. Toutes les terres du *nagara* sont confiées en apanage aux princes et aux grands dignitaires, qui ont le droit d'en percevoir les revenus au nom du roi ; étant donné qu'ils résident presque tous dans la capitale, ce sont leurs agents – les *bĕkĕl* – qui lèvent localement les taxes, Lombard, 1990, vol. III, p. 90.

5 (……) sinĕndhĕl payunge liyan saking | kang ingiḏinan dening Ratu. Lan lamon nayaka ucapĕna sampun andika pangajĕng ing alun2 undhang2 Kangjĕng Sulṭān, pinĕnging apangajĕng ing alun2 liyan saking kang ingiḏinan dening Ratu.

Lan singsapa anunggang jaran ing alun2, liyan saking wong atĕtĕgar, nayaka atawa ponggawa alihadansih[30], lamon wong jaba lan wong duradesa, maka sinĕndhal jarane. Tĕbusane rong reyal, yen wong Surasowan. Yen wong duradesa, liyan saking wong Capeyo, tĕbusane sapuluh reyal, kaya wong Cina, wong Malayu, wong Kujrat.

6 Lan singsapa anyothe kĕris (……) aliha | dansih, lamon wong jaba sinĕndhal kĕrise, tĕbusane satali[31], liyan saking wong kang ingiḏinan dening ratu, kaya

30 On ne connaît pas le sens de ce mot puisqu'il n'est pas répertorié dans les dictionnaires javanais.

31 Le scribe «javanais» est influencé par le malais. En effet, le mot *satali* est un mot malais *tali* signifiant «corde». En javanais, on utilise plutôt *saikĕt*, prononcé *sekĕt*. *Satali* et *saikĕt* signifient 25, Gonda, 1973, p. 48, 128 et Labrousse, 1984, p. 831.

[Article 10. Porter un parasol et se trouver sur la place royale]
(……) leur parasol[32] est confisqué, sauf à ceux | qui y sont autorisés par le roi[33]. 5
Si le *nayaka* a déjà proclamé en place royale l'édit concernant les lois de Sa Majesté le Sultan, il est interdit à quiconque de [se trouver] sur cette place, hormis les personnes autorisées par le roi.

[Article 11. Monter à cheval sur la place royale]
Si une personne monte à cheval sur la place royale, hormis les gens [autorisés] à le faire, à savoir les *nayaka* et les *ponggawa*, s'il s'agit d'un *wong jaba*[34] ou d'un *wong duradesa*, son cheval sera confisqué ; si ce [*wong jaba*] est un habitant de Surasowan, le rachat sera de 2 réaux ; s'il s'agit d'un *wong duradesa* – à l'exception des *wong capeyo*[35] –, le rachat sera de 10 réaux, comme pour les Chinois, les Malais et les Gujaratis.

[Article 12. Porter un kriss sur la place royale]
Toute personne portant un kriss (……) *aliha* | *dansih*, et se révélant être un *wong* 6
jaba verra son kriss confisqué et le rachat sera de 25 [unités de monnaie][36],

32 Le parasol, le coffret à bétel, la natte et la cruche étaient les symboles de la noblesse à Banten portés par quatre serviteurs appelés *punakawan*, Lodewycksz, 1915, p. 116.

33 Cet article fait penser à l'article 3 de l'*Undang-Undang Melaka* : « *Hukum segala ra'yat mati dan orang besar-besar dan orang yang mulia-mulia tiada dapat berpayung dan berpuadai dan mengambur dirham itu melainkan dengan nama anugrah…* », Fang, 1976, p. 68.

34 Nous n'avons pas les moyens de savoir exactement à quoi ce terme (*wong jaba*) fait référence. Toutefois, étymologiquement, le *wong jaba* signifie les gens de l'extérieur. Peut-être renvoie-t-il aux personnes qui habitaient à l'extérieur de la Cité-capitale (*bumi*) Surasowan, mais encore dans le Pays (*nagara*) de Banten.

35 *Capeyo* en javanais ou en malais vient du portugais « *chapeo* » qui correspond au français « chapeau », Von De Wall, 1880, vol. II, p. 23. Effectivement, le mot portugais *chapéu* vient du français *chapeau*, la forme qui vient du lait est capelo, qui s'utilise pour les enseignes des professeurs d'université et de certains religieux (Explication de L.F.R. Thomaz). Le mot existe encore sous la forme « cepiau » dans le *KBBI*, 1990, p. 163 et Labrousse, 1984, p. 138. Dans le *Hikayat Mareskalek*, *cepiau* est l'un des accessoires portés par de grands personnages (*Tuwan Besar*) et le vice-régent (*Fetor*) et, plus tard, par les Javanais travaillant à leur service, Zaini-Lajoubert, 2008, p. 46. Selon H. Onny Sanwani, ancien chef de village à Pontang pendant environ 30 ans (1970-2000), *wong capeyo* était un indigène, en l'occurrence un Bantenois, portant le chapeau hollandais. Il s'agit d'un Bantenois travaillant pour les étrangers résidant à Banten et pour lequel le droit local ne s'applique pas. Par contre, il existait une législation spécifique pour le *wong capeyo* (Entretien personnel avec H. Onny Sanwani le 12 juillet 2009 à Serang).

36 Nous ne savons pas à quelle unité monétaire ceci correspond.

lĕbe, para ḥajji, atawa wong Kĕling, wong Kujrat atawa wong Angkĕris, wong Paracis, wong Walanda, wong Cina, wong Malayu, wong Maqasar, salagi alungguh ing Surasowan.
Lan singsapa angalong2 ing alun2, liyan saking wong Capeyo, kinon sinĕndhal kĕrise, tĕbusane satali.

Lan singsapa anumbak jaran atawa sapi atawa kĕbo atawa wĕdhus lan sapa-
7 padhane ing alun alun (......) sarta angilenana sarĕgane kang dentumbak | iku.
Lan lamon ora wĕruh wonge kang anumbak, kĕnaha ing sikuṭan patang puluh dhĕpa: yen ora kalangan lulurung.

sauf s'il y est autorisé par le roi[37], comme c'est le cas des *Lebai*[38], des *Haji*[39], des *Kĕling*[40], des Gujaratis ou des Anglais, des Français, des Hollandais, des Chinois, des Malais, et des Macassars qui résident à Surasowan[41].

[Article 13. Brandir un kriss sur la place royale]
Quiconque se trouve la nuit sur la place royale, à l'exception des *wong capeyo*, verra son kriss confisqué et le rachat sera de 25 [unités de monnaie][42].

[Article 14. Tuer du bétail avec une lance sur la place royale]
Quiconque tue un cheval, un bœuf, un buffle ou une chèvre ou des animaux de la même sorte avec une lance <u>sur la place royale</u> (……) devra verser [une
somme] égale à la valeur de l'animal tué | . Si l'on ignore qui a tué [l'animal] de 7
sa lance, les personnes se trouvant dans une superficie de 40 brasses[43] [de la bête morte] auront interdiction de quitter les lieux.

---

37 Cet article fait penser à l'article 1 de l'*Undang-Undang Melaka* : « … *Dan demikian lagi memakai hulu keris emas seperti merubi dan bawang sebongkol. Itupun tiada dapat dipakai oleh orang keluaran, jikalau tiada dengan nugraha raja akan dia. Jikalau ada dengan nugraha raja-raja akan dia, maka dapat dipakai. Jikalau ada yang memakai dia, hukumnya dirampas.* », Fang, 1976, p. 64 et 66.

38 *Lebai*, mot d'origine tamoule, désigne des fonctionnaires de mosquée, Jones, 2007, p. 180.

39 *Ḥajji* (*Haji*) est un mot javanais datant d'avant l'influence indienne pour signifier « roi » ou « prince », mais il désigne aussi des hommes religieux et des seigneurs à l'époque du royaume de Madjapahit au xvie siècle d'après le *Nāgara-Kĕrtāgama*, par exemple chant 1-3-2 et 3-2-2, Pigeaud, 1962, vol. IV, p. 77, 470, 476, 494 ; id., 1963, vol. V, p. 108-109. Sur cette base, on peut interpréter que le mot '*haji*' à Banten s'appliquait à des hommes religieux ou à des seigneurs, selon le contexte. On pourrait aussi émettre l'hypothèse qu'*hajjis* soit une appellation honorifique qui désigne des musulmans qui ont fait le pèlerinage à La Mecque.

40 *Kĕling*, mot d'origine sanskrite *kĕliṅ*, s'appliquait à l'origine à la région de *kaliṅga* sur la côte de Coromandel, (Inde du Sud), au xviie siècle, comme encore dans le monde insulindien actuel, *kĕliṅ* s'applique à tous les Indiens dravidiens, voir l'illustration 18 dans le livre *De Eerste Schipvaart…*, Lodewycksz, 1915, p. 120. Aujourd'hui, le Kalinga correspond plutôt à l'actuel Orissa et à la côte de Talingana (État de Andhra Pradesh), qui se trouvent au nord du Coromandel mais n'en font pas partie.

41 Ces étrangers résidaient dans le faubourg à l'Est à Banten, face à la mer, Guillot, 1989, p. 147. Ces étrangers ont été expulsés de Banten après la prise de la ville par les Hollandais le 7 avril 1682. Cet article est donc une copie d'une loi antérieure datant de l'époque du sultan Ageng Tirtayasa.

42 Nous ne savons pas à quelle unité monétaire ceci correspond.

43 *Dhĕpa* (une brasse) correspond à environ 1,5 m et donc 40 brasses à environ 60 m, soit une superficie de 3 600 m^2.

Lan singsapa ambarak wong wadon ing alun2 ing rahina atawa ing wĕngi kinon cinĕkĕl karone. Lamon abangga lanange, kinon anguwusakĕn, wadone kinon cinĕkĕl.

Lan singsapa wong Surasowan atutukaran ing alun-alun, nayaka atawa ponggawa, atanapi sih lamon wong cili ing ḥale tabok tinabok kinon binanda karone,
8 lan kinurukud saraja duwene, dhirine binuwang ing Lampung (……) | Lan
lamon ana kang dentabok iku malayu ora anglawani, maka angaturi atur ing bumi, maka orana sawiji2 ing atase kang anabok lan kang tinabok iku, kaya kang wus kocap ika[44].

Lan lamon ana wong sawiji anabok ing ḥale kang dentabok iku angunus kĕris ing alun2, maka kang angunus kĕris iku kinon anguwusakĕn. Lan kang ana-

44 Dans la marge gauche de la page 8, nous trouvons "*wus kucap ala*" : exprimer de mauvaises paroles.

[Article 15. Rechercher les faveurs d'une femme sur la place royale]
Quiconque recherche [les faveurs d'] une femme sur la place royale dans la journée ou dans la nuit sera arrêté en même temps que la femme. Si l'homme se rebelle, qu'il soit mis à mort et que la femme soit arrêtée[45].

[Article 16. Querelle entre habitants de Surasowan sur la place royale]
Si deux personnes de Surasowan – *nayaka, ponggawa* aussi bien que *wong cili* – se querellent sur la place royale et échangent des coups, toutes deux auront les mains liées, verront leurs biens confisqués et seront exilées à Lampung (……). | 8
Si celle qui a été frappée s'en va sans répliquer, et que [celle qui l'a frappée] informe l'Administration, [aucune peine] ne sera prononcée, tant à l'encontre de la personne qui a frappé qu'à l'encontre de celle qui l'a été, conformément à la disposition précitée[46].

[Article 17. Personne donnant un coup à une autre qui dégaine son kriss sur la place royale]
Si une personne donne un coup à une autre et si la personne frappée dégaine son kriss sur la place royale, ladite personne frappée sera mise à mort, et celle

45 En 1787 à Banten, J. De Rovere van Breugel témoigne dans un écrit que nul ne pouvait être condamné sans l'accord du sultan. La condamnation à la peine capitale était le privilège du sultan, avec l'accord du grand cadi, le *Kiyahi Pĕqih Najmuddin*, sauf pour les délits commis directement à l'encontre du sultan, tels que séduire l'une de ses concubines, « *Tot de doodstraff mag niemand gecondemneerd worden, als door den Kooning zelven, die in zaaken die zijn eigen perzoon niet raaken, den Hoogepriester eerst raad vraagt, maar anders, gelijk over het beslaapen van zijn bijwijven en diergelijke, parate executie onder zijn oogen laat houden, waarvan hij niemand rekenschap geeft,* » van Breugel, 1856, p. 335.

46 Cet article fait penser à l'article 8.2 de l'*Undang-Undang Melaka* : « *Adapun jikalau 'abdi menampar merdehika, hukumnya dipotong tangannya itu. Adapun jikalau merdehika menampar 'abdi tiada dengan salahnya, kena lima emas juga hukumnya. Jikalau ia kaya, kena sepuluh emas. Adapun hamba orang itu, jikalau dengan judah mulutnya, seperti memaki, maka suatupun tiada salahnya lagi merdehika itu. Adapun jikalau merdehika menampar abdi, maka ditikamnya oleh 'abdi itu, mati merdehika itu, maka tiada salahnya* [...] *Adapun jikalau merdehika ditampar abdi, maka ditikamnya mati, serta ada syaksinya, tiadalah perkataannya lagi. Adapun jikalau 'abdi menampar samanya 'abdi, maka kenalah dendanya setengah harganya." Demikianlah hukumnya, mau laki-laki, mau perempuan, dengan tiada bersalahan pada hukum kanun* », Fang, 1976, p. 74 et 76. De même, dans l'*Undang-Undang Pahang* l'article 6 dispose que « *Peri pada meny'atakan hukum resam segala orang yang menampar orang dan maki isteri orang pada yang bukan patut tempat ka-atasnya, jika tertikam, mati sahaja-lah. Ada pun pada kaul yang sah, tiada dapat tikam : sa-hingga di-balas jua, dapat. Tetapi akhiyar kata, jika ia melawan sebab di-balas itu, jika terbunoh, mati sahajalah* » Kempe & Winstedt, 1948, p. 32.

bok iku kaya tĕrape kaya kang dentabok[47] iku. Lan lamon wus padha angunus kĕris karone ing ḥale karone wong iku atutukaran ing alun2 kinon inguwusakĕn karone.

Lan lamon wong lanang angujar-ujare padhane lanang ing alun2 ing ḥale
9 walĕs-winalĕs padha lisan (……) gustine ora angrowangi | anyĕkĕl, maka kapidhana sajĕnĕnge, lamon ana gustine iku haḍir ing ĕnggon iku. Lan lamon ana kang sawiji ora anglawani sarta angaturi[48] atur maring bumi, orana sawiji2 ingatase kang angaturi atur iku. Maka kang angujar ujari iku cinĕkĕl, lamon ana panggawe iku ing alun2.

Lan lamon ana wong wadon angujar-ujari ing wong lanang ing alun2, ing ḥale wong lanang iku mĕnĕng, maka wong wadone iku kapidhana sapuluh reyal. Maka orana sawiji2 ing wong lanang iku. Lan lamon amalĕs wong[49] lanang iku angujar-ujari ing wong wadon iku, maka kinon cinĕkĕl sarta kapidhana rong puluh reyal alihadansih. Lamon wong lanang anabok wong wadon, maka kinon
10 cinĕkĕl (……) | maka dhirine maka kang anabok iku binuwang ing Lampung.

Atawa wong wadon anabok wong lanang, ing ḥale kang dentabok iku mĕnĕng, sarta angaturi atur ing bumi, maka wong wadone iku kinon cinĕkĕl, pinidhana rong puluh reyal.

Lan kaya mongkono malih nayaka atawa ponggawa atawa mantĕri atawa wong suranagara alihadansih.

47 Texte : *anabok*. Il s'agit fort probablement d'une erreur d'écriture.
48 En face de ce mot figure le « *angatu…* » sans voyelles (*alif*, *ng*, *tā* et *wāw*).
49 Texte : *wo*. Il manque « *ng* ».

qui a frappé sera également traitée de la sorte. Si chacune a dégainé son kriss et que toutes deux se querellent sur la place royale, elles seront mises à mort[50].

[Article 18. Insulte entre hommes sur la place royale et rapport de la victime à l'Administration]

[1.] Si un homme insulte un autre sur la place royale, et s'ils se querellent en paroles (……), et que le maître [du premier] ne prend pas part | à sa capture, 9
ledit maître sera condamné selon la peine en vigueur s'il se trouve sur les lieux. [2.] Si l'insulté ne réplique pas et en informe l'Administration, aucune [peine] ne lui sera infligée. L'insulteur sera ainsi arrêté si ces insultes ont eu lieu sur la place royale.

[Article 19. Insulte d'une femme à l'égard d'un homme sur la place royale]

[1.] Si une femme insulte un homme sur la place royale et si ce dernier ne réplique pas, elle sera condamnée à une peine de 10 réaux. Aucune [peine] ne sera appliquée à l'homme. [2.] Mais si cet homme réplique en insultant la femme, il sera arrêté et condamné à une peine de 20 réaux. [3.] Si cet homme donne un coup à la femme, il sera arrêté (……) | et sera exilé à Lampung[51]. 10

[Article 20. Femme frappant un homme et en informant l'Administration]

Si une femme donne un coup à un homme, et si ce dernier ne réplique pas et si elle en informe l'Administration, elle sera arrêtée et condamnée à une peine de 20 réaux.

[Article 21. Insulte et coup par un officier royal]

[La peine pour insulte et coup] sera la même pour les *nayaka*, les *ponggawa*, les *mantĕri* et les *suranagara*[52].

---

50 Il est très clair que cet article indique que dans les deux cas, la peine sera de toute façon la mise à mort. On se pose la question de savoir la raison pour laquelle l'auteur a répété la même peine. Par ailleurs, la condamnation à mort semble avoir été une peine assez répandue à Banten. Beaucoup plus tard, en 1769, Stavorinus rapporte certains délits passibles de la peine de mort, notamment escalader les murailles des chambres du sérail du sultan (p. 59), commettre des obscénités dans les environs du tombeau du saint à Gunung Santri, Bojonegara, ou souiller le tombeau de ce dernier (p. 64-65), Stavorinus, 1798, p. 59 et 64-65.

51 En javanais, la phrase « maka *dhirine maka kang anabok iku* » se réfère bien sûr à celui qui frappe.

52 Le cas et la peine se rapportent aux articles 17-20 mentionnés ci-dessus.

Lamon wong cili atawa para ḥajji Surasowan atawa wong Malayu atawa wong Maqasar atawa wong Lampung kaya kang wus kasĕbut iku tĕrape. Lamon para ḥajji duradesa, maka kinon cinĕkĕl karone dinokon ing katandhan[53]. Maka lamon pĕdhang-pinĕdhang padhane, maka binuwang ing Lampung karone.
11 Lan lamon (……) dencĕkĕl. Lan lamon wus | pĕdhang-pinĕdhang karone, maka pinidhana karone anĕlung ewu reyal iya.

Lan lamon wong Kĕling atawa wong Kujrat atutukaran ing alun2, tabok-tinabok atawa gitik-ginitik, maka cinĕkĕl, karone dinokon ing katandhan, lan kapidhana karone anewu reyal sarta kinurukud saraja duwene. Lan lamon pĕdhang-pinĕdhang karone, maka pinidhana karone angrong ewu reyal lan kinurukud saraja duwene.

Lan lamon wong Cina, Kĕling, atawa Cina Islam atutukaran ing alun2, tabok-tinabok atawa gitik-ginitik, maka kapidhana karone anewu reyal, dhirine dinokon ing pabeyan, kinurukud saraja duwene, sarta binuwang ing Lampung. Lan

53 *Katandhan* désigne la prison du chef de la douane. *Tandha* (d'où est dérivé le mot *katandhan*) était un nom ancien remontant au XIVe siècle indiquant une fonction pour monter la garde et pour contrôler le revenu de l'État. Ce nom était porté comme titre pour un chef de rang élevé et intermédiaire dans le royaume de Madjapahit, Pigeaud, 1960, vol. I, p. 8, chant 9-2-2; id., 1960, vol. II, p. 25; id., 1960, vol. III, p. 11, et id., 1962, vol. IV, p. 17 et 533. À Banten, le *tandha* était chargé de contrôler le commerce dans le port, Djajadiningrat, 1983, p. 25 ou plus précisément il était le chef de la douane, Guillot, 1992, p. 58. Le mot *katandhan* est donc synonyme du mot *pabeyan* (douane). La personne occupant ce poste portait le titre *Ngabehi Tandha* ou *Kiayi Tandha*. On trouve dans le *DR* (24.12.1656, 1904, p. 50) que *Ngabehi Tandha* envoya une lettre apportée à Batavia via les services de l'Arménien Chodia Soliman (Khoja Sulaeman) pour demander la paix à la Compagnie. C'était très vraisemblablement Cakradana, Chinois converti à l'Islam, puis devenu chef de la douane. Au XVIIe siècle à Banten, *tandha* était donc le nom de fonction du chef de la douane. D'ailleurs, on trouve *katandhan* dans le plan de l'ancien Banten de Serrurier, marqué par la lettre « K ». *Katandhan* était une prison qui se trouvait à côté du village de Kaloran et de Pecinan, près de la rivière, à proximité de la place royale, Serrurier, 1902. Effectivement, le bureau de douane servait parfois de prison, Rantoandro, 1995, p. 29.

[Article 22. Insulte et coups de la part de *wong cili*, de *Haji*s de Surasowan, de Malais, de Macassars, de gens de Lampung et de *Haji*s de *duradesa*]

[La peine pour insulte et coups] infligée aux *wong cili*, aux *haji* de Surasowan, aux Malais, aux Macassars ou aux gens de Lampung est la même. Si [l'incident] se produit entre *haji* de *duradesa*, ceux-ci seront arrêtés et emprisonnés au bureau de la douane. S'ils croisent l'épée, tous seront exilés à Lampung. Si (……) arrêtés. Si tous deux | croisent l'épée, ils seront condamnés à une amende 11
de 3 000 réaux.

[Article 23. Querelle de *Kĕling*s ou de Gujaratis sur la place royale]

Si des *Kĕling* ou des Gujaratis se querellent sur la place royale, s'ils échangent des coups ou se frappent avec un objet, ils seront[54] arrêtés, emprisonnés au bureau de la douane, condamnés à une amende de 1 000 réaux et tous leurs biens seront confisqués. S'ils croisent l'épée, ils seront condamnés à une amende de 2 000 réaux et tous leurs biens seront confisqués.

[Article 24. Querelle de Chinois, de *Kĕling*s ou de Chinois musulmans sur la place royale]

Si des Chinois, des *Kĕling*s ou des Chinois musulmans se querellent sur la place royale[55], s'ils échangent des coups ou se frappent avec un objet, les deux parties seront condamnées à une amende de 1 000 réaux et emprisonnées au bureau de douane[56], leurs biens seront confisqués, et ils seront exilés à Lampung. S'ils croisent l'épée, ils seront condamnés à une amende de 2 000 réaux, leurs biens

54 Le texte javanais dit: « *karone dinokon* » ce qui signifie « les deux (*Kĕling* et *Gujarati*) doivent être », mais nous avons modifié la traduction pour une meilleure compréhension.

55 L'article nous montre explicitement que l'origine est plus importante que la religion. Les étrangers musulmans – en l'occurrence les Chinois – sont considérés comme les autres étrangers : Français, Portugais, Hollandais et Anglais. Les Chinois et les Chinois musulmans résidaient dans les mêmes lieux que les Occidentaux, à savoir le faubourg Ouest, Guillot, 1989, p. 141-142.

56 Le bureau de douane (*pabeyan*) servait parfois de prison, réservée apparemment aux étrangers, Rantoandro, 1995, p. 29, mais on ne sait pas si cette prison se trouvait à l'intérieur de ce bureau ou à l'extérieur.

lamon pědhang-pinědhang pinidhana angrong ewu reyal, lan kinurukud saraja
12 (……) dinokon | ing pabeyan, sarta binuwang ing Lampung. Lan kaya mongkono malih ing Sokasana kaya salwiring undhang2 ing alun2.

Lan singsapa atutukaran ing pabeyan atawa ing pasar Karangantu kaya wong kang atutukaran ing alun2.

Lan singsapa angěmbari wong angamuk ing alun2 ginanjar saséjěněnge. Lan lamon wong jaba ginanjar[57] sapanjěněng lan reyal tělung puluh.

Lan lamon ana geger ing alun2 padha mětuha ing alun-alun kaya geger wong angamuk, atawa wong tutukaran, atawa geger gěni lan barang kang anda (……) Tamat.

13 Lan singsapa ora gělis mětu ing alun2, maka kapidhana sajěněnge. Lan lamon nayaka atawa ponggawa mětuha samaptane, nadyan rěmběna, lamon mětu samapta tinarima uga dening bumi. Lan lamon rěmběn ora kalawan samaptane ora tinarima dening bumi. Lan lamon mantěri atawa suranagara[58] aja lunga saking wiwiyosan dalěm. Padha cawisa sahengga parentah. Maka lamon atinggal wiwiyosan, maka katrap ing parentah dalěm.

Lan singsapa kanca baturing wong atinggal pangiring-iringan gustine, maka dhiněndha karang satěnggang[59].

57 Texte : *kinanjar.*

58 Texte : *Sunagara.*

59 *Těnggang* était un bateau utilisé à l'Ouest de Java pour le transport des marchandises, et en particulier il servait pour le chargement et le déchargement des navires, *EvNI*, 1927, vol. V, p. 444. On trouve effectivement du corail destiné à la construction dans les ruines du palais de Surasowan et de ses remparts. Le gouvernement avait donc décidé d'infliger comme peine l'approvisionnement en coraux : « madrépores ».

seront confisqués (……) emprisonnés | au bureau de douane, et ils seront exilés 12
à Lampung. De la même manière, s'appliquaient à Sukasana[60] toutes les lois en vigueur concernant la place royale.

[Article 25. Querelle au bureau de douane ou au marché de Karangantu]
Quiconque se querelle au bureau de douane[61] ou au marché de Karangantu se verra infliger la même [peine] que les personnes, qui se querellent sur la place royale.

[Article 26. Calmer un forcené sur la place royale]
Quiconque calme un forcené sur la place royale recevra la récompense qui convient dans un tel cas. S'il s'agit d'un *wong jaba*, il bénéficiera d'une fonction et d'une récompense de 30 réaux.

[Article 27. Obligation de se rendre sur la place royale en cas d'émeutes]
Si des troubles violents surviennent sur la place royale, tels que le déchaînement d'un forcené, une querelle entre personnes ou un désordre provoqué par un incendie, alors tous (……) doivent aller ensemble sur la place royale. Fin.

[Article 28. Tâche des officiers royaux en cas de troubles sur la place royale]
Quiconque ne se rend pas sans tarder sur la place royale se verra infliger la 13
peine en vigueur pour ce cas. Si les *nayaka* et les *ponggawa* partent équipés, et [s'ils arrivent] en retard mais équipés, ils seront accueillis par l'Administration. S'ils sont en retard et non équipés, ils ne seront pas accueillis par l'Administration. Quant aux *mantĕri* et *suranagara*, il faut qu'ils n'abandonnent pas la porte du palais. Tous doivent se préparer conformément aux ordres. S'ils quittent la porte [du palais], ils seront condamnés à la peine royale.

[Article 29. *Batur* quittant son maître]
Tout *batur* quittant la suite de son maître sera condamné à une peine d'un bateau de madrépores[62].

---

60 Il s'agit d'un quartier de la ville de Banten, vers Kenari.

61 Il s'agit donc ici du bureau de douane (*pabeyan*) oriental, moins important que le *pabeyan* occidental, Rantoandro, 1995, p. 26.

62 Il faut comprendre ici que le *batur* veut s'enfuir.

14 Lan singsapa ora tĕka ing alun2 (……) | geger sore ora tĕka esuk ing alun-alun, maka kapidhana sajĕnĕnge.

Lan lamon geger liyan saking ing alun2, maka sakehing nayaka padha abantuwa ing ĕnggoning geger iku. Lan sakehing ponggawa padha kumpula ing alun2. Lan sakehing mantĕri wong suranagara padha acawisa ing paseban dalĕm. Lan sakehing batur kahuming wong nayaka lan ponggawa padha angulatana gustine sowang2.

Lan singsapa ora angulati ing bature sowang-sowangan, maka kapidhana karang satĕnggang.

Lan kang undhang2 Kangjĕng Sulṭān Abū al-Naṣr (……) lan iku tĕngaraning
15 ana | geger gĕdhe ing nagara, lan sakehing nayaka lan ponggawa padha anahurana ing pasebane sowang-sowang anabuwa ĕgong lan kĕndhang. Lan sakehing nayaka, lan ponggawa, lan mantĕri, suranagara, atanapi jajahan tĕpiswiring padha tĕkaha samaptane ing alun2. Lan sakehing kanca baturing wong padha tĕkaha ing gustine sowang2. Maka lamon ora tĕka ing gustine sowang-sowangan, kinurukud saraja duwene, anaq rabine dinalĕmakĕn.

Lan lamon tinabuh bĕdhug[63] bahe ḥale anitir saĕnggone, liyan saking tĕngĕraning waqtu iku, tĕngĕraning ana gĕni. Lan lamon tinabuh bĕndhe[64] si tĕndha sabang ing Sĕrimanganti iku tĕngĕraning ana macan. Maka sakehing nayaka,

63 *Bĕdhug* est un très gros tambour réalisé dans le tronc évidé d'un arbre. On les trouve très souvent utilisés dans les mosquées.

64 *Bĕndhe* est un petit gong en métal.

[Article 30. Peine pour ceux qui ne se rendent pas sur la place royale en cas de troubles]

Quiconque ne se rend pas sur la place royale (......) | des troubles violents dans 14
l'après-midi et ne se rend pas [le lendemain] matin sur la place royale sera condamné à la peine en vigueur.

[Article 31. Tâche des officiers royaux en cas de troubles hors de la place royale]

Si des troubles violents se produisent hors de la place royale, tous les *nayaka* devront se rendre sur le lieu des troubles violents pour apporter leur aide. Tous les *ponggawa* devront se rassembler sur la place royale. Tous les *mantĕri* et les *suranagara* se prépareront au *paseban* du palais. Tous les *batur* des familles de *nayaka* et de *ponggawa* protégeront leurs maîtres respectifs.

[Article 32. Maître ne surveillant pas ses *batur*]

Quiconque ne surveille pas ses propres *batur* sera condamné à une peine d'un bateau de madrépores.

[Article 33. Tâche des officiers royaux et des *batur* en cas de troubles]

Les lois de Sa Majesté le Sultan Abu Nasar (......) et cela indique | des troubles 15
violents dans le Pays, tous les *nayaka* et les *ponggawa* se rendront à son *paseban* et chacun frappera sur le gong et le petit tambour. Tous les *nayaka*, *ponggawa*, *mantĕri* et *suranagara*, ainsi que [les officiers] des territoires frontaliers sous domination, viendront, équipés, sur la place royale. Tous les *batur* doivent venir vers leurs maîtres respectifs. S'ils ne le font pas, leurs biens seront confisqués et leurs femmes et enfants deviendront les serviteurs du palais[65].

[Article 34. Signes en cas de troubles]

Si seul le grand tambour est frappé de manière ininterrompue sur place, et que les coups diffèrent des coups frappés [en cas de troubles importants], cela indique un incendie[66]. Si l'on frappe le petit gong appelé "*si tĕndha sabang*[67]" à

65 Selon ce manuscrit, trois délits seraient passibles de l'esclavage (*abdi dalĕm* – p. 15 et 85-86 – ou *wong bumi* – p. 55). Toutefois, en 1787 De Rovere van Breugel ne mentionne que le vol et les dettes impayées comme relevant de l'emprisonnement et de l'esclavage : « ... *diefstal met gevangenis of slavernij, zoo wel als onvermogen tot het betaalen van gemaakte schulden...* », van Breugel, 1856, p. 335.

66 Le royaume possédait un *bĕdhug*, et chaque village avait son propre *bĕdhug*, Guillot, 1989, p. 134-135.

67 La tradition à Java veut qu'on donne des noms aux gongs. *Si tĕndha sabang* était le nom donné à ce petit gong à Banten.

lan ponggawa, lan mantĕri, suranagara padha mĕtuha sagagamane ing alun2
16 (......) | wus lunga padha tumutura ing Kangjĕng Sulṭān. Lan sakehing wong Surasowan padha mĕtuha.

Lan singsapa ora mĕtu ṣalat Jum'at, lan lamon nayaka, atawa ponggawa, atawa mantĕri, atawa suranagara, maka dhinĕndha babad sukĕt ing alun2, lan lamon wong jaba tapakane karang sajukung. Liyan saking wong musafir, lan wong 'abdi, lan kang ana 'uzure, kaya lamon lara dhirine, atawa lara para sanake kang aring iya sabab katunggu dening wong iku, atawa lagi angambil tatamba, atawa kinongkon dening gustine, atawa dening pĕra sanake, atawa lagi kĕmit ing paseban, winanganan wong nĕnĕm, lan wong kĕmit pabeyan karo, wetan
17 kulon, winangĕnan wong angrong (......) ṣalat jum'at. Sakehing | nayaka lan sakehing ponggawa lan mantĕri lan suranagara padha aṣalat ing masjid gĕdhe, liyan saking nayaka kang anduweni masjid, maka aṣalat ing masjide dhewek2.

"Srimanganti[68]", cela avertit de la présence d'un tigre[69]. Tous les *nayaka, ponggawa, mantěri* et *suranagara* doivent se rendre munis de leurs armes sur la
place royale (......) | aller en informer Sa Majesté le Sultan. Tous les habitants 16
de Surasowan sont tenus de sortir.

[Article 35. Obligation de faire la prière du vendredi]

Tout *nayaka, ponggawa, mantěri* ou *suranagara* qui ne vient pas à la prière du vendredi[70] sera condamné à couper l'herbe sur la place royale[71]; les *wong jaba* seront condamnés à apporter une pirogue de madrépores. Sont exemptés de prière : les voyageurs, les esclaves, ou toute personne ayant un empêchement, tel qu'une maladie, ou la maladie d'un parent qu'elle a dû veiller ou pour lequel elle était partie chercher des médicaments, ou [un esclave] accomplissant une tâche pour son maître ou un parent de celui-ci, ou une personne étant de garde au *paseban* – dans la limite de six personnes au maximum –, ou de garde aux deux bureaux de douane, à l'Est et à l'Ouest – dans la limite de deux personnes
au maximum à chaque fois – (......) la prière du vendredi. Tous les | *nayaka,* 17
ponggawa, mantěri et *suranagara* feront ensemble la prière à la grande mosquée[72], à l'exception des *nayaka* possédant une mosquée, qui feront donc la prière dans leur propre mosquée.

---

68 *Srimanganti* est un pavillon situé au sud de la place royale, dans lequel les hôtes du souverain attendaient d'être reçus, Guillot, 1989, p. 127 ; Serrurier, 1902, voir le plan de celui de Banten, dans son article.

69 On trouve encore aujourd'hui des tigres dans la région de Banten. En 2025, on a enregistré 300 tigres à Ujung Kulon et 20 à Gunung Gede Pangrango, www.forestdigest.com/detail/1410/macan-tutul-jawa

70 Cet article fait penser à celui qui ne respecte pas la prière du vendredi, figurant à l'article 2 de l'*Undang-Undang Kedah*, chapitre II, *undang-undang* (le code de) Dato Seri Paduka Tuan en 1078 AH./1667 EC. : « *Pada menyatakan hukum shara' Allah, Maka hendak-lah kweng pereksa; pada masing-masing kwengnya surohkan sembahyang lima waktu dan puasa serta sembahyang jumaat. Maka hendaklah serta pegawai masjid itu metaazirkan mereka itu: apabila ia keras, suroh tangkap bawa ka-masjid kakang leher-nya; apa-bila berikrar-lah ia mahu sembahyang serta tobat, lepaskan dia* », Winstedt, 1928, p. 27.

71 La peine consistant à couper l'herbe rappelle l'article 27 du chapitre I de l'*Undang-Undang Kedah, undang-undang pelabuhan* (code portuaire) en 1060 AH./1650 EC. : « *Jika pada bulan Ramdzan itu pun, lihat barang siapa tiada puasa di-dalam pasar itu, maka hendak-lah sakai shahbandar tangkap beri makan rumput di-hadapan balai atau dipukul atas kadar-nya di-tengah pasar* [...] », Winstedt, 1928, p. 22.

72 La grande mosquée du sultanat de Banten a été construite, selon la tradition, par Maulana Yusuf vers 966 AH./1559 EC., Guillot, 1989, p. 131.

Lan singsapa adagang mangetan atawa kang liyan saking Wetan, anggawaha cap Kangjĕng Sulṭān. Ĕnggoning anjaluk cap ing Pangeran Arya Dipaningrat. Maka denpariksa dening wong pabeyan. Ing ḥale oranana cap Kangjĕng Sulṭān Abū al-Naṣr, maka karampas parahune lan saisine dening bumi. Nadyan nayaka atawa ponggawa salagi alulungan, yen Wetan: watĕs Koleyah[73], yen
18 Kulon: watĕs Caringin, yen anga? (……) | anggawa cap Kangjĕng Sulṭān Abū al-Naṣr, kang kagadhuh dening Pangeran Arya Dipaningrat, rinampas uga.

Lan singsapa, wong Tanggĕran, alulungan ing Jakĕtra adagangan atawa anambangi salagi ora anggawa cap Kangjĕng Sulṭān Abū al-Naṣr, kang kagadhuhan dening Pangeran Arya Dipaningrat, maka kinon cinĕkĕl dening Kangjĕng Sulṭān. Lan kaya mongkono malih wong Jakĕtra tĕka maring Tanggĕran atawa maring Surasowan salagi ora anggawa cap saking Kumpĕni, maka kinon cinĕkĕl. Lamon bangga, kinon anguwusakĕn.

19 (……) adagang maring Jakĕtra | atawa anambangi atawa asasaban atawa amisaya atawa kakarapah, maka anjaluk cap maring Pangeran Arya Dipaningrat. Maka satĕkane saking Jakĕtra denpariksaha dening wong pabeyan. Maka salagi orana cape Pangeran Arya Dipaningrat, maka rinampas dening bumi saisine parahune lan wonge kapidhana karang angalimang tĕnggang. Wong sawiji lan

73 Texte: *Goleyah*.

[Article 36. Cachet pour commercer à l'Est ou ailleurs]

Toute personne faisant du commerce à l'Est ou ailleurs doit avoir le cachet de Sa
Majesté le Sultan. Ledit cachet doit être demandé auprès du [Premier ministre]
Pangeran Arya Dipaningrat. [La personne et ses marchandises] seront ensuite
contrôlées par les officiers du bureau de douane. En l'absence du cachet de Sa
Majesté le Sultan Abu Nasar, son bateau et sa cargaison seront saisis par l'Admi-
nistration. Même s'il s'agit d'un *nayaka* ou un *ponggawa*, se dirigeant vers l'Est,
à savoir la frontière de Koleyah[74], ou vers l'Ouest, à savoir la frontière de Carin-
gin[75], (……) sans | être en possession du cachet de Sa Majesté le Sultan Abu 18
Nasar détenu par le [Premier ministre] Pangeran Arya Dipaningrat, [le bateau
et la cargaison] seront saisis également.

[Article 37. Cachet pour faire du commerce et rendre des visites pour les habitants de Tangĕrang et de Jakĕtra]

[1.] Tout habitant de Tangĕrang qui se rend à Jakĕtra pour y faire du commerce ou une visite, et qui n'est pas en possession du cachet de Sa Majesté le Sultan Abu Nasar, détenu par le [Premier ministre] Pangeran Arya Dipaningrat, sera arrêté [au nom de] Sa Majesté le Sultan. [2.] De même, tout habitant de Jakĕtra venant à Tangĕrang ou à Surasowan sera arrêté s'il n'a pas le cachet de la Compagnie. S'il s'y oppose, il sera mis à mort[76].

[Article 38. Cachet pour d'autres fins]

(……) faire du commerce à Jakĕtra, | ou s'y rendre ou partir ou prendre la 19
mer ou aller chercher de la nourriture en forêt, il doit demander le cachet au
[Premier ministre] Pangeran Arya Dipaningrat. À son retour de Jakĕtra, il sera
contrôlé par les officiers du bureau de douane. S'il n'a pas le cachet du [Premier
ministre] Pangeran Arya Dipaningrat, son bateau et sa cargaison seront saisis
par l'Administration, et lui-même sera condamné à une peine de 5 bateaux de

---

74 Koleyah se trouve près de Tangerang à la frontière entre Banten et Jakĕtra.

75 Caringin est un port situé sur le détroit de Sunda (Labuan, Pandeglang) à Banten, d'où on partait autrefois pour aller à Semangka, Lampung.

76 La peine capitale pour une personne se révoltant contre l'autorité en place s'inscrit dans une vision du droit dans le monde nousantarien. Nous trouvons cette peine dans plusieurs lois : ainsi l'article 46 de l'*Undang-Undang Aceh* prévoit que « *Hamba radja itoe koetika hendak di tangkap dianja melawan haroes di boenoh sadja tetapi wadjib memberi tahoe kepada radja adanya* », Langen, 1888, p. 442 ; l'article 6 de l'*Undang-Undang Pahang* indique « … *Tetapi akhiyar kata, jika ia melawan sebab di-balas itu, jika terbunoh, mati sahajalah* », Kempe & Winstedt, 1948, p. 32 ; et l'*Undang-Undang Kedah* prévoit que « … *jika melawan, di-bunoh, mati sahaja tiada sa-suatu hukum atas yang membunoh itu, kerana ia melawan titah raja* […] », Winstedt, 1928, p. 33.

sakehing wong tĕka saking palulungan padha angolihĕna cap maring Pangeran Arya Dipaningrat.

Lan singsapa asaba ing gĕdhonge si petor Walanda, maka padha anjaluk cap maring Pangeran Arya Dipaningrat. Salagi ora anggawa cape Pangeran Arya
20 Dipaningrat, maka katrap ing parentah dalĕm (……) | wong sawiji. Lan lamon wus mulih saking gĕdhonge si petor, maka padha angolihĕna cap maring Pangeran Arya Dipaningrat. Lan lamon ora angolihakĕn cap maring Pangeran Arya Dipaningrat pinidhana karang sapuluh tĕnggang.

Lan si petor salagi akirim surat maring Jakĕtra aweha wĕruh maring wong pabeyan sarta pintokĕna surate. Salagi si petor ora aweh wĕruh maring wong pabeyan, maka kapidhana limang reyal. Lan kang anambangi kapidhana : wong sawiji karang limang tĕnggang, lan parahune sarta saisine rinampas.

Lan sakehing parahune si Walanda aja wara-wiri anut pinggiran : Wetan : watĕs
21 Koleyah ; Kulon : watĕs Caringin (……) kang liyan saking muhara Surasowan | angaturana uninga[77] ing Kanjĕng Sulṭān Abū al-Naṣr.

Lan singsapa wong Surasowan abubuhan alanglang ing lahut atawa wong amisaya amĕnangi parahune si Walanda minggir, maka pĕngingĕn lan takonana gawene. Salagi ora kĕna pinĕnging, dengĕlis-gĕlis awawaraha ing wong pabeyan. Nuli kang anggĕdeni pabeyan kongkonana nundung. Salagi ora gĕlĕm[78] ora wĕruh ing wong pabeyan, atawa ora gĕlis-gĕlis aweh wĕruh ing iya, maka pinidhana karang limang tĕnggang.

---

77 Texte : *uning.*
78 Texte : *gĕlim.*

madrépores. Tous les voyageurs, qu'ils arrivent seuls ou à plusieurs, devront se procurer le cachet du [Premier ministre] Pangeran Arya Dipaningrat.

[Article 39. Cachet pour se rendre à la résidence du *petor* hollandais et en repartir]

[1.] Quiconque se rend à la résidence du *petor* hollandais doit demander le
cachet au [Premier ministre] Pangeran Arya Dipaningrat. S'il n'a pas le cachet
du [Premier ministre] Pangeran Arya Dipaningrat, il sera condamné à la peine
royale (……) | personne seule. [2.] Quand il revient de la maison du *petor*, il 20
doit se procurer [un autre] cachet auprès du [Premier ministre] Pangeran Arya
Dipaningrat. S'il ne s'est pas procuré le cachet du [Premier ministre] Pangeran
Arya Dipaningrat, il sera condamné à une peine de 10 bateaux de madrépores.

[Article 40. Contrôle du courrier du *petor* hollandais]

Si le *petor* envoie une lettre à Jakĕtra, il doit en informer les officiers du bureau de douane et [ceux-ci] demanderont [de voir] la lettre. Si le *petor* n'en informe pas les officiers du bureau de douane, il sera condamné à une amende de 5 réaux. Quiconque transmet [la lettre] sera condamné à une peine de 5 bateaux de madrépores, son bateau et sa cargaison seront saisis.

[Article 41. Interdiction faite aux bateaux hollandais d'aller et venir le long de la côte de Banten]

Les bateaux hollandais ne sont pas autorisés à naviguer [librement] le long de
la côte, [entre] la frontière de Koleyah à l'Est et celle de Caringin à l'Ouest (……)
sauf à partir de l'embouchure de la rivière de Surasowan | et si Sa Majesté le Sul- 21
tan Abu Nasar[79] en a été informé.

[Article 42. Obligation faite aux habitants de Surasowan d'empêcher un bateau hollandais de s'approcher de la côte de Banten]

Tout sujet de Surasowan, chargé de faire le guet en mer ou occupé à pêcher, qui surprend un bateau hollandais s'approchant de la côte [de Banten] devra l'arrêter et lui demander ses intentions. S'il ne parvient pas à l'arrêter, qu'il en informe rapidement les officiers du bureau de douane. Puis qu'il demande au chef du bureau de douane de chasser [ce bateau]. S'il n'en informe pas les officiers du bureau de douane ou ne le fait pas immédiatement, il sera condamné à une peine de 5 bateaux de madrépores.

---

79 Bien plus tard, d'après le témoignage de Stavorinus en 1769, le sultanat de Banten avait installé deux postes de garde en bord de mer à Banten, l'un à Anyer et l'autre à Caringin, Stavorinus, 1798, p. 62.

Lan singsapa angaru2 wong Anggěris atawa wong Paracis atawa wong Dana-
22 marka atawa wong Pěringgi (……) | iku kinon ciněkěl sarta dinokon ing pa-
beyan. Atawa anyolong ing duwene kang těka ing niṣāb ajayan-jayan sareyal iku, kiněthok tangane. Lan lamon amateni si Anggěris atawa si Paracis atawa si Danamarka atawa si Walanda tinrapakěn ing parentah dalěm. Tamat.

[Article 43. Apostropher ou tuer des étrangers ou voler leurs biens]
Quiconque apostrophe un Anglais[80], un Français[81], un Danois[82] ou un Portu-
gais[83] (……) | doit être arrêté et emprisonné au bureau de douane. Ou s'il vole 22
leur bien jusqu'au *niṣāb* [le montant passible d'une condamnation], à savoir un
réal, il aura la main coupée[84]. S'il assassine un Anglais, un Français, un Danois
ou un Hollandais, il sera condamné à la peine royale[85]. Fin[86].

---

80 Les Anglais, par le biais de la «*East India Company*», étaient très présents dans le commerce à Banten dès le début du XVIIe siècle, et plus précisément dès 1602 jusqu'à la prise de Banten par les Hollandais en 1682, Bassett, 1955, p. i.

81 Les Français ont commencé à commercer à Banten en 1617 avec l'arrivée de la flotte d'une compagnie française de marchands de Paris et de Rouen – commandée par Augustin de Beaulieu, voir Lombard-Jourdan & Lombard, 1995, p. 67-82.

82 Les Danois ont commencé à commercer à Banten au début du règne du sultan Ageng dans la deuxième moitié du XVIIe siècle. Les relations commerciales entre Banten et le Danemark se sont renforcées par l'accord conclu entre le sultan Ageng et le roi danois Christian V. Cet accord, attesté par des lettres datées de 1671 et de 1675, autorise les Danois à disposer d'un terrain à Banten afin d'y construire une loge et un entrepôt commercial, Naerssen, Pigeaud & Voorhoeve, 1977, les plaques nº 39-44.

83 Les Portugais étaient déjà en contact avec le souverain de Banten à l'époque pré-musulmane, dès 1521. En 1522, ils signèrent un accord avec le souverain de Banten autorisant la construction d'une forteresse sur la rivière Cisadane, afin de lutter contre l'invasion musulmane venant du centre de Java. Ils érigèrent un *padrão* (monument en pierre) à Banten, Guillot, 1991a, p. 53-76. Les Portugais n'ont pas cessé d'entretenir des relations commerciales avec les Bantenois, bien que Banten fût devenu un royaume musulman en 1527, Guillot, 1990, p. 18. Au XVIIe siècle, les Portugais étaient toujours présents à Banten, mais ils ne disposaient pas de loge, contrairement aux autres Européens (Guillot, 1989, p. 141), et ce jusqu'à la prise de Banten par les Hollandais en 1682. Selon L.F.R. Thomaz, les Portugais qui allaient à Banten étaient surtout des interlopes. Au XVIIIe siècle, il s'agissait surtout des catholiques descendant de Portugais de souche, mais très métissés et mélangés avec des convertis qui n'avaient pas de sang portugais; voilà pourquoi ils n'avaient pas de loge (communication personnelle en 2013).

84 Il est fort intéressant de mentionner ici le témoignage d'un médecin danois à Banten au XVIIe siècle sur la peine concernant le vol. Il écrit «*… deux orangkayas (nobles) macassars avaient eu la main droite coupée. Ils s'étaient cachés clandestinement dans le cabinet du roi (Sultan Ageng) où ils avaient dérobé de nombreux bijoux, des vêtements précieux et quelques-unes de ses meilleures armes*», Cortemünde, 1953, p. 105. On remarquera toutefois que la raison pour laquelle la peine fut si sévère est que le vol concernait directement le souverain.

85 En 1603, Edmund Scott rapporte que les Bantenois recouraient souvent à la condamnation à mort. Selon Scott, lorsqu'un Bantenois avait assassiné un Javanais, il n'était pas condamné à mort. Par contre, s'il avait tué un chrétien, il était condamné à la peine capitale, Guillot, 1994, p. 35 et 37.

86 Cet article indique clairement qu'il s'agit de la copie d'un article d'une loi antérieure à la prise de Banten par les Hollandais en avril 1682. À cette date, tous les Européens – Portugais, Anglais, Français et Danois – furent expulsés de Banten et n'eurent plus le droit

Lan singsapa atutukaran ing paseban Pangeran Arya Dipaningrat kapidhana, sajĕnĕnge, kalih yuta.

Lan singsapa atutukaran ing paseban Pangeran Arya Ranamanggala, Pangeran Ing Awangga, Pangeran Ing Ayodya, Pangeran Purbaya (……) Pangeran

de commercer. En effet, ils avaient été partisans du sultan Ageng dans la guerre contre le sultan Haji, qui s'était emparé du pouvoir de son père. Le sultan Ageng avait demandé dans une lettre au roi d'Angleterre, Charles II, un appui militaire contre les Hollandais, qui eux-mêmes avaient accordé un considérable soutien militaire au sultan Haji, son fils, Pudjiastuti, 2007, p. 76 ; Guillot, 1990, p. 53.

[Article 44. Querelle au *paseban* du Premier ministre]
Quiconque se querelle au *paseban* du [Premier ministre] Pangeran Arya Dipaningrat sera condamné à l'amende applicable, [soit] deux millions.

[Article 45. Querelle au *paseban* des familles, des dignitaires, des officiers et des employés royaux]
Quiconque a une querelle au *paseban* de Pangeran Arya Ranamanggala[87], Pangeran Ing Awangga[88], Pangeran Ing Ayodya[89], Pangeran Purbaya[90] (……) Pangeran Arya Kidul[91], [sera condamné à une amende] de deux millions ; [au *paseban*

87 Fils du sultan Abul Mafakhir Mahmud Abdul Kadir. Il épousa Ratu Kasuma, fille de Pangeran Wiranagara ; ils n'eurent aucune descendance, voir la généalogie faite à la demande du gouverneur van Hoorn par Pangeran Purbaya, le fils du sultan Ageng, le 23 juillet 1709. *Translaat Geslacht Register der Onvervolgende Javaanse en Bantamse Vorsten…*, le manuscrit nº H. 234, KITLV, Leyde, p. 21.

88 Fils du sultan Abul Fath Abdul Fattah (Ageng Tirtayasa) et de la reine Ratu Penengah, *Translaat Geslacht…*, p. 29.

89 Fils du sultan Ageng Tirtayasa et de la reine Ratu Penengah, *Translaat Geslacht…*, p. 29. Sa fille, Ratu Anum, épousa Pangeran Ratu, le fils du sultan Haji et futur sultan Abu Fadhal Muhammad Jaya (1687-1690), *de Opkomst*, 1875, vol. VIII, p. 53-54.

90 Dans le texte javanais, ce nom est écrit « Purobaya ». Fils du sultan Ageng Tirtayasa et de la reine Ratu Penengah. Il se maria avec Raden Ayu, fille du Ki Arya Mangunjaya, et eut huit enfants. Il épousa ensuite deux autres femmes qui ne lui donnèrent pas d'enfant, *Translaat Geslacht…*, p. 29 et 34. Il remplaça son frère, le futur sultan Haji, en tant que prince héritier temporaire, pendant un voyage de celui-ci. Durant la crise politique de Banten, la plupart des dignitaires du sultanat soutinrent Purbaya afin qu'il devînt sultan à la place de son père, Vachet, *Mémoire de Mr. Bénigne Vachet*, p. 377 et 385. Purbaya aida son père, le sultan Ageng, ses oncles Pangeran Kidul et Pangeran Kulon, ainsi que Syeikh Yusuf, à faire la guerre contre le sultan Haji soutenu par la VOC. De 1682 à 1684, ils menèrent une guérilla contre la Compagnie dans les régions suivantes : Sajira, Pariyang, Cisadane, Bogor, Tangerang, Muncang, Lawangtaji et d'autres régions encore, De Haan, *Priangan*, 1912, vol. 3, p. 276-277. Le 6 février 1684, en signe de défaite à Cileungsir, Pangeran Purbaya remit son kriss à Van Happel, capitaine de troupe de la *VOC*, et le lendemain même il reconnut officiellement sa défaite, De Haan, *Priangan*, 1912, vol. III, p. 284-285 et id., 1910, vol. I, p. 246-253.

91 Fils du sultan Abul Maali Ahmad et de la reine Ratu Wetan (Ratu Aminah). Il épousa Ratu Marta, la fille du Ratu Bagus Singo Waniun, dont il eut trois enfants : Ratu Mariam, Pangeran Suba Manggala et Pangeran Abdul Syukur, puis se maria avec Daeng Tapalak, la fille de Daeng Nisayu Macassar, dont il eut deux filles : Ratu Taloka et Ratu Kamayah, *Translaat Geslacht…*, p. 14 et 16. Il devint l'un des principaux dignitaires de l'époque du sultan Ageng et fut commandant lors de plusieurs guerres contre les Hollandais, voir *Sajarah Banten Besar* de Titik Pudjiastuti. En 1680, il donna son accord à l'intronisation du sultan Haji. Finalement, il rejoignit les partisans du sultan Ageng avec Ki Arya Mangunjaya, Pangeran Lor, Pangeran Kulon, Pangeran Suradiwangsa, Pangeran Abdul Halim, Pangeran Yudhia, Pangeran Jamrat, Pangeran Prabangsa, et Pangeran Purbaya afin de combattre le sultan Haji et les Hollandais, *de Opkomst*, 1873, vol. VII, p. 43, 13.10.1680 et p. 341, 12.5.1680.

23 Arya Kidul kang jěněng kalih yuta; | Pangeran Danuwangsa, Pangeran Prabangsa, Pangeran Wirasuta, Pangeran Wiraasmara, Pangeran Jayaningrat, Pangeran Adiwangsa, Pangeran Sutakusuma kang jěněng sayuta gangsal kěthi; Pangeran Trěnggana, Pangeran Subamanggala, Raden Arya Mandaraka, Pangeran Suryadikara, Pangeran Kasunyatan, Pangeran Rangga Singasari, Ratu Bagus Natakusuma, Ratu Bagus Wiranantaja, Ratu Bagus Wangsakusuma kang

de] | Pangeran Danuwangsa[92], Pangeran Prabangsa[93], Pangeran Wirasuta[94], Pangeran Wiraasmara[95], Pangeran Jayaningrat[96], Pangeran Adiwangsa[97], Pangeran Sutakusuma[98] [à une amende] de 1500000; [au *paseban* de] Pangeran Trĕnggana[99], Pangeran Subamanggala[100], Raden Arya Mandaraka[101], Pangeran Suryadikara[102], Pangeran Kasunyatan[103], Pangeran Rangga Singasari[104], Ratu Bagus Natakusuma[105], Ratu Bagus Wiranantaja[106], Ratu Bagus Wangsa- 23

92 Fils du sultan Abul Mafakhir Mahmud Abdul Kadir et de Ratu Ajeng, *Translaat Geslacht…*, p. 13.

93 Dans le texte javanais, ce nom est écrit « Pĕrabangsa ». Fils du sultan Abul Mafakhir Mahmud Abdul Kadir et de Ratu Ajeng, *Translaat Geslacht…*, p. 13. Il était donc l'oncle du futur sultan Haji et l'éleva depuis son enfance, *Sajarah Banten*, Djajadiningrat et Pudjiastuti, chant 55. Il était l'un des grands dignitaires du sultanat de Banten à l'époque du sultan Ageng. Après avoir donné son accord à l'intronisation du sultan Haji en 1680, il finit par se rallier aux partisans du sultan Ageng aux côtés de Ki Arya Mangunjaya, Pangeran Lor, Pangeran Kulon, Pangeran Suradiwangsa, Pangeran Abdul Halim, Pangeran Yudhia, Pangeran Jamrat, et Pangeran Purbaya pour combattre le sultan Haji et les Hollandais, *de Opkomst*, 1873, vol. VII, p. 43.

94 Fils du sultan Abul Mafakhir Mahmud Abdul Kadir et de Ratu Ajeng, *Translaat Geslacht…*, p. 13.

95 Fils du sultan Abul Mafakhir Mahmud Abdul Kadir. Il épousa Ratu Sunya, fille de Ratu Bagus Singa Raja, et eut sept enfants, *Translaat Geslacht…*, p. 13 et 23.

96 Fils du sultan Abul Mafakhir Mahmud Abdul Kadir et de Ratu Ajeng. Il épousa Ratu Kusuma, fille de Ratu Bagus Wiranatpada et eut cinq enfants voir *Translaat Geslacht…*, p. 13 et 24.

97 Fils du sultan Abul Mafakhir Mahmud Abdul Kadir et de Ratu Ajeng. Il se maria avec Ratu Sindi, fille de Ratu Bagus Singa Raja, *Translaat Geslacht…*, p. 13 et 24.

98 Fils du sultan Abul Mafakhir Mahmud Abdul Kadir et de Ratu Ajeng. Il se maria avec Ratu Mirah, fille de Ratu Bagus Banjar, *Translaat Geslacht…*, p. 13 et 24-25.

99 Dans le texte javanais, ce nom est écrit « Tĕrĕnggana ». Fils de Pangeran Aria Wetan, fils du sultan Abul Ma'ali Ahmad et de Ratu Penengah, fille de Pangeran Suba Manggala, *Translaat Geslacht…*, p. 16.

100 Fils du sultan Abul Mafakhir Mahmud Abdul Kadir et de Ratu Ajeng, *Translaat Geslacht…*, p. 13.

101 Fils du sultan Abul Fath Abdul Fattah (Sultan Ageng), *Translaat Geslacht…*, p. 29.

102 Pangeran Surya Dikara pourrait être : soit le fils de Ratu Bagus Aria Singandanu et de Ratu Tinumpuk, la fille du sultan Abul Maali Ahmad, qui eurent une fille, Ratu Halimah, *Translaat Geslacht…*, p. 17 ; soit le fils de Ratu Bagus Aria Singandana et de Ratu Mirah, fille du sultan Abul Mafakhir Abdul Kadir, *Translaat Geslacht…*, p. 28.

103 Kasunyatan était un quartier où se trouvait le centre d'études religieuses musulmanes. Pangeran Kasunyatan était donc le dirigeant du quartier de ce centre religieux à Banten.

104 Non identifié.

105 Fils de Ratu Bagus Denmas et de Ratu Hafsah, fille du sultan Abul Mafakhir Mahmud Abdul Kadir, *Translaat Geslacht…*, p. 25.

106 Peut-être s'agit-il de Pangeran Aria Wiranantaja, fils de Pangeran Sabrang Wetan, *Translaat Geslacht…*, p. 9/6(?). Son fils Pangeran Danu Raja épousa Ratu Pasya, fille du sultan

jĕnĕng sayuta patang kĕthi ; Ratu Bagus Martajaya, Ratu Bagus Suba, Ratu Bagus Sumambita, Ratu Bagus Wirataruna, Ratu Bagus Wiranatpada, Ratu Bagus Wirapurba, Ratu Bagus Wiratmaka, Ratu Bagus Wangsanata, Pangeran
24 Arya Suryadiwangsa, Ratu Bagus Jayamanggala, Ratu Bagus (……) | Martanagara, Ratu Bagus Pulang Jiwa, Ratu Bagus Natadiwangsa, Ratu Bagus Wiranggamarta, Ratu Bagus Suranggamarta, Ratu Bagus Wirangganata, Kiyahi Pĕqih Najm al-Dīn puniku kang jĕnĕng anayuta tigang kĕthi ; para nayaka kang dabreg antuk jĕnĕng sayuta sakĕthi ; Kahi Arya Kusumadilaga, Kahi Arya Mangunyuda, Kahi Arya Dhipakusuma, Kahi Arya Suradiwangsa, Kahi Ngabehi Wangsayuda

Abul Mafakhir Mahmud Abdul Kadir, mais ils n'eurent pas d'enfant, *Translaat Geslacht…*, p. 25.

kusuma[107] [à une amende] de 1400000; [au *paseban* de] Ratu Bagus Marta-
jaya[108], Ratu Bagus Suba[109], Ratu Bagus Sumambita, Ratu Bagus Wirataruna[110],
Ratu Bagus Wiranatpada[111], Ratu Bagus Wirapurba[112], Ratu Bagus Wiratmaka[113],
Ratu Bagus Wangsanata[114], Pangeran Arya Suryadiwangsa[115], Ratu Bagus Jaya-
manggala[116], Ratu Bagus (……) | [Ratu Bagus] Martanagara, Ratu Bagus Pulang 24
Jiwa[117], Ratu Bagus Natadiwangsa[118], Ratu Bagus Wiranggamarta, Ratu Bagus
Suranggamarta[119], Ratu Bagus Wiranggamata[120], Kiyahi Pěqih Najmuddin [à
une amende] de 1300000; [pour une querelle au *paseban*] d'un *nayaka*, tous

107 Peut-être s'agit-il du fils de Pangeran Kilen, *Translaat Geslacht…*, p. 7. Il fut l'un des commandants du sultanat de Banten durant la guerre contre la *VOC* en 1658-1659. Lors d'une patrouille en mer avec ses hommes, il attaqua un grand vaisseau de la Compagnie hollandaise, Djajadiningrat 1983, p. 75.

108 Fils de Ratu Bagus Marta Jaya, qui fut marié à Ratu Wios, fille du sultan Abul Ma'ali Ahmad. Ils eurent quatre enfants: Ratu Ajeng, Ratu Dewi, Ratu Bagus Golin et Ratu Bagus Abdul, *Translaat Geslacht…*, p. 17.

109 Il s'agit sans doute de Ratu Bagus Suba Suwita, fils de Ratu Bagus Mandalika, lui-même fils de Pangeran Aria Mandalika, et de Ratu Kidul, fille du sultan Abul Mafakhir Mahmud Abdul Kadir, *Translaat Geslacht…*, p. 21.

110 Fils de Ratu Bagus Aria Parjatanda Ing Rana et de Ratu Manis, *Translaat Geslacht…*, p. 12.

111 Fils de Pangeran Aria Upapatih et de Ratu Ajeng, fille de Kiyai Mas Patih, *Translaat Geslacht…*, p. 10. Peut-être s'agit-il également de Wiratpada, le commandant de la marine du sultanat de Banten à Tanara durant la guerre contre la Compagnie en 1658-1659, *Sajarah Banten Besar* dans la thèse de Titik Pudjiastuti.

112 Dans le texte javanais, ce nom est écrit «Wirapěrba». Fils de Ratu Bagus Wira Praba (Purba) et de Ratu Pandan, fille du sultan Abul Mafakhir Mahmud Abdul Kadir, *Translaat Geslacht…*, p. 23.

113 Fils de Pangeran Aria Wiratmaka, fils du sultan Abul Mafakhir Mahmud Abdul Kadir, et de Ratu Tapas, fille de Pangeran Aria Wangsapati, *Translaat Geslacht…*, p. 22.

114 Fils de Kyai Aria Wangsanata et de Ratu Putsyah, fille du sultan Abul Mafakhir Mahmud Abdul Kadir, *Translaat Geslacht…*, p. 26.

115 Fils du sultan Abul Mafakhir Mahmud Abdul Kadir, marié à Ratu Sindi, fille de Ratu Bagus Singa Raja, *Translaat Geslacht…*, p. 24. Le sultan Ageng l'envoya à Cirebon pour solliciter l'aide de cent bateaux et trois mille hommes durant la guerre contre son fils, le sultan Haji, soutenu par la *VOC*, *de Opkomst*, 1873, vol. VII, p. 341, 12.5.1680.

116 Fils de Ratu Bagus Singanwanu et de Ratu Nengah, fille du sultan Abul Ma'ali Ahmad, *Translaat Geslacht…*, p. 17.

117 Non identifié.

118 Fils de Ratu Bagus Padma. Il épousa Ratu Ratnala, fille du sultan Abul Mafakhir Mahmud Abdul Kadir, et eut deux fils: Ratu Bagus Muhammad Alam et Ratu Bagus Kidul, *Translaat Geslacht…*, p. 27.

119 Non identifié.

120 Fils de Pangeran Aria Suta Manggala (fils du sultan Abul Mafakhir Mahmud Abdul Kadir) et de Ratu Pasya, *Translaat Geslacht…*, p. 21.

puniku jěněnge anayuta; para arya jěněnge anangang kěthi; jěněnging kand-
haga lante amolung kěthi; jěněnging lampit bahe amitung kěthi; jěněnging
lurah dalěm angěněm kěthi; jěněnging běkěl dalěm anglimang kěthi; jěněn-
ging pěryayi dalěm lan pěryayi jawi padha kalawan lurah (……) kalawan lurah
25 dalěm; jěněnging lurah | jaba padha kalawan paměkěl dalěm; jěněnging pam-
běkěl jaba padha kalawan kaliwon dalěm.

Utawi lamon wong apadu, amětokakěn rarasan aswa ing arěping karta ing
musuhe apadu, maka dhiněndha saparo, jěněnging kang apadu iku. Lan lamon
amomori rarasan kang ala ing rowange apadu, maka aweha pakolih maring
kang denucapakěn iku saparo, jěněnging kang denucapakěn iku. Dhěndhane
maring bumi sajěněnge kang denucapakěn iku. Lan lamon aswa maring karta,
maka aweha pakolih maring karta saparo, jěněnging karta. Dhěndhane maring
26 bumi sajěněnge wong kang aswa iku. Lan lamon (……) | pakolih maring karta,
sajěněnging karta. Dhěndhane maring bumi sajěněnge wong kang amomori
ujar kang ala iku. Ana dene padune denwicarakakěn satutuge padune.

ceux-là auront [une amende] de 1100 000; [au *paseban* de] Ki Arya Kusumadilaga, Ki Arya Mangunyuda, Ki Arya Dhipakusuma, Ki Arya Suradiwangsa, Ki Ngabehi[121] Wangsayuda [une amende] d'un million; [au *paseban*] des *arya* [une amende de] 900 000; au [*paseban* des] porteurs du coffret à bétel [une amende de] 800 000; des porteurs de la natte 700 000; des *lurah dalĕm* 600 000; des *bĕkĕl dalĕm* 500 000; pour tous les *pĕryayi dalĕm* et *pĕryayi jawi*, l'amende sera la même que pour les *lurah* (……) [la même] que pour les *lurah dalĕm*;
[l'amende] pour les *lurah* | *jaba* sera la même que pour les *pembĕkĕl dalĕm*; 25
pour les *pembĕkĕl jaba*, la même que pour les *kaliwon dalĕm*[122].

[Article 46. Querelle devant le tribunal]

Si des personnes se querellent et prononcent, devant les *karta*[123] [officiers du tribunal], des paroles humiliantes pour un adversaire, elles seront condamnées à payer la moitié de l'amende [pour la querelle mentionnée ci-dessus], conformément à leur rang. Si elles ajoutent de mauvaises paroles envers un ami de leur adversaire, qu'on accorde à celui, à l'encontre de qui les paroles ont été prononcées, la moitié de l'indemnité correspondant à son statut. L'amende payée à l'Administration est fonction [du statut] de celui à qui les paroles ont été adressées. Et [si ces personnes] adressent des propos humiliants au *karta*, qu'on accorde à ce dernier la moitié de l'indemnité conforme à son rang. L'amende payée à l'Administration est fonction [du rang] de celui qui a été insulté. Et si
(……) | l'indemnité accordée au *karta* est fonction de son rang. L'amende payée 26
à l'Administration est fonction [du rang] de la personne qui a prononcé ces mauvaises paroles. Quant à la querelle, elle fera l'objet d'une discussion jusqu'à ce que l'on parvienne à son règlement[124].

---

121 *Ngabehi*: titre donné à des fonctionnaires de rang intermédiaire, Pigeaud, 1962, vol. IV, p. 534.

122 En dessous de ce mot, entre l'article 45 et l'article 46 (f. 25ᵛ), se trouvent deux caractères: un «*alif*» et un «*nūn*» sans point. Le copiste a peut-être voulu écrire «*ana dening*».

123 *Karta*: les officiers du tribunal en droit coutumier à Java selon Raffles (1817, vol. I, p. 313), mais on ne sait pas pour Banten. Il était peut-être l'un des officiers du cadi.

124 Article peu clair. Il est difficile de suivre le raisonnement du texte javanais.

CHAPITRE 8

Lois du Sultan Zainul Abidin (1690-1733)

Ana dening kang denlakokakĕn iki ing undhang-undhang iki saking zaman Sulṭān Abū al-Maḥāsin Muḥammad Zayn al-'Ābidīn

Lan singsapa duracara ing pasebaning putra-putra atawa ing warga-warga ka-
pidhana kang agawe duracara iku rong atus reyal. Lan mongkono maning
lamon ana wong duracara ing pasebaning ponggawa pinangeran, maka kapid-
hana satus patang puluh reyal. Atawa ing pasebaning para raden atawa ing para
27 (……) maka kapidhana satus reyal. Tamat. | Lan maning lamon ing pasebaning
para rangga atawa ing para tumĕnggung atawa ing para dĕmang, maka kapid-
hana wolung puluh reyal. Lan lamon ing pasebaning para ngabehi atawa ing
para lurah, maka kapidhana sĕwidak reyal.

© 2026 KONINKLIJKE BRILL BV, LEIDEN | HTTPS://DOI.ORG/10.1163/9789004766587-009

Lois mises en œuvre ici, datant de l'époque du sultan Abul Mahasin Muhammad Zainul Abidin [1690-1733]

[Article 1. Commettre un délit au *paseban* des familles, des dignitaires et des officiers du royaume]

Quiconque commet un crime au *paseban* des enfants [royaux] ou de la famille
[royale] sera condamné à [payer] 200 réaux. De même, si quelqu'un commet
un crime au *paseban* des *ponggawa* et des princes, il sera condamné à [payer]
140 réaux. Si un crime est commis au *paseban* des *raden*[1] ou des (……), l'amende
sera de 100 réaux. Fin. | Si [un crime est commis] au *paseban* des *rangga*[2], des 27
tumĕnggung[3] ou des *dĕmang*[4], le coupable sera condamné à [payer] 80 réaux.
Si le crime est commis au *paseban* des *ngabehi* ou des *lurah*, le coupable sera
condamné à une amende de 60 réaux.

---

1 *Raden* : titre de noblesse donné aux enfants royaux nés d'une mère qui n'est pas la reine (dans *Translaat Geslacht…*) ou aux petits-enfants du roi (enfants de Ratu Bagus), Van Den Berg, 1887, p. 14.

2 *Rangga* : titre attribué à de hauts fonctionnaires ou de grands nobles au Sultanat de Banten, par exemple, Rangga Natawijaya, comme l'indique la *Sajarah Banten*, Djajadiningrat, 1983, p. 75. En fait, la fonction et le nom de *rangga* existaient depuis au moins le XVIe siècle. C'était l'un des cinq grands dignitaires dans le royaume de Madjapahit selon le *Nāgara-Kĕrtāgama*, Pigeaud, 1962, vol. IV, p. 355-356.

3 *Tumĕnggung* (équivalait à *temenggong* de Malacca et des autres sultanats malais) : titre porté par le Premier ministre 'externe' (*patih jaba*) au sultanat de Banten et on s'adressait à lui en l'appelant *Kiayi Patih*. La *Sajarah Banten* mentionne un homme très important au sultanat de Banten : *Tumĕnggung Anggabaya*, Djajadiningrat, 1983, p. 44. Il était originaire de Tamoul et régissait comme le chabandar et le Premier ministre externe, Guillot, 1992, p. 59. Le *Tumĕnggung* était très puissant. Il dirigeait toutes les affaires tant qu'elles ne concernaient pas la noblesse. Il avait la haute main sur les étrangers, sur le commerce et jouissait donc de grands pouvoirs. Il avait sous sa juridiction toute l'administration, y compris les fonctionnaires économiquement les plus importants comme le chabandar (*Kyai Syahbandar*), le chef de la douane (*Kyai Tandha*) et le responsable du poids public (*Kyai Juru Dacin*) ainsi que les étrangers, Guillot, 1992, p. 58. En fait, la fonction et le nom de *tumĕnggung* existaient depuis au moins le XVIe siècle. Il était l'un des cinq grands dignitaires dans le royaume de Madjapahit selon le *Nāgara-Kĕrtāgama*, Pigeaud, 1962, vol. IV, p. 355-356. Par ailleurs, à l'époque coloniale, *Tumĕnggung* était un titre attribué au chef de région (*katumĕnggungan*) dans le sultanat de Banten – l'équivalent actuel du *bupati* (régent) – et le *katumĕnggungan* correspondait au *kabupaten* (région), *Adatrechtsbundels*, 1931, nº 34, Serie C, p. 229.

4 *Dĕmang* : titre attribué à de hauts fonctionnaires et de grands nobles au Sultanat de Bant-

Lan singsapa giniring padu ora mětoni, rong padu, kaping tělune pidhanane sapuluh reyal, nadyan nayaka atawa ponggawa alihadansih. Lamon wong cili pidhanane sapuluh reyal uga maring bumi.

Lan singsapa alpa ing panglaku barang panglaku dalěm, maka pidhanane sajěněnge kang alpa iku. Lan sakehing panglaku iku pacuwan ajadha-jadha ing
28 wong cili. Lan lamon ajadha-jadha ing (……) | dalěm. Anging, lamon kalawan parentahing bumi, maka lumaku saparentahing bumi. Lan lamon lumaku iya ora kalawan parentahing bumi, maka ora pinakolih barang lakune. Lan lamon panglakuning nayaka atawa ponggawa maka pidhanane sajěněnge kang kinongkon.

Lan lamon wong apapara[5] wus payu ingkang dendol iku, ing ḥale ora denolihakěn rěgane iku ingkang aduwe, maka denjaluq dening kang aduwe, ora denwehakěn dening kang apapara iku, awasana ora mětu pisan, maka palungguhěna ing gustine kang apapara iku. Maka dolěn wong iku dening gustine kang apapara iku. Maka lamon ora dendol wong iku (……) duwening wong,
29 maka siniyasat | dening bumi. Lamon wus jangkěp mali ping tělu lumaku kaya mongkono malih, maka dolěn wong iku dening bumi. Reyale sahurana maring wong kang adarbe arta kang denilěp iku. Lan sakurange jalukěn maring gustine wong kang angilěp iku, karana wong iku langgana ing undhang-undhang bumi. Lan lamon lěwih rěgane wong iku saking arta kang denilěp iku, olihěna

en aux XVIe-XVIIe siècles, par exemple, Děmang Surengrana, comme l'indique la *Sajarah Banten*, Djajadiningrat, 1983, p. 75. Au XVIIIe siècle, *děmang* était un titre attribué à un chef d'une région par le Sultan comme son représentant pour diriger l'administration et régler des affaires dans son territoire y compris donner l'autorisation d'achat du poivre. Par exemple, le Sultan a nommé Purwasadena comme *děmang* pour la région de Semangka à Lampung et depuis lors il portait le titre avec son nom : Kyai Demang Purwasedana, Atsushi, 2006, p. 52. En fait, la fonction et le nom de *děmang* existaient au moins depuis le XVIe siècle. Il était l'un des cinq grands dignitaires dans le royaume de Majapahit selon le *Nāgara-Kěrtāgama*, Pigeaud, 1962, vol. IV, p. 355-356.

5 *Apapara* : *pěpara* : *běbakulan mrana-mrana*, Poerwadarminta, 1939, p. 471.

[Article 2. Dispute inapaisable]
Quiconque est emmené parce qu'il y a une dispute que l'on ne parvient pas à [régler], si bien qu'il y a une deuxième dispute, alors celui-ci sera condamné, lors de la troisième dispute, à une amende de 10 réaux, même s'il s'agit d'un *nayaka* ou d'un *ponggawa*. S'il s'agit d'un *wong cili*, il sera condamné [à payer] à l'Administration une amende de 10 réaux[6].

[Article 3. Négligence d'un officier royal dans l'exercice de ses fonctions]
Quiconque néglige une tâche [ordonnée par] n'importe quel officier, tel que l'officier du palais, sera condamné selon la peine en vigueur[7]. Tous ces officiers
doivent faire preuve d'attention envers les *wong cili*. Faute de quoi (......) | palais. 28
Mais si [l'officier se voit confier un travail] sur ordre de l'Administration, il est tenu de le mener à bien. S'il agit sans ordre de l'Administration, tout ce qu'il a fait n'est pas pris en compte. Si cet officier est un *nayaka* ou un *ponggawa*, il sera condamné conformément aux ordres[8].

[Article 4. Escroquerie faite par un colporteur]
Si un colporteur vend une marchandise sans rendre au propriétaire [le produit de la vente conformément au] prix, et que le propriétaire réclame [son dû], et que le colporteur ne le lui remet pas, et que finalement le colporteur ne lui rend aucune somme d'argent[9], qu'on rapporte [cette affaire] au maître du colporteur[10]. Que celui-ci vende le colporteur. S'il ne le vend pas (......) les biens d'une
personne [?], [son maître] sera alors | condamné par l'Administration [?]. Si 29
[ce colporteur] agit trois fois de la sorte, qu'il soit vendu par l'Administration. Qu'on paie au propriétaire [de la marchandise] la somme [des réaux] dérobée. Et si cela ne suffit pas, qu'on s'adresse au maître de celui qui a dérobé [l'argent], puisque ce dernier [le colporteur] n'a pas obéi à la loi du gouvernement. Si le prix de l'homme [le colporteur] est supérieur à la somme volée, qu'on remette l'argent [la différence] au propriétaire de l'homme [le colporteur]. Si [ce col-

---

6 On constate dans cet article que la peine de 10 réaux est la même pour les *nayaka* et *ponggawa* que pour les *wong cili*. Par contre, il est précisé que la peine de *wong cili* est à payer à l'Administration, tandis qu'on ignore à qui les *nayaka* et *ponggawa* doivent payer leur amende.

7 On ignore quelle peine sera appliquée à ces officiers royaux.

8 On ignore de quels ordres il s'agit.

9 La construction de la phrase javanaise est répétitive, mais néanmoins nous l'avons retenue dans la traduction française.

10 Donc ici le colporteur doit être un esclave, un serf ou un subordonné.

arta iku maring kang aduwe wong. Lan lamon sapisan alane wong iku ing ḥale nuli dendol. Maka artane wong iku kumpulěna ing atase kang aduwe wong.

Lan lamon ana wong iku ahutang pěralina[11], maka lamon wěruh gustine iku ing pangěmbile kawulane ing ḥale měněng, maka ilang artane, maka kapalampah
30 ing gustine. Maka lamon anyěgah gustine iku saking (……) | gustine iku. Maka lamon ana kawula iku ʻabdi, maka kaya ujaring ḥukum, yaʻne kaya ḥukuming ʻabdi kang angilang-ilangakěn.

Lan kaya mongkono malih wong atutuku kang anguthalekakěn ing patakone. Atawa wong kang atataya mongkono uga tatěrapane. Lan mongkono malih, lamon wong atatawa tutukon ing ḥale anjaluq rěgane dhihin, maka denwehi reyale dening wong kang arěp atuku, maka dentěměni orana kahanane kang dentawakakěn iku, maka muliha panjěre iku, amutung. Maka lamon anglěburakěn wong iku ing panjěre iku, sabab denjaluq dening kang aduwe, maka kaya tatrape wong atataya kang angilěp ing artaning wong iku.

31 (……) utang pěralina. Lan lamon ana wong | wadon utang tunggon, maka deněnggo iya dening kang apihutang, maka ora kawicara dening bumi. Anging kinon angawin gustine iku. Maka lamon ora arěp angawin gustine iku, maka kadhěndha[12] gustine iku sautange wong wadon kang utang pěralina iku. Wine-

11 *Utang pěralina* ou *pralina* fait manifestement référence à une sorte de dette, mais nous ne connaissons pas le sens précis de cette expression. On pourrait supposer qu'il s'agit d'une dette dont l'acquittement est repoussé.

12 Texte : *kaděndha*.

porteur] est vraiment un mauvais homme [malfaiteur], qu'on le vende au plus vite et qu'on rassemble l'argent de la vente pour son maître[13].

[Article 5. Colporteur et sa dette dont l'acquittement est repoussé]

Si l'homme [le colporteur] a contracté une dette dont l'acquittement est repoussé et que le maître, au courant de cette dette, ne dit rien, ladite dette sera reportée sur le maître. Si le maître lui a déjà adressé un avertissement (......) | 30
son maître. Si le *kawula* est un esclave, [la peine] sera conforme à celle [prononcée] par le tribunal pour un esclave ayant fait disparaître [des biens][14].

[Article 6. Escroquerie faite par un acheteur et vente de marchandises ne correspondant pas à l'offre]

Il en va de même pour le client qui dérobe [?] [une marchandise] demandée [?]. De même une personne qui propose sa marchandise [et prend l'argent de l'acheteur sans la lui remettre] se verra infliger une peine identique[15]. De même, si quelqu'un propose une marchandise et en demande le paiement anticipé, et qu'un client intéressé paye la somme demandée, mais qu'en réalité la marchandise vendue ne correspond pas à ce qui lui avait été proposé, qu'on lui rende ses arrhes, et l'affaire sera réglée[16]. Si [le vendeur] fait disparaître les arrhes que l'acheteur demande, la peine appliquée sera la même que celle pour un vendeur prenant l'argent de l'acheteur [sans] lui [remettre la marchandise][17].

[Article 7. Femme dont l'acquittement de sa dette est repoussé]

(......) une dette dont l'acquittement est repoussé. Si | une femme ayant une 31
utang tunggon[18] entre au service de son créancier, l'Administration ne remet pas [la chose] en question. Cependant, cette femme doit épouser son maître. Si elle s'y refuse, elle sera condamnée à une amende d'un montant égal à sa

---

13 Encore une fois, il est très difficile de suivre le raisonnement du texte javanais.

14 On ignore de quelle peine il s'agit et à quelle partie du manuscrit il est fait allusion.

15 On ignore de quelle peine il s'agit.

16 Ce passage de l'article rappelle l'article 30 d'*Undang-Undang Melaka* : « *Bermula, berniaga dua perkara. Benda yang akan dilihat, hendak dilihatnya, maka sah berniaganya. Kedua benda yang diperikan itu hendaklah seperti katanya itu, jangan lagi ada bersalahan perinya itu. Jika bersalahan dengan yang seperti dikatanya itu, tiada sah berniaga* », Fang, 1976, p. 136.

17 Article peu clair. La peine applicable pour les trois délits mentionnés dans cet article est la même que celle citée à l'article précédent. Toutefois, comme nous l'avons déjà indiqué (voir note à la page 30 de l'*UUB*), le manuscrit ne précise pas clairement de laquelle il s'agit.

18 Cf. *Utang tunggon* est une dette pour laquelle son débiteur doit travailler auprès de son créancier jusqu'à ce que la dette soit payée, Gericke & Roorda, 1901, vol. I, p. 727.

hakěn dhěndhane iku maring wong kang deněnggo iku. Maka lěbur utange iku ing iya. Lan lamon denwasa-wasa wong wadon kang utang pěralina iku, ing ḥale wong wadon iku ora suka, maka dhiněndha gustine kang amasa-masa iku patang reyal. Winehakěn iya ing iya.

Mas'alah anaking wong utang

32 Utawi sakehing anaking wong utang iku milu ing utange (……) | alihadansih kang maksih manni. Anging, lamon wus padha madhěp, ahutang dhewek-dhewekan atawa liyan pakahumane[19] : atawa wus kalawan jangji sarta asusuratan saking kang apihutang amětokakěn saking utange bapane atawa saking utange biyange, atawa kalawan šahid roro kang amardika karone kang sěpi karone saking panyěgahing šara'[20]. Maka kang mongkono iku ora milu ing duwe utange bapane atawa biyange, sabab kuwat saking undhang-undhang. Lan kaya mongkono ora milu ing utange bapa biyange wong kang pinaradikakěn kalawan arta. Lan saking sakehing wong amardika kang utang pěralina iku. Lamon arěp lunga saking gustine, aja denpěnging dening gustine, maka
33 (……) kang ahutang iku, maka wajiblah | dadi wuwuhe utange. Anging, lamon apakarana lungane iku kaya lamon ana gustine iku lagi winehan gawe dening bumi, maka satěkane saking gawe bumi winěnang lunga. Lan lamon gustine[21] iku anggitik ing wong amardika kang utang pěralina[22] iku orana sawiji-wiji ing atase. Anging, lamon anacadakěn ing badane kaya anatoni lan angilangakěn anggahotane. Barang kang anacadakěn ing badane, maka tina'zirakěn gustine iku kalawan sawataraning ḥukume.

Lan singsapa ahutang pihutang, anjaluka tutulisane kang ahutang. Lan lamon ora atutulisan, ašahida ing wong lanang roro kang amardika kang sěpi karone
34 iku saking panyěgahing šara' (……) | wus anahur utang. Ing ḥale tutulisane maksih ana ingkang apihutang durung denpateni, maka kinon anahuri uga ; karana

19 Texte : *pa'ahumane.*

20 *Šara'*, mot synonyme de *šarī'a* est ici une simple référence à l'Islam, le Coran et la Sunna, qui sont la base de la normativité islamique ou du droit musulman.

21 Texte : *kustine.*

22 Texte : *pěrlina.*

dette dont l'acquittement est repoussé. L'amende sera versée au maître[23] qui a prêté son [argent]. Ainsi, la dette de cette femme sera réglée. Si la femme ayant une dette dont l'acquittement est repoussé est malmenée par son maître, ce dernier sera condamné à une amende de 4 réaux. Celle-ci doit être versée à la femme[24].

[Article 8.] Au sujet d'un enfant et d'un *kawula* débiteur

Les enfants d'un débiteur sont tous solidaires de la dette (……) | consanguins 32
[?]. En revanche, une fois majeurs [?], [ils peuvent] avoir des dettes: personnelles, ou indépendamment de leur famille: [1] s'ils promettent par une lettre au créancier de payer la dette du père ou de la mère, ou [2] [en présence de] deux témoins hommes libres sur qui ne pèsent pas les interdits de la charia. Ces dispositions ne s'appliquent pas dans le cas d'une personne ayant des dettes envers son père ou sa mère, comme le stipule la loi. De même, ne relève pas non plus de ces dispositions celui qui a racheté sa liberté avec son argent, ni tous les hommes libres ayant contracté une dette dont l'acquittement est repoussé. S'il [*kawula*?] veut quitter son maître, ce dernier n'a pas le droit de l'en empêcher, et
(……) cette dette, sa dette augmente donc forcément [?] |. Mais s'il [*kawula*?] 33
veut partir alors que son maître a reçu de l'Administration l'ordre de réaliser un travail, il ne pourra le faire qu'une fois que son maître sera revenu [après avoir accompli] le travail pour l'Administration. Si le maître frappe avec un objet un homme libre ayant une dette dont l'acquittement est repoussé, l'affaire sera sans suite. Mais s'il le torture, de quelque manière que ce soit, en lui infligeant des blessures ou en l'amputant d'un membre, alors le maître pourra être condamné à un *ta'zīr*[25] [peine discrétionnaire][26].

[Article 9. Note et témoignage pour une dette]

Quiconque accorde une créance doit demander à son débiteur de la noter. Si [ce dernier] ne la note pas, faites témoigner deux hommes libres sur qui ne
pèsent pas les interdits de la charia (……) (Il) | a payé ses dettes. Tant que le titre 34
[de créance] reste détenu par le créancier et que la créance n'est pas effacée,

---

23 Le mot *wong* en javanais devrait renvoyer au maître créancier.

24 Article peu clair et il est très difficile de suivre le raisonnement de cet article dans la complexité du javanais.

25 *Ta'zīr* est un terme du droit islamique signifiant peine discrétionnaire, décidée par le *qāḍī*, pour des délits pour lesquels aucune peine *ḥadd* n'a été établie et qui n'existe pas non plus dans le Coran, ni dans la Tradition, al-'Awwā, 1979, p. 261-264.

26 Article très obscur et il est presque impossible de suivre le raisonnement dans la complexité du javanais de cet article.

angraksa saking wong ala, yadyan angakuha ana šahide pon. Maka lamon ora kaya mongkono lakune, maka ora winirahosan padune dening bumi.

Lan ingundhangakĕn wong kang ora anganggo pašahide dening bumi, lan iya iku: wong kang sanityasa anginum barang kang amuroni, lan wong kang udud madat, lan wong kang amamathoki wong adol atuku, lan wong balantik, lan 'abdi. Anging, lamon ana iya ponggawa, maka wĕnang ing iya ginawe šahid dening bumi.

35 (......) ing wong kang angaku amardika ing | ing ḥale ora matur maring bumi, maka pinĕnging angrahosi dening bumi, salagi angarah 'abdi matur maring bumi.

Lan singsapa angarah 'abdi maring wong sawiji, maka karingburi luput saking pangarahe wong iku, maka kapidhana sapangarahe wong iku. Winehakĕn pidhanane maring kang denarah.

Lan singsapa anyarad parahuning wong, barang parahu anane jukung atawa parahu gĕdhe, matur maring bumi. Maka salagi ora matur wong iku maring bumi, maka dhinĕndha karang satĕnggang sakehe kang aduwe parahu kang
36 densarad iku. Maka tatkala (......) | dalĕm, aja denwehakĕn dening kang aduwe parahu karana dudu kongkonan dalĕm. Maka lamon anggawa cap dalĕm, maka wehĕna barang wong kang anggawa. Maka lamon ora aweh kang aduwe parahu iku ing ḥale wong iku anggawa cap dalĕm, maka ana ing wong iku bĕbĕndu dalĕm.

le débiteur doit payer, [et ce] afin de protéger [le créancier] des gens malhonnêtes, même si l'on avance que des témoins étaient présents. Faute de procéder ainsi, le litige ne sera pas pris en considération par l'Administration[27].

[Article 10. Témoignage irrecevable]
Les personnes dont le témoignage n'est pas recevable par l'Administration sont : les personnes qui boivent sans cesse des boissons enivrantes, fument de l'opium préparé, agissent comme intermédiaires dans des transactions, les maquignons et les esclaves. Néanmoins, si ces personnes sont des *ponggawa*, elles peuvent être acceptées comme témoins par l'Administration[28].

[Article 11. Esclave se déclarant un homme libre]
(……) à un esclave qui se déclare un homme libre, | mais n'en informe pas 35
l'Administration, il lui est interdit par l'Administration de jouir de [cette liberté] jusqu'à ce qu'il se présente devant l'Administration pour l'en informer[29].

[Article 12. Annulation d'embauche d'un esclave]
Quiconque fait venir l'esclave d'une personne pour le faire travailler mais finalement ne l'embauche pas, sera condamné à une amende. La peine [l'amende] sera remise à l'esclave qui aurait dû être embauché.

[Article 13. Condition pour piloter un bateau]
Quiconque conduit un bateau quelconque [appartenant] à un autre, aussi bien une pirogue qu'un gros bateau, doit en informer l'Administration. Dans le cas contraire, tout propriétaire de bateau [emprunté pour être] conduit sera condamné à une peine d'un bateau de madrépores. Lorsque (……) | palais[30], 36
le propriétaire du bateau ne lui donnera pas celui-ci, car il n'y est pas autorisé par le palais. S'il porte le cachet du palais, qu'on donne [le bateau] à celui-ci quelle que soit la personne. Si le propriétaire du bateau ne le donne pas à une personne portant le cachet du palais, il sera condamné à la peine royale.

---

27 Cet article fait penser à l'article 118 de l'*Agama* de l'édition de Jonker : « [...] *1. Bukti piutang berupa saksi, 2. Bukti piutang berupa tulisan, 3. Bukti piutang berupa pembayaran bunga berkala. Saksi kalah kuat dari pada perdjandjian tertulis. Perdjandjian tertulis kalah kuat dari pada pembayaran bunga sebagai tanda berutang. Pengutang hendaknya berpegang teguh kepada tiga bukti tersebut* [...] », Slametmuljana, 1967, p. 131.

28 L'esclave ne fait pas partie de cette exception puisqu'il ne peut pas être un *ponggawa*.

29 Comparer cet article à l'article 7 des lois du sultan Haji.

30 On peut supposer dans ce cas qu'« il n'a pas obtenu le cachet du palais ».

Lan kaya mongkono malih wong kang anyarad jaran. Salagi wong iku ora anggawa cap dalĕm, kaya tatrapane wong kang anyarad jukung.

Maka lamon ana duwening wong kamalingan katĕmu ing tanganing wong sawiji, maka denpariksa kang anĕmu iku barang. Wong kang amariksa angaku wong iku lamon olihe atuku kalawan patuku kang nyata sarta (……) karone
37 kang sĕpi saking kang cinĕgah | ing undhang-undhang. Anĕbusana kang kamalingan iku sapatukone wong iku, nadyan ora katĕmuha kang adol pon, sabab nyata patukune kalawan šahide. Lan lamon wus katimbal-timbal kang ilang iku saking wong sawiji maring wong sawiji, maka anĕbusana wong kang kamalingan iku, samajananing wong akeh.

Lan singsapa agawe sawah atawa gaga[31] atawa kĕbon ing alas kang durung kasambut dening wong, sajabaning uluran antarane patang puluh dhĕpa midĕr saking ulurane ing ḥale sĕpi saking tandha. Maka karingburi denaku dening kang aduwe uluran, maka cinĕgah wong iku pangakune dening bumi, sabab
38 sarupaning (……) | maka aja densambut dening kang liyan.

Maka singsapa anaweni alas, ing ḥale ora densambut, maka dhinĕndha dening bumi kinon angambil karang limang tĕnggang, karana sakehing alas iku miliking ratu, watĕs sanagarane. Maka lamon ana wong anambut alas, sajĕroning uluran watĕse patang puluh dhĕpa midĕr, ora kalawan pakone kang anduweni uluran kang densambut iku, maka dhinĕndha sarĕganing uluran kang densambut iku sarta kinon angambil karang limang tĕnggang dening bumi. Lan lamon anumpangi sambutaning wong atawa sasawening wong kaya tĕraping wong anambut (……) Tamat.

31 Texte : *kagha*.

[Article 14. Condition pour conduire un cheval]

De même, une personne conduisant un cheval sans porter le cachet du palais se verra infliger une peine analogue à celle d'une personne conduisant une pirogue.

[Article 15. Récupération de biens volés et dédommagement de leur propriétaire]

Si un bien volé est retrouvé entre les mains d'une personne, celui qui a retrouvé le bien sera interrogé. L'enquêteur dit que cette personne l'a acquis par achat et qu'il l'a acheté légalement, et (……) les deux ne sont pas des [produits] interdits
| par la loi [?][32]. La personne qui a été volée devra verser une somme égale au 37
prix que l'acheteur a payé, même si l'on ne retrouve pas le vendeur et si l'achat a bien été effectué en présence de témoins. Si le bien perdu est passé de mains en mains, celui qui a été volé devra le racheter auprès de toutes ces personnes.

[Article 16. Distance d'une borne dans une forêt : 40 brasses]

Quiconque cultive une rizière irriguée, rizière sèche ou un jardin dans un [terrain de la] forêt qui n'est pas encore cultivé [doit le faire] au-delà d'une distance de 40 brasses [60 m] depuis la dernière borne. Si par la suite une personne revendique ce terrain, cette revendication ne sera pas prise en compte par
l'Administration, parce qu'elle est de même nature que (……) |, ne doit pas être 38
cultivé par un autre.

[Article 17. Proposer une parcelle dans une forêt]

Quiconque propose [un terrain] de la forêt qu'il ne loue pas sera condamné à une peine par l'Administration : il devra aller chercher 5 bateaux de madrépores parce que toute la forêt appartient au roi et constitue les frontières de son État. Si une personne loue [un terrain] de la forêt mesurant 40 brasses [3 600 m^2] sans l'accord de son propriétaire, elle sera condamnée à une amende par l'Administration égale au prix de la longueur [du terrain] loué et devra en outre aller chercher 5 bateaux de madrépores. Si quelqu'un occupe [un terrain] loué par quelqu'un d'autre ou appartenant à quelqu'un d'autre, la peine sera identique à celle de la personne qui loue (……). Fin.

---

32 On peut comprendre malgré ce qui manque dans cet article que « les deux », vendeur et acheteur, ne seront pas condamnés, mais à condition qu'il ne s'agit pas de produits illicites.

39 Lan singsapa amateni wong amardika atawa wong 'abdi ing ḥale ora angaturi atur maring bumi, maka dhinĕndha wong iku rong atus reyal, wong wadon anane kang pateni iku atawa wong lanang. Lan lamon ana kang denpateni iku wong amardika, maka pidhanane iku winehakĕn iya maring ahlul wariṯ rong atus pisan. Lan lamon ana kang denpateni iku 'abdining wong, maka winehakĕn saking dhĕndha iku maring gustine sarĕganing wong kang denpateni iku. Lan dhĕndhane wong kang amateni iku anujah wĕlah[33]. Lan mongkono malih wong sawiji upamane amateni wong akeh, maka dhĕndhane iku anujah wĕlah malih. Salĕwihe saking gustine angaturaken maring bumi.

Mas'alah Zinah

40 Lan lamon ana 'abdi azinah kalawan wong amardika lan denpateni salah sawiji saking karone. Atawa amardika padha wong amardika kang duwe laki, denpateni karone ing ḥale ora matur maring bumi. Atawa ing lakine wong kang dudu iku: tan sakane lakine[34], maka dhinĕndha wong iku angrong atus reyal katur maring bumi saparone ing ḥukum, salagi ana wong iku 'abdi. Anging, lamon ana wong iku katĕmu ing umahing wong wadon iku ing wĕngi, maka iya iku kaya ḥukuming maling.

33 *Anujah*: *tujah* signifie : être condamné, Prawiroatmojo, 1981, vol. II, p. 272 et *wĕlah* serait une variante du mot *wĕla* : le paiement dans les délais, Pigeaud, 1989, p. 616. Le mot signifie « être condamné à payer une somme d'argent dans les délais ».

34 La phrase « [...] *kang duwe laki, denpateni karone ing ḥale ora matur maring* bumi. *Atawa ing lakine wong kang dudu iku: tan sakane lakine* » est un ajout du copiste qui figure audessus des phrases principales, écrit en *pegon* sans voyelles.

[Article 18. Meurtre]

Quiconque, homme ou femme, a tué un homme libre ou l'esclave de quelqu'un 39
sans en informer l'Administration sera condamné à une amende de 200 réaux. Si la personne assassinée est un homme libre, la peine sera de 200 réaux, qui seront remis à son héritier. Si la personne assassinée est l'esclave de quelqu'un, son maître recevra le montant de l'amende égal au prix de l'esclave assassiné. L'assassin sera condamné à payer dans les délais requis. Ainsi, par exemple, si quelqu'un tue plusieurs personnes, il sera condamné à une amende qu'il lui faudra acquitter dans les délais. En outre, [si l'assassin est un esclave], son maître aura le devoir d'en informer l'Administration[35].

[Article 19. Au sujet de l'adultère]

Si une esclave commet l'adultère avec un homme libre, l'un des deux sera mis 40
à mort[36]. Si [un homme] libre [commet l'adultère] avec [une femme] libre déjà mariée, tous deux seront mis à mort s'ils n'en informent pas l'Administration[37]. [Si une femme libre et mariée commet l'adultère] avec un esclave, elle sera condamnée à une amende de 200 réaux, dont [la moitié] sera attribuée à l'Administration et l'autre au tribunal. Toutefois, si cet esclave est découvert chez cette femme [libre et mariée] la nuit, il [sera condamné] à la peine prévue pour un voleur[38].

---

35 Cet article fait penser à plusieurs articles de l'*Undang-Undang Melaka* (Fang, 1976), à savoir l'article 7.3 : « [...] *Adapun merdehika membunuh 'abdi itu mengganti setengah harganya* [...] » (p. 74) ; l'article 8.1 : « *Jikalau 'abdi menetak merdehika, maka iaitu masuk ulur jadi budak-hutang orang merdeka itu. Adapun jikalau merdehika menetak 'abdi, kenalah denda setengah harganya* [...] » (p. 74) ; l'article 39 : « *Apabila seorang akil baligh membunuh Islam dengan disahajanya, dibunuhnya lelaki itu laki-laki atau perempuan atau kecil atau besar, maka yang membunuh itu dibunuh* [...] *tiada harus merdehika dibunuh sebab membunuh abdi* [...] » (p. 158) ; et l'article 44.3 : « *Dan barang siapa memalu hambanya, maka mati iaitu salah kepada hukum Allah dibunuh raja atau dihukumkan akan dia lima tahil sepaha* » (p. 170).

36 Le texte javanais ne spécifie pas le genre. Ainsi, on ne sait pas qui sera mis à mort.

37 Cette phrase ne semble pas être logique. On peut supposer néanmoins qu'il s'agit de circonstances atténuantes.

38 Cet article fait penser à l'article 40.1 (versets 2 et 3) de l'*Undang-Undang Melaka* : « *Bermula maka yang muhsan itu dihukum direjam dan dilontar dengan batu hingga mati. Maka ghairu muhsan hadnya didera seratus kali palu, dibuangkan keluar negeri itu setahun lamanya* ». « *Bermula hamba laki-laki dan hamba perempuan hadnya setengah daripada merdehika, lima puluh kali palu* », Fang, 1976, p. 158-160. L'article 7 *d'Undang-Undang Pahang* traite également de l'adultère, Kempte & Winstedt, 1948, p. 33-34. Cet article du « code » Banten ne relève pas du droit musulman, tandis que celui du « code » de Malacca en est fortement inspiré.

Lan singsapa ambanda wonge dhewek atawa ambanda wong liyan ing ḥale ora
angaturi atur maring bumi, maka dhinĕndha dening bumi sarĕganing wong
yen amat ingdalĕm kalih dasa arta katur ing bumi. (......) atawa maling atawa
41 wong kabur angiwat | atawa amorod atawa wong minggat atawa wong atutu-
karan kang ora kĕna sinapih, maka kinon cinĕkĕl orana ing atase sawiji-wiji.

Lan singsapa angukuhi kanca baturing wong angungsi, nayaka[39] atawa pong-
gawa kang angukuhi iku atawa pĕryayi alihadansih. Lamon wong cili, maka
tinrapakĕn ing parentah: dhinĕndha karang sapuluh tĕnggang wong iku. Lan
pacuwan anarik kalawan dhewek ing kancane kang angungsi iku. Maka aweh
wĕruh maring ḥukum, maka ḥukum kang anarik ing wong kang angungsi iku.
Lan lamon anarik kalawan dhewek, pinidhana limang reyal, anging sarta kala-
42 wan parentahing ratu. Lan kaya mongkono wong kang (......) | ora kalawan
parentahing ratu, dhinĕndha karang sapuluh tĕnggang.

Lan singsapa ananarka dosaning wong kang patut cĕcĕkĕlan, maka angaturi atur ing bumi, maka dencĕkĕl dening bumi sabab dening ature wong iku. Maka pinariksa dening bumi. Karingburi ora nyata ing pangarahe, maka kapidhana

39 Texte : *nayakaha.*

[Article 20. Attacher les mains d'un dépendant]

Quiconque attache les mains de ses subordonnés [*kawula* ou *batur*] ou d'une autre personne et n'en informe pas l'Administration sera condamné par cette dernière à une amende correspondant à la valeur d'une esclave, c'est-à-dire à 20 [pièces] de monnaie[40] qui seront attribuées à l'Administration. (......) ou [si] quelqu'un vole, ou [si] un homme s'enfuit en enlevant une femme |, 41
ou [si quelqu'un] emporte [quelque chose], ou [si quelqu'un] s'enfuit, ou [si quelqu'un] se bat avec un autre sans qu'on puisse les séparer, alors [le coupable] sera arrêté [et] personne ne [pourra] l'aider.

[Article 21. Assujettir un *batur* réfugié]

[1.] Quiconque, qu'il s'agisse d'un *nayaka*, d'un *ponggawa* ou d'un *pĕryayi*, s'approprie un *batur* réfugié [n'en subira aucune conséquence][41]. S'il s'agit d'un *wong cili*, il sera condamné conformément à la peine [royale] à une peine de 10 bateaux de madrépores. [2.] Il est interdit au [*wong cili*] de prendre le *batur* réfugié avec lui. Il devra en informer le tribunal, qui se chargera de prendre le *batur* réfugié. Si [le *wong cili*] le prend avec lui, il sera condamné à une amende de 5 réaux, même [s'il l'a fait] sur ordre du roi[42]. De la même façon, une personne qui (......) | sans l'ordre du roi, sera condamnée à une peine de 10 bateaux 42
de madrépores.

[Article 22. Soupçonner une personne coupable]

Si quelqu'un soupçonne une personne d'avoir commis un délit pour lequel elle doit être arrêtée, il en avertira l'Administration, et cette personne sera arrêtée par l'Administration en se basant sur cette information. Elle fera ensuite l'objet d'une enquête menée par l'Administration. S'il s'avère que l'accusation n'est pas fondée, l'accusateur sera condamné à une amende correspondant au prix d'un

---

40 Nous ignorons la valeur de cette monnaie.

41 La phrase javanaise n'est pas complète. Nous avons tenté de l'interpréter en complétant la phrase et en nous basant sur d'autres articles comme par exemple un article repris à la page 73 du manuscrit : « *Lan sing sapa wong Surasowan anulĕd bĕdhil tinggar atawa liyan saking tinggar, liyan saking parentah dalĕm, karana aduwe gawe atawa karana amĕng-amĕngan nayaka atawa ponggawa alihadansih. Lamon wong cili iku ana bĕbĕndu dalĕm tinrapakĕn ing parentah dalĕm.* » Quiconque, parmi les habitants de Surasowan, tire au fusil à canon de laiton ou autre, sans ordre du palais, [mais] pour son travail ou par jeu avec les *nayaka* ou les *ponggawa*, [n'en subira aucune conséquence]. Si c'est le fait d'un *wong cili*, il lui sera infligé la peine royale, sur ordre du palais.

42 Nous avons traduit le texte javanais de façon exacte, mais il nous paraît difficilement compréhensible que quelqu'un puisse être condamné s'il exécute un ordre du roi.

lan kang angarah iku sarĕganing wong kang sampurna[43]. Anging, lamon cĕcĕkĕlan iku cĕcĕkalaning bumi, maka orana sawiji-wiji ing atase.

Lan singsapa anguculi babandaning wong barang babandan kang durung (……)
43 pidhanane iku saking kang | gĕdhe saking salah sawiji saking karone. Tamat.

Lan singsapa angurung wong wadon kawulaning wong, lawase denkurung sadina sewĕngi, maka kapidhana sarĕganing wong kang denkurung iku. Winehakĕn maring gustine saparo, saparone maring bumi. Lan lamon mati ing dalĕm tangane kang angurung iku, angilenana sarĕgane, liyan saking pidhana. Lan wong kang denkurung iku ingolihakĕn maring gustine lan dhinĕndha karang sapuluh tĕnggang.

Lan kaya mongkono wong kang angurung bocah lanang 'umure sapuluh tahun, kaya tatrapaning wong kang angurung wong wadon iku.

44 Lan singsapa anĕmu wong minggat atawa wong deniwat ora nuli denaturakĕn maring bumi, lawase deninepakĕn sadina lan sawĕngi, maka pinadhakakĕn kalawan wong kang angurung dhĕndhane, nadyan anyĕkĕla susuratan saking kang aduwe wong pon. Tamat.

43 Certainement il s'agit du prix d'une esclave.

esclave sans défaut. Mais, quand [le délinquant] sera arrêté par l'Administration, il n'aura plus de recours[44].

[Article 23. Détacher un lien]

Quiconque détache le lien de quelqu'un qui n'est pas encore (......[45]) se verra
infliger une peine par | le plus gradé des deux officiers[46]. Fin. 43

[Article 24. Violence et harcèlement sexuel à l'encontre d'une *kawula*]

[1] Quiconque séquestre une femme, *kawula* de quelqu'un, pendant un jour et une nuit[47], sera condamné à payer une amende correspondant au prix de cette femme. Une moitié de [l'amende] sera donnée à son maître et l'autre moitié à l'Administration. [2] Si [la femme] meurt de la main de celui qui l'a séquestrée, celui-ci devra une indemnité égale au prix de [la femme], en sus de la peine. La femme séquestrée sera remise à son maître et ce dernier sera condamné à une amende de 10 bateaux de madrépores[48].

[Article 25. Violence et harcèlement sexuel à l'encontre d'un garçon]

La peine sera la même pour une personne qui séquestre un garçon de dix ans[49].

[Article 26. Trouver et retenir un fugitif ou une femme enlevée]

Quiconque trouve un fugitif ou une femme enlevée et n'en informe pas directe- 44
ment l'Administration, [mais] loge [cette personne] durant un jour et une nuit, sera condamné à une amende équivalente à celle infligée à la personne qui séquestre [une femme], même s'il a une [permission] écrite du propriétaire de la personne en question. Fin.

---

44 Le texte n'est pas très clair. On peut résumer cet article comme suit : 1.) L'accusateur sera condamné par l'Administration si l'accusation n'est pas fondée. 2.) Si l'accusation est fondée, l'Administration arrête le coupable et donc celui-ci n'a pas de recours.

45 Sans doute le mot manquant est « libéré ».

46 On peut supposer qu'à Banten à l'époque au moins deux officiers surveillaient les coupables.

47 Ici, il est sans doute question de relations sexuelles forcées.

48 La dernière phrase du texte n'est pas claire. Il faut sans doute interpréter '*wong kang denkurung*' (la femme séquestrée) comme cadavre de cette femme et la condamnation de son maître serait due à son irresponsabilité. Néanmoins, on peut s'étonner, si nous interprétons de façon correcte, que le maître, en cas de mort, reçoit aussi bien une indemnité qu'une amende.

49 On peut s'interroger sur la raison pour laquelle on indique clairement un garçon de dix ans. Nous supposons qu'il s'agit de garçons à partir de dix ans, l'âge à partir duquel on a dû les considérer comme adultes.

Lan singsapa angaku anĕmu wong minggat sajabaning watĕs, lawas-lawas karuruh : lamon katĕmu sajĕroning watĕs, maka dhinĕndha kinon angunjal karang lima wĕlas tĕnggang. Lan wong kang minggat iku angolihakĕn ing gustine ora kalawan tĕtĕbus maning.

45 (......) deniwat, karĕbut saking tangane | kang angiwat, ing ḥale nyata lamon
olihe angrĕbut saking tangane kang angiwat, atawa liyan saking wong, kaya
dodot tapih ĕmas lan liyane saking sakehing milik kang denjarah dening wong,
maka kinon anĕbusi kang aduwe iku sĕparoning rĕga. Nadyan durung amĕtu
pidhanane saking kang angiwat, pon aweh uga padha tumuli. Lan salagi ora
nyata wong iku angrĕbut saking tangane kang angiwat, maka kinon anĕbusi
kang anduweni milik iku sawataraning lalakon. Lan lalakon sadina tĕbusane
sareyal lungane lan tĕkane. Lan kang angiwat iku dinĕndha sarĕganing wong
kang deniwat. Winehakĕn maring kang aduwe wong kang deniwat. Saparone
46 maring (......) | ing ḥale anujah wĕlah sarta pinanjĕr tĕlung dina lan kinon
angambil karang sapuluh tĕnggang. Pidhanane wong duradesa atawa wong
Surasowan lan dhirine wong iku binuwang ing Lampung.

Lan lamon ana wong adagang anggawa kawulaning wong ahutang pĕralina milu ambadhega[50] atawa milu amanjing awak2 parahu, ing ḥale ora aweh wĕruh maring gustine, lan ora ana pataqṣire maring gustine, maka mati wong iku ing padagangan atawa minggat atawa angari, maka angilenana kang anggawa iku sautange wong kang dengawa[51] iku. Lan lamon atinggal anaq rabi

50 *Ambandhega* : *pandhega* signifie naviguer, Gericke & Roorda, 1901, vol. II, p. 210.

51 Texte : *denkawa*.

[Article 27. Prétendre avoir trouvé un fugitif hors des frontières]
Quiconque prétend avoir trouvé un fugitif hors des frontières, alors que l'on découvre après quelque temps qu'il l'a trouvé à l'intérieur de ces frontières, devra aller chercher 15 bateaux de madrépores. Le fugitif sera rendu à son maître sans que celui-ci ne doive le racheter.

[Article 28. Indemnisation d'une femme enlevée et peine afférente pour l'auteur de cet enlèvement]
(……) [si] une femme enlevée est reprise des mains | de celui qui l'a enlevée et s'il 45
apparaît clairement qu'il l'a reprise des mains de la personne qui l'avait enlevée, de même, [s'il reprend] autre chose qu'une personne, par exemple une étoffe javanaise batikée et tissée de fils d'or ou tout autre bien d'une personne à qui on les a volées, chaque propriétaire devra racheter [son bien] pour la moitié de sa valeur. Même si la personne ayant enlevé la femme n'a pas encore payé son amende, [le propriétaire de la femme] devra immédiatement [dédommager la personne ayant repris la femme ou le bien][52]. Tant qu'il n'aura pas été prouvé que cette personne a repris cette femme des mains de celui qui l'a enlevée, son propriétaire la rachètera au prix [fixé en fonction] du voyage[53]. L'indemnisation d'un jour de voyage, aller-retour, est d'un réal. Celui qui a enlevé cette femme sera condamné à une amende égale au prix de la femme enlevée. [La moitié du montant de l'amende] sera remise au propriétaire de la femme enlevée, et
l'autre moitié à (……[54]). | [Le coupable sera] condamné à payer dans les délais 46
et à une peine d'emprisonnement de trois jours et en plus à aller chercher 10 bateaux de madrépores. La peine [pour avoir enlevé une femme] pour les *wong duradesa* ou les habitants de Surasowan est l'exil à Lampung.

[Article 29. Un marchand emmène un *kawula* ayant une dette dont l'acquittement est repoussé pour qu'il devienne pilote ou marin]
Si un marchand emmène avec lui comme pilote ou marin un *kawula*, ayant une dette dont l'acquittement est repoussé, sans que son maître en ait été informé et sans qu'il ait donné son accord, et que ce *kawula* meurt, s'enfuit ou disparaît dans cette expédition, il [le marchand] devra payer une indemnité égale au montant de la dette du *kawula* concerné. Si le pilote [*kawula*] a laissé une

52 Il n'est pas facile de suivre le raisonnement du texte javanais dans cet article.

53 Ce voyage correspondrait au fait que le ravisseur a éloigné tout de suite la femme du lieu où il l'a enlevée.

54 Cette autre moitié a dû être remise à l'Administration, comme on l'a vu dans l'article précédent.

kang ambadhega iku, maka anaq rabine (……) iku, maka lamon tĕka iya, dadi
47 milike | kang angangsuli iku. Beda, lamon ana pataqṣire kang anggawa iku maring kang anduweni milik sarta agadhuh tutulisane kang anduweni wong, maka orana sawiji-wiji maring juragane. Maka lamon aweh wĕruh bahe kang anggawa iku, ing ḥale orana pataqṣire maring kang aduwe wong, sarta sukane kang aduwe wong ing panggawene iku, maka lunga ḥale ora mulih kang ambandhega iku maring gustine, katĕmpuhan kang anggawa iku sarĕganing wong. Lamon wong iku utang-utangan, anahurana sautange. Lamon mati iya, ora kalawan pakarana, maka katĕmpuhan kang anggawa iku.

Lan singsapa angindhĕti wong ahutang ing ḥale maksih apalawanan utange,
48 winicara ing karta. Maka lamon nyata utange (……) | sawiji-wiji ing atase. Lan lamon ora nyata ahutang ing papariksaning karta, maka kinon angolihakĕn duwene kang denindhĕt iku ing kang aduwe ing ḥale amutung.

Lan singsapa angindhĕt-indhĕti, maka aweh wĕruh maring bumi. Salagi ora aweh wĕruh maring bumi, kinon angolihakĕn malih maring kang aduwe lan dhinĕndha karang limang tĕnggang[55].

Lan lamon ana wong ajangji upah maring wong sawiji barang upahan kang denlakoni iku, maka sawusing paragat gawene iku ora den (……), maka kinon
49 amĕtokakĕn upahe | sarta amutung. Ana dene padune, rinahosan.

55 Ces deux articles font penser aux lois du sultan Zainul Arifin, édition de Van der Tuuk. «*Lan maning pacuwan ana ponggawa gĕdhe-cili atawa wong cili-cili sakabeh indhĕti-indhĕtan, salagi ana sekehing ponggawa kang utang apihutang iku padha apasaksiya maring ponggawane, pacuwan ora padha sasaidan maring ponggawane, ing salagi ponggawane ora amicarakakĕn, iku padha tekaha ing Banthĕn: karone kang utang lan kang apihutang*», Tuuk, 1884, p. 205-206.

épouse et des enfants, ceux-ci[56] (......), s'il revient, lui appartiennent à nouveau |. 47
Par contre, si le marchand a l'accord de son patron [qui possède la cargaison][57] et une autorisation écrite de la part du propriétaire du *kawula*, le capitaine du bateau ne lui fera aucune [difficulté]. Mais si le marchand se borne à en informer [le maître du *kawula*] sans obtenir l'accord de ce dernier, parce que celui-ci est satisfait du travail de son *kawula*, et que, malgré cela, le *kawula* est utilisé comme marin et ne revient pas chez son maître, le marchand devra verser une indemnité égale au prix du *kawula*. Si ce dernier a des dettes, le marchand devra les payer[58]. Si le *kawula* meurt, sans être impliqué dans aucune [mauvaise] affaire[59], le marchand sera tenu pour responsable[60].

[Article 30. Ne pas octroyer un crédit au débiteur ?]
Si un débiteur ne recouvre pas sa dette, alors qu'il doit encore la recouvrer, il doit en informer le *karta* [officier du tribunal en droit coutumier]. S'il est vraiment endetté (......) | chacun à lui. En revanche, si au cours de l'enquête menée 48
par le *karta*, il s'avère que le débiteur n'a pas de dette, il devra rendre la dette à son créancier qui est en colère [?][61].

[Article 31. Ne pas rembourser une dette]
Quiconque ne peut pas s'acquitter de sa dette, doit en informer l'Administration. S'il ne le fait pas, il devra s'en acquitter auprès de son créancier et il sera condamné à une peine de 5 bateaux de madrépores.

[Article 32. Exploitation d'un salarié]
Si quelqu'un propose un salaire à un autre pour un travail à effectuer et si une fois ce travail terminé, il ne (......)[62], il sera obligé de lui donner le salaire [proposé] et | [l'affaire] sera réglée. Tout différend sera résolu par la discussion. 49

---

56 Il s'agit sans doute d'une épouse et d'enfants assignés à résidence ou asservis comme domestiques auprès du propriétaire du *kawula*.

57 Le texte javanais dit seulement '*kang anduweni milik*' et '*milik*' ce qui doit être interprété ici comme la cargaison du bateau qui va être vendue ailleurs.

58 En résumé : si le *kawula* ne revient plus vers son maître ou meurt, la personne qui l'emmène (le marchand) doit payer une indemnité égale au prix du *kawula*. Si celui-ci a des dettes, elle doit aussi payer une indemnité égale à la dette du *kawula*.

59 On ne peut comprendre cette phrase que si on suppose que la mort du *kawula* est due à ses mauvaises fréquentations.

60 Il n'est pas facile de suivre le raisonnement de cet article très complexe.

61 Cet article est vraiment peu clair, surtout la dernière phrase.

62 Sans doute : ne lui donne pas le salaire promis.

Lan singsapa anggorojogi umahing wong, maka manjing wong iku sajĕroning
pagĕr atawa andhupak lawang atawa ambĕdhah pagĕr, maka dhinĕndha kang
anggorojogi iku kalih dasa reyal ing ḥale anujah wĕlah. Lan lamon anarik kĕris
ing ḥale kang ginorojogan jĕnĕngan, maka dhinĕndha sajĕnĕnge kang ginoro-
jogan. Lan lamon ora anarik kĕris, maka dhinĕndha sakarone sajĕnĕnge kang
ginorojogan. Lan lamon mandhĕg sajĕroning pagĕr atawa sajĕroning pakaran-
gan ora ana pakolehe kang anduweni pakarangan iku, maka dhĕndhane kang
anggorojogi iku katur maring bumi tĕlung puluh reyal. Maka tandhaning ang-
50 gorojog iku (......) | atawa ambĕdhah pagĕr.

Lan singsapa angrangkul wong wadon wawaneh atawa anyandhak atawa angambung sajabaning pakarangan atawa ing pakaranganing wong lanang iku ing rahina, maka dhinĕndha matang reyal. Maka lamon panggawe iku ing wĕngi dhinĕndha limang reyal. Maka lamon ana ing pakaranganing wong wadon iku ing rahina, maka dhĕndhane sangang reyal, lan lamon ing [*wĕngi*[63]] sapuluh reyal.

Lan singsapa anabok atawa anjamalani maring wong, padha lanang, ing ḥale
ora malĕs, atawa maring wong wadon, maka lamon ana wong kang tinabok iku
51 mardika, maka (......). Ana wong kang tinabok iku ʻabdi |, maka dhĕndhane iku
limang reyal. Maka lamon tatu, abali iya maring sawataraning tatu.

63 Le papier de l'original est détérioré à cet endroit. Toutefois, il faut certainement comprendre « de nuit ».

[Article 33. Pénétrer chez quelqu'un de force]

Quiconque pénètre de force chez quelqu'un en passant la clôture ou en frappant la porte avec le pied ou en brisant cette clôture sera condamné à une amende de 20 réaux, à payer dans les délais impartis. Si celui qui entre dégaine son kriss, tandis que le propriétaire de la maison reste imperturbable, il sera condamné à payer l'amende estimée par le propriétaire de la maison[64]. S'il ne dégaine pas son kriss, il sera [aussi] condamné à payer l'amende estimée par le propriétaire de la maison. S'il s'arrête dans l'enclos ou dans la propriété et que le propriétaire ne subit aucun dommage, il versera une amende de 30 réaux à l'Administration. Telle est le cas pour celui qui entre de force [dans la maison
de quelqu'un] (……) | ou brise la clôture[65]. 50

[Article 34. Agression sexuelle à l'encontre d'une femme]

Quiconque prend la femme d'un autre dans ses bras ou la tient [par la main] ou encore lui donne un baiser à l'extérieur ou à l'intérieur de sa propriété, dans la journée, sera condamné à une amende de 4 réaux. S'il le fait la nuit, il sera condamné à une amende de 5 réaux. Si cet acte se produit de jour dans la propriété de la femme, l'amende sera de 8 réaux, et si cela se produit [*de nuit*], 10 réaux.

[Article 35. Coup porté à quelqu'un qui ne réplique pas]

Si un homme donne un coup ou fait du mal à un autre homme ou à une femme, sans que la victime ne réplique, si la personne frappée est un homme libre, alors
(……). Si la personne frappée est un esclave, | il sera condamné à une amende de 51
5 réaux. Si [la personne frappée] est blessée, en réparation, elle blesse à l'identique [son agresseur][66].

---

64 Les maisons à Banten étaient très modestes, comme en témoigne Stavorinus en 1769 : « *On arrive dans Bantem sans qu'on s'en doute, et l'on se croirait plus dans un bois de cocotiers que dans une ville ; les maisons (si l'on peut donner ce nom à des cabanes construites de roseaux entrecalés, enduites d'argile et couvertes de feuilles) étant dispersées ça et là sans ordre et sans régularité, au milieu de cocotiers et d'un jardin qu'entoure une clôture de bambou fendu ; de sorte que chaque habitation se trouve parfaitement isolée de ses voisins* », Stavorinus, 1798, p. 53-54.

65 Comparer aux articles 37 (f. 51^{v}-52^{r}) et 39 (f. 53^{v}) dans ces mêmes lois du sultan Zainul Abidin.

66 Cet article fait penser à l'article 8.2 de l'*Undang-Undang Melaka* : « *Adapun jikalau 'abdi menampar merdehika, hukumnya dipotong tangannya itu. Adapun jikalau merdehika menampar 'abdi tiada dengan salahnya, kena lima emas juga hukumnya. Jikalau ia kaya, kena sepuluh emas. Adapun hamba orang itu, jikalau dengan judah mulutnya, seperti memaki, maka suatupun tiada salahnya lagi merdehika itu* » (p. 74). « *Adapun jikalau merdehika menampar abdi, maka ditikamnya oleh 'abdi itu, mati merdehika itu, maka tiada salahnya*

Lan singsapa angujar-ujari iya ing wong lanang atawa wong wadon, atawa amisuhi, ing ḥale wong iku ora amalĕs, maka dhĕndhane kang angujar-ujari iku: rong reyal dhĕndhane.

Kamā qāla Allāhu ta'ālā fī al-kitābi al-'azīz: Yā ayyuha al-laḏīna āmanū la tadḫulū buyūtan ġayra buyūtikum ḥattā tasta'nisū[67]. Lan singsapa manjing ing umahing wong ing ḥale ora kalawan pakone kang duwe umah ing rahina, maka dhĕndhane kalih reyal. Lan lamon ing wĕngi, maka dhĕndhane patang reyal. Lan lamon ana panjinge iku kaya lakuning maling: kaya amanek pagĕr, atawa ambabah, atawa anobos, maka dhĕndhane sangang reyal. Lan lamon
52 [*ing wĕngi*[68]], maka | dhĕndhane sapuluh réyal.

[...] *adapun jikalau merdehika ditampar abdi, maka ditikamnya mati, serta ada syaksinya, tiadalah perkataannya lagi. Adapun jikalau 'abdi menampar samanya 'abdi, maka kenalah dendanya setengah harganya. Demikianlah hukumnya, mau laki-laki, mau perempuan, dengan tiada bersalahan pada hukum kanun* » (p. 76), Fang, 1976, p. 74-76. Il peut être également rapproché de l'article 6 de l'*Undang-Undang Pahang* : « *Peri pada menyatakan hukum resam segala orang yang menampar orang dan memaki isteri orang pada yang bukan patut tempat ka-atasnya, jika tertikam, mati sahaja-lah. Ada pun pada kaul yang sah, tiada dapat tikam : sa-hingga di-balas jua, dapat. Tetapi akhiyar kata, jika ia melawan sebab di-balas itu, jika terbunoh, mati sahajalah* », Kempe & Winstedt, 1948, p. 32.

67 Se trouve à la marge droite le texte : *al-buyūta... an yu'ḏana lakum.* (QS. al-Nūr/24:27). Le scribe a confondu avec le QS. al-'Aḥzāb/33:53 et le QS. al-Nūr/24:27.

68 Le papier de l'original est détérioré à cet endroit. Toutefois, il faut certainement comprendre « de nuit ».

[Article 36. Insulte à quelqu'un qui ne réplique pas]

Toute personne qui insulte ou humilie autrui, homme ou femme, sans que cette personne ne réplique, sera condamnée à 2 réaux[69].

[Article 37. Pénétrer chez quelqu'un de force]

Allah dit dans le Coran : "*Ô vous qui croyez ! n'entrez point dans des demeures autres que vos demeures, avant de vous faire admettre*[70]." Quiconque entre chez autrui sans la permission du propriétaire pendant la journée, sera condamné à une amende de 2 réaux. S'il le fait de nuit, l'amende sera de 4 réaux. S'il entre par effraction comme un cambrioleur en escaladant la clôture, en y faisant un trou ou en s'y glissant, il sera condamné à une amende de 9 réaux. S'[il le fait de nuit], l'amende | sera de 10 réaux[71]. 52

---

69 Cet article fait penser à l'article 41 de l'*Undang-Undang Melaka* : « *Seorang memaki seseorang, maka munkir yang memaki itu daripada tiada ada syaksinya, maka didera delapan puluh kali orang yang memaki itu* ». « *Bermula yang memaki itu hamba orang, maka dipalu empat puluh kali akan dia. Bermula apabila sama abdi atau kafir, hadkan orang yang memaki itu hingga dita'zirkan oleh hakim* », Fang, 1976, p. 160. Nous trouvons le même cas dans l'*Undang-Undang Palembang*, l'article 19, chapitre VI : « *Jika orang misuh-misuh pada orang lain terlupa kata iang patut, sikep namania, dihukum beras satu gantang, kealap satu bijie, ayam 1 dan sirih sekapur* [...] », Djamaris et al., 1981, p. 262. La différence est que la peine pour insulte dans l'*Undang-Undang Melaka* est plus sévère que celle de l'*Undhang-Undhang Bantĕn*. En comparaison, l'empreinte du droit musulman dans l'*UUM* est plus présente que dans l'*UUB*.

70 QS. al-Nūr/24:27, Blachère, 1999, p. 378.

71 Comparer à l'article 33 (f. 49^{v}-50^{r}). Cet article a pris sa source dans l'article 9 des lois du sultan Abul Mafakhir (f. 93^{v}). Par ailleurs, cet article fait penser à l'article 11 de l'*Undang-Undang Kedah*, Chapitre II, *Undang-Undang Dato Seri Paduka Tuan* (1078 AH./1667 EC.) : « *Ada pun hukum orang yang memasoki kampong orang pada ketika malam* [...] *Apabila naik orang ka-rumah atau di-bawah sa-kali pn, jika di-tikam oleh empunya rumah itu, mati sahaja. Ada pun alamat pagar rumah itu, jikalau palang pun, hukum-nya pagar juga.* » Il se trouve ainsi dans l'article 12 « *Jika orang masok kampong pada ketika siang hari* [...] *Sa-bermula jika orang tiada pernah pergi ka-rumah orang itu, tetapi ia pergi itu hingga serambi juga, apa-bila tiada tuan rumah yang laki-laki, jika di-dapatinya oleh tuan rumah melampaui dari-pada adat-nya tempat dudoknya orang benar, maka di-bunoh-nya, mati sahaja akan orang itu* », Winstedt, 1928, p. 30. Il fait également penser à l'article 4 de l'*Undang-Undang Pahang* : « [...] *demikian lagi, jika ia datang menumbok pintu pada zaman empunya kampong dengan kahar-nya, maka tiada di-beri-nya izin oleh yang empunya kampong jika ia tertikam, mati sahaja, melainkan orang itu zawwal 'akal* », Kempe & Winstedt, 1948, p. 31.

Lan lamon anabok-tinabok padha wadon padha sawiji ing ḥale ora tatu, maka orana sawiji2. Maka lamon denkĕmbuli dening wong ro2 atawa wong akeh, maka dhĕndhane amatang reyal. Anging, lamon ana kang dentabok dening wong wadon iku bocah, maka dhinĕndha kang anabok iku limang reyal. Lamon 'abdi bocah iku, dhĕndhane saparone. Lan lamon anabok wong wadon ing papadhane wadon padha sawiji kang tinabok ora malĕs, kapidhana kang anabok iku patang reyal. Yen 'abdi kang tinabok iku, dhĕndhane rong reyal.

53 Lan singsapa manjing ing pakaranganing wong sawiji sarta angujar-ujari ingkang aduwe umah, atawa ana nangtang, atawa arĕp anumbak, atawa arĕp anuduk ing ḥale kang aduwe umah ora amalĕs, maka dhinĕndha kalih puluh reyal. Lan lamon kasĕrĕngĕn iya ing umahing wong maring wong, wawaneh, maka dhinĕndha iya patang reyal.

Lan lamon anilih parahuning wong ing ḥale dengawa minggat, ora kabotan
kang anduweni parahu. Anging, lamon nyata aweh minangka dadalaning wong
minggat, maka botĕna maring kang aduwe parahu, sarta mulih amutung padha
kalawan wong anglungakakĕn wonging wong, lan lamon ana wong apadu (……)
54 | padune, maka dhinĕndha, saparoning jĕnĕnging karta.

Lan lamon wong anangcang sato ing dadalan barang sato yen aningat wong atawa angokop atawa anepak, angidĕk, maka dhinĕndha sawatarane tatune atawa cacade. Lan kaya mongkono ḥukuming sato kang angilang-ngilangakĕn.

[Article 38. Une femme assène un coup à quelqu'un]

Si des femmes échangent des coups sans qu'aucune ne soit blessée, il n'y aura pas de conséquences. Si [elles se querellent] accompagnées de deux personnes ou plus, chacune sera condamnée à une amende de 4 réaux. Néanmoins, si [l'une de] ces femmes donne un coup à un enfant, elle sera condamnée à une amende de 5 réaux ; si l'enfant est un esclave, l'amende sera de la moitié [2,5 réaux]. Si une femme donne un coup à une autre femme sans que cette dernière ne réplique, elle sera condamnée à une amende de 4 réaux. Si celle qui a été frappée est une esclave, elle sera condamnée à une amende de 2 réaux.

[Article 39. Pénétrer dans la propriété d'autrui et l'embarrasser]

Quiconque pénètre dans la propriété d'autrui et le raille, le provoque, ou bien 53
menace de lui jeter sa lance ou de le poignarder, et si le propriétaire ne réplique pas, sera condamné à une amende de 20 réaux. Si le propriétaire réplique par des insultes, l'intrus sera condamné à une amende de 4 réaux[72].

[Article 40. Emprunter le bateau d'autrui pour permettre à une personne de s'enfuir]

Si quelqu'un emprunte le bateau d'autrui et disparaît avec, sans que le propriétaire ne s'y oppose, [il n'y a pas de problème]. En revanche, s'il est prouvé que [l'emprunt du bateau] sert de moyen de fuite à un fugitif, sans que le propriétaire du bateau ne le sache, et si, quand l'emprunteur rend [le bateau] et que son
propriétaire est mécontent, une dispute survient (……) | la dispute, [l'emprun- 54
teur du bateau] est condamné à une amende, dont la moitié [sera remise au] *karta*[73].

[Article 41. Attacher sur un chemin du bétail qui blesse autrui]

Quiconque attache un animal sur un chemin, et si l'animal encorne, mord, rue ou piétine quelqu'un, sera condamné en fonction de la blessure ou de l'invalidité [du second]. Il en va de même, pour [le propriétaire] d'un animal qui a tué[74].

---

72 Le texte javanais n'est pas clair. L'interprétation pourrait être la suivante : si le propriétaire de la maison réplique par des injures, celui qui pénètre chez lui ne serait condamné qu'à 4 réaux. Par ailleurs, cet article a pris sa source dans l'article 11 des lois du sultan Abul Mafakhir (f. 94^{r}-95^{v}), mais il est plus court.

73 Le texte javanais n'est pas facile à comprendre.

74 Cet article fait penser aux trois codes différents : d'abord l'article 21.1 de *Undang-Undang Melaka* stipule : « *Jikalau ada kerbau atau lembu itu ditambat pada jalan orang yang lalu lalang, maka oleh kerbau atau lembu itu ditanduknya orang itu, luka, didendanya setahil sepaha yang menambat dia. Adapun jikalau mati orang yang ditanduknya itu, kenalah*

Lan singsapa ambabarakĕn wong angiwat atawa ambabarakĕn wong amama-
ling atawa wong angrampog, winehan pakolih dening bumi sanaq rabine kang
binabarakĕn. Lan lamon ana kang ambabarakĕn iku rowange angiwat (……)
55 wong iku saking dhĕndhaning angiwat. | Lan saking dhĕndhaning amamaling
lan polahing amamaling. Sarta winehakĕn anaq rabine kang denbabarakĕn iku.
Lan lamon ana kang denbabarakĕn angiwat iku ora duwe anaq rabi, winehan
pakolih saparoning dhĕndhaning wong angiwat. Lan kaya mongkono malih
kang ambabarakĕn wong angurung kawulaning wong kaya tatrapaning wong
kang angiwat lan wong kang mamaling.

Lan singsapa wong Surasowan angrampog ra'yat Jakĕtra atawa angrampog ra'yat duradesa kang liyan, lamon nayaka kang lumaku mongkono iku binuwang ing Lampung sarta kinurukud saraja duwene lan wonge pisan. Lan kaya mongkono malih sakehing para ponggawa alihadansih. Lamon wong cili, dhirine dadi wong bumi.

56 Lan singsapa angĕmbari wong angamuk ĕnggon kang liyan saking alun-alun, ginanjar sapanjĕnĕng lan reyal sapuluh.

Lan singsapa amurugul wong wadon ing pakaranganing nayaka atawa ing pakaranganing ponggawa atawa ing pakaranganing mantĕri atawa ing pakaranganing suranagara, maka dhinĕndha sajĕnĕnge kang anduweni pakarangan maṭ-

---

seharganya dengan orang itu […]», Fang, 1976, p. 112 ; ensuite l'article 14 de *Undang-Undang Kedah*, Chapitre II, *Undang-Undang Dato Seri Paduka Tuan*, stipule : « […] *Sabermula hendak-lah kweng katakan pada barang siapa menarang kerbau yang baharu ajar, jangan di-tambat di-tepi jalan besar, kalau-kalau ia menandok orang lalu : apa-bila di-tarang juga hampir jalan, maka di-tandok orang luka atau mati, kena-lah diat ; jika mati orang itu, tuan kerbau itu pun di-bunoh, hukumnya* » (1078 H./1667 M.), Winstedt, 1928, p. 30-31 ; enfin dans le *Serat Angger-Anggeran Jawi*, chapitre *Nawala Pradata Dalem*, prakara ping 31 : « *Lamun ana wong ngingu kebo sapi, utawa jaran sapepadhane, yen diengon utawa dicancang, ana ing pinggir dedalan, utawa ana ing lelurung, mangka nggudag, utawa ngidak ing wong, utawa ngidak bocah, konsi tatu utawa mati, yen ora nrima ahliwarise, mulura panggugate. Dene wong kang ngingu kebo sapi jaran iku mau, kapatrapan diyat samurwate* […] », Roorda, 2002, p. 34 et 206-207.

[Article 42. Dénoncer un voleur, cambrioleur, ravisseur d'une femme ou une personne séquestrant un *kawula*]

Quiconque dénonce le ravisseur d'une femme, un voleur ou un brigand, sera récompensé par l'Administration: [par l'attribution] de la femme et de ses enfants[75]. Et si l'informateur est un ami du ravisseur de la femme (......) il sera [récompensé en recevant] l'amende infligée au ravisseur de la femme. | [Si 55
c'est un vol, la récompense sera prise sur] l'amende [infligée] au voleur et sur les biens volés. De plus, son épouse et ses enfants seront attribués [à celui qui a dénoncé]. Si la personne dénoncée comme ravisseur d'une femme n'a ni épouse ni enfants, le dénonciateur reçoit comme récompense la moitié de l'amende [infligée] au ravisseur d'une femme. La récompense pour le dénonciateur de celui qui a séquestré un *kawula* est la même que celle pour celui qui enlève une femme ou qui vole [un bien][76].

[Article 43. Un habitant de Surasowan dévalise un habitant de Jakĕtra ou d'un *duradesa*]

Quiconque, habitant à Surasowan[77], dévalise une personne de Jakĕtra ou d'un *duradesa*, sera exilé à Lampung et tous ses biens seront saisis, y compris ses gens[78], s'il est *nayaka*. Il en va de même pour tous les *ponggawa*. S'il est *wong cili*, il sera asservi comme serviteur du Premier ministre[79].

[Article 44. Intervention contre un forcené hors de la place royale]

Quiconque calme un forcené hors de la place royale sera condamné, comme il 56
se doit, à 10 réaux[80].

[Article 45. Violer une femme dans la propriété d'un dignitaire ou d'un officier royal]

Quiconque viole une femme dans la propriété d'un *nayaka*, d'un *ponggawa*, d'un *mantĕri* ou d'un *suranagara*, sera condamné à une amende, comme il se doit, [dont le montant] imposé au violeur dépend du propriétaire des lieux.

---

75 Le sens, ici, est peut-être que l'épouse et les enfants d'un coupable dénoncé deviendront les serviteurs (*kawula* ou *batur*) de celui qui dénonce.

76 Il n'est pas facile de suivre le raisonnement de cet article javanais complexe.

77 On sait que dans la ville de Surasowan n'habite aucun étranger.

78 Certainement ses serviteurs et subordonnés.

79 Il s'agit sans doute ici d'un travail dans l'Administration centrale (*bumi*) sous la direction du Premier ministre (*mangkubumi*).

80 L'article est surprenant. Peut-être faut-il supposer que seule une autorité supérieure doit intervenir.

lub amurugul. Dhĕndhane amilang pakarangan. Lan kaya mongkono malih wong kang ana nangtang ing pakaranganing wong, maka tinrapakĕn ing parentah dalĕm.

Lan lamon ana jaran mati atawa kĕbo atawa sapi atawa wĕdhus, masalah ama-
57 teni (……) ora nyata kang amateni, maka sinikut | patang puluh dhĕpa saking babathanging jaran iku atawa liyan saking jaran kaya kĕbo, sapi, wĕdhus, atawa saking gĕtih wiwitaning maring lawanging pakarangan patang puluh dhĕpa, maka sakehing lawang kang kĕna ing sikutan iku dhinĕndha sapuluh reyal. Tĕgĕse, reyal sapuluh iku denwĕtokĕna dening sakehing wong kang kenang sikutan iku, pira akehing lawang, padha dum-duman. Lan lamon kawĕruhan wonge kang amateni iku, katĕmpuhan iya sarĕgane kang mati iku. Lan lamon tatu balaka, angilenana sakira2 tatune.

Lan singsapa atutukaran ing ĕnggon kang liyan saking pasebaning nayaka lan liyan saking pasebaning ponggawa tinrapakĕn ing parentah dalĕm. Ana ḥukum dalĕm[81], paseban ponggawa lamon (……)

58 Lan singsapa anagih wong tanpa utang, ing ḥale awali-wali panagihe, ing ḥale bantah yen tanpa utang, maka kĕbalik sadya kang anagih iku dhinĕndha sapan-

81 *Ḥukum dalĕm* : terme du synonyme de *parentah dalĕm* et de *bĕbĕndu dalĕm* signifie peine royale.

L'amende est estimée [en fonction du rang du propriétaire] de la demeure[82]. De même, celui qui [en] provoque [un autre] dans la propriété d'autres personnes sera condamné à la peine royale.

[Article 46. Responsabilité collective de la mort d'une bête]
Si un cheval, un buffle, un bœuf ou une chèvre meurt, la question de celui qui l'a abattu (……), mais si on ne sait pas qui l'a abattu, on doit alors mesurer en coudées | [une distance de] 40 brasses [60 m] depuis le cadavre du cheval ou 57
du buffle, du bœuf ou de la chèvre, ou du sang qui en provient, vers les portes d'entrées des cours [alentour]. Tous ceux dont les portes d'entrées sont comprises dans cette distance seront condamnés à une amende de 10 réaux. Autrement dit toutes les personnes, habitant en dedans de cette distance, auront à payer les 10 réaux. C'est-à-dire chacun doit payer sa part. Si le coupable est découvert, il doit verser une indemnité égale à la valeur de [l'animal] mort. Si [l'animal] n'est que blessé, le coupable doit verser une indemnité correspondant à la blessure.

[Article 47. Querelle hors du *paseban* d'un officier royal]
Quiconque a une querelle dans un lieu autre que le *paseban* d'un *nayaka* ou d'un *ponggawa*, sera condamné à la peine royale. Il existe une peine royale [pour] le *paseban* de *ponggawa*, si (……)

[Article 48. Recouvrer une dette auprès d'une personne sans dette]
Si une personne vient recouvrer [de l'argent] auprès d'une personne qui n'est 58
pas endettée envers lui, et qu'il l'a déjà fait à maintes reprises, [malgré] les dénégations [de celui] qui n'a donc pas de dette, la totalité de l'accusation se

82 Le cas du viol est mentionné dans l'article 43.5 de l'*Undang-Undang Melaka* : « *Bermula jikalau orang merogol anak orang, atau saudara orang, maka hukumnya itu mati seseorang juga* » (p. 166). Si la famille de la victime ne réagit pas, le violeur n'est pas condamné. Mais ce dernier doit épouser la victime et payer une dot nuptiale doublée. S'il refuse, il est frappé et humilié. Si le viol est précédé d'un enlèvement, deux peines existent selon le droit musulman et le droit coutumier, l'article 12.2 : « *Demikian lagi menangkap orang, maka lalu diwatinya perempuan itu, pun sepuluh emas dendanya, karena menggagahi orang* […] *Jikalau ada orang merdehika yang ditangkapnya itu, maka lalu diwati'nya perempuan itu, maka diberinya tahu kepad ahakim, maka dipanggil oleh hakim, disuruh kahwinkan. Jikalau tiada ia mau kahwin, didenda tiga tahil sepaha dengan isi kahwinnya. Selanjutnya pasal ini menjelaskan hukuman menurut hukum Islam, yaitu dirajam bagi muhsan, dan dicambuk 100 kali bagi gayru muhsan* » (p. 84), Fang, 1976, p. 84 et 166. La peine du viol à Melaka était la peine de mort, alors qu'à Banten, il s'agissait seulement d'une amende.

garahe, winehakĕn maring kang denarah maṭlub. Singsapa angarah utang ing ḥale ora utang, kawala tali[83].

Lan singsapa nyata ahutang, maka dentagih dening kang apihutang, maka pinariksa nyata yen ahutang, maka anahura wong iku, amutung saking utange.

Lan singsapa amorod jukunging wong, kapidhana lemah badhe luluh rong puluh jukung sarta angulihĕna jukung kang denporod iku, maka jukung kang
59 (……) pangrogoh. Lan parahu kang ginawe | patakĕran ing karang parahu kang
buka saasta.

Lan singsapa atuku kĕbo atawa sapi atawa jaran atawa wĕdhus aŝahida ing wong lanang papat kang amardika, lan agadhuha piyagĕm saking kang adol kĕbo, lan ŝahide iku papat tulisĕna ing piyagĕm.

Lan singsapa ora aŝahid ing wong lanang papat, maka kabĕdhol kĕbone iku dening panglaku. Tamat.

Lan singsapa anambĕleh kĕbo, anjaluk cap dalĕm. Salagi orana cap dalĕm, kapidhana sapuluh reyal (……)

83 Cet article fait penser à l'article dans le *penget* du Sultan Zainul Asyikin, le 15 Muharram 1169/21 octobre 1755 : « *Lan pacuwan anagih atawa angindhit, dudu rupane wong utange tunggale desane pinĕnging uga dening dalĕm anagih yen dudu rupa kang autang, endi* (*harning*) *kang ngautang iku tagiyĕn, atawa indhithĕn* », Tuuk, 1884, p. 206.

retourne contre lui. Il est condamné à une amende égale à ce qu'il réclame. Puis [cette somme] est versée à celui qui était accusé de [dette]. Quiconque en accuse un autre de dette, alors que celui-ci n'en a pas, doit être arrêté.

[Article 49. Recouvrement d'une dette]
Quiconque, réellement endetté, fait l'objet d'un recouvrement de la part du créancier, et, après enquête, apparaît effectivement endetté, puis rembourse son créancier, sera libre de toutes ses dettes.

[Article 50. Voler la pirogue d'autrui]
Quiconque vole la pirogue d'autrui, sera condamné [à apporter] 20 pirogues de matériaux de construction et devra rendre la pirogue qu'il a prise. La pirogue
qui (…) à la rame. La pirogue qui sert | d'unité de mesure est de 1 coudée [50 cm] 59
de large[84].

[Article 51. Témoignage et acte d'achat d'une bête]
Quiconque achète un buffle, un bœuf, un cheval ou une chèvre, doit faire témoigner quatre personnes libres, avoir un acte écrit du vendeur du buffle, et écrire les [noms des] quatre témoins sur cet acte[85].

[Article 52. Achat d'une bête sans témoins]
Quiconque n'a pas le témoignage de quatre personnes, verra son buffle emmené par les officiers[86]. Fin.

[Article 53. Cachet du palais pour l'abattage]
Quiconque égorge un buffle, doit demander le cachet du palais. Faute de quoi, il sera condamné à une amende de 10 réaux (……)

---

84 On ne connaît pas la longueur.

85 On trouve également l'obligation de fournir un acte écrit dans d'autres codes locaux, par exemple, dans le *Undang-Undang Kedah*, Chapitre II, *Undang-Undang Dato Seri Paduka Tuan*, article 4 : « […] *Barang siapa berjual-beli kerbau, maka tiada ia mengambil chap surat ka-pada kweng itu pun, tangkap dengan tekah-nya hantarkan ka-negeri, kerana ia benar jual beli itu : maka itulah tanda orang jahat pekertinya* », Winstedt, 1928, p. 28. *Chap surat* est un acte de vente dans le monde malais correspondant au *piyagĕm*.

86 Cet article fait penser à l'article 4 de l'*Undang-Undang Kedah*, Chapitre II, *Undang-Undang Dato Seri Paduka Tuan* : « […] *Barang siapa membeli kerbau tiada dengan sa-tahu kweng, maka hendaklah tangkap oleh kweng hantarkan ka-negeri dengan tekahnya* […] », Winstedt, 1928, p. 28.

60 Wong kang anamběleh kěbo sawiji liyan saking kěbo kang kadadak atawa katumbak dening wong atawa denjěbak[87] dening macan, maka aṡahida ing tatanggane desa lan lumpinge lan sungune aturěna ing dalěm, karana ora anggawa cap kaya kapěryoga lagi aduwe gawe ora winehan cap.

Lan singsapa anamběleh kěbo sapining wong, maka kadhěndha sarěganing kěbo sapi kang densamběleh iku. Lan lamon wědhus kadhěndha sarěganing wědhus lan kadhěndha karang sapuluh těnggang.

Lan lamon ana wong anyěkěl kěbo atawa sapining wong ing ḥale denaku milike
61 (……) atawa dencangcang, maka karingburi | těka kang aduwe, maka olihěna maring kang aduwe sarta dhiněndha karang limang těnggang. Maka lamon durung dengawekakěn kěbo iku sarta denolihakěn maring kang aduwe, pidhanane karang rong těnggang. Lan lamon denkukuhe dening kang anyěkěl sahingga těka gigiringan, maka dhiněndha karang limang těnggang lan dhiněndha sarěganing kěbo iku.

Lan singsapa agawe cap barang cap amadhani cap dalěm maka dendol, maka kang agawe, lan kang adol, lan kang atuku: kinurukud saraja duwene lan dhirine lan binuwang ing Lampung.

87 Texte: *dencebak*.

[Article 54. Faire témoigner son voisin en cas d'abattage sans cachet du palais]

Celui qui égorge un buffle doit le faire en présence de voisins de son village 60
sauf si le buffle est mort de façon subite ou s'il a été tué par une lance ou par
un tigre. Si le boucher n'a pas le cachet, comme il le devrait, il doit apporter les
ossements et la corne au palais[88].

[Article 55. Abattage d'une bête d'autrui]

Quiconque a égorgé le buffle ou le bœuf d'autrui, sera condamné à une amende de la valeur du buffle ou du bœuf. S'il s'agit d'une chèvre, il sera condamné à une amende de la valeur d'une chèvre et à une peine de 10 bateaux de madrépores.

[Article 56. Voler une bête d'autrui]

Si un homme prend le buffle ou le bœuf d'un autre et qu'il prétend en être le
propriétaire (……) ou l'attache, puis | que le propriétaire vient, il doit le rendre 61
à ce dernier et sera condamné à une peine de 5 bateaux des madrépores[89]. S'il
n'a pas encore fait travailler l'animal et qu'il le rend à son propriétaire, la peine
sera de 2 bateaux de madrépores. Si [cet animal] est retenu par celui qui l'a
pris et qui l'a fait travailler, celui-ci sera condamné à une peine de 5 bateaux de
madrépores en plus de la valeur du buffle [ou du bœuf].

[Article 57. Imiter le cachet du palais]

Si une personne fabrique un cachet quelconque imitant celui du palais et le vend, le fabricant, le vendeur et l'acheteur verront tous leurs biens saisis et ils seront exilés à Lampung.

---

88 Cet article fait penser à l'article de l'*Undang-Undang Kedah*, Chapitre II, *Undang-Undang Dato Seri Paduka Tuan* : « […] *Jika orang berbantai kerbau lembu, maka hendaklah nyatakan pada kweng; hendak-lah hantar kepala-nya dan tandok dan belulangnya ka-pada kweng akan hasilnya surat chap itu* ; […] », Winstedt, 1928, p. 28.

89 Cette partie rappelle l'*Undang-Undang Kedah*, Chapitre II, l'*Undang-Undang* de Dato Seri Paduka Tuan, article 14 : « […] *Akan kerbau yang tiada berketahuan tuan-nya itu, apa-bila datang tuan-nya, maka pulangkan oleh kweng kerbau itu, maka ambil upah-nya sa-emas tera atau barang patut-nya pada sa-hari memelihari kerbau itu* […] », Winstedt, 1928, p. 30-31.

62 Lan singsapa ingon-ingon kĕbo padha (……) | wehi pangon. Maka angrĕnjah tanem tuwuh ing wong, maka kĕbone iku binĕdhol dening bumi sarta kinon angileni ing tanĕm tuwuh ing wong kang rinĕnjah iku.

Lan singsapa ora gĕlĕm apapagĕr sawah atawa arĕp lumaku ing barang ora dandananing sawah atawa anyolong banyu atawa amĕpĕt banyu atawa tatawu atawa nuba ing kali atawa ambedhah dhawuhan[90] atawa ambĕdhah pagĕr bumi atawa anyolong pagĕr bumi, nadyan wus lĕbar panen, pun ing ḥale ora kalawan pakone kang aparentah, maka dhinĕndha angambil karang sapuluh tĕnggang lamon nayaka atawa ponggawa alihadansih. Lamon wong cili (……)

63 Lan singsapa angrĕbut kĕbo saking tanganing wong kang amorod ing ḥale nyata ing papariksan, maka kĕbo iku ingulihakĕn maring kang aduwe kĕbo. Lan kang amorod iku kadhĕndha sarĕganing kĕbo kang kaporodan iku. Lan kang angrĕbut iku winehan ganjaran saparoning rĕganing kĕbo iku mĕtu iya saking kang morod. Lan dhĕndha bumi: karang sapuluh tĕnggang. Lan lamon ora nyata ing papariksan angrĕbut saking tangane kang amorod atawa ora wĕruh ing rupane lan ing arane kang amorod atawa malayu, maka kĕbo iku ingulihakĕn maring kang aduwe balaka lan kang angrĕbut iku orana sawiji2 ing atase.

---

90 Texte: *dhahuwan*.

[Article 58. Un buffle broute sur la terre d'autrui]

Quiconque élève un buffle (......) | doit le nourrir. Si le buffle broute des plantes 62
sur une terre appartenant à autrui, le buffle sera confisqué par l'Administration, et [son propriétaire] versera une indemnisation pour les plantes appartenant à un autre et qui ont été broutées[91].

[Article 59. Règles de propriété d'une rizière]

Quiconque, un *nayaka* ou un *ponggawa*, ne veut pas clore ses rizières, refuse d'entretenir ses diguettes, vole de l'eau, assèche une rizière en bouchant une [canalisation], pêche dans cette canalisation, endommage une diguette, détruit ou vole la clôture de l'Administration, même si la récolte est déjà faite et s'il n'a pas [agi] sur ordre, sera condamné à apporter 10 bateaux de madrépores. Si c'est un *wong cili* (......)[92]

[Article 60. Voler un buffle et le reprendre]

Toute personne reprenant un buffle des mains d'une personne qui l'a volé, et si 63
cela est prouvé par l'enquête, le buffle sera rendu à son propriétaire. Celui qui l'a volé sera condamné à une amende correspondant à la valeur du buffle. Celui qui l'a repris sera récompensé de la moitié de l'amende demandée au voleur. La peine [infligée par] l'Administration [au voleur du buffle] est de 10 bateaux de madrépores. Mais, s'il n'est pas prouvé par l'enquête que le buffle a été repris à un voleur, ou si on ne connaît ni le visage ni le nom du voleur, le buffle sera simplement rendu à son propriétaire. La personne qui l'a repris ne recevra rien.

---

91 Cet article fait penser à l'article dans l'*Undang-Undang Jambi*, sur la partie *'Patsal Undang-Undang Berhuma'* : « *Maka jikalau tidak mau orang yang empunya kerbau itu, melainkan taksir kepa(da) yang punya kerbau karena jikalau ia makan tanaman* [...] », Djamaris et autres, 1981, p. 151-172, p. 171. Il se trouve également dans l'*Undang-Undang Kedah*, Chapitre II, Undang-Undang Dato Seri Paduka Tuan, article 6 : « *Barang siapa tiada lagi sudah pagar-nya, maka di-masoki oleh kerbau makan padi, tiada-lah berganti, jika di-tikam kerbau itu, berganti kerbau. Barang siap sudah pagar-nya, maka dimasoki oleh kerbau pada tempat pagar yang belum sudah itu, dimakan kerbau padi orang yang sudah memagar itu, jikalau pada siang hari atas orang yang empunya pagar itu-lah mengganti harganya orang yang di-makan kerbau itu ; akan harganya pada sa-perdua-dua sa-kupang tera ; jikalau malam pun, atas orang yang empunya pagar juga mengganti dia, pada sa-perdua kupang tera. Dan tatkala sudah bunting pada itu tiada-lah berharga itu pada dimakan, kerbau itu-lah di-serahkan pada tuan kerbau itu, jangan diambil jadi taksir tuan padi ; maka turut peroleh pada orang banyak dekat bendang itu, di-ganti padi binasa itu* », Winstedt, 1928, p. 28. Nous trouvons un cas identique dans l'*Undang-Undang Palembang*, article 26 : « *Kerbauw iang lepas dan iang rusakkan babattan dapat ditangkap atas babattan ietu dan iang punia kerbauw kena tebus 2 ringiet* », Djamaris et al., 1981, p. 234-268, p. 254.

92 Le raisonnement de ce texte javanais est difficile à suivre.

Lan singsapa angapusi bocah lanang atawa bocah wadon, maka dentabok iya, maka dhiněndha kang anabok (......) reyal.

64 Lan singsapa anunggang jaraning wong, maka dhiněndha wong iku limang reyal.

Lan singsapa ahutang pihutang ing ʻabdi dalěm, ḥale ora angaturi utang maring dalěm atawa maring bumi, sinalimahakakěn, tan rinahosan pandaʻwane. Anging, salagi maksih kahanane, maka pinariksa. Lan lamon ana iya kawulaning wong jaba, maka aweh wěruh maring gustine sarta anyěkěla susuratane. Lan lamon ora kaya mongkono, maka sinalimahakakěn uga.

Lan singsapa arěp dengawe šahid ing ḥale denupahi atawa karana denrasaya balaka ing agagawean kalawan pangakune, maka šahid kang mongkono (......)
65 pinanjěr sadina. Sarta cinecerongan, | sawuse pinanjěr, kinon angambil karang
sapuluh těnggang.

Lan upahe iku ginanjarakěn ing kang ambabarakěn. Maka lamon ana padu iku wus denpěgat dening ḥukum, maka kinon angileni šahid iku ing sapakalahe. Maka lamon ana kang dengawe šahid iku ambabarakěn dhewek: aweh wěruh maring karta kalawan gělis2, maka upahe iku ginanjarakěn maring šahid kang awawarah iku. Lan orana sawiji2 ing atase.

Lan singsapa amasang pluwang[93] atawa borang atawa liyane ing ěnggon parěk desa atawa parěk dadalan atawa maring ěnggon kang sampahan atawa pinggir
66 pagěre kěbone, maka olihan (......) naq, maka | kapidhana sarěgane kang kěna
iku. Lan lamon tatu, abali maring sawataraning tatu dhěndhane.

93 Texte : *piluhang*.

[Article 61. Violence sur un enfant]
Quiconque intimide un enfant, garçon ou fille et lui donne un coup, sera condamné à une amende de (……) réaux.

[Article 62. Monter le cheval d'autrui]
Quiconque monte le cheval d'autrui, sera condamné à une amende de 5 réaux. 64

[Article 63. Accorder une créance à un esclave du roi]
Quiconque fait un prêt à un esclave du roi sans en informer le palais ou l'Administration, verra sa plainte non prise en compte si l'esclave du roi ne paye pas. En revanche, s'il existe des preuves, l'esclave du roi sera interrogé. S'il s'agit d'un *kawula* d'un *wong jaba*, son maître devra être averti et celui-ci devra prendre la preuve écrite de la dette. Sinon, le maître [*wong jaba*] ne sera pas responsable non plus.

[Article 64. Témoigner par intérêt]
Quiconque accepte de témoigner contre récompense ou le fait pour obtenir du travail après son témoignage, sera (……) condamné à un jour de prison. Ensuite,
s'il récidive |, après avoir été incarcéré, il sera condamné à apporter 10 bateaux 65
de madrépores.

[Article 65. Récompense pour dénoncer un témoin agissant par intérêt]
Si quelqu'un dénonce [l'affaire ci-dessus, art. 64], il recevra une récompense. Si la dispute a été réglée par le tribunal, le témoin [dénoncé] doit payer [cette récompense]. Mais, si ce témoin se dénonce lui-même, c'est-à-dire qu'il en avertit aussitôt le *karta*, il recevra une récompense. [Cela] personne ne peut l'empêcher.

[Article 66. Installer un piège]
Quiconque creuse un trou ou [installe] un piège ou quelque chose de semblable en un lieu proche du village, d'un chemin, du dépôt d'ordures ou au bord
de l'enclos d'un jardin, et que [quelqu'un] reçoit (……), | sera condamné à une 66
amende correspondant à la valeur de la personne tombée dans le piège. Si celle-ci est blessée, il sera condamné à une amende proportionnelle à sa blessure.

Lan singsapa wong Surasowan kang Islam atotohan angadu ayam balaka, maka kinon ngambil karang limang tĕnggang. Lan kang kanggonan iku kinon angobong umahe sarta kinon angambil karang limang tĕnggang.

Lan singsapa udud madat atawa kawĕnangan indĕl madat atawa anggawa madat, maka dhinĕndha karang limang tĕnggang. Lan lamon ana wong apyun atawa simpĕn apyun atawa nĕkakakĕn apyun saking duradesa maring Surasowan, maka rinampas parahune sarta isine lan wong (......) tĕnggang. Lan lamon
67 asimpĕn apyun | ing umahe, maka rinampas saisine umahe lan dhinĕndha karang limang tĕnggang.

[Article 67. Pari sur le combat de coqs]

Quiconque, parmi les habitants de Surasowan de confession musulmane, s'adonne régulièrement aux combats de coqs pour parier, sera condamné à apporter 5 bateaux de madrépores[94]. La personne chez qui on s'est réuni verra sa maison brûlée et sera condamnée à apporter 5 bateaux de madrépores[95].

[Article 68. Opium préparé et brut]

Tout fumeur d'opium préparé, surpris ivre d'opium ou transportant de l'opium, sera condamné à une peine de 5 bateaux de madrépores. Si une personne [fait commerce] d'opium, cache ou transporte de l'opium brut d'un *duradesa* vers Surasowan, le bateau et la cargaison seront saisis, et cette personne (......)
bateaux [de madrépores]. Si quelqu'un cache de l'opium brut | chez lui, tout le 67
contenu de la maison sera saisi et il sera condamné à une peine de 5 bateaux de madrépores[96].

94 Cette première partie de l'article fait penser au *Undang-Undang Palembang*, l'article 36 du chapitre III : « *Siapa-siapa berjudie atauw sabung tiada dengan izin daripada iang kuasya di dalam Batangharie kena hukuman raja* », Djamaris et al., 1981, p. 255.

95 Cet article fait penser à l'article au *pengĕt* (ordre) du sultan Ageng Tirtayasa, le 3 rajab 1073/12 février 1663, qui interdit le jeu de hasard et soumet les coupables à deux peines : le coup de fouets (selon le *ta'zīr* : peine discrétionnaire décidée par le juge musulman ou le sultan) et le rapatriement du coupable et de sa famille à Banten et : « *Kalayan puniku. Kang parenthah kanjĕng sulthan. Yen ana wong atotowan ing sabrang. Utawa kowe. Utawa bobong. Atawa sĕbarang kang den thohi. Iku kawĕnangan dene palanglang dalĕm. Iku tinathrapakĕn thanjir. Sarta angalihakĕn ing bantĕn. Sak anak rabine* », Meinsma, 1873, p. 153-154. Par ailleurs, on trouve un article similaire dans le *Undang-Undang Kedah*, chapitre I, la loi du port (1060 AH./1650 EC.), article 27 : « [...] *kalau orang berjudi dan menyabong dan bertaroh, dan makan madat dan minum arak dan tuak, dan jual beli dengan tiada sabenarnya ; melarangkan dari-pada orang berkelahi bantah. Maka segala yang di-tegahkan shara itu, maka wajib-lah Shahbandar dan mata-mata tangkap, tetapi hendak-lah ia muafakat dengan bentara di-suroh Panglima Negeri* ; *dan jika melawan, di-bunoh, di-rampas-nya segala benda yang dilarangkan itu, jika boleh di-tangkap, di-hukumkan dengan taazir raja* [...] », Winstedt, 1928, p. 22.

96 Selon Claude Guillot, c'était les navires marchands, principalement européens, qui introduisaient l'opium en grande quantité dans l'Archipel. Face aux dégâts causés par cette drogue, les autorités de Banten en interdirent la consommation ainsi que celle du tabac et durent lancer de temps à autre de véritables campagnes d'arrestation contre les contrevenants, Guillot, 1995, p. 89. Mais, ce qui diffère dans ce texte est la peine contre les toxicomanes. À l'époque du sultan Zainul Abidin, la peine était une amende et une saisie des biens, alors qu'à l'époque du sultan Ageng Tirtayasa, la peine était un travail d'intérêt public, par exemple creuser un nouveau canal entre Pontang et Tanara en novembre 1671, Guillot, 1995, p. 89.

Lan singsapa adol atuku wong kari2 katon cělane kang patut angolihakěn kaya edan, ayan, lan budhug, lan měngi, lan butet, atawa busung, atawa beser, panyolongan, paminggatan, lan liyan saking iku, sakehing cěla kang anudakakěn rěga wěnang angolihakěn ingkang adol, salagi durung lěwih saking patang puluh dina atawa anjaluk susudan sawatarane iku cělane. Anging, salagi amaha atuku wong cěla kalawan saupamane kalawan cicirange kang adol maka ora wěnang angulihakěn.

68 Lan ingundhangakěn tětěping angiwat atawa (......) lan tětěping | maling kalawan cina[97]. Anging, salagi ana cina iku ěmas atawa reyal atawa dodot tapih kang durung kanggo, maka ora wěnang ing aganggo cina. Anging, salagi ana tětěngare, maka kongang yen dadiya cina lan ciněgah watang iku kang ingaranan watang bubukěn. Kaya lamon deniněpakěn ing umahe kang aněmu watang iku ora nuli gělis awawarah maring bumi.

Lan singsapa kamalingan atawa kasayaban ing ḥale ora nuli gělis2 aweh susuratan maring bumi, maka lamon katěmu cinane, ora rinahosan dening bumi. Wong kamalingan ora aweh wěruh ing bumi, ora ingukuman.

97 Ce mot a deux orthographes : *cina* et *cihna*, Pigeaud, 1989, p. 585, mais l'orthographe générale est *cihna*, Zoetmulder, 1982, p. 326.

[Article 69. Vente d'un esclave ayant une tare]
Si dans le commerce des esclaves, certains de ceux-ci se révèlent souffrir d'infirmités telles que la folie, l'épilepsie, la lèpre, l'asthme, le *butet*, le *busung* [le ventre gonflé par la faim], l'incontinence, la cleptomanie ou la fuite répétée ou de quelque chose de semblable, celui qui les a achetés peut les rendre au vendeur à cause de leurs infirmités qui en réduisent le prix. L'acheteur peut le faire jusqu'à 40 jours [après l'achat] ou demander une remise proportionnelle à l'infirmité. Mais si l'acheteur achète en connaissance de cause des infirmes ayant un handicap, et que le vendeur est au courant, il ne pourra pas les rendre [à ce dernier][98].

[Article 70. Preuves pour poursuivre un présumé délinquant]
Est prononcée une décision [selon laquelle] celui qui enlève une femme ou
(......) et le décret | [selon lequel] un voleur [doit être poursuivi] sur preuves. 68
Néanmoins, pour autant que ces preuves existent, l'or, les réaux ou les *dodot tapih* [étoffes javanaises batikées] neuves, ne peuvent être considérés comme des preuves. Toutefois, une preuve peut ne pas être prise en considération, cela s'appelle *watang bubuken*. Par exemple dans le cas où la preuve est conservée toute une nuit par celui qui l'a trouvée sans en avertir immédiatement l'Administration.

[Article 71. Déclaration écrite de la victime d'un vol]
Si une personne ayant été victime d'un vol ou d'un cambriolage de jour n'en fait pas immédiatement état par écrit à l'Administration, et si la preuve en est découverte [plus tard], [aucune plainte] ne sera prise en considération par l'Administration. [Si] la victime [d'un vol] n'a pas informé l'Administration, [le voleur] ne sera pas condamné.

---

98 Cet article fait penser au *Undang-Undang Pahang*, article 9 : « *Maka barang siapa menebuskan dia, hingga enam bulan lama-nya dapat di-kembalikan kepada tuan-nya. Ada pun 'aib yang dapat di-kembali-kannya itu saperti gila atau buta larangan atau isak atau pelari atau penchuri atau menchabul tuannya atau busong darah bunting* [...] », Kempe & Winstedt, 1948, p. 34. On trouve ainsi dans l'*Undang-Undang Melaka*, l'article 31.2 : « *Bermula hamba yang ditebus seperti ada penyakit yang aib iaitu harus dikembalikan seperti orang yang pelari dan permukah dan pencuri dan gila atau hamba itu bersuami atau ia sopak atau kedal atau aib yang terbunyi, kemudian maka diketahui dan kelihatan, berapa lamanya pun dapat dikembalikan* », Fang, 1976, p. 138-140.

69 Lan singsapa mětu[99] ‘iša, padha anggawaha obor. Lan lamon | ora anggawa obor, katraping parentah dalěm. Maka lamon ana nayaka atawa ponggawa atawa mantěri kang alulungguh lampit, maka lampite kang minaka obore. Lan sakehing wong Bugis lan wong Maqasar aja ana mětu běngi. Salagi mětu běngi katraping parentah dalěm.

Lan singsapa adagang angambil utang reyal wong ajangji anahur satěkane ing ‘adat, salagi ora těka ing sa‘adating wong lunga ing desa kang denparani iku wěnang tinagih ing anaq rabine, salagi anaq rabine iku ananggěhi ing utange

99 Le papier de l’original comporte ici un « trou ». On peut cependant rétablir le texte.

[Article 72. Obligation de porter une torche de nuit]

Quiconque sort dans la soirée, doit porter une torche. S'[il] | ne porte pas de 69
torche, il sera condamné à la peine royale. S'il s'agit d'un *nayaka*, d'un *ponggawa* ou d'un *mantĕri* dont la natte [indique] le statut, sa natte est alors considérée comme une torche[100]. Il est interdit à tous les Bugis et les Macassar de sortir la nuit[101]. S'ils sortent de nuit, ils sont condamnés à la peine royale[102].

[Article 73. Durée d'acquittement de dette d'un commerçant]

Si un commerçant emprunte des réaux à quelqu'un et promet de le rembourser au jour habituel de son arrivée, mais que, encore en route, il n'arrive pas au jour habituel, sa dette peut être recouvrée auprès de sa femme et de ses enfants[103],

---

100 La natte était un symbole de la noblesse à Banten. Un esclave marchait généralement devant les grands personnages en portant sa natte, voir l'illustration numéro 14, *De Eerste Schipvaart…*, Lodewycksz, 1915, vol. I, p. 116.

101 Selon Claude Guillot à l'époque du sultan Ageng Tirtayasa, les autorités interdirent aux Bugis-Macassar d'habiter dans la ville *intra muros*, mais ils ont dû habiter à l'est du port de Karangantu. En effet, leur séjour à Banten fut émaillé d'incidents plus ou moins dramatiques qui créèrent une atmosphère très tendue dans la ville. Un arrêt gouvernemental alla même jusqu'à permettre aux habitants d'exécuter sur le champ tout Macassar rencontré la nuit dans les rues de la partie 'javanaise' de la ville, Guillot, 1995, p. 95.

102 Cet article fait penser au *Undang-Undang Kedah*, chapitre II, l'Undang-Undang de Dato Seri Paduka Tuan, article 13 : « *Apa-bila sudah di-pukul chanang, jangan-lah berjalan malam melainkan berdamar juga* […] », Winstedt, 1928, p. 30, et puis dans le chapitre III, le *hukum kanun* (droit coutumier) de Dato' Kota Sekar, article 1 : « […] *Dan simbang dalam negeri : dahulu di-chanangkan jangan siapa-siapa berjalan malam ; jika ada sa-suatu pekerjaan besar, mahu-lah berjalan itu dengan berdamar ; jika orang berjalan malam tiada berdamar, di-tangkap ; jika melawan, di-bunoh, mati sahaja tiada sa-suatu hukum atas yang membunoh itu, kereana ia melawan titah raja* […] », Winstedt, 1928, p. 33. On trouve le même cas évoqué dans le *Serat Angger-Anggeran Jawi*, la partie de *Nawata Pradata Dalĕm*, prakara ping 32 : « *Lamun ana wong lumaku bengi, ana sajroning negara, padha anggawaa obor. Dene yen mati obore ana ing dedalan, utawa entek obore, wong kang lumaku mau nuli njaluka tulung obor marang wong kang padha omah-omah perak dedalan, wong kang den jaluki tulung iku, enggal tetulunga obor. Dene yen adoh omah enggone kepaten obor iku, aja tan ora wong kang lumaku mau, padha rerasana kang seru lan rewange padha lumaku mau, iku kang minangka obore. Dene yen ketiwasan kacidra ing wong, tatu utawa mati, yen ana gugate ngarani uwong, iku ora katempuh ing surambi. Dene yen ana wong lumaku ora nggawa obor, mangka ketiwasan kacidra ing uwong, tatu utawa mati, yen ahliwarise ora nrima, tanpa dadia penggugate, kang padaha cedhak ing dedalan, yen ora gelem tetulung obor, iku sira patrapana dhenda samurwate* », Roorda, 2002, p. 34-35 et 207.

103 Les Hollandais témoignent en 1596 qu'à Banten, si un commerçant ne peut pas payer sa dette suite à quelque malheur, il doit faire travailler sa femme et ses enfants [auprès du créancier] jusqu'à ce que la dette soit payée, G.M.A.W.L., 1609, p. 30 et la version originale hollandaise de l'édition de 1915, vol. I, p. 120.

iku. Anging, lamon aman ing dalĕm palulungone iku kasukaran, maka ing atase samusim.

70 Lan singsapa aseseren maring (......) | kari2 dendol dening kang siterenan, maka gustine anggugat maring kang atuku. Maka lamon ana patukune iku asaksia sarta aweh wĕruh yen aseserenan saking gustine, maka anĕbusi[104] gustine iku sapatukune wong kang atuku iku. Lan lamon ora asaksi ing patukune iku atawa wĕruh wong iku yen kang dendol iku seserenan saking gustine, maka binedhol ora anĕbusi sabab anamaha. Lan lamon angawurih gustine iku yen seserenane iku dendol dening kawula kang densesereni iku lawas ora denrahosi tĕka ing tahunan karing buri dengugat ora rinahosan panggugate. Maka lamon gustine asambat ora wĕruh yen dendol, maka kinira-kira ing budi muhal (......) gustine,
71 lawase samono iku ora uga | rinahosan panda'wane, sabab rupaning amitambuhi.

Lan sing sapa, wong Surasowan, minggat mangetan atawa minggat ing Surakarta, lami-lami ajĕng mantuk ing Surasowan, anging botĕn ajĕng mantuk ing gustinipun lami-lami, puniku pinidulur dening dalĕm wontĕna ing nayaka utawi ing ponggawa[105] soka mantuka dhatĕng Surasowan. Anging, dalĕm botĕn amilikakĕn maring kang kadhatĕngan, punika kang adarbe titiyang Bantĕn. Kenging[106] amalampah maring kang kadhatĕngan puniku. Sahingga yen titiy-

104 Texte : *anĕbasi.*
105 Texte : *ponggawi.*
106 Texte : *kengang.*

pour autant que ceux-ci la garantissent. S'il arrive à bon port mais a rencontré des difficultés, [l'acquittement de la dette] est repoussé d'une saison[107].

[Article 74. Vente d'un esclave loué]

Toute personne louant [son esclave] pour le mettre au service de (......) |, et si 70
finalement l'esclave est vendu par celui à qui il a été loué, le maître pourra porter plainte à l'encontre de l'acheteur. Si la vente a lieu en présence de témoins et [que l'acheteur] est informé que [l'esclave] a été loué par son maître, celui-ci le rachète au prix que l'acheteur a payé[108]. Si la vente a été faite sans témoins ou sans qu'on sache que l'esclave vendu avait été loué par son maître, l'esclave est repris sans compensation car [il s'agit d'une transaction] délibérée. Si par la suite l'esclave loué par son maître est vendu par un *kawula*, et qu'il n'est plus question de lui pendant plusieurs années et qu'ensuite il est réclamé [par son maître], cette réclamation ne sera pas prise en compte. Si le maître proteste qu'il ignorait que [l'esclave] avait été vendu, de bonne foi (......) son maître,
l'accusation | ne sera pas prise en compte, car plus rien ne sera pris en considé- 71
ration[109].

[Article 75. Fuite d'un habitant de Surasowan et remboursement des frais de voyage d'un fugitif]

Quiconque, habitant à Surasowan, qui s'est enfui vers l'Est ou à Surakarta[110], veut retourner à Surasowan quelque temps plus tard, sans vouloir retourner chez son premier maître, y sera autorisé par le palais à condition que ce soit un *nayaka* ou un *ponggawa* qui lui permette de retourner à Surasowan. Mais, pour le palais, [ce fugitif] ne devient pas la propriété de celui qui l'a accueilli puisqu'il appartient à un Bantenois. [Ce dernier] peut rendre visite à la personne qui a

107 Dans la première partie de cet article, on peut supposer que le commerçant est arrivé volontairement en retard, tandis qu'à la fin du texte, son retard est justifié.

108 Cette partie de l'article se rapproche davantage de l'article 15.2 des *Undang-Undang Melaka* : « *Adapun jikalau dipinjam hamba orang itu kepada tuannya, maka ditanya oleh tuannya, barang yang hendak disuruhnya itu, jikalau mati, kena sepertiga, ya'ni hilang sebahagi, timbul dua bahagi harga itu* » (p. 90) que de l'article 44.2 : « *Bermula segala hamba orang yang dijual orang, apabila bertemu dengan tuannya, maka ditebus oleh tuannya seperti harganya yang dibelinya itu juga. Itulah adatnya* », Fang, 1976, p. 168.

109 Le raisonnement de cet article est très complexe.

110 Surakarta est l'autre nom de Jakĕtra (Jayakĕrta), ancien nom de la ville actuelle de Jakarta (signifiant « prospérité et victoire »), Ricklefs, 1981, p. 34. Selon Hoesein Djajadiningrat, les noms Jayakarta et Surakarta, ancien nom de Kelapa (Jakarta actuel), remontent à l'époque où cette ville a été conquise par les musulmans venant de Demak en 1527, qui, par la suite, ont fondé le sultanat de Banten, Djajadiningrat, 1983, p. 393. Donc, il ne s'agit pas ici de Solo, aussi dit Surakarta, qui se trouve à Java central.

ang kang minggat puniku ajěng mantuk ing gustinipun lami, kang kadhatěngan botěn kenging mbotěn asung. Yen dhatěng bumi, mangkatěn malih.
72 Yen ajěng kesah dhatěng[111] titiyang liyan | botěn kenging kesah saking kang kadhatěngan. Rupane kang ingundhangakěn puniku mangkatěn. Punika kang anglintangi watěs, lan lamon kacěkěl ing watěs, aněbasi kang adarbe punika sapindhahing pangahos. Lan kados mangkatěn titiyang minggat kang kacěkěl sajawining watěs angsal sapindhahing pangahos. Tatapi titiyang kang minggat punika tinantun sakajěngipun : yen ajěng wontěn ing gustinipun lami, aněbasana sapindhahing pangahos ; yen ajěng wontěn ingkang anyěkěl, angangsulana sapindhahing pangahos. Yen kacěkěl sadalěming watěs, aněbasana kang adarbe puniku sawataraning lalampahan sadina sareyal, lalampahan satěngahe, satěngah reyal, ingitung lungane lan těkane. Yen angrěbut saking tanganing kang angiwat, yadyan ing alun-alun něbusi[112] kang adarbe titiyang sapindhahing pangahos.

73 Lan singsapa agawe karusakan ing parahu, maka abali tětěmpuhe iku maring wong kang agawe karusakan iku.

Lan singsapa wong Surasowan anulěd bědhil tinggar atawa liyan saking tinggar, liyan saking parentah dalěm, karana aduwe gawe atawa karana aměngaměngan, nayaka atawa ponggawa alihadansih. Lamon wong cili iku ana běběndu dalěm tinrapakěn ing parentah dalěm.

111 Nous pouvons assez facilement rétablir le passage lacunaire en nous référant à une autre partie du texte, qui ressemble à cet article (f. 95v), soit le premier article des lois du Kyai Arya Mangunjaya (f. 96r).

112 Nous pouvons assez facilement rétablir ce passage détérioré en nous référant à une autre partie du texte qui ressemble à cet article (f. 95v), soit le premier article des lois du Kyai Arya Mangunjaya (f. 96r).

accueilli [le fugitif]. Si le fugitif veut retourner chez son premier maître, la personne qui l'a accueilli n'a pas le droit de ne pas l'y autoriser. [Le fugitif] pourra se rendre auprès de l'Administration, s'il le souhaite. Si [l'esclave fugitif] veut
se rendre chez quelqu'un d'autre, | il ne lui sera pas permis de quitter celui qui 72
l'a accueilli. Telle est la loi pour un esclave fugitif. Si [ce fugitif] ayant passé la frontière est arrêté, son propriétaire peut le racheter à son prix. De même, si celui qui, parti, s'est enfui, est rattrapé à l'extérieur des frontières, il peut être racheté [à son prix]. Mais le fugitif sera préalablement interrogé : s'il veut rester avec son premier maître, il sera racheté à son prix ; s'il veut rester avec la personne qui l'a repris, son prix sera remboursé [à son maître]. Si [le fugitif] est arrêté à l'intérieur des frontières, son propriétaire peut le racheter en payant les frais de déplacement. Si c'est une journée, ils seront d'un réal. Si c'est une demi-journée, ils seront d'un demi-réal, en comptant l'aller et le retour. Si [le fugitif] est repris des mains de celui qui l'a enlevé, même sur la place royale, le propriétaire peut le racheter en payant les frais de déplacement[113].

[Article 76. Destruction d'un bateau d'autrui]

Celui qui détruit le bateau d'autrui devra assumer la responsabilité de cette des- 73
truction.

[Article 77. Tir au fusil en laiton]

Quiconque, habitant à Surasowan, tire avec un fusil en laiton ou d'une autre matière sans ordre du palais, pour son travail ou par jeu [n'en subira aucune conséquence][114], si c'est un *nayaka* ou un *ponggawa*[115]. Si c'est le fait d'un *wong cili*, il lui sera infligé la peine royale sur ordre du palais.

---

113 Cet article provient d'un article de lois plus anciennes de Kyai Arya Mangunjaya, voir et comparer aux pages f. 94^{v}-95^{r}.

114 La phrase javanaise n'est pas complète. Nous avons tenté de l'interpréter en complétant la phrase en nous basant sur d'autres articles comme par exemple un article de la page 42 du manuscrit : « *Lan singsapa angukuhi kanca baturing wong angungsi, nayaka atawa ponggawa kang angukuhi iku atawa pĕryayi alihadansih. Lamon wong cili, maka tinrapakĕn ing parentah : dhinĕndha karang sapuluh tĕnggang wong iku* [...] » Quiconque, qu'il s'agisse d'un *nayaka*, d'un *ponggawa* ou d'un *pĕryayi alihadansih*, s'approprie un *batur* réfugié [n'en subira aucune conséquence]. S'il s'agit d'un *wong cili*, il sera condamné conformément à la peine [royale] : 10 bateaux des madrépores.

115 *Bĕdhil* (fusil) était parmi les armes utilisées par les soldats de Banten, voir l'illustration 15 dans le livre *De Eerste Schipvaart*..., Lodewycksz, vol. I, 1915, p. 118.

Dhawuhing undhang2 ing dina iṯnayn tanggal ping kalih wulan Jumādī al-Aẖir tahun Jīm 1191 Hijrah. *Wa Allāhu a'lam.*

74 Lan singsapa agawe reyal anyar atawa asimpĕna atawa katitipan atawa asimpĕn pacithakane hale ora angaturi atur maring bumi, maka tinrapakĕn ing parentah dalĕm nayaka atawa ponggawa alihadansih[116]. Lamon wong cili binuwang sarta kinurukud saraja duwene.

Undhang2 dalĕm. Aja ana wong apihutang ing cĕpĕng dalĕm rupane kaya mantĕri, suranagara, kacuran, kamasan, tukang pandhe, pakayon, wong dhukuh, wong pasisir, wong balantik, wong jĕro kutha, 'abdi dalĕm, pangrakĕt. Salagi apihutang ingkang kasĕbut ing undhang2 iku, matur ing dalĕm. Salagi ora matur ing bumi, lamon ana padu[117] wicarane iku, ora denwicara dening bumi.

wulan Jumādī (......) sanat 1111.

---

116 Texte : *aliyadan.*
117 Texte : *pada.*

[Colophon]
Ces lois ont été promulguées le lundi 2 du mois de Jumādī al-Aẖir de l'année Jīm de 1191 de l'hégire [le 8 juillet 1777]. Allah est omniscient[118].

[Article 78. Fabriquer et cacher un nouveau réal]
Celui qui frappe de nouveaux réaux, en entrepose ou s'en voit confier ou en 74
cache le poinçon, sans en informer l'Administration, sera condamné à la peine royale, si c'est un *nayaka* ou un *ponggawa*. Si c'est le fait d'un *wong cili*, il sera exilé[119] et tous ses biens seront confisqués.

[Article 79. Interdiction aux dépendants du roi d'accorder un prêt]
Loi royale. Personne, dépendant du palais, ne doit accorder de prêt s'il est *mantěri, suranagara*, fondeur, orfèvre, forgeron, ouvrier du bois, villageois, habitant de la côte, maquignon, *wong jěro* de la ville, esclave du roi ou acteurs de théâtre[120]. Si les catégories mentionnées dans cet article veulent faire un prêt, ils doivent en informer le palais. S'il y a un désaccord dans l'affaire et s'ils n'informent pas l'Administration, l'affaire ne sera pas prise en compte par l'Administration.

[Colophon]
Mois de Jumādī (……) année 1111 de l'hégire [entre fin d'octobre et décembre 1699].

---

118 Il est surprenant de trouver à la fin de ce texte deux colophons, le premier daté de 1777 et le second daté de 1699, entre lesquels de nouveaux articles ont été insérés. On peut supposer que le copiste a fait une faute. Néanmoins, la date du second colophon (1699) correspond bien à une année durant laquelle le sultan Zainul Abidin (1690-1733) était au pouvoir. Ceci démontre qu'en 1777, on a repris des lois datant de 1699.

119 L'exil était généralement à Lampung.

120 *Pangrakět* à Banten était un comédien ou un danseur portant un masque dans un spectacle entre le théâtre et la danse ce que, selon Djajadiningrat, les Javanais appellent *wayang orang*, Djajadiningrat, 1983, p. 58. Le Premier ministre Pangeran Mandura a organisé une fête à la naissance de Pangeran Gusti (le futur sultan Haji), en donnant un spectacle de *rakět*, Djajadiningrat, 1983, p. 72. En fait, ce spectacle de *rakět* existait déjà au XIVe siècle à l'époque du royaume de Madjapahit, comme on le trouve dans le *Nāgara-Kěrtāgama*, chant 91 verset 8, Pigeaud, 1962, vol. IV, p. 326-329.

75 Dhawuhan paparentahan ing ngĕbut, pinanjĕr tigang dina. Maka sawuse pinanjĕr, linĕbokakĕn maning ing made pahos, malih wĕtokĕna dhĕndhane. Sadhĕndhane ḥukum. Kang tampa dhĕndha iku yen ora anut dhĕndhane, buwangĕn ing Lampung kang adoh.

[Article 80. Peine contre un agitateur]

Ordre [du roi] : celui qui cause des troubles sera condamné à 3 jours de prison. Après avoir été condamné, il sera encore emmené au bureau des impôts[121] pour payer une amende de plus. Le [montant de] l'amende est [fixé par] le tribunal. Si le condamné ne paye pas l'amende, il doit être exilé au loin à Lampung.

121 *Made* est une appellation pour un espace ouvert et une petite chambre dans le palais (Guillot, 1989, p. 127), tandis que *paos* (ou *pahos*) signifie impôt, Pigeaud, 1989, p. 448. *Made pahos* désigne donc le bureau des impôts.

CHAPITRE 9

Lois du Sultan Zainul Arifin (1733-1748)

Ing dina Arbaʿ tanggal ping 5 saking wulan Rabīʿu al-Awwal tahun Dāl 1151 hijrah, kala iku Kangjĕng Sulṭān Abū al-Fatḥ Muḥammad Šifāʾ Zayn al-ʿĀrifīn andhawuhaken undhang–undhang. Ana dening dhawuhan pangandika ing bumi Pĕqih Najm al-Dīn pangandika dalĕm Pĕqih Sugiri.

Raʿyate pacuwan gagalĕbĕgan panarik wĕdhus lan denkundaleni lan denkaluhi. Ana dening Pĕqih wus aweh pakeling ing raʿyate kudu masih (……) ing wong iku.

76 Pengĕt[1]. Ingkang undhang2 Kangjĕng Sulṭān Kang Sinuhun ing Nagari Bantĕn, lumraha ing Nagari Bantĕn Lampung, gĕdhe cili alihadansih, ing wong cili2 sakabeh. Undhang2 kang kagadhuh dening Dĕmang Sacapatra parentah Kangjĕng Sulṭān Kang Sinuhun ing Nagari Bantĕn.

Singsapa, wong Lampung, kang ahli nandur marica iku pacuwan pĕgat anandur marica.

Lan singsapa kang ahli anĕkakakĕn marica iku pacuwan pĕgat anĕkakakĕn marica ing Bantĕn, den kaya lakune saban-saban pacuwan ora anĕkakakĕn maring Bantĕn. Lan sakehing ponggawa kang ora nandur marica iku padha

1 Ces pages (76-77) se retrouvent presque à l'identique dans les lois du sultan Zainul Arifin du mardi 15 Muharram 1169 /21 octobre 1755, publié par Van der Tuuk : « *Penget. Ingkang undhang-undhang kanjeng sulthan Abunasar Muhammad Ngarip Jenul Ngasikin, kang sinuhun ing nagari Bantĕn, lumraha ing sagunging ponggawa Lampung gedhe cili, uliyanan sih i wong cili-cili desa kabeh, undhang-undhang kang kagadhuh dening pangeran Nropatala, parenthah kanjeng sultan kasinuhun, bang nagari Banthen. Singsapa wong Lampung kang ali nandur marica, lan singsapa kang alila nekakaken marica iku pacuwan pegat anekakaken marica ing Banthen. Lan sakehing ponggawa kang ora anandur marica, iku padha anekakena marica ing Banthen. Lan maning pacuwan ponggawa gedhe cili atawa wong cili-ciline sakabeh, umurusaken marica maring desa kang liyan, ing salagi ana kang amurusaken marica liyan saking Banthen iku katraping parenthah dalem. Tatrapane kinarukud sarajaduwene sarta nak rabine ing liyaken babanthen* », van der Tuuk, 1884, p. 205-206. Seules différences notables : le texte de ce manuscrit est écrit en *pegon*, tandis que l'autre est en javanais. Le détenteur du texte des lois était ici Dĕmang Sacapatra et dans l'autre Pangeran Nropatala. Il existe aussi de petites variantes qui sont mentionnées dans les notes.

© 2026 KONINKLIJKE BRILL BV, LEIDEN | HTTPS://DOI.ORG/10.1163/9789004766587-010

[Date de promulgation des lois et de mise à exécution par le cadi]
Lois promulguées par Sa Majesté le sultan Abul Fathi Muhammad Syifa Zainul Arifin le mercredi 5 du mois de Rabīʿu al-Awwal, de l'année Dāl de 1151 de l'hégire [23 juin 1738]. Ses ordres sont transmis à la cité capitale [à l'attention de] *Pĕqih* Najmuddin et au palais [à l'attention de] *Pĕqih* Sugiri.

[Article 1. Interdiction de faire tirer une charrette par une chèvre]
Il est interdit à la population de faire tirer une charrette par une chèvre, de lui mettre un harnais et un collier. Si, le *Pĕqih* en a averti la population, [et que quelqu'un] continue néanmoins (……) alors cette personne [est condamnée ?].

[Préambule]
Avertissement : lois de Sa Majesté le Sultan, honoré en l'État de Banten, sont 76
proclamées dans les États de Banten et de Lampung, à l'attention des [officiers], de rang supérieur ou inférieur, et de tous les *wong cili*. Les lois de *Dĕmang* Sacapatra [sont] les ordres de Sa Majesté le Sultan honoré en l'État de Banten.

[Article 2. Interdiction d'arrêter la culture du poivre]
Parmi les habitants de Lampung, celui qui est spécialisé dans la culture du poivre, n'a pas le droit de cesser de le cultiver.

[Article 3. Interdiction d'interrompre le transport du poivre vers Banten]
Celui qui est spécialisé dans le transport du poivre n'a pas le droit de cesser d'en faire le transport vers Banten parce que c'est sa tâche. Tous les *ponggawa* qui ne plantent pas de poivre doivent [se charger] du transport de celui-ci vers Ban-

nĕkakĕna marica ing Bantĕn. Lan pacuwan ana ponggawa, gĕdhe cili, atawa wong cili2 amurusakĕn marica maring desa kang liyan ing salagi ana kang
77 amurusakĕn (......) kang liyan saking Bantĕn iku katrap ing | parentah dalĕm. Tatrapane : kinurukud saraja duwene sarta anaq rabine ingalihakĕn ing Bantĕn.

Kalawan maning karsa dalĕm ing sakehe wong Lampung, gĕdhe cili, sakabeh kang durung nandur marica iku padha kinon nandur turus marica. Wong sawiji kinon nandur sewu wit iku. Pacuwan ora padha nandur marica. Salagi kang wus duwe turus lawas iku uninganĕn pacuwan ora kauninga.

Lan maning sakehing wong adagang marica ing Lampung sarta kinon anulisi maricane kang kawot dening parahu iku. Sawuse dentulisi, aturĕna ing bumi. Tutulisane gawakĕna ing juragan kang amot marica iku.

78 Lan maning lamon ana wong adagang (......) barang rupane | wong kang liyan saking wong Lampung kang ora anggawa cap dalĕm, kaya iku rupane cap iku, cĕgahĕn, pacuwan denwehi tuku marica. Salagi wong iku amaksa, ora kĕna dencĕgah iku, rampasĕn sakehe wowotane lan parahune. Sawuse denrampas, aturĕna ing dalĕm rampasane lan wonge.

Lan mongkono maning beyaning marica kang saparahu iku gĕdhe atawa cili, beyane rong reyal lan luput ing ruba-ruba. Yadyan, amot rong atus bara parahu iku atawa amot rong puluh bara, rong reyal uga kang saparahu. Pacuwan ana

ten. Il est interdit aux *ponggawa*, de rang supérieur ou inférieur, ou aux *wong cili* de planter des pieds de poivre dans une région autre [que la leur], tant que d'autres s'y emploient. (......) autres de Banten seront condamnés | à la peine 77
royale. La peine : tous leurs biens seront confisqués, leur femme et leurs enfants transférés à Banten[2].

[Article 4. Obligation de planter 1000 pieds de poivre]
Décret royal pour tous les habitants de Lampung, de rang supérieur ou inférieur : quiconque n'a pas encore planté de pieds de poivre doit le faire. Il doit en planter 1000 pieds. Il lui est interdit de ne pas planter de poivre. Il est interdit à celui qui, possédant de vieux pieds de poivre, et connaît [le règlement], de ne pas le respecter[3].

[Article 5. Notation de la quantité de poivre]
Tous ceux qui font le commerce du poivre à Lampung doivent noter [les quantités de] poivre embarquées dans les navires. Ensuite, ils doivent avertir l'Administration. Ils doivent apporter le relevé au capitaine qui va embarquer le poivre.

[Article 6. Obligation d'avoir le cachet du roi pour le commerce et l'achat de poivre]
Il est interdit à quelqu'un de faire le commerce (......) de marchandises, | qui 78
n'appartiennent pas aux habitants de Lampung sans le cachet du palais, et il ne lui sera pas permis d'acheter du poivre. S'il force [la transaction] sans qu'on puisse l'en empêcher, on saisira toute la cargaison et le bateau. Ensuite, on remettra les biens saisis et la personne au palais.

[Article 7. Impôt sur le poivre chargé sur un bateau]
La taxe sur le poivre, pour un bateau, grand ou petit, est de 2 réaux, indépendamment du montant [qui doit être payé à] la douane. Que le bateau charge 20 *bara* [375 kg] ou 200 *bara* [3,75 tonnes][4] [de poivre], [la taxe] est de 2 réaux. La

---

2 Il s'agit de l'exil de Lampung à Banten.

3 L'obligation de planter du poivre pour les habitants de Lampung existait déjà à l'époque du sultan Ageng Tirtayasa, selon un décret (*penget*) promulgué le jeudi 3 Rajab 1073 AH./12 février 1663 EC. « *Pengĕt angundhang-undhang. Kanjĕng sulthan. Lumraha ing ponggawa sabrang sadaya. Miwah para watining. Niyaka sadaya. Miwah ing tĕtiyang alit. Sĕdaya. Puniku kang parenthah. Kanjĕng sulthan. Sĕkehe wong sabrang. Kĕnon padha nandura marica. Wong sawiji anglimangathus* », Meinsma, 1873, p. 153-154. Ils devaient planter 500 poivriers à l'époque du sultan Ageng Tirtayasa et 1000 à l'époque du sultan Zainul Arifin.

4 *Bara* ou *bahar* : mesure de poids variant selon les denrées et les régions. Un *bara/bahar* de

lĕwih saking rong reyal. Lan pacuwan denbeya satali kang sabara wus dening rong reyal bahe kang saparahu iku.

79 Pengĕt[5]. Ingkang undhang2 Kangjĕng Sulṭān Marḥūm Sulṭān Ḥajji Abū al-Naṣr ʻAbd al-Qahhār dhumatĕng[6] ingkang putra Kangjĕng Sulṭān Marḥūm Sulṭān Abū al-Maḥāsin[7] Muḥammad Zayn al-ʻĀbidīn maka dhumatĕng ing Kangjĕng Abū al-Fatḥ Šifāʾ Zayn al-ʻĀrifīn Kang Sinuhun ing nagari Bantĕn. Aṣlaḥa Allāhu mulkahu[8]. Ingkang wus tinĕtĕpakĕn salawas-lawase[9] saking dhihin[10] tĕka ing mangko. Lumraha ing[11] sagunging ponggawa Lampung Tulang Bawang, gĕdhe cili, sakabeh, lan ing wong cili2 sakabeh[12], apamaning ing[13] wong tĕpis-wiring, jajahan karang[14] paminggir desa[15], pasawahan, padhukuhan, pagunungan[16]. Sakabeh iku ayun[17] padha angesthakĕna ing parentah Kangjĕng Sulṭān ingkang wus kasĕbut sajĕroning undhang2 iki.

---

poivre correspond à trois *pikul* soit 187,5 kg, Yule & Burnell, 1996 (1886), p. 47-48. Pour en connaître davantage sur l'équivalence exacte de *bahar* de Sunda, voir António Núnez, *Livro dos Pesos e medidas da Índia* de 1545, publié par Lima Felner *Subsídios para a História da Índia Portugueza*, Lisbonne, 1854 (Merci à L.F.R. Thomaz pour cette référence).

5 Les pages 79-87 montrent de grandes similitudes avec le texte de l'ordre promulgué par le sultan Zainul Arifin (1733-1748) retrouvé sur trois supports différents : deux plaques en cuivre datées de 1150 AH./1737 EC., éditées par van Der Tuuk en *pegon* sans voyelles, *TBG*, 1884, nº 29, p. 194-199 ; considérées ici comme le repère « B ». Ensuite, il y a deux photos prises en 1896 et conservées à l'université de Leyde sous la cote L.Or 8250 (pour la description des deux photos, Pigeaud, 1968, vol. II, p. 474). La première photo sera reprise sous « C » et la deuxième sous « D ». Ces deux photos proviennent de deux plaques en cuivre différentes, chacune comportant une inscription en *pegon* (l'une est datée de 1150 AH./1737 EC. et l'autre ne l'est pas).

6 Texte : *dhumating*. Texte B, C, et D : *dhumatĕng*.

7 C : la partie de « *hūm Sulṭān Abū al-Maḥāsin* » n'existe pas.

8 Texte : *Aṣlihu Allāhu Mulkihi*. Texte B et C : dans cette phrase les lettres n'ont pas de voyelles (*ḥaraka*). Dans le texte C : la lettre "h" n'existe pas. D : la phrase '*uṣluhu Allāhu mulkuhu*' n'existe pas.

9 D : *salawas2se*.

10 B, C et D : *dhingin*.

11 B : La phrase suivante n'existe pas : '*mangko lumraha ing*'.

12 B : *cili-ciline*. C. : avant cette phrase, il y a la phrase « *lan ing wong cili sakabeh* ». Il semble qu'il y ait un problème 'saute du même au même'. D : *cili2ne*.

13 C et D : après ce mot, nous trouvons '*sakehing*'.

14 *Karang* signifie « cour ou terrasse », Pigeaud, 1989, p. 168. Mais, le mot désigne ici le terrain et les terrasses des villages. On peut supposer à la vue de ce texte que Banten imposait aussi sa loi aux villages de Lampung qui se trouvaient juste à la limite du territoire, même s'ils étaient situés de l'autre côté de la frontière.

15 B, C et D : après ce mot, nous trouvons le mot '*lĕbak*.'

16 B, C et D : *pagunungane*.

17 B, C et D : *den*.

taxe ne peut pas dépasser 2 réaux. Il est interdit de taxer à raison de 25 unités de monnaie le *bara* [187,5 kg], [parce que le montant] est de 2 réaux par bateau.

[Origine des lois et leur mise à jour]

Avertissement[18]: lois de Sa défunte Majesté le sultan Haji Abu Nasar Abdul 79
Kahar [1682-1687], de Sa défunte Majesté le sultan Abul Mahasin Muhammad Zainul Abidin [1690-1733] et de Sa Majesté le sultan Abul Fathi Syifa Zainul Arifin [1733-1748] honoré en l'État de Banten. Qu'Allah rende durable son royaume. [Les lois] ont été établies pour toujours depuis jadis. [Ces lois] ont été portées à la connaissance de tous les *ponggawa* de Lampung Tulang Bawang de rang supérieur ou inférieur, et à tous les *wong cili*, particulièrement aux habitants des territoires frontaliers et des villages qui sont à l'extérieur des frontières, mais qui sont encore sous la domination [de Banten], des zones de rizières, des hameaux ainsi que des zones montagneuses. Tous doivent exécuter les ordres de Sa Majesté le Sultan tels qu'ils sont contenus dans ces lois.

18 Il est étonnant de trouver la mention de l'origine des lois et de leur mise à jour au milieu des articles au lieu de l'avoir trouvée au début. La seule interprétation est que le scribe ait commis une erreur.

Parentah Kangjĕng Sulṭān sakehe wong Lampung iku pacuwan ana padha
80 pĕpĕrangan ponggawa[19] padha ponggawa atawa[20] wong cili | padha wong cili ing ḥale lurug-linurugan, pocok-pinocok[21] atawa jarah-jinarah atawa rusak-rinusak tanĕm tuwuhe atawa rusak-rinusak patikiwene[22]. Ing salagi ana ponggawa Lampung iku pĕrang padha ponggawa, atawa padha wong cili ing ḥale rusak-rinusak, maka si wong iku katrap ing parentah dalĕm. Ana dening tatrapane denturunakĕn sanaq[23] rabine sarta kapidhana. Pidhanane rong atus reyal, liyan saking ili-iline[24] kang rusak lan kang mati iku.

Lan lamon ana[25] wong kang angrusak[26] turusing wong atawa anĕbangi[27] ing turusing wong, maka si wong iku katrap ing parentah dalĕm. Tatrapane denturunakĕn maning sanaq[28] rabine sarta si wong iku kapidhana sarĕganing turus. Ana dening rĕgane turus iku sawit: tĕlung puluh reyal.

Lan singsapa atutukaran[29] ing pakaranganing para dipaṯi atawa anggrojogi[30],
81 maka kapidhana sajĕnĕnging para dipati. Lan[31] lamon | pakaranganing ponggawa kapidhana sajĕnĕnging ponggawa atas qadar jĕnĕnge[32] ponggawa[33] iku ing ḥale anujah wĕlah.

---

19 D : la phrase qui commence à '*ponggawa*' jusqu'à '*patikiwene*' n'existe pas.
20 B et C.
21 B et C : *pojok-pinojok.*
22 B : *patikiwete.* Il est fort probable que van der Tuuk ait commis une faute d'orthographe entre '*nūn*' et '*ṭā*'.
23 B et D : *sa'anaq.*
24 D : *ili2ne.*
25 C : ce mot n'existe pas.
26 B, C et D : *angru2sak.*
27 C : sans alif '*nĕbangi.*'
28 B et D : *sa'anaq.*
29 B, C et D : *tutukaran.*
30 B : *atawa anggorojogi.* C : *atawa anggorojoki.* D. : *atawa anggrojogi.*
31 B, C et D : dans ces textes, ce mot n'existe pas.
32 B, C et D : *jĕnĕngan.*
33 B, C et D : *ponggawane.*

[Article 8. Interdiction aux habitants de Lampung de s'opposer les uns aux autres]

Ordre de Sa Majesté le Sultan pour tous les habitants de Lampung : il est interdit
aux *ponggawa* de se combattre ou aux *wong cili* | de s'opposer les uns aux autres, 80
de tailler, piller et endommager les plantations ou de tuer leurs volailles. Si un *ponggawa* de Lampung combat un autre *ponggawa*, ou si un *wong cili* détruit [les biens] d'un autre *wong cili*, il subira la peine royale. La peine : ses enfants et sa femme seront remis [au roi][34] et [lui sera] condamné. L'amende est de 200 réaux, en plus de l'indemnisation pour les biens et autres choses détruites et pour les [hommes et bêtes] tués.

[Article 9. Endommagement d'un poivrier d'autrui]

Si une personne endommage ou coupe les poivriers d'autrui, elle subira la peine royale. La peine : ses enfants et sa femme seront remis [au roi][35] et elle sera condamnée à une amende correspondant aux pieds de poivriers. Le montant pour un poivrier est de 30 réaux le pied.

[Article 10. Querelle dans la propriété d'un *dipati* ou d'un *ponggawa*]

Quiconque se querelle ou entre de force dans la propriété d'un *dipati*[36], sera
condamné comme il se doit par des *dipati*. Si | [cela se produit] dans la pro- 81
priété d'un *ponggawa*, il sera condamné, comme il se doit, par des *ponggawa*, en fonction du rang du *ponggawa*[37] et condamné à payer dans les délais.

34 On peut être quasiment sûr qu'il s'agit ici de la peine d'asservissement : ils deviennent les esclaves du roi.

35 Il s'agit ici de la peine d'asservissement : ils deviennent les esclaves du roi.

36 *Dipati* : variant du mot « *Adipati* » chef d'une région, Pigeaud, 1962, vol. IV, p. 471 ; Raffles, 1817, vol. I, p. 268.

37 On se pose la question de savoir pourquoi la condamnation est plus sévère quand le rang de *ponggawa* est plus élevé.

[38]Lan lamon ana wong cili atutukaran[39] ing pakaranganing wong atawa anggarojog[40] ing umahe, maka kapidhana[41] ingkang anggarojog[42] iku tĕlung puluh reyal ing ḥale anujah wĕlah.

Lan lamon ana[43] wong tutukaran ing ĕnggon[44], liyan saking pakaranganing wong, maka sapihĕn bahe. Lan lamon ora kĕna densapih, maka cĕkĕlen. Lamon ora kena dencĕkĕl, maka uwusĕna[45] pisan.

Lan maning lamon ana wong iku[46] wong asing[47] angaku wong Bantĕn, maka pariksanĕn ĕcape : ing dharat atawa ing parahu. Ing salagi oranana cap dalĕm atawa cap saking bumi, maka si wong iku tundhungĕn. Ing salagi maksa wong iku, cĕkĕlĕn. Yen bangga, wusĕna. Yen wus lumaku anĕrapakĕn kang kaya
82 mongkono iku, kang gĕlis2 angaturana atur ing dalĕm. Ing[48] salagi ora | gĕlis2 ora angaturi atur ing dalĕm, maka katrap ing parentah dalĕm. Yen salagi gĕlis2 angaturi atur maring dalĕm, maka ana ganjaran dalĕm.

Lan lamon ana ing Parawitan iku geger musuh atawa tutukaran iku, den padha gĕlis2 padha babantu[49] sarta anggawaha samaptane[50] wong[51] ababantu[52].

Lan lamon ana wong atutukaran[53] iku dengĕlis2 sasapiha. Ing wong kang ingudhik padha milira kang saking ilir padha mudhik. Ing salagi[54] wong kang

---

38 D : De la phrase '*lan lamon ana wong cili...*' (p. 81), jusqu'à la phrase '*lan lamon ana wong tutukaran...*' (p. 82), le passage n'existe pas.

39 B et C : *tutukaran.*

40 B et C : *anggarojogi.*

41 B : *pinidhana.*

42 B : *gorojogi.* C. : *anggrojogi.*

43 C : ce mot n'existe pas.

44 Texte : *ingĕgon.* B : *ing gon.*

45 B et C : *wusna.*

46 B : *angaku.*

47 Texte : *asin.* B et C : *asin atawa.*

48 B et C : *angaturana atur ing dalĕm ing.*

49 B : *babantuwa.* C : *babantuha.*

50 B : *sanjatane.*

51 B et C : en face de ce mot, nous trouvons le mot '*ing.*'

52 B et C : *babantu.*

53 B, C et D : *tutukaran.*

54 B, C et D : après le mot de « *salagi* » nous trouvons le mot '*ing.*'

[Article 11. Querelle d'un *wong cili*]
Si un *wong cili* a une querelle dans la propriété d'autrui ou s'introduit de force chez lui, il sera condamné à une amende de 30 réaux et condamné à payer dans les délais.

[Article 12. Querelle inapaisable]
Si une personne a une querelle ailleurs que dans la propriété d'autrui, on doit seulement la calmer. Si on ne peut la calmer, elle doit être arrêtée. Si on ne peut la maîtriser[55], elle doit être mise à mort.

[Article 13. Étranger se prétendant Bantenois]
Si un étranger se dit Bantenois, il faut vérifier son cachet que ce soit à terre ou sur un bateau. S'il ne porte pas le cachet du palais ou de l'Administration, il doit être expulsé. S'il réplique, il doit être arrêté. S'il se rebelle, il doit être mis à mort. Si cela a été exécuté comme ci-dessus, on doit en informer le roi
immédiatement. Celui qui n'en avertit pas aussitôt le palais, | sera condamné à 82
la peine royale. S'il en avertit le palais immédiatement, il aura une récompense du palais.

[Article 14. Violence à *Parawitan*]
Si des luttes violentes surviennent entre les habitants ou si des querelles se produisent à Parawitan[56], [chacun] doit y [aller] immédiatement pour aider en apportant le nécessaire.

[Article 15. Aide apportée par des gens de la côte et de l'arrière-pays lors de luttes violentes]
Quand il y a des luttes violentes [entre des habitants], [chacun] doit les calmer rapidement. Ceux, habitant en amont, doivent se diriger vers l'aval et ceux,

55 La traduction littéraire « » est « arrêter », mais selon le contexte ici nous traduisons par « maîtriser ».

56 *Parawitan* devait se trouver à Lampung Tulang Bawang, mais on ne connaît pas sa localisation exacte. Toutefois, d'après nous, l'origine de ce mot serait peut-être "*narawita*", « enclave », complété du préfixe P et du suffixe N et devenu "*parawitan*" qui désignerait « un territoire confié comme apanage aux grands dignitaires ».

saking udhik[57] atawa saking ilir ing ḥale wĕruh ana geger gumuruh[58] ora ababantu[59], maka si[60] wong iku kapidhana wong kang ingudhik[61] atawa wong kang ingilir[62] angrongatus reyal.

Lan mongkono maning[63] ing para juragan sakabeh kang ana ing Lampung iku pacuwan padha ora[64] atulung sasapih ing wong tutukaran iku. Lan lamon ana
83 ingkang[65] angadu-adu tutukaran[66] atawa angojok-ojoki tutukaran[67], maka | si wong iku kapidhana rong atus reyal. Ana dening pidhanane gupuh2 aturĕna ing[68] dalĕm.

Lan maning[69] parentah Kangjĕng Sulṭān: sakehe ponggawa Lampung, gĕdhe cili, sakabeh[70] iku padha kinon anandur turus marica. Ana dening turuse wong sawiji sewu wit iku turuse. Pacuwan ora karaksa turuse dhewek-dhewekan[71]. Lan maning sakehe ponggawa Lampung gĕdhe cili[72] sakabeh. Upamaning[73] sakehe wong cili2[74] sakabeh ingkang duwe padu pamicara iku pacuwan ana ingkang andhĕg-ingandhĕg atawa indhĕt-ingindhĕtan[75], kukuh-kinukuhan[76], atawa tarik-tinarik[77]. Ing salagi ana padu pamicarane kang ora paragat denḥu-

---

57 C: ce mot n'apparaît pas.

58 B et C: j-y-w-w-h. D: c-y-w-w-h.

59 B et D: *babantu.*

60 C et D: ce mot n'existe pas.

61 B et C: nous pouvons aussi lire *angudhik* vu que le texte n'a pas de voyelles, tandis que dans le texte D, nous pouvons lire *udhik.*

62 B et C: nous pouvons aussi lire *angilir* vu que le texte n'a pas de voyelles, tandis que dans le texte D, nous pouvons lire *ilir.*

63 C: ce mot n'apparaît pas.

64 B et C: *ora padha. Pacuwan padha ora* signifie littéralement « il est interdit de ne pas ».

65 D: on aurait dû trouver la phrase : « *iku pacuwan padha ora atulung sasapih ing wong tutukaran iku. Lan lamon ana ingkang* », mais on a trouvé cette phrase : « *Lan sapĕrkara maning lamon ana wong kang angadu2* ».

66 B et C: *angadu adu tutukaran.*

67 C: les deux mots '*ojoki tutukaran*' n'apparaissent pas.

68 B, C et D: *maring.*

69 D: avant le mot *maning*, nous trouvons le mot « *sapĕrkara* ».

70 C: les deux caractères B et H ('*beh*') n'apparaissent pas.

71 B: ici le caractère 'D/dāl' est dépourvu de point au-dessous.

72 C: la phrase '*pung gĕdhe cili*' n'apparaît pas.

73 B, C et D: ce mot est dépourvu de voyelles. Nous pouvons sûrement lire '*apamaning.*'

74 B et D: *cili-ciline.*

75 B et C: *indhĕt-inindhĕtan.*

76 C: *kukuh-kinungkun.* On ne comprend pas le sens de ce mot dans ce contexte.

77 C: '*rik-tinarik ing*' n'existe pas. D: après ce mot, nous trouvons la phrase « *atawa unguman kaungsen atawa kadho2kan dening wong* ».

habitant en aval, doivent se diriger vers l'amont. Ceux de l'amont ou de l'aval qui n'apportent pas leur aide tout en sachant qu'il y a des combats seront condamnés à une amende de 200 réaux.

[Article 16. Obligation des autorités de calmer une querelle et interdiction de la provoquer]

De la même manière, toutes les autorités de Lampung doivent aider à calmer les provocateurs. Si quelqu'un provoque ou excite à des troubles violents, il | 83
sera condamné à une amende de 200 réaux. L'amende doit être remise immédiatement au palais.

[Article 17. Obligation pour les *ponggawa* de Lampung de planter 1000 pieds de poivre]

Ordre de Sa Majesté le Sultan : tous les *ponggawa* de Lampung, de rang supérieur ou inférieur, doivent planter des pieds de poivre. Chacun 1000 pieds. Chacun doit prendre soin[78] de ses poivriers. Il en va de même pour tous les *ponggawa* de Lampung, de rang supérieur ou inférieur. Si les *wong cili* sont en désaccord avec cette règle, il leur est interdit d'arrêter et d'entraver [la culture des poivriers], de s'approprier [les jardins des poivriers] ou d'arracher [les poivriers]. Si le différend relatif à cette règle n'est pas résolu par la justice de

78 Littéralement : « il est interdit de ne pas prendre soin ».

kumi[79] ing Lampung iku, dengĕlis2 padha milir ing Bantĕn[80]. Atawa ḥukume kalawan papariksaning[81] bumi.

Lan sapĕrkara maning[82]: lamon ana ponggawa Lampung atawa wong cili2[83]
84 kaungsen[84] dening kawulaning | wong atawa dening batur kahuming[85], wong
kang kaungsen iku ora gĕlis2 matur[86] maring bumi atawa wawarah ing gustine
atawa ing pangahumane, maka kari2 wong kang angungsi iku katĕmu dening
gustine atawa dening pangahumane, maka wong kang angungsi iku binĕdhal
dening bumi. Lan kang kaungsen iku ora olih tĕtĕbus balik ana ta'jir dalĕm
atawa pidhana, sabab ora gĕlis2 matur ing bumi atawa wawarah ing gustine[87]
ing pangahumane, maka ora kĕna ora kang aduwe[88] kawula atawa kang aduwe
kahum[89] iku anĕbusi. Ana dening tĕtĕbuse anang karsa dalĕm. Ana dening
lawase mature ing bumi atawa wawarah ing gustine atawa ing pangahumane
85 iku atas qadar[90] adohe lalakune saking desane | kang kaungsen iku.

Lan sapĕrkara maning: parentah Kangjĕng Sulṭān maring sakehe ponggawa Lampung, gĕdhe cili, sakabeh upamaning[91] sakehe wong cili-ciline[92] sakabeh pacuwan ana ingkang murusakĕn[93] adol marica ing Palembang atawa ing liyane. Ing salagi ana kang adol marica ing nagara Palembang, maka kang adol marica iku kinon dencĕkĕl. Lamon wong iku[94] bangga kinon rinujag[95] sarta anaq rabine kinon dengawa[96] ing Bantĕn. Ana dening ponggawa ingkang parĕk

79 B, C et D: *denukumi.*

80 B, C et D: avant cette phrase, nous trouvons la phrase: '*sakarone apa besok papariksan ing Bantĕn*'. Il semble qu'il y ait eu un problème de: « saute du même au même ».

81 B: *papariksan ing.*

82 D: dans ce texte-ci, cet article n'existe pas.

83 B et C: *cili-ciline.*

84 B et C: *kaungsen.*

85 B et C: *qawming wong, maka.*

86 C: « ... *lis2 matur* » sont absents.

87 B et C: le cas 'saute du même au même': *lan lamon kang kaungsen iku gĕlis2 matur ing* bumi *atawa wawarah ing gustine atawa ing pangahumane.*

88 B: *duwe.*

89 B et C: *qawm.*

90 B et C: *Iku atas qadar.*

91 B, C et D: *apamaning.*

92 D: *cili2ne.*

93 B: *muwusakĕn.* C: *amurusakĕn.*

94 D: les mots *wong iku* n'existent pas.

95 B et D: *dirujak.* C: *angrujak.*

96 C: *anggawa.*

Lampung, il faut se rendre immédiatement à Banten. Sinon, il sera jugé après enquête de l'Administration.

[Article 18. Accueil d'un *kawula* ou d'un *batur* réfugié]

Autre cas : si le *kawula* de quelqu'un ou le *batur* d'une famille cherche refuge
| chez un *ponggawa* ou un *wong cili* de Lampung sans en avertir rapidement 84
l'Administration et sans en informer le maître ou la famille, il sera pris par l'Administration s'il est découvert par le maître ou la famille. Celui qui a accueilli [le réfugié] n'est pas autorisé à les racheter et même une peine royale ou une peine [du tribunal] pourra être prononcée à son encontre, parce qu'il n'a pas averti immédiatement l'Administration ni informé le maître ou la famille. Le maître du *kawula* ou la famille propriétaire du *batur* doit les racheter[97]. Le rachat est conforme au décret du palais. Le délai pour avertir l'Administration ou informer le maître ou la famille dépend de la distance à laquelle est situé le
village de celui | qui les a accueillis. 85

[Article 19. Interdiction de planter et de vendre du poivre à Palembang]

Autre cas : ordre de Sa Majesté le Sultan, à tous les *ponggawa* de Lampung, de rang supérieur ou inférieur, et surtout à tous les *wong cili* : il est interdit de planter des pieds de poivre et de vendre du poivre à Palembang[98] ou ailleurs. Si quelqu'un vend du poivre dans le Pays de Palembang, il sera arrêté. S'il réplique, on utilisera la force. Son épouse et ses enfants seront amenés à Banten. Si quelqu'un a planté les poivriers [à Palembang], le *ponggawa* le plus près de

97 Littéralement : « ne peut pas ne pas le racheter ».

98 Palembang a été l'ennemi de Banten à partir de la seconde moitié du xvie siècle, lorsque le sultan Muhammad attaqua Palembang. En 1596, il a voulu conquérir cette ancienne ville du royaume bouddhique de Sriwijaya. Mais cette attaque militaire a échoué. Le jeune sultan, âgé de 25 ans, est décédé suite à un coup de canon contre sa flotte au large de la ville de Palembang, Guillot, 1990, p. 23 et 26.

umahe ingkang murusakĕn marica iku kinon denturunakĕn anaq rabine denkarangakĕn ing Bantĕn.

Lan sapĕrkara maning[99] : sakehe ponggawa Lampung, gĕdhe cili, sakabeh, atawa wong cili-ciline[100] sakabeh ingkang ahli dagang anggawa marica iku pacuwan angandhĕg[101]. Adol marica ing lahot, upamaning[102] lamon adol liyan[103]
86 saking nagara Bantĕn |. Ing salagi ana wong adol marica ing lahot atawa adol marica liyan saking nagara Bantĕn, maka si wong kang adol marica iku kinon padha denbanda[104]. Lamon bangga kinon denrujag. Ana dening mumutane[105] rinampas[106] sarta[107] parahune katur ing dalĕm. Ana dening anaq rabine wong iku dendalĕmakĕn.

Lan sapĕrkara maning : parentah Kangjĕng Sulṭān sakehe ponggawa Lampung, gĕdhe cili, upamaning[108] wong cili-ciline[109] sakabeh ingkang padha mulih saking Bantĕn barang Lampung pacuwan ana[110] anggawa larangan dalĕm atawa larangan Kumpĕni. Ana dening rupane larangan dalĕm kaya[111] apyun, lan madat, lan wong pĕtĕng, lan adol atuku wong saking Bantĕn ing ḥale ora anggawa cap tĕngĕran dalĕm. Iku rupane larangan dalĕm. Ana dening laranganing Kumpĕni kaya cĕngkeh lan pala lan kĕmbang[112] pala. Iku rupane larangan Kum-
87 pĕni[113]. | Ing salagi ana wong kang anggawa larangan dalĕm lan[114] larangan Kumpĕni, maka si wong iku katrap ing parentah dalĕm. Tatrapane denrampas. Ana dening rampasane katur ing dalĕm.

---

99 D : dans ce texte-ci, cet article n'existe pas.
100 C : les mots « *atawa wong cili-ciline* » n'existent pas.
101 Texte : *angandĕg*. B : *angadhĕg*.
102 B et C : *apamaning*.
103 B et C : *adol liyan*.
104 B : *dencĕkĕl*.
105 B : *mumutane*. C : *mu2tane*.
106 B : *dirampas*. C : *denrampas*.
107 C : Après ce mot, nous trouvons le terme '*kinon*'.
108 B, C et D : *apa maning ing*.
109 D : *cili2ne*.
110 D : après ce mot, nous trouvons le terme « *padha* ».
111 B et C : *kayatah*.
112 B et C : *cĕngkeh lan pala lan kĕmbang pala*. Les mots *Cengkeh*, *Pala* et *Kembang Pala* sont des mots en malais qui se trouvent dans le texte javanais. En effet, ces produits n'existaient ni à Banten ni à Java. Ces denrées sont originaires de l'Archipel des Moluques.
113 D : la phrase qui commence par « *Ana dening* » jusqu'à la phrase « *Iku larangan Kumpĕni* » n'existe pas. Il semble qu'il y ait un problème 'saute du même au même'.
114 D : *atawa*.

lui devra remettre l'épouse et les enfants de ce dernier[115] [au roi] et ils seront assignés à résidence à Banten[116].

[Article 20. Obligation de vendre le poivre de Banten]
Autre cas : il est interdit à tous les *ponggawa* de Lampung, de rang supérieur ou
inférieur, et à tous les *wong cili* qui font profession de commercer ou transpor-
ter du poivre de cesser [de le faire]. [Il est interdit] de vendre du poivre en mer,
particulièrement si le poivre provient d'un État, qui n'est pas l'État de Banten
|. Si quelqu'un vend du poivre en mer ou vend du poivre ne provenant pas du 86
Pays de Banten, il aura les deux mains liées. S'il se rebelle, on utilisera la force.
La cargaison sera saisie, tandis que le bateau sera remis au palais. Les enfants
et la femme du coupable seront asservis comme esclaves du roi.

[Article 21. Transport de produits prohibés par le roi ou la Compagnie]
Autre cas. Ordre de Sa Majesté le Sultan : il est interdit de transporter des
[denrées] prohibées par le palais ou par la Compagnie à tous les *ponggawa*
de Lampung, de rang supérieur ou inférieur, à plus forte raison aux *wong*
cili qui retournent de Banten ou de Lampung [dans leur pays d'origine]. Les
prohibitions du palais concernent l'opium brut, l'opium préparé, la contre-
bande, l'achat et la vente d'esclaves de Banten sans posséder le cachet du
palais[117]. Telles sont les interdictions du palais. Les prohibitions de la Compa-
gnie concernent le clou de girofle, la noix de muscade et le macis. Telles sont
les prohibitions de la Compagnie |. Si quelqu'un transporte [des denrées] pro- 87
hibées tant par le palais que par la Compagnie, il sera condamné à la peine
royale. La peine est la confiscation. [Les biens] saisis seront remis au palais.

115 Il s'agit ici de la peine d'asservissement : ils deviennent les esclaves du roi. Toutefois, l'article ne précise pas ce qui advient à celui qui a planté les poivriers.

116 Il s'agit ici de la peine d'exil de Lampung vers Banten.

117 Les produits interdits à l'importation, comme le tabac ou l'opium, sont surveillés par le bureau des douanes, le *pabean*, Guillot, 1989, p. 139.

Lan sapĕrkara maning: parentah Kangjĕng Sulṭān sakehe wong Lampung iku ora kĕna ana ing saĕnggon-ĕnggon[118]. Ana ing[119] karsa dalĕm sakehe wong Lampung iku sakabeh ana ing asta dalĕm. Ora kĕna wong Lampung iku ana ing liyane kaya ing putra2 atawa ing rayi2 atawa ing warga2 iku. Ora kĕna wus ana ing asta dalĕm[120] sakabeh. Amung kang tinuwawen dening dalĕm amicarakakĕn[121] ing wong Lampung iku Pangeran Sumaningrat kalawan Pangeran Tāj al-ʿĀlam iku samangko kang tinuwawen dening dalĕm[122].

Hijratu al-Nabi ṣallā Allāhu ʿalayhi wa sallam sewu satus seket[123] tunggal lumampah ing tahun Dāl ing sasi Jumādī al-Awwal tanggal wolu (……[124]) Bantĕn Ṯalaṯa waqtu Ẓuhur aẖir.

118 B, C et D : *sanggon-nggon*.
119 B, C et D : '*ana ing*' n'existe pas.
120 D : la phrase n'existe pas. Il semble qu'il y ait un problème 'saute du même au même'.
121 B, C et D : *micarakakĕn*.
122 D : le texte D s'arrête ici.
123 B et C : la fin des textes B et C, mais ces derniers se concluent par les trois mots '*tutup tahun Ze*'.
124 À cause de la partie manquante dans le manuscrit, on ne peut pas déterminer la date précise : est-ce le huit, le dix-huit ou le vingt-huit de Jumādī al-Awwal (le cinquième mois dans l'année de l'hégire) correspondant au 8 août ou au 3 ou au 13 septembre 1738.

[Article 22. Tous les habitants de Lampung sont le peuple du Sultan de Banten]

Autre cas. Ordre de Sa Majesté le Sultan : les habitants de Lampung ne sont pas autorisés [à demeurer] n'importe où. Le palais ordonne que les habitants de Lampung restent sous l'autorité du palais. Il est interdit aux habitants de Lampung [d'obéir à l'autorité] d'autres, tels que les enfants, les frères ou un parent [du roi]. [Cela] leur est interdit une fois qu'ils se trouvent sous l'autorité du palais. Seules les personnes nommées par le palais sont autorisées à gouverner les habitants de Lampung, à savoir Pangeran Sumaningrat et Pangeran Tajul Alam, à cette époque nommées par le palais.

[Colophon]

À Banten mardi après-midi, le huit (……) du mois de Jumādī al-Awwal, mille cent cinquante-et-un de l'hégire du prophète, l'année Dāl. [8 août ou 3 ou 13 septembre 1738].

CHAPITRE 10

Lois du Sultan Abul Mafakhir (1624-1651) au sujet de *ta'zīr*

88 **Iki Bab ing dalĕm Anyatakakĕn Ta'zīr[1].**

Utawi ta'zīr iku kinon dening šara' ing sakehing panggawe ma'ṣiyat kang orana ing jĕrone iku ḥad lan ora kifārat. Padha anane ma'ṣiyat iku saking kang dhiningnakĕn ing panggawe kang ana ing jĕrone iku ḥad, kaya mubāšarah : anĕmokakĕn kulit kalawan wong wadon kang wawaneh, ora kalawan waṭi, lan anyolong arta kang durung wujub tinugĕl, lan amisuh[2] lan angarane ora kalawan andalih zina. Atawa liyan saking iku, kaya anahidi lilinyokan, anggitik manusya ora

1 Il n'est pas aisé de suivre le raisonnement complexe des articles de ce chapitre.

2 Texte : *amisah*.

© 2026 KONINKLIJKE BRILL BV, LEIDEN | HTTPS://DOI.ORG/10.1163/9789004766587-011

Chapitre sur l'explication de ce qu'est le *ta'zīr*[3] 88

[Article 1. Le sens de *ta'zīr*]

Le *ta'zīr* est [une peine] préconisée par la charia pour toute action répréhensible qui n'est passible ni du *ḥad*[4] ni de la *kaffāra*[5]. Les fautes relevant du *ḥad* sont par exemple la *mubāšara*, c'est-à-dire toucher la peau d'une femme sans relation sexuelle, voler des biens n'entraînant pas l'amputation de la main[6], insulter [quelqu'un en insinuant] la relation sexuelle illicite ou le soupçonner [d'avoir commis] la relation sexuelle illicite sans accusation [formelle]. Les fautes relevant de la *kaffāra*[7] sont par exemple les faux témoignages, les coups portés avec un ustensile, sans aucun motif valable, et le mensonge. Tous les

3 *Ta'zīr*: une peine prononcée par le cadi quand il ne peut pas s'appuyer sur un texte prescrit par le Coran ou par la Sunnah (Tradition). Par ailleurs, le début de ce texte fait penser à l'*Undang-Undang Melayu*, XVIIIe siècle: «*Ini Bab Ta'zir. Bermula barang siapa membuat maksiat yang tiada wajib had dalamnya dan tiada wajib kaffara seperti menyentuh perempuan yang haram yang lain daripada farjinya dan mencuri yang kurang pada senisab dan manukasi yang lain daripada zinah dan manukasi yang lain daripada mewati dubur dan melukai yang tiada wajib qisas dan syahid yang dusta dan barang yang menerupai demikian itu daripada maksiat ditakzirkan bahwa ia yang tidak sampai dengannya sekurang-kurang had dan harus raja itu meninggalkan dianya* [...]», Abd. Rahman, 1994, p. 37.

4 Le *ḥadd* (pl. *ḥudūd*) est la sanction de certains actes répréhensibles par des châtiments prescrits par le Coran et donc considérés comme des crimes contre la volonté d'Allah. Ce sont: les rapports sexuels illicites (*zinā*), les fausses accusations de rapports sexuels illicites (*qazf*), la consommation de boissons alcoolisées (*ḫamr*), le vol (*sariqa*), et le brigandage (*qat' al-tarīq*), Schacht, 1983, p. 147.

5 Le mot *kifārat* dans le texte javanais vient du mot arabe *kaffāra*, c'est-à-dire un acte expiatoire et propitiatoire par lequel des fautes d'une certaine gravité sont remises, *EI*, *kaffāra*, 1978, vol. IV, p. 424-425. Dans ces deux cas, il s'agit d'actes répréhensibles dont le châtiment est prescrit par le Coran. Mais les juristes musulmans s'accordent pour considérer que les fautes les plus graves tombent plutôt sous le *ḥadd* que sous la *kaffāra*.

6 Selon l'article 42 des Lois du sultan Haji, le coupable est condamné à avoir la main coupée suite à un vol, si la valeur de ce dernier est égale ou supérieur à un réal.

7 Le texte javanais «*atawa liyan saking iku*» (en dehors de ceux-ci) est obscur et incomplet. Donc, on peut l'interpréter: «en dehors d'exemples des actes répréhensibles relevant du *ḥad*». Dans ce contexte, on peut l'interpréter par la phrase «les fautes relevant de la *kaffāra*».

kalawan sabĕnĕre, lan ambohong. Lan sakehing panggawe ma'ṣiyat lan padha uga gumantung ma'ṣiyat iku : ing haqqu Allāh atawa ing haq Ādam.

Maka jinising ta'zīr iku saking amanjara atawa anggitik, andĕra kalawan gigitik, atawa anabok maring sawicara (......) ijtihād ratu iku. Lan denlampahakĕn :
89 barang | kang denwicara : saking angumpulakĕn ing antarane karone atawa anyĕndhĕk ing atasing salah tunggal saking karone. Lan wĕnang ing iya anyĕndhĕk ing atasing amĕmĕdeni kalawan rarasan balaka angajak[8] sakehing ṣaḥabat. Wajib ing atasing ratu iku angraksa tartib lan amanggut-manggut, kaya apa angraksa ing iya wong kang anulak ṣā'il[9]. Maka aja munggah maring sawiji martabat ing ḥale iya iku amicara kang sĕwir, saking iku aweh labĕt anyukupi lan anangon wataraning ta'zīr iku. Maka lamon ana iya saking kang liyan saking jinising ḥad kaya amanjara gumantung iya kalawan ijtihāding ratu. Lan lamon aningali iya pĕryoga anggitik, maka wajib arĕp kurang iya saking ḥad. Lan ing pasthine iku akeh wajah :

Sawiji saking iya : satuhune ambedakakĕn antaraning sakehing ma'ṣiyat. Lan
90 qi(......) sawiji ma'ṣiyat | iku kalawan barang kang anabangsani ing iya saking panggawe dosa kang amajibakĕn ing ḥad. Maka tina'ziraken ing waṭi kang ingaramakĕn kang ora amajibaken ing ḥad lan ing muqaddimahing zina. Lan ing

8 Texte : *angojo*.

9 En dessous de ce mot est écrit *bĕdungkalang* en *pegon*, sans voyelles, comme un mot ajouté. Par ailleurs, il se pourrait que *bĕdung* soit une faute d'orthographe de *bedhung* qui signifie : méchant et misérable, et *kalang* signifie : population, Pigeaud, 1989, p. 30 et 161.

actes répréhensibles sont définis par le fait qu'ils relèvent du droit d'Allah ou du droit d'Adam[10].

[Article 2. Type de *ta'zīr* et autorité du roi]

Le type [de châtiment] du *ta'zīr* sera donc l'incarcération, le châtiment corporel à l'aide d'un ustensile[11] ou l'administration de coups; tous ceux-ci proviennent
de la décision (……) *ijtihād*[12] du roi. [Le châtiment] qui sera appliqué | sera celui 89
qui aura été décidé: soit le cumul des deux [peines du *ta'zīr*], soit [la condamnation] est réduite à une seule des deux. [Le roi] peut alléger [le châtiment] par sagesse en consultant ses conseillers. Le roi a le devoir de maintenir l'ordre et [d'obtenir] l'accord [de ses conseillers] et donc, par exemple, protéger les gens qui ne font pas le mal. On ne doit pas contredire un officier qui parle avec autorité. En le faisant, il accomplit correctement sa tâche et applique les *ta'zīr*. [Les châtiments] autres que le *ḥad*, comme l'emprisonnement, dépendent de l'*ijtihād* du roi. [Par exemple] ce dernier peut réduire le *ḥad* s'il estime qu'il est préférable d'infliger un châtiment corporel. Il y a bien sûr de nombreux avis sur ce cas.

[Article 3. Application du *ta'zīr* pour tous les actes répréhensibles non prévus par le *ḥad*]

Premier avis. Il faut examiner[13] tous les différents actes répréhensibles. Et (……)
[une peine discrétionnaire sera appliquée à] un acte répréhensible | similaire 90
à un acte soumis à une peine de *ḥad*. Il faut [par exemple] appliquer une peine discrétionnaire [*ta'zīr*] aux relations sexuelles illicites, et leurs préliminaires, non prévues à la peine de *ḥad* [de relation sexuelle illicite]. De même, il faut appliquer une peine discrétionnaire [*ta'zīr*] à ceux qui insinuent la relation

---

10 Ces deux concepts particuliers sont propres à certaines parties du droit pénal musulman. Le *haqq Allāh* est le droit ou la revendication d'Allah. C'est le *ḥadd*. Il n'y a donc pas de possibilité de pardon ou d'arrangement à l'amiable. Le *haq Ādam* (*ādamī*) est le droit humain ou la revendication privée. Ce sont des crimes qui comprennent des atteintes aux droits de l'homme. Par exemple, les poursuites pour fausse accusation d'une relation sexuelle illicite ou pour vol, n'ont lieu qu'à l'initiative des personnes lésées et le plaignant doit assister au procès et au châtiment. Schacht, 1983, p. 98 et 147.

11 Les deux expressions en javanais '*anggitik*' et '*andĕra kalawan gigitik*' ont la même signification: donner des coups à l'aide d'un ustensile (bâton, fouet…).

12 *Ijtihād*: décision de droit prise par une autorité judiciaire sur un cas qui n'est pas prévu dans le Coran ni dans la *Sunna*. L'*ijtihād* dans le droit musulman est l'usage du raisonnement individuel et l'utilisation du raisonnement par analogie (*qiyās*) aux dispositions du *Qur'ān* et de la *Sunna*. L'homme de loi apte à cette pratique est le *mujtahid*, *EI*, *Idjtihād*, vol. III, 1990, p. 1052-1053.

13 D'après le sens de la phrase, on peut interpréter '*satuhune ambedakakĕn*' par « examiner ».

anglarani lan angujar-ujari, ora kalawan andalih zina, kurang saking ḥading andalih zina. Lan ing angidĕrakĕn dhadhasar banyu ing atasing anginum banyu karana anarupani kalawan sakehing wong kang anginum sajĕng, kurang saking ḥading wong anginum sajĕng. Lan ing muqaddimahing anyonyolong, kurang saking ḥading zina. Lan ing atasing qawl iku, maka ta'ziring wong amardika winilang iya kalawan ḥade, lan wong 'abdi winilang kalawan ḥade.

Lan wajah kang ṯani: satuhune sakehing ma'ṣiyat iku padha lan ora winuwuhan ta'zīr iku ing atasing sapuluh panggitik karana hadīṯ Kangjĕng (……) Rasūlullāh
91 ṣallā Allāhu 'alayhi wa sallam | angandika iya: "Aja denpukul wong sawiji pon lewih saking sapuluh camĕthi," anging ing dalĕm sawiji ḥad saking sakehing ḥading Allāh Ta'ālā.

Lan wajah kang kaping tĕlu: lan iya ikulah wajah kang lewih aṣaḥ lan pangucaping ulama agung-agung, ẓahiring naṣ satuhune wĕnang lĕwih ing atasing sapuluh pukulan, kalawan sakira-kira kurang iya saking sakĕdhik-kĕdhiking sakehing ḥading kang tina'ziraken. Maka ora winuwuhan ta'ziring wong amardika ing atasing tigang puluh sasanga gitikan lan ora winuwuhan ta'ziring wong 'abdi ing atasing sanga wĕlas gitikan. Lan angucap Šayḫ Muḥammad 'Ali

sexuelle illicite et insultent quelqu'un [à ce sujet] sans l'accuser [formellement]. La peine discrétionnaire [*ta'zīr*] devra être moindre que le *ḥad* pour la [fausse] accusation d'une relation sexuelle illicite. Il en va de même pour ceux qui vendent des boissons enivrantes comme le vin de palme ; la peine discrétionnaire [*ta'zīr*] sera moindre que celle [prévue par] le *ḥad* pour ceux qui boivent le vin de palme. De même, pour les actes qui se rapprochent du vol ou des relations sexuelles illicites, la peine discrétionnaire [*ta'zīr*] devra être moindre que celle [prévue par] le *ḥad*[14]. La peine discrétionnaire [*ta'zīr*] devra tenir compte comme le *ḥad* [du statut du coupable] : elle sera différente pour un homme libre ou un esclave.

[Article 4. Le *ta'zīr* de dix coups pour toutes les infractions]
Deuxième avis. En vérité, tous les actes répréhensibles sont identiques et la peine discrétionnaire [*ta'zīr*] ne doit pas dépasser dix coups, parce que selon le hadith du vénérable (......) le prophète *ṣallā Allāhu 'alayhi wa sallam* | a dit[15] : 91
« Ne donnez jamais à quelqu'un plus de dix coups de fouet », et en effet, chaque peine de *ḥad* a pour base le *ḥad* d'*Allāh Ta'ālā*.

[Article 5. Le *ta'zīr* prime le *ḥad*]
Troisième avis[16]. Ceci est l'avis le plus véridique, celui des grands oulémas. Il est clair selon les sources canoniques [*naṣ*[17]] qu'il est permis de [condamner] à plus de dix coups, en tenant compte du fait que cette peine doit être réduite le moins possible par rapport à ce qu'exige le *ḥad*, qui sert de base à la peine discrétionnaire [*ta'zīr*]. La peine discrétionnaire [*ta'zīr*] pour un homme libre ne dépassera pas 39 coups et pour un esclave 19 coups[18]. Le cheikh Muḥam-

---

14 Littéralement : « De même pour les préliminaires d'un vol, [appliquez un *ta'zīr*] inférieur au *ḥad* de relation sexuelle illicite ».

15 Ce hadith « *lā tajlidū fawqa 'ašrati aswāṭin illā fī ḥaddin min ḥudūdiLLāh* » est rapporté par al-Nasā'ī nº 7290, *Kitāb Sunan al-Kubrā*, chapitre 36, vol. VI, p. 482, et al-Buḫārī nº 6850, chapitre 42, al-'Asqalānī, 1441/2019, vol. XIV, p. 119 et 123.

16 Les pages 91 et 92 sont copiées de l'œuvre encore manuscrite intitulée *Mawāhib al-Rabbāniyya 'an al-As'ila al-Jāwiya* écrite par cheikh Muḥammad 'Ali Ibn 'Allān Bakrī Makkī, aux alentours de 1638, qui est conservée à *PNRI*. Dans cet ouvrage, l'auteur répond à dix questions précises posées par le sultan de Banten Abul Mafakhir Mahmud Abdul Kadir sur l'art de gouverner ses sujets et d'appliquer la loi, Sudrajat, 2002.

17 Le *naṣ* désigne une formule présente soit dans le Coran soit dans le Hadith, qui sert de base pour justifier un précepte, *Naṣṣ*, *EI*, vol. VII, 1993, p. 1031.

18 Voir l'argumentation de cette partie dans le manuscrit d'*al-Mawāhib al-Rabbāniyya* sur la possibilité de réduire ou d'augmenter une peine par les pouvoirs publics. Le prophète Muḥammad, le calife Abū Bakr, le calife 'Umar Ibn Ḫaṭṭāb et le calife 'Umar Ibn 'Abd

Ibnu ‘Allān kang abangsa Bakrī Makkī ing dalĕm iket-iketane kang ingara-
nan *“Mawāhib al-Rabbāniyya”* satuhune amĕnangakĕn Imām Mālik ana‘zira-
kĕn kalawan sakehing warnaning kang anglarani saking (……) amanjara, lan
92 pinisuh, | lan angambil sakehe artane. Maka ing zaman Sulṭān Abū al-Mafāḫir
‘Abd al-Qādir *raḥmatullāhi ‘alayhi* satuhune akon anglampahakĕn ana‘zirakĕn
kalawan angambil arta karana taqlīd maring Imām Mālik *raḍiyallāhu ‘anhu.*

Maka singsapa angrangkul wong wadon kang wawaneh atawa anyandhak ing iya atawa angambung ing jabaning pakarangan atawa ing pakarangane wong lanang iku ing rahina, tina‘ziraken kalawan angambil artane kawan reyal. Lamon ana fi‘il iku ing wĕngi, maka limang reyal. Lan lamon ana fi‘il iku ing pakarangane wong wadon iku ing dalĕm rahina, maka wolung reyal. Lamon ana panggawe iku ing pakarangane wong wadon iku ing dalĕm wĕngi, maka ta‘zire sapuluh reyal.

al-‘Azīz ont réduit ou augmenté la peine selon les conditions et selon leur capacité personnelle à juger (*ijtihād*), Sudrajat, 2002, texte p. 16-19, traduction p. 86-87.

mad ʿAli Ibnu ʿAllān Bakrī Makkī[19] explique dans son œuvre intitulée *Mawāhib al-Rabbāniyya*, qu'en fait il suit l'avis de l'Imām Mālik[20] qui inflige la peine discrétionnaire [*taʿzīr*] entraînant la souffrance comme (......) l'emprisonnement, l'humiliation[21] | et la saisie des biens[22]. C'est pourquoi, le sultan Abul Mafakhir 92
Abdul Kadir, que Dieu ait son âme, ordonna en son temps d'appliquer la saisie des biens comme la peine discrétionnaire [*taʿzīr*] en se référant [*taqlīd*] à l'Imām Mālik, que Dieu ait son âme[23].

[Article 6. Le *taʿzīr* pour harcèlement sexuel à l'encontre d'une femme]
Celui qui embrasse la femme d'un autre ou la tient [par la main] ou encore lui donne un baiser dans sa propriété, sera condamné à la peine discrétionnaire [*taʿzīr*] de 4 réaux et de 5 réaux, si cela se passe pendant la journée. Si cet acte se passe dans la propriété de la femme et de jour, la peine discrétionnaire [*taʿzīr*] sera de 8 réaux. Si cela se passe dans la propriété de la femme et de nuit, la peine discrétionnaire [*taʿzīr*] sera de 10 réaux[24].

---

19 Né le 20 ṣafar 996/21 janvier 1588 à La Mecque, mort le 21 ḏūlḥijjah 1057/18 janvier 1647 à La Mecque et enterré au cimetière de Maʿlā, à côté de la tombe de Aḥmad Ibn Ḥajar al-Haytami. Il fut un ouléma célèbre de la Terre Sainte (Ḥaramayn : La Mecque et La Médine) au xe/xviie siècle. Il écrivit plus de soixante ouvrages dont la *Mawāhib al-Rabbāniyya ʿan al-As'ila al-Jāwiya*, Sudrajat, 2002, p. 8-11. Le sultan de Banten, Abul Mafakhir Abdul Kadir proposa au cheikh ʿAli Ibnu ʿAllān d'être le mufti du sultanat de Banten. Mais celui-ci refusa, Djajadiningrat, 1983, p. 195.

20 Imām Mālik : juriste musulman et fondateur de l'école juridique musulmane (*mazhab*) de Mālikiyya. Né en entre 90-97/708-716 et mort à Médine en 179/796.

21 À titre de comparaison, on punissait dans l'Empire ottoman les coupables par l'humiliation, par exemple : l'exposition des coupables au public et par la marque au front des coupables, Heyd, 1973, p. 41-289.

22 Cette partie se réfère au paragraphe « *Wa qad jawwaza al-'Imām Mālik bi'anwāʿi al-'aḏa min al-ḍarbi wa al-šatmi wa 'aḫḏi al-'amwāl* [...] » de l'ouvrage *al-Mawāhib al-Rabbāniyya*, Sudrajat, 2002, texte p. 42, traduction p. 98.

23 Cette partie se réfère à la réponse numéro six de l'ouvrage *al-Mawāhib al-Rabbāniyya* « [...] la saisie des biens est un exemple de la peine discrétionnaire (*taʿzīr*), on doit suivre ce que Imām Mālik avait expliqué précédemment [...] », Sudrajat, 2002, texte p. 114-115, traduction p. 123-124.

24 Cet article fait penser au *Undang-Undang Palembang* (UUP), article 20 : « *Jika lakie-lakie senggol tangan gadis atauw rangda* [...] *ia kena 2 ringiet* [...] », article 21 : « *Jika lakie-lakie pegang lengan gadis atauw rangda* [...] *ia kena denda 4 ringiet* [...] », et article 22 : « *Jika lakie-lakie pegang di atas siku gadis atauw rangda* [...] *ia kenda denda 6 ringiet* [...] », Djamaris et al., 1981, p. 247.

93 Lan singsapa (......) anjamalani maring wong, padha lanang, ing ḥale | ora amalĕs, atawa maring wong wadon, maka lamon ana kang tinabok iku wong amardika, maka ta'zire wolung reyal. Lan lamon ana iya wong 'abdi, maka ta'zire kawan reyal. Lamon tatu, abali maring sawataraning tatu. Arane tatĕrapane ḥukumah.

Lan singsapa angujar-ujare maring wong lanang atawa maring wong wadon atawa amisuhi ing ḥale ora malĕs, maka ta'zire kalih reyal.

Kamā qāla Allāhu ta'ālā fī al-kitābi al-'azīz: Yā ayyuha al-laḏīna āmanū la tadḫulū buyūtan ġayra buyūtikum ḥattā tasta'nisū[25]. Lan singsapa manjing ing umahing wong ora kalawan pakone kang aduwe umah ing rahina, maka ta'zire kalih reyal. Lamon ing wĕngi, kawan reyal. Lan lamon ana manjinge iku kaya lakuning maling kaya amanek atawa ambabah pagĕr atawa anobos pagĕr, maka ta'zire wolung reyal (......)

25 Se trouve à la marge droite. Texte: *al-buyūta... an yu'ḏana lakum.* (QS. al-Nūr/24:27). Le scribe a confondu le QS. al-'Aḥzāb/33:53 avec le QS. al-Nūr/24:27.

[Article 7. Le *ta'zīr* de violence physique entre hommes]

Si un homme (......) frappe un autre homme ou une femme | et que la victime 93
ne réplique pas, la peine discrétionnaire [*ta'zīr*] sera de 8 réaux, si la victime est une personne libre. Elle sera de 4 réaux, si la victime est un esclave. Si [la victime] est blessée, elle peut, en réparation, blesser de la même façon [son agresseur]. Telles sont les peines du tribunal.

[Article 8. Le *ta'zīr* d'insulte]

Pour celui qui insulte ou humilie un homme ou une femme, sans que l'autre ne lui réplique sera condamné à une peine discrétionnaire [*ta'zīr*] de 2 réaux[26].

[Article 9. Le *ta'zīr* d'intrusion chez autrui]

Allah dit dans le Coran: « *Ô vous qui croyez! n'entrez point dans des demeures autres que vos demeures, avant de vous faire admettre*[27]. » Pour toute personne qui entre chez autrui sans permission du propriétaire, la peine discrétionnaire [*ta'zīr*] sera de 2 réaux, s'il le fait de jour, et de 4 réaux, s'il le fait de nuit. S'il pénètre comme un cambrioleur en escaladant la clôture, en y pratiquant une ouverture ou en se glissant au travers, la peine discrétionnaire [*ta'zīr*] sera de 8 réaux (......)[28].

26 Cet article fait penser au *Undang-Undang Melaka*, aussi bien dans l'article 8.3: « *Adapun hukum orang memaki orang: jikalau 'abdi memaki merdehika, digocoh hukumnya atau ditanggalkan giginya, itulah hukumnya. Adapun jikalau merdehika memaki isteri abdi tiadalah lagai salahnya pada adatnya* [...] » (p. 76) que dans l'article 41: « *Seorang memaki seseorang, maka munkir yang memaki itu daripada tiada ada syaksinya, maka didera delapan puluh kali orang yang memaki itu.* » « *Bermula yang memaki itu hamba orang, maka dipalu empat puluh kali akan dia. Bermula apabila sama abdi atau kafir, hadkan oran gyang memaki itu hingga dita'zirkan oleh hakim* », Fang, 1976, p. 160. Il se trouve aussi dans l'*Undang-Undang Pahang*, article 6: « *Peri pada menyatakan hukum resam segala orang yang menampar orang dan memaki isteri orang pada yang bukan patut tempat ka-atasnya, jika tertikam, mati sahaja-lah. Ada pun pada kaul yang sah, tiada dapat tikam: sa-hingga di-balas jua, dapat. Tetapi akhiyar kata, jika ia melawan sebab di-balas itu, jika terbunoh, mati sahajalah* », Kempe & Winstedt, 1948, p. 32. Il semble que la peine pour insulte dans l'*Undang-Undang Melaka* est plus sévère que celle de l'*Undhang-Undhang Bantĕn*.

27 QS. al-Nūr/24:27, Blachère, 1999, p. 378.

28 Cet article a été repris plus tard par le sultan Zainul Abidin: comparer l'article 36 (f. 51^v-52^r). La principale différence entre ces deux lois, c'est que dans les lois du sultan Abul Mafakhir, l'amende s'élève à 8 réaux et à 9 réaux dans les lois du sultan Zainul Abidin.

94 Tatkala ana wong | wadon anabok padha wadon padha sawiji ing ḥale ora tatu, maka orana sawiji2. Lamon tabok-tinabok, anapon lamon salah sawiji dentabok ora amalĕs, maka kang anabok katrap. Kalawan satatĕrapaning wong wadon iya iku saparoning wong lanang. ⟨Pangeran⟩. Yen sih tatkala ana kang anjamalani iku wong ro2 atawa akeh, maka ta'zire angalih reyal.

Lan singsapa manjing ing pakaranganing wong sawiji, sarta angujar-ujari ingkang aduwe umah atawa ana nangtang maring kang aduwe umah, ing ḥale kang aduwe umah ora anglawani, maka ta'zire kalih puluh reyal. Lan lamon anggorojogi ing umahing wong, maka manjing sajĕroning pagĕr atawa andhupak lawang atawa ambĕdhah pagĕr, maka dhinĕndha kang anggorojogi iku
95 kalih puluh reyal saka(......)ng anujah wĕlah. Tandhaning anggorojogi: | anggawa gagaman. Lamon kasĕrĕngĕn maring wong wawaneh ing jĕroning umahing wong, maka ta'zire kawan reyal.

[Article 10. Le *ta'zīr* de violence physique entre femmes]

Si des | femmes se frappent mutuellement sur le visage, mais qu'aucune n'est 94
blessée, cela est sans conséquence. Si elles échangent des coups et que l'une
d'elles cesse de répliquer, celle qui frappe sera condamnée. La peine pour une
femme sera la moitié de celle pour un homme. ⟨Prince⟩[29]. Si les personnes qui
frappent sont deux ou plus, la peine discrétionnaire [*ta'zīr*] est de 2 réaux [pour
chacune].

[Article 11. Le *ta'zīr* d'intrusion dans la propriété d'autrui]

Si quelqu'un pénètre dans la propriété d'autrui et insulte le propriétaire de la
maison ou le provoque, il sera condamné à une peine discrétionnaire [*ta'zīr*]
de 20 réaux, si le propriétaire ne réplique pas. Si quelqu'un pénètre de force
chez quelqu'un d'autre en passant par-dessus la clôture ou en frappant du pied
la porte ou en brisant la clôture, il sera condamné à une amende de 20 réaux
(……) à payer dans les délais. Le port d'une arme | est une preuve d'entrée par la 95
force. Si le propriétaire réplique par des insultes, l'intrus sera condamné à une
peine discrétionnaire [*ta'zīr*] de 4 réaux[30].

29 Il est fort probable que le scribe se soit trompé en mettant ce mot au milieu de l'article.

30 Cet article a été repris plus tard par le sultan Zainul Abidin : comparer l'article 39 (f. 53^{v}). La seule différence entre ces deux lois est que l'article 39 des lois du sultan Zainul Abidin est plus court que l'article 11 des lois du sultan Abul Mafakhir. En effet, la phrase « […] *quelqu'un pénètre de force chez quelqu'un d'autre en passant par-dessus la clôture ou en frappant du pied la porte ou en brisant la clôture, il sera condamné à une amende de 20 réaux (……) à payer dans les délais. Le port d'une arme est une preuve d'entrée par la force* » n'existe pas dans l'article 39 des lois du sultan Zainul Abidin.

CHAPITRE 11

Lois du Kyai Arya Mangunjaya (1651-1680)

Undhang2 Lami saking Kiyahi Arya Mangunjaya

Titiyang kang minggat mangetan atawa kang minggat ing Surakarta lami-lami
ajěng mantuk dhatěng Bantěn, anging botěn ajěng mantuk ing gustinipun
lami, punika pinidulur dening dalěm, wontěna ing nayaka utawi ing ponggawa
soka mantuk dhatěng Bantěn. Anging, dalěm botěn amilikakěn maring kang
kadhatěngan. Punika kang adarbe titiyang botěn kenging amalampah maring
kang kadhatěngan, sahingga titiyang kang minggat puniku ajěng mantuk ing
gustinipun lami, kang kadhatěngan botěn kenging, botěn asung. Yen dhatěng
bumi, mangkatěn malih. Yen ajěng kesah dhatěng titiyang liyan, botěn kenging[1]
96 kesah saking kang[2] kadhatěngan. Rupane | kang ingundhangakěn mangkatěn.
Punika kang anglintangi watěs, lamon kacěkěl ing watěs, aněbusi[3] kang darbe
titiyang sapindhah pangahos. Yen lalampahan satěngange, upahipun satěngah.

1 Texte : *kengang.*

2 Nous avons pu rétablir le passage manquant en raison du « trou » en nous basant sur une autre partie du texte qui ressemble à cet article à la page f. 71ʳ., soit l'article 75 des lois du sultan Zainul Abidin.

3 Texte : *aněbasi.*

© 2026 KONINKLIJKE BRILL BV, LEIDEN | HTTPS://DOI.ORG/10.1163/9789004766587-012

Lois anciennes du Kyai Arya Mangunjaya [1651-1680][4]

[Article 1. Fuite d'un esclave de Surasowan et remboursement des frais de voyage d'un fugitif]

Si quelqu'un, qui s'est enfui vers l'Est ou à Surakarta[5] et veut retourner à Banten, après quelque temps, sans vouloir retourner chez son premier maître, il y est autorisé par le palais à condition que ce soit un *nayaka* ou un *ponggawa* qui lui permette de retourner à Banten. Mais, pour le palais [qui le lui permet], [ce fugitif] n'est pas devenu la propriété de celui qui l'a accueilli. [Si] le propriétaire du fugitif n'a pas pu se rendre chez celui qui l'a accueilli, jusqu'à ce que le fugitif accepte de retourner chez son premier maître, celui qui l'a accueilli ne pourra pas lui imposer son retour. [Le fugitif] pourra se rendre auprès de l'Administration, s'il le souhaite. Si [le fugitif] veut se rendre chez quelqu'un d'autre, il ne lui sera pas permis de quitter celui qui l'a accueilli. Telle | est la loi pour le 96
fugitif[6]. Si [le fugitif] est arrêté [en voulant] passer une frontière, son propriétaire peut le racheter en payant les frais des déplacements. Si le trajet est d'une

4 Le fidèle ministre d'État ou Premier ministre (*Patih Mangkubumi*) du sultan Ageng avec qui ce dernier a toujours travaillé étroitement, Djajadiningrat, 1983, p. 76-77, chant 64, et p. 120 ; *GM*, vol. III, p. 207, vol. IV, p. 674, vol. V, p. 344 ; Guillot, 1995, p. 84. Sa fille, Raden Ayu, épousa Pangeran Aria Purbaya, le fils préféré du sultan Ageng Tirtayasa, et ils eurent huit enfants, *Translaat Geslacht…*, 1709, p. 34. Selon le témoignage du Français Jean Baptiste de Guilhem, qui résida à Banten durant la crise politique de 1680, le sultan Haji détestait Mangunjaya et demanda à son père de le destituer de sa fonction de Premier ministre et de l'exiler à Lampung. Celui-ci obéit à son fils. Plus tard, le sultan Haji fit tuer secrètement Mangunjaya et fit courir le bruit qu'il était mort de tristesse, s'étant laissé mourir de faim, Bénigne Vachet, '*Mémoires sur la prise de Bantan par les Hollandais*', *AMEP*, microfiche, vol. 112B, p. 383-384 ; *de Opkomst*, 1873, vol. VII, p. 55, le 29 novembre 1680.

5 L'ancien nom de Batavia ou Jakarta, Djajadiningrat, 1983, p. 393.

6 La question des fugitifs, selon Claude Guillot, resta toujours l'un des plus sérieux points de discorde entre le sultanat de Banten et la Compagnie à Batavia. Pour échapper à l'autorité ou plus souvent à la justice de leurs pays respectifs, les sujets des deux États se réfugiaient dans l'État voisin où ils étaient quasiment sûrs de ne pas être rapatriés, malgré les conventions signées à ce sujet entre Batavia et Banten en 1649 et 1659. Ensuite, on assistait à de multiples démarches de la part du pays lésé pour récupérer son ancien « citoyen ». Le sultan Ageng Tirtayasa a fait travailler de tels fugitifs pour creuser des canaux à Banten. En octobre 1670, 200 fugitifs de Batavia, se trouvaient parmi ceux qui creusaient un nouveau canal, situé entre Pontang et Tanara, Guillot, 1995, p. 86-87.

Yen sadintĕn, upahipun sareyal. Yen angrĕbut saking wong angiwat, yadyan ing alun-alun, nĕbusi[7] kang darbe titiyang sapindhah pangahos.

Undhang2 lami ingkang sampun kalampah : punika saban-saban titiyang satunggal sapangahosing titiyang nujah wĕlah punika pidhananing titiyang angiwat warnaning anujah wĕlah titiyang sadasa kang angiwat[8]. Kang dipuniwat satunggal pangahos kawan dasa. Punika kang angiwat kapidhana angawan dasa. Punika warnaning anujah wĕlah.

97 Punika ingkang Kangjĕng[9] Sulṭān Abū al-Fatḥi kang sampun linampahakĕn | ing nagari Surasowan.

Sing sapa, sira, amateni ʻabdining wong ing ḥale amaha puniku. Yen kang amĕjahi titiyang amardika, dhĕndhanipun sinamekakĕn kalawan titiyang amardika kang cinatokakĕn[10] ing kang darbe ʻabdi : sapangahosing titiyang kang awis. Yen kang amĕjahi punika ʻabdi, kang pinĕjahan punika ʻabdi malih, punika ḥukumipun qiniṣaṣ. Yen kang amĕjahi punika titiyang amardika lan kang pinĕjahan punika amardika malih, punika dhĕndhane kalih atus reyal. Salagi suka kang

---

7 Texte : *nĕbasi.*

8 Cette phrase est très obscure et problématique.

9 Nous avons pu rétablir assez facilement le mot *kangjĕng.*

10 Texte : *jinatokaken.*

demi-journée, les frais seront d'un demi [réal]. S'il est d'une journée, ils seront d'un réal. Si [le fugitif] est repris des mains de celui qui l'a enlevé, même sur la place royale, le propriétaire peut le racheter selon les frais des déplacements[11].

[Article 2. Peine pour enlèvement d'une femme]
Loi ancienne [toujours] en vigueur : toute personne accusée d'avoir enlevé une femme [encourt] une peine identique à celle de dix personnes accusées d'avoir enlevé une femme, soit une condamnation à payer [une amende] dans les délais. La valeur d'une femme enlevée est de 40 [réaux]. Ainsi, le ravisseur d'une femme est condamné à une amende de 40 [réaux]. Telle est la condamnation qui doit être payée dans les délais.

[Mise en application d'une loi du sultan Ageng]
Celle-ci a été appliquée | au Pays de Surasowan par Sa Majesté le sultan Abul 97
Fathi[12].

[Article 3. Meurtre d'un esclave]
Meurtre volontaire d'un esclave appartenant à autrui. Si le meurtrier est un homme libre, l'amende convenable à verser par cet homme libre au propriétaire de l'esclave correspondra à la valeur la plus élevée d'un [esclave]. Si le meurtrier est un esclave lui-même et celui qui a été tué aussi, le meurtrier sera mis à mort [*qiniṣaṣ*[13]]. Si le meurtrier est un homme libre et celui qui a été tué également un homme libre, le meurtrier sera condamné à une amende de 200

---

11 Cet article a été repris plus tard par le sultan Zainul Abidin : à comparer avec l'article 75. Mais, il faut mentionner ici deux différences majeures. Premièrement : l'article 75 des lois du sultan Zainul Abidin mentionne clairement que le propriétaire de l'esclave est un Bantenois, tandis que l'article 1 des lois du Kyai Arya Mangunjaya ne précise pas le propriétaire. Deuxièmement : l'article 75 distingue entre le fugitif arrêté à l'extérieur ou à l'intérieur des frontières, alors que l'article 1 ne parle ici que du fugitif arrêté à l'intérieur des frontières.

12 Il s'agit du sultan Ageng Tirtayasa (ca. 1625-1695). Il a été intronisé en 1651 pour succéder à son grand-père le sultan Abul Mafakhir, parce que son père était décédé un an auparavant en 1650. Devenu souverain, il porta le titre de Pangeran Ratu. Quelques années plus tard, il devint Sulṭān Abū al-Fatḥ 'Abd al-Fattāḥ, titre attribué par le Chérif de La Mecque en 1638, Guillot, *EI*, 2007-1, p. 62-64.

13 Le mot *qiniṣaṣ* est un mot d'origine arabe *qiṣāṣ* avec l'infixe javanais '*in*' signifiant « être mis à mort », Gericke & Roorda, 1901, vol. I, p. 469. Le *qiṣāṣ* dans le droit musulman correspond à la loi du talion appliquée lors d'un homicide (*qiṣāṣ fī al-nafs* : vengeance du sang) ou en cas de blessures n'entraînant pas la mort (*qiṣāṣ fīmā dūn al-nafs*), *EI*, *Ḳiṣāṣ*, vol. V, 1986, p. 174-177. Cette peine du talion est prévue dans le Coran, sourate al-Baqara/2:173 : « Ô Croyants ! La peine du talion vous est prescrite pour le meurtre, un homme libre pour un homme libre, un esclave pour un esclave, une femme pour une femme […] ».

ahlul wariṯ pidhana punika, cinatokakěn kalih atus pisan dhatěng ahlul wariṯ. Yen ahlul wariṯ punika botěn suka ing dhěndha punika maka ḥukumipun qiniṣaṣ malih.

98 Lan sing sapa ambabangkelakěn[14] ing wong[15] sawiji kalawan | azina ing ḥale ora nyata pězinahe ing papariksaning ḥukum, maka kapidhana kang ambabangkelakěn azinah iku lima wělas reyal. Anapon lamon wong jěro kutha : tigang puluh reyal.

Lan lamon wong wadon manjing ing umahing wong ḥale kang aduwe umah sěpi ing umah iku, sarta ing umah iku ana sawiji2 kang ilang, lan kang aduwe umah iku ora suka, maka dhiněndha wadon kang manjing iku patang reyal. Tamat.

---

14 *Ambabangkelakěn* : aimer à se quereller, Gericke & Roorda, 1901, vol. II, p. 769. On peut aussi retenir le sens de provoquer quelqu'un, lui chercher querelle, mais pour une meilleure compréhension on utilise ici en français le mot « accuser ».

15 Nous pouvons facilement rétablir le mot '*wong*' malgré le « trou » dans le manuscrit.

réaux. Si les héritiers [de la victime] acceptent cette peine, on leur donnera les 200 [réaux]. Si les héritiers n'acceptent pas cette amende, la peine sera la mort pour le meurtrier[16].

[Article 4. Accusation de relation sexuelle illicite]

Quiconque accuse une personne | de relation sexuelle illicite sans que celle- 98
ci ne soit prouvée par l'enquête judiciaire est condamné à une amende de 15 réaux. S'il s'agit d'un *wong jěro* de la ville, [l'amende] sera de 30 réaux[17].

[Article 5. Pénétrer dans la maison d'autrui sans permission]

Si une femme pénètre dans la maison d'autrui en l'absence du propriétaire et que quelque chose a disparu, et [si] le propriétaire se plaint [de la disparation d'un objet], cette femme sera condamnée à une amende de 4 réaux[18]. Fin.

---

16 Ceci rappelle les deux possibilités de peine dans le droit musulman : la *diyya* (prix du sang) ou le *qiṣāṣ* (peine de mort). Ceci correspond aussi au *Undang-Undang Melaka*, article 39 : « *Apabila seorang akil baligh membunuh Islam dengan disahajanya, dibunuhnya lelaki itu laki-laki atau perempuan atau kecil atau besar, maka yang membunuh itu dibunuh* », « [...] *tiada harus merdehika dibunuh sebab membunuh abdi* [...] », Fang, 1976, p. 158. Par contre dans l'article 44.4 sur l'assassinat de son propre esclave, l'Undang-Undang Melaka prévoit une peine selon le droit d'Allah et le droit coutumier : « *Dan barang siapa memalu hambanya, maka mati iaitu salah kepada hukum Allah dibunuh raja atau dihukumkan akan dia lima tahil sepaha* », « *Dan barang siap membunuh hamba raja... jikalau ia patut mati, iaitu mati. Jikalau patut kena hukum, dihukumkan* [...] », Fang, 1976, p. 170. Correspond au *Undang-Undang Aceh* (*Adat Meukota Alam*), articles 27 et 28 : « *Djikalau soedah di bajar bangoen jang mati kepada ahli warisnja tiada boleh di boenoh orang jang aniaja itoe kerna soedah taubat dan berdamai* », « *Djikalau ahli waris jang mati tiada soeka tarima diat itoe hendak diboenoh djoega jang aniaja* », Langen, 1888, p. 440.

17 On trouve un cas similaire, mais avec une peine différente, dans l'*Undang-Undang Melaka*, article 12.3 : « *Adapun akan hukum orang yang menuduh orang yang zinah itu, pada hukum Allah didera delapan puluh kali deranya. Jikalau pada hukum kanun didenda sepuluh tahil* [...] », Fang, 1976, p. 84. En revanche, dans l'*Undang-Undang Suria Alam*, on trouve le cas de *pancha baka*, i.e. une femme accusée de relation sexuelle illicite par quatre hommes, mais si leurs témoignages ne concordent pas, ils seront condamnés à la peine de mort. Ou on leur appliquera le *jana trésna*, c'est-à-dire une peine prononcée par leur tuteur, parents ou mari, Raffles, 1817, vol. II, appendice III, p. XVI. La peine pour accusation de relation sexuelle illicite dans l'*Undang-Undang Melaka* est inspirée du droit musulman et dans l'*Undang-Undang Suria Alam* des lois javanaises anciennes. La peine dans ces deux *undang-undang* est plus sévère que la peine dans l'*Undhang-Undhang Bantěn*.

18 Comparer avec les trois articles (33, 37 et 39) des lois du sultan Zainul Abidin et avec les deux articles (9 et 11) des lois du sultan Abul Mafakhir. Il y a toute une série d'articles, chacun sous un aspect différent, mais il s'agit dans tous les cas d'un vol. La différence principale consiste dans le fait que les cinq articles précédemment mentionnés n'indiquent pas le genre du coupable, tandis que l'article 5 précise clairement le genre, à savoir une femme.

CHAPITRE 12

Traité 1686 entre la *VOC* et le Sultan Haji (1682-1687)

Kitab Pĕrjanjiyan Kumpĕni lan Kangjĕng Sulṭān Ḥajji[1]

Utawi ikilah surat tĕkĕnan olihing amĕthiki anurun saking surat pĕrjangjiyan
saking Kangjĕng Sulṭān Ḥajji Abū Naṣr ʿAbd al-Qahhār kalawan Kumpĕni kang
wus muwafaqat sarta wus denlakokakĕn ing nagara Bantĕn salawas-lawase.
Maka samangko iku (……) ora. Kang dadi pangulu ing Lampung Tulang Bawang
99 | iku anglakokakĕn kaya apa anane kang sinĕbut ing surat iki ing nĕgara Lam-
pung Tulang Bawang, karana satuhune Lampung Tulang Bawang iku milik Ban-
tĕn. Lan ora kawasa ora kang dadi pangulu ing Lampung Tulang Bawang iku
muwafaqat kalawan kang dadi risyden ing Lampung Tulang Bawang ḥaling
anglakokakĕn barang kahanane kang sinĕbut ing dalĕm surat iki. Lan barang
panggawe kang liyan2, kang layaq kang patut, panggawe iku sarikat kalawan
risyden, kayapa anane muwafaqate kumĕndhur[2] Bantĕn kalawan wakil Kang-
jĕng Sulṭān Bantĕn.

Anapon pĕrkara kang sinĕbut dhihin iya iku: Kumpĕni wus satyatuhu ḥaling
anulung kalawan sanityasa sakawasa-kawasane anglawanakĕn ing raʿyat Kang-
100 jĕng Sulṭān kang doraka ing iya. Sarta (……) lan kapale | iku saking Kumpĕni.
Lan mongkono iku akeh-akeh faʾidahe ing Kangjĕng Sulṭān. Anging, pĕrbeyane
iku atas Kangjĕng Sulṭān sarta pĕrbeyane iku denitung kalawan rĕrĕgan kang
patut atas kabĕcikan.

1 Il est possible que le titre ait été rajouté ultérieurement par le copiste, écrit en *pegon* sans voyelles.

2 Texte : *kumĕndur.*

© 2026 KONINKLIJKE BRILL BV, LEIDEN | HTTPS://DOI.ORG/10.1163/9789004766587-013

Traité entre la Compagnie et Sa Majesté le sultan Haji [1682-1687][3]

[Préambule]

Ceci est la copie du traité signé entre Sa Majesté le sultan Haji Abu Nasar Abdul Kahar et la Compagnie, approuvé et établi pour toujours dans le Pays de Banten. Donc, à présent (……) pas. Le *pangulu*[4] de Lampung Tulang Bawang | doit 99
exécuter dans le Pays de Lampung Tulang Bawang tout ce qui est prévu dans le traité, car Lampung Tulang Bawang appartient effectivement à Banten. Le *pangulu* de Lampung Tulang Bawang doit[5] se mettre d'accord avec le *résident*[6] de Lampung Tulang Bawang pour exécuter tout ce qui est prévu dans le traité. Toutes les autres tâches, honorables et estimables, sont effectuées en commun avec le *résident*, conformément à l'accord entre le commandant militaire de la Compagnie à Banten et le représentant de Sa Majesté le Sultan de Banten.

[Article 1. Aide de la Compagnie en faveur du sultan]

Cas précédemment mentionné[7] : la Compagnie aidera toujours, fidèlement et autant que possible, Sa Majesté le Sultan pour combattre ceux qui se rebelleront contre lui. Et (……), le navire | de la Compagnie. Cela présente beaucoup 100
d'avantages pour Sa Majesté le Sultan. Le financement, néanmoins, reste à la charge de Sa Majesté le Sultan et est calculé sur la base d'un montant qui sera jugé équitable[8].

---

3 Cette partie est la copie du traité du 15 février 1686 passé entre la VOC et le sultan Haji bien que le traité original comporte 35 articles et la copie seulement 12, *CD*, 1934, vol. III, p. 392-405. Il s'agit de l'ensemble de l'engagement du sultan Haji pour payer la dette qu'il doit à la Compagnie, qui l'a aidé lorsqu'il s'est emparé du pouvoir de son père le sultan Ageng Tirtayasa le 7 avril 1682.

4 *Pangulu* : représentant du sultan de Banten pour toutes les affaires.

5 Littéralement : « Ne peut pas ne pas s'accorder ».

6 *Risyden*, écrit avec lettre arabe *šīn* : représentant de la Compagnie dans les régions contrôlées par elle.

7 Nous ne savons pas à quel cas cette phrase se réfère.

8 Correspond à l'article premier du traité du 15 février 1686 : « *Eerstelijk persisteert d'E. Comp[ie] by haar voornemen, om den Sultan altoos, sooveel mogelijk sy, tegens syne afgevalle onderdanen allesints by te staan met volk, ammonitie en schepen etc[a], sooveel daartoe na gelegentheyt ende voorvallen van saken souden mogen requireren, mits Zijn Hoogheyt altijd de oncosten en lasten*

Lan sapĕrkara maning: Kumpĕni ora suka lan ora arĕp amiharsa ing sagunging ra'yat Kangjĕng Sulṭān kang tĕka angungsi ing Kumpĕni, atas paparentahan Jakĕtra, tĕgĕse: ra'yat Bantĕn kang arĕp alungguh ing sabrang wetan kali Tanggĕran, karana ora fedahe pisan2 atas ing wong Kumpĕni, balik mongkono iku kaha. Lan maka saking pĕrtingkah iku wus tinĕmu kabĕcikane ing antaraning desa ro2 sarta wus muwafaqat lan dentĕtĕpakĕn kalawan pĕrjangjiyan ing (......)
101 dina saking wulan April ing tahun sewu | nĕm atus wolung puluh papat, atawa lamon wiwilanganing wong Islam ing tĕlu wĕlas dina saking wulan Jumādī al-Awwal ing tahun sewu sangang puluh limang tahun. Tĕgĕse, Kumpĕni ora kaharĕp pisan2 angukuhi ra'yat Bantĕn kang angungsi ing ra'yat Kumpĕni. Lan wong sakehe ra'yat Bantĕn ora kĕna pisan2 angukuhi ra'yat Kumpĕni.

Lan sapĕrkara maning: ora kĕna pisan2 sakehe ra'yat Kumpĕni atawa wonge iku mĕtu saking nagara. Tĕgĕse: lunga adoh angliwati watĕs yen ora kalawan izine pangulu Kumpĕni lan muwafaqat kalawan wakil Kangjĕng Sulṭān

---

van dien naar de redelijkheyt en deugdelijk op te maken rekeninge sal rembourseren», *CD*, 1934, vol. III, p. 393.

[Article 2. Refus d'accueillir des fugitifs]

Autre cas: la Compagnie n'approuve pas et ne veut pas[9] des habitants de Sa Majesté le Sultan qui s'enfuient sur [le territoire] de la Compagnie, à savoir les habitants de Banten, qui souhaitent habiter à l'Est de la rivière de Tangerang. Cela en raison de la décision de Jakĕtra car il n'y a aucun avantage à en retirer pour la Compagnie; ceci est aussi vrai dans l'autre sens. En se fondant sur cette pratique, les deux capitales se sont mises d'accord et ont établi un traité le (……) du mois d'avril de l'année mille six cent quatre-vingt-quatre [28.04.1684
E.C.] | ou selon le calendrier musulman le treize du mois de Jumādī al-Awwal de 101
l'année mille quatre-vingt-quinze [13.05.1095 A.H.]. Cela signifie que la Compagnie ne veut en aucun cas accueillir les fugitifs de Banten qui se réfugient parmi ses habitants. De même, personne dans la population de Banten ne devrait, en aucune façon, accueillir les sujets de la Compagnie[10].

[Article 3. Interdiction aux membres de la Compagnie de quitter Banten sans permission]

Autre cas: personne, parmi les membres de la Compagnie ou les gens de cette sorte, n'a le droit de quitter le Pays [Banten]. À savoir: passer au-delà des frontières sans permission du *pangulu*[11] de la Compagnie, ni accord du représentant de Sa Majesté le Sultan[12].

---

9 La phrase javanaise est très compliquée à traduire parce qu'elle contient deux verbes «*ora suka lan ora arĕp amiharsa*» qui n'ont pas lieu de figurer en français.

10 Correspond à l'article 2 du traité du 15 février 1686: «*Den Gouverneur-Generaal ende de Raden van India, met verwondering ende ongenoegen hebbende vernomen, dat er eenige van des Sultans volkeren haar onder 't district van Batavia aan de Oostzyde der Tangerangse rivier hadden begeven, van welke luyden d'E. Comp*^{ie} *dog geen voordeel komt te trecken, maar ligtelijk in tyden ende wylen aldaar quaat souden van connen verwagten, hebben omme reden, ende wel voornamentlijk tot nakominge van 't jongste gerenoveerde contract, goed gevonden en onderlinge g'accordeert, alle desulke, die na de ratificatie van 't selve contract, 't welk is geweest den 28*^{e} *April 1684, of na de Mahumetaanse reecqueninge den 13*^{e} *dag van de maand d'Joumadilauwal in 't jaar 1095, aan dese syde der rivier ofte in 't Jacatrase gebied overgekomen sijn, 's Comp*^{ies} *landen te ontseggen en den Sultan alle wederom toe te schicken, en wyders ook met ernst alle sorge ende ordre daartegens voor het toekomende te stellen, mitsgaders ten dien eynde van nu aan bij publicque biljetten uyt onse name sulx bekend te maken, ende tot welkers ondersoek speciale gecommitteerdens sullen g'ordonneert en gecommitteerd werden*», *CD*, 1934, vol. III, p. 393-394.

11 Ici on utilise le mot «*pangulu*» pour le représentant de la Compagnie au lieu de l'appeler «résident» (*risyden*) ou «commandant militaire» (*kumĕndhur*).

12 Correspond à l'article 9 du traité du 15 février 1686: «*Dat ook geene Comp*^{ies} *dienaren of ondersaten op Bantam buyten de stad sullen mogen gaan, dan med licentie van 's Comp*^{ies}

102 Lan sapĕrkara maning: ora kĕna pisan2 ra'yat Kumpĕni (......) manjing ing | umahing wong Jawa atawa anginĕp. Tatapi, wong iku arĕp ana ing sapanggonane, sahingga wong iku denkongkon dening pangulu Kumpĕni.

Lan sapĕrkara maning: ora kĕna pisan2 ra'yat Kumpĕni manjing ing umahing wong ra'yat Bantĕn agawe tingkah kang ala lan akinahaya atawa aweh maḍarat ing sakehe ra'yat Bantĕn.

Lan sapĕrkara maning: ora kĕna pisan2 ra'yat Kumpĕni kang alungguh ing nagara Bantĕn ḥal adol atuku ing pasar atawa ing panggonan kang liyan2. Tĕgĕse: ora kĕna atu2ku kalawan amaksa kang du2 rĕgane, arĕp kalawan sapatute rĕgane.

103 Lan sapĕrkara maning: ora kĕna[13] pisan2 ra'yat Kumpĕni manjing mĕtu ing | kĕboning wong atawa angrusak2 ing patikiwene sakehe ra'yat Bantĕn. Tĕgĕse: ora kĕna pisan2 angaru-biru ing kĕboning wong atawa ing ⟨ing⟩ tamaning wong, lamon orana izine kang aduwe.

---

opperhooft en den Pangeran Diepa Ningrat, ofte die den Sultan daartoe sal comen te qualificeren», *CD*, 1934, vol. III, p. 397.

13 Nous avons pu rétablir ce passage situé dans «le trou» grâce aux autres articles utilisant la même structure à chaque début de phrase.

[Article 4. Interdiction aux officiers de la Compagnie de demeurer chez les Javanais]

Autre cas : il est formellement interdit aux membres de la Compagnie (……) de pénétrer dans | la maison des Javanais ou d'y passer la nuit. Mais s'ils souhaitent 102
y demeurer, ils doivent [demander l'autorisation] au *pangulu* de la Compagnie[14].

[Article 5. Interdiction aux membres de la Compagnie de pénétrer chez les Bantenois]

Autre cas : les membres de la Compagnie ne peuvent en aucune façon pénétrer dans les maisons des habitants de Banten, quels qu'ils soient, [pour] causer du mal, les molester ou leur nuire[15].

[Article 6. Interdiction aux membres de la Compagnie d'acheter sous contrainte]

Autre cas : il est absolument interdit aux membres de la Compagnie résidant dans le Pays de Banten d'acheter ou de vendre au marché ou ailleurs. Donc, il est interdit d'acheter en contraignant [le vendeur à faire] un prix inférieur et il est obligatoire d'[acheter] au juste prix[16].

[Article 7. Interdiction aux membres de la Compagnie de détruire les champs des Bantenois]

Autre cas : il est absolument interdit aux membres de la Compagnie de pénétrer dans | les champs des habitants et d'en sortir, ou de causer des dégâts au 103
bétail des Bantenois quels qu'ils soient. Donc, il leur est absolument interdit de provoquer du désordre dans les champs et les potagers des habitants sans permission du propriétaire[17].

---

14 Correspond à l'article 11 du traité du 15 février 1686 : « *Dat niemant van 's Comp^ies^ dienaren en ondersaten hun by nacht in eenige Javaanse huysen sullen mogen begeven ofte vernagten, maar verblyven ter plaatse, daar sy bescheyden of door het opperhooft van d'Comp^ie^ g'ordonneert zijn* », *CD*, 1934, vol. III, p. 397.

15 Correspond à l'article 10 du traité du 15 février 1686 : « *Dat ook niemant van Comp^ies^ onderdanen, op wat tijd het sijn mogte, in de Javaanse huysen op Bantam sat mogen lopen of vagebonderen, veel min de Javanen daarin eenig geweld aandoen of moeyte maken* », *CD*, 1934, vol. III, p. 397.

16 Correspond à l'article 12 du traité du 15 février 1686 : « *Dat niemant van 's Comp^ies^ volkeren tot Barftam op de marct of elders iets kopende, sullen vermogen het goed med geweld weg te nemen, eer de verkopers med den prijs tevreden en daarvoor betaald sullen sijn* », *CD*, 1934, vol. III, p. 397.

17 La fin de cet article nous paraît surprenante car on peut difficilement s'imaginer qu'un propriétaire donne sa permission pour « provoquer du désordre dans les champs ou les

Lan sapěrkara maning: ora kěna pisan2 ra'yat Kumpěni manjing ing masjid atawa munggah ing munara, lamon orana izine kang denwakili dening Kangjěng Sulṭān atunggu ing masjid iku. Lan ora kěna pisan2 agawe ala ing panggonan iku.

Lan sapěrkara maning: ora kěna pisan2 sawiji ra'yat Kumpěni amurugul anaq
104 wadoning wong ra'yat Bantěn (……) atawa ing dalan gung | lan angaru-biru ing iya.

Lan sapěrkara maning: wus apapatutan lamon ana ra'yat Kangjěng Sulṭān aduwe padu pamicara atawa salisihan ing sapapadhane, maka iya iku atas ḥukuman Kangjěng Sulṭān, supaya denḥukumakěn kayapa sa 'adate.

Lan sapěrkara maning: lamon ana saliring ra'yat Kumpěni agawe ala[18] maring wong Bantěn, těgěse: mateni atawa atu2karan atawa anatoni atawa anggitik lan barang sapapadhane, karana atas mongkono iku Kumpěni wus muwafaqat: lamon ana sawiji ra'yat Kumpěni amateni sawiji ra'yat Bantěn, maka wong iku densěrahakěn maring Kumpěni[19] atawa ing wong gědhe-gědhene kang ana

potagers ». Par ailleurs, cet article correspond à l'article 13 du traité du 15 février 1686 : « *Dat ook geene Comp*^{ies} *onderdanen haar sullen aanmatigen de thuynen of het vee der Bantamse ingesetenen en Javanen te beschadigen ofte te ruineren, jaa ook niet vermogen in hare thuynen of plantagiën tegens des tygenaars wil in te lopen ot eenige molestiën de luyden aan te doen* », *CD*, 1934, vol. III, p. 397.

18 Texte : *ali.*

19 Nous pouvons rétablir ce passage, qui manque à cause de la détérioration, en nous basant sur le contexte pour le mot '*maring*' et deux lettres visibles (*nūn* et *yā'*) pour le mot *kumpěni.*

[Article 8. Interdiction aux membres de la Compagnie de pénétrer dans la mosquée]
Autre cas : il est absolument interdit aux membres de la Compagnie d'entrer dans la mosquée ou de monter à son minaret, sans autorisation du représentant de Sa Majesté le Sultan, qui garde la mosquée[20]. Il est absolument interdit de commettre des agissements répréhensibles dans un tel endroit[21].

[Article 9. Interdiction de viol aux membres de la Compagnie]
Autre cas : il est absolument interdit aux membres de la Compagnie de violer
les filles de Banten (……) ou | de provoquer des troubles dans la rue[22]. 104

[Article 10. La querelle des Bantenois est sujette à la peine infligée par le Sultan]
Autre cas : si un sujet de Sa Majesté le Sultan provoque une altercation, une dispute ou tout acte du même genre, il sera condamné à une peine par Sa Majesté le Sultan selon la loi en vigueur[23].

[Article 11. Peine de mort en cas de meurtre et application de la loi religieuse en cas d'infractions légères]
Cas d'un membre de la Compagnie qui agit de manière répréhensible à l'égard d'un Bantenois : s'il assassine [quelqu'un], se querelle avec [quelqu'un], blesse [quelqu'un], donne un coup à [quelqu'un] ou [s'il commet] un acte du même genre. Selon l'accord passé avec la Compagnie : si un membre de cette Compagnie assassine un Bantenois, il sera remis aux officiers de rang supérieur de
la Compagnie | à Banten ou à Jakĕtra et sera condamné à la peine capitale. 105

---

20 Selon Stavorinus en 1769 : « *Il est défendu, sous peine de mort, aux Chrétiens et aux Gentoux d'entrer dans ce temple* [*la mosquée*] », Stavorinus, 1798, p. 55-56.

21 Correspond à l'article 14 du traité 15 du février 1686 : « *Dat 's Compies volkeren niet vermogen sullen op Bantam in eenige Javaanse tempelen of thorens te gaan, sonder consent dergenen, die daarover van den Sultan gesteld zijn, en ook geen onbetamelijkheden daarin mogen plegen* », *CD*, 1934, vol. III, p. 397.

22 Correspond à l'article 15 du traité du 15 février 1686 : « *Dat sig een ygelijk van 's Compies onderdanen sal hebben te wagten, eenige Javaanse vrouwen in de huysen, op de straten ofte wegen, onbehoorlijk aan te randen of te bejegenen* », *CD*, 1934, vol. III, p. 397-398.

23 Correspond à l'article 18 du traité du 15 février 1686 : « *Dat ook 's Compies onderdanen ofte dienaren sig niet sullen mogen aantrecken eenige geschillen ofte regtssaken, die de Bantammers of des Sultans onderdanen onder malkanderen mogten hebben, maar deselve laten verblyven aan de judicature van haar eygene of des conings regters, orn na hare wyse ende welgevallen daarover te disponeren* », *CD*, 1934, vol. III, p. 398.

105 ing | Bantěn atawa wong gědhe2 kang ana ing Jakětra, supaya denḥukumakěn
kalawan ḥukum pati. Lan mongkono maning ra'yat Kangjěng Sulṭān: lamon
amateni sawiji wong anaq Walanda atawa ra'yat Kumpěni, maka ora kawasa
ora denḥukumakěn kalawan ḥukum pati. Anging, lamon kasalahan kang cili2
kang liyan2 iya iku padha angukumakěn sara'yat lan sara'yate kalawan ḥuku-
man kang cili atawa dhěndha iku kayapa anut sa'agama lan agamane.

Lan sapěrkara maning: lamon ana ra'yat Kumpěni agawe aru-biru ing dalan
gung, maka tiněmu salahe, maka kawasa ra'yat Kangjěng Sulṭān iku anyěkěl.
Anging, arěp kalawan lěmah lěmbut dhihin sarta pinariksa. Lan lamon anaq
106 Walanda iku anglawan (……) dadi kasukěran |, maka wong iku sěrahěna ing
wong jaga2 atawa ing pangulu Kumpěni supaya denḥukumakěn kalawan sapa-
tute ḥukume.

De même pour les sujets de Sa Majesté le Sultan : si [l'un d'eux] assassine un Hollandais ou quelqu'un [travaillant pour] la Compagnie, il sera condamné à la peine capitale. Néanmoins, pour les infractions plus légères autre que le [crime] susdit, l'auteur sera condamné à une peine légère ou à une amende [fixée], soit selon la loi religieuse des deux parties, soit selon la loi religieuse de chacune des deux parties[24].

[Article 12. Arrestation d'un membre de la Compagnie lorsqu'il provoque des troubles sur la grande route]

Autre cas : si un membre de la Compagnie provoque des troubles sur la grande route et que sa responsabilité est avérée, les sujets de Sa Majesté le Sultan pourront l'arrêter. Mais [cette arrestation] doit être effectuée sans violence et [le fauteur de troubles] doit être interrogé. Mais si le Hollandais se rebelle (……)
provoque des difficultés, | il sera remis aux agents de la sécurité ou au *pangulu* 106
de la Compagnie pour être jugé selon la loi en vigueur[25].

24 Correspond à l'article 19 du traité du 15 février 1686 : « *Ingevalle eenige van Compies dienaren of onderdanen quamen te plegen eenige moetwille aan de Bantamse volkeren, hetsy med, doodslaan, vegten, quetsen, slaan en andere ongeregeldheden meer, soo is onderlinge goedgevonden in sulken gevalle, dat wanneer een Compies onderdaan een Bantamse Javaan comt te doden, de sodanige daarover door 's Compies gesaghebbers of overheer, hetzy tot Bantam of hier op Batavia, weder met de dood sal werden gestraft, gelijk den Sultan van gelyke mede syne onderdanen, wanneer die een Nederlander of andere Compies onderdaan comen dood te slaan, med de dood sal straffen ; dog van alle andere mindere misdaden sal yder de syne straffen met soodanige mindere straffen ofte boeten, als een yders wetten komen mede te brengen* », *CD*, 1934, vol. III, p. 398. Par ailleurs, la dernière phrase de cet article est assez étonnante, car la religion et la loi sont complètement différentes dans le christianisme. Il n'existe effectivement ni peine ni amende pour n'importe quelle infraction commise par les fidèles dans cette religion.

25 Correspond à l'article 20 du traité du 15 février 1686 : « *Ende sal het volk van den coning vermogens sijn tot Bantam alle straatlopers ende moeytemakers, die onderdanen van d'E. Compie zijn, op eenige misdaden betrappende, te apprehenderen ende gevangen te nemen, dog met discretie ende voorsigtigheyt, omme wanneer de Hollanders haar te weer mogten stellen, geen ongelucken te verwecken ofte te ontmoeten, sullende alsdan sodanige geapprehendeerde onderdanen van d'E. Compie ten eersten in Compies wagt of wel aan het opperhoovd overgeleverd moeten werden, om daarmede te handelen naar behooren* », *CD*, 1934, vol. III, p. 398-399.

CHAPITRE 13

Lois de Java (Majapahit)

1/108 **Punika sajarah saking Majapahit.**

Anapon Ratu Majapahit iku tinurunakĕn dening Allāh Taʿālā. Sarta ĕnggoninggon sakaraton. Lan makothane mas bĕrupa-rupa. Sarta putrane lan sarta ĕnggoninggon sakaraton. Maka ratu iku angaranana Sang Dewa Ratu sĕmbaha lan Putri Widadari *s.n.w.r.k.m.r.*[?]. Ratu lan putri iku ana ing Nusa Jawa.

© 2026 KONINKLIJKE BRILL BV, LEIDEN | HTTPS://DOI.ORG/10.1163/9789004766587-014

Histoire de Majapahit[1] 1/108

[Introduction]

Allāh Ta'ālā[2] fit descendre [du ciel] le roi de Majapahit. Il habitait au palais. Sa couronne était d'or et richement décorée[3]. Son fils habitait également au palais. Le roi s'appelait Sang Dewa Ratu[4], qu'il soit vénéré, et la reine céleste s'appelait *s.n.w.r.k.m.r.* [?]. Le roi et la reine vivaient à Java[5].

1 Majapahit a été le plus grand royaume javanais, ca. 1293-1527, fondé par Raden Wijaya. Il a connu son apogée à l'époque du roi Hayam Wuruk (1350-1389) et de son Premier ministre Gajah Mada (1331-1364). Ici, il ne s'agit pas du tout de la véritable histoire de Majapahit. Le texte fait référence à la culture javanaise dans une société islamisée. Majapahit représente la culture et la tradition javanaise hindo-bouddhique d'avant l'Islam. Il s'agit en fait de textes juridiques supposés « écrits » à l'époque de Majapahit. Ce texte s'inspirerait de plusieurs « codes » javanais de l'époque de Majapahit. Pigeaud a raison lorsqu'il écrit que le sultanat de Banten et le sultanat de Cirebon ont maintenu et préservé la culture pré-musulmane (Pigeaud, 1960, vol. IV, p. 475), puisque notre texte juridique montre bien qu'elle a survécu.

2 Allāh Ta'ālā renvoie au Dieu des Musulmans, alors que Majapahit était un royaume hindo-bouddhique. Cette apparente contradiction montre qu'un royaume musulman s'est réapproprié la culture javanaise préislamique. D'après nous, c'était une façon pour Banten d'affirmer que : « sa religion est l'Islam, mais que sa loi et sa culture sont javanaises ».

3 *Makotha mas* (couronne d'or) est une couronne portée par les rois de Majapahit. Selon la source contemporaine de Majapahit, au XVe siècle, le visiteur chinois Ma Huan a rapporté que le roi de Java (Majapahit) portait une couronne – de feuilles et de fleurs – en or. Cette couronne d'or est mentionnée en 1678 par un officier de la Compagnie dans son rapport après la chute du royaume Kedhiri. Elle a été vendue à Amangkurat II (1677-1703). Amangkurat IV (1719-1726) l'a portée dans une cérémonie royale en 1723. La dernière apparition publique de cette couronne d'or de Majapahit date de 1739, portée par Pakubuwana II (1711-1749). Après, la couronne d'or de Majapahit n'a pas survécu : elle a disparu, Ricklefs, 1998, p. 75-76 et p. 232-233.

4 Ce nom de roi est typiquement pré-musulman signifiant à peu près *'Le grand roi divin'*. Effectivement, *ratu*, signifie « roi » et était un titre attribué au roi à Java avant l'arrivée de l'Islam au XVe siècle, Raffles, 1817, vol. I, p. 312. Le mot *Ratu*, mentionné au début du texte, a été porté pour la première fois, selon la tradition, par Sanjaya, le fondateur du royaume javanais hindo-bouddhique Mataram (VIIIe-Xe siècles).

5 Le roi et la princesse forment bien sûr un couple mythique et Java renvoie ici plutôt à une identité javanaise que l'on retrouve aujourd'hui au Centre et à l'Est de Java, où on parle le javanais. Il est intéressant de noter que Banten, qui est hors du domaine géographique javanais, considère qu'il fait partie du monde culturel javanais.

Anapon ratu iku kang denturunakĕn ing 'ilmu dunya iku papat: sawiji ing Nusa Jawa, iya iku Majapahit, lan kaping dhuwa ratu Cina, lan kaping tĕlu ratu Minangkabau, lan kaping papat ratu Johor.

Anapon ratu Majapahit iku anaq2 tĕtĕlu: kang tuwa denarane si Jawa, kang pinĕngah denarane si Sundha, kang ĕnom denarane si Lampung. Anapon si Jawa iku denarane Sang Bramana Sakti, iya iku Prabu Samata, parentahe dena

[Les quatre rois du monde]

Les rois descendus dans le monde d'ici-bas ont été au nombre de quatre[6]. Le premier a été le roi de Java, c'est-à-dire à Majapahit, le deuxième le roi de Chine, le troisième le roi de Minangkabau[7] et le quatrième le roi de Johor[8].

[Jawa, Sunda et Lampung]

Le roi de Majapahit eut trois enfants : l'aîné fut appelé si Jawa, le cadet si Sunda[9], et le benjamin si Lampung[10]. [L'aîné] si Jawa reçut le titre Sang Bramana Sakti[11], autrement dit Prabu Samata[12]. Sa loi fut appelée la loi de *Kunthara*[13]. Son

---

6 Ce paragraphe donne une description surprenante des grandes puissances politiques. On peut s'étonner de voir Minangkabau et Johor apparaître dans le texte, alors qu'ils n'étaient que deux royaumes 'moins importants'. En même temps, il est aussi surprenant de ne pas voir apparaître l'Inde qui possédait un très grand royaume, l'Empire Mogol. Toutefois, il est compréhensible que l'Inde ne soit pas citée puisque contrairement au grand royaume de Chine, l'Inde est morcelée en quelques dizaines voire même en centaines de petits états.

7 Dans l'état actuel des connaissances, le royaume indianisé de Minangkabau, aujourd'hui dans la Province de Sumatra Ouest, aurait été fondé par Adityawarman, né à Java Est dans un milieu noble et dont la mère était peut-être une princesse de Sumatra. Le royaume semble avoir atteint son apogée sous son règne qui s'est poursuivi jusqu'en 1375 au moins.

8 Le sultanat de Johor, au sud de la péninsule malaise, a été fondé après la prise de Melaka par les Portugais en 1511. Le sultanat de Johor est la suite de celui de Malacca, dont le sultan se réfugia successivement à Pagoh, Bintan, Johor Lama et finalement à Johor Baharu. Des mentions dans le texte *Sejarah Melayu*, ainsi que la présence de plusieurs tombes datées ou datables du XVe siècle, attestent que ce territoire avait déjà une certaine importance avant d'abriter un sultanat.

9 *Sunda* a été le nom d'un royaume à l'ouest de Java. Le nom du roi '*Sunda*' apparaît pour la première fois en 932 dans l'inscription de *Kebon Kopi II* trouvée à la rivière de Ciarunteun à Bogor. On pourrait dire que le royaume soundanais connut trois périodes : en 932-1311 (1er période : Sunda) sa capitale était à Pakuan ; en ca. 1311-1482 (2e période : Galuh) elle était à Kawali (Ciamis) et en 1482-1579 (3e période : Pajajaran). Pakuan, la dernière capitale du royaume indianisé de Sunda, est conquise par des troupes musulmanes de Banten en 1579.

10 *Lampung* est bien situé à Sumatra, mais pour les gens de Banten c'est une ville de culture javanaise. Toutefois, il est assez curieux de voir que Lampung apparaît dans ce texte puisqu'au XIVe siècle il n'y avait pas de royaume à Lampung.

11 Ce nom signifie à peu près « le puissant Brahmane ».

12 *Prabu Samata* : nom honorifique et épithète du roi de Majapahit Jatiswara, Pigeaud, 1970, vol. III, p. 378.

13 *Kunthara* est un nom donné à un « code » de lois javanaises anciennes qui aurait existé à l'époque de Majapahit. *Kunthara* aurait été le fils et le successeur de *Jugal Mudha*, Premier ministre du premier royaume légendaire javanais de Medang Kamulan, Pigeaud, 1970, vol. III, p. 285 et 287 ; Hoadley & Hooker, 1981, p. 246 et 249. Medang Kamulan existait au XVe siècle sur le territoire duquel Bujangga Manik, un ermite hindo-soundanais, était passé lors de son voyage depuis Pakuan jusqu'à l'Est de Java. On peut supposer que Medang Kamulan se situe actuellement à Grobogan, à l'Est de Purwodadi, dans le centre de Java, Noorduyn, 1982, p. 424-425.

rane Kunthara, anapon nagarane ing Majapahit. Ana dening si Sundha iku denarane Pukalawan Sang Dikara, nagarane ing Pajajaran, parentahe denarane Raja Niti. Ana dening si Lampung iku denarane Ratu Anglangkara, ana dening nagarane ing Balu, parentahe denarane Jugal Mudha.

Anapon ḥukum mati iku tělung pěrkara iya iku jamin wong Islam, karana wong Islam iku umat Nabi Muḥammad. Ḥukum mati iku tětělu : kang dhihin agama, lan kaping dhuwa dirgama[14], lan kaping tělu karinah. Anapon ḥukum agama

14 Texte : *drigama*. Dans ce texte, il faut lire ce mot : '*dirgama*'.

royaume était à Majapahit. [Le cadet] si Sunda reçut le titre de Pukalawan Sang Dikara[15]. Son royaume était à Pajajaran[16]. Sa loi fut appelée la loi de *Raja Niti*[17]. [Le benjamin] si Lampung reçut le titre de Ratu Anglangkara[18]. Son royaume était à Balu[19]. Sa loi fut appelée la loi de *Jugal Mudha*[20].

[Article 1. Trois lois sur l'homicide]

Il y a trois sortes de lois concernant le meurtre pour les musulmans qui appartiennent à la communauté du prophète Muḥammad. Donc, le meurtre est régi par trois lois : premièrement, l'*Agama* ; deuxièmement, le *Dirgama* ; troisièmement, la *Karinah*[21]. Pour l'*Agama*[22], les lois sont basées sur les faits. Pour le *Dir-*

---

15 Ce nom nous est inconnu. Il a peut-être été l'un des souverains du royaume soundanais (xe-xvie siècles) à Java Ouest.

16 *Pajajaran* a été le dernier royaume soundanais à Java Ouest dont la capitale était Pakuan, en 1482-1579, et Sri Baduga Maharaja (1482-1521) son premier roi. Après l'attaque victorieuse de Maulana Yusuf, souverain musulman de Banten, le royaume de Pajajaran a disparu en 1579.

17 *Raja Niti* : nom d'un code de lois javanaises anciennes et d'avis juridiques attribué à Pangeran Jimbun (Raden Patah), le fondateur et premier roi du Sultanat de Demak (aux xve-xvie siècles), Pigeaud, 1967, vol. I, p. 309-310.

18 *Anglangkara* est peut-être une variante du nom *Jaya Lengkara*, un souverain du royaume légendaire javanais Medang Kamulan, Pigeaud, 1970, vol. III, p. 260. Le nom *Jaya Lengkara* (*Anglangkara*) est attribué à un « code » appellé '*Pepakem Jaya Lengkara*'. Ce livre de lois aurait été écrit selon la tradition javanaise par Raden Patah (Pangeran Jimbun), Hoadley & Hooker, 1981, p. 245-246.

19 On ne connaît pas la localisation, mais on peut supposer que c'est à Lampung.

20 *Jugal Mudha* : nom d'un code de lois attribué à *Jugal Mudha*, Premier ministre du premier royaume légendaire javanais qui s'appela Medang Kamulan. *Jugal Mudha* aurait fait rédiger un traité concernant le vol, le meurtre, la torture, le dédommagement etc. Ce traité est ensuite devenu la base juridique pour les royaumes de Demak, de Pajang et de Mataram, Behrend, 1990, vol. I, p. 94 ; Girardet, 1983, p. 906 ; Pigeaud, 1970, vol. III, p. 263.

21 Selon le *Pěpakěm Tjěrbon* (1768), ces trois sortes de 'droit' sont le *Dirgama*, l'*Agama*, et le *Toyagama*. Le *Dirgama* correspond au droit séculier (en l'occurrence le droit coutumier) et serait appliqué par sept juges-procureurs. L'*Agama* correspond au droit d'origine divine et serait appliqué par quatre juristes musulmans. Le *Toyagama* est le jugement par ordalie qui consiste à obliger le coupable à rester sous l'eau. La méthode du jugement était exécutée comme suit : on mettait une coquille de noix de coco avec un trou percé au milieu dans la rivière. Si un présumé coupable pouvait rester dans l'eau jusqu'à ce que la coquille de noix de coco fût remplie, c'était le signe de son innocence, Hazeu, 1905, p. 43. À Priangan, le *Toyagama* a pu être l'équivalent du *Cilagama*, c'est-à-dire le droit civil utilisé exclusivement pour les commerçants, Kern, 1927, p. 351 ; Ball, 1982, p. 48 ; Hoadley, 1994, p. 53. Dans l'*Undang-Undang Surya Alam*, code de lois qui a été utilisé à Demak au xve siècle, il est aussi question de trois sources du droit (*tri-rasa-upaya*) : (1) le *hukum*, donc le droit d'origine divine, (2) le *P'réntah*, le droit énoncé par le souverain, et (3) le *kasusahan*, le droit énoncé par les princes, Raffles, 1817, vol. II., Appendix C, chapitre III, p. xxxiv.

22 Dans ce texte, l'*Agama* désigne clairement les lois régies par la religion. Comme le *Pěpa-*

iku ingkang nyata kang denḥukumakĕn. Lan ḥukum dirgama iku Prabu Wisesa, tĕgĕse arah nyananing ati. Anapon ḥukum karinah iku kapatutan ing panggawene lan katĕmu rarasane.

Anapon ḥukum Kunthara iku kang nyata. Lan Raja Niti, iya iku parentah nyananing ngati, iya iku Prabu Wisesa. Ana dening parentah Jugal Mudha iya iku kunang-kunang anggulati ing dalĕm rarasane. Lan parentah kang tĕtĕlu iku kang duwe Ratu, tĕlung pĕrkara: kang dhihin Prabu Samata, kaping dhuwa Pukalawan Sang Dikara, kaping Ratu Anglangkara. Ana dening parentah kang tĕtĕlu iku saking Bramana Sakti. Iya iku arane Sang Aji Saka. Lan Sang Aji Saka iku nagarane ing Gĕgĕlang, tĕgĕse ing Nusa Jawa iku ing awang-awang.

---

kĕm Tjĕrbon l'explique clairement : il s'agit du droit des juristes musulmans qui s'appuient sur la religion pour appliquer la peine de mort ou la peine d'amputation de main. Le *Pĕpakĕm Tjĕrbon* donne l'exemple suivant : un voleur aura la main coupée selon l'*Agama*, mais il sera seulement condamné à une amende selon le *Dirgama*, Hazeu, 1905, p. 43 et 55. En 1688, la Compagnie a cherché à interdire l'application de l'*Agama* à Cirebon, Hoadley, 1994, p. 53.

gama[23], les lois [qu'on appelle] *Prabu Wisesa*[24], sont basées sur la conscience. Pour la *Karinah*[25], les lois prescrivent ce qui est bien et conforme au jugement personnel.

[Article 2. Trois lois royales]

Les lois de *Kunthara* concernent les faits. Le *Raja Niti* est un code de lois fondé sur la conscience, c'est-à-dire *Prabu Wisesa*. Les lois de *Jugal Mudha* sont basées sur le bien [défini] par le jugement personnel. Ces trois lois [ont été promulguées] par les trois rois suivants : premièrement, par Prabu Samata[26] ; deuxièmement, par Pukalawan Sang Dikara[27] ; et [troisièmement] par Ratu Anglangkara[28]. Bramana Sakti est à l'origine de ces trois lois. Il s'appelait [aussi] Sang Aji Saka[29]. Son royaume se trouvait à Gĕgĕlang[30], c'est-à-dire à Java dans le cosmos.

---

23 Dans ce texte, le *Dirgama* désigne le droit coutumier. Comme le *Pĕpakĕm Tjĕrbon* le dit explicitement : il s'agit du droit séculier des juges-procureurs (*jaksa*) qui s'appuient sur le droit coutumier, Hazeau, 1905, p. 43.

24 *Prabu Wisesa*, écrit « *Purabu Wisesa* » dans le texte javanais, est une expression trouvée dans le *Nāgara-Kĕrtagama* de Rakawi Prapanca rédigé en 1365, qui signifie : excellent et très honoré roi, chant 80-3-3, Pigeaud, vol. III, 1960, p. 93, vol. IV, 1962, p. 257-258. Cette expression a peut-être été utilisée pour le roi de Majapahit, puisqu'il avait l'autorité d'exercer la justice et l'obligation de créer la prospérité pour ses sujets.

25 Le terme *Karinah* ne se trouve pas dans le *Pĕpakĕm Tjĕrbon* et d'autres textes de Cirebon-Priangan. La *karinah* (en arabe *qarīna*) est, selon Wael B. Hallaq, un moyen de clarifier un élément linguistique obscur dans sa logique. La *qarīna* joue un rôle important dans le droit musulman en s'appuyant au moins sur deux aspects : l'interprétation linguistique des textes et la compréhension de la façon dont ces textes, spécialement la Tradition prophétique (la Sunna), ont été révélés et transmis. L'absence de définition exacte du mot « *qarīna* » dans le droit musulman permet une latitude dans l'interprétation du texte divin (le Coran) et dans l'évaluation épistémologique de la source du droit (la Sunna) ce qui permet une vaste interprétation, Hallaq, 1988, p. 475-480. On peut dire qu'en utilisant ce terme et ce concept, l'auteur introduit un élément significatif du droit musulman dans le droit coutumier javanais.

26 Voir note numéro 673.

27 D'après ce texte (f. 108^{r}.), il s'agirait du nom d'un des premiers souverains du royaume de Padjajaran.

28 Voir note numéro 678. *Ratu Anglangkara* : nom d'un souverain donné à un code de lois à Java comme ce fut le cas pour *Jugal Mudha*, *Surya Alam*, *Senopati Jimbun* et *Arya Dilah*.

29 Selon la tradition javanaise, *Aji Saka* a été le premier roi de Java dans le royaume légendaire de Medang Kamulan (qui se situe actuellement à Grobogan, dans le centre de Java). Il aurait été originaire d'une famille brahmane de l'Inde et serait parti pour s'approprier le plus de connaissances possibles à Java. Arrivé dans cette île, il aurait appliqué d'importantes réformes dans la société et la religion. On le considère, dans la tradition, comme le créateur du calendrier javanais (d'où l'année de *çaka*), du gamelan, du syllabaire javanais, en bref de certains éléments de la culture javanaise, *EvNI*, 1917, vol. I, p. 9-10. Le manuscrit *Serat Kanda ning Ringgit Purwa* (L.Or 6379) fournit des informations plus détaillées sur *Aji Saka*, Pigeaud, 1968, vol. II, p. 358-359.

30 *Gĕgĕlang* aurait été selon la tradition javanaise un 'royaume' comme Medang Kamulan.

Parentah kunthara iku ḥukum agama. Lan uga iku kaya: taha wong utang-piutang, maka dadi padu, maka pinariksa sarat lan šahid atawa panagihe. Tatkala kang tĕlung pĕrkara iku oranana, iya iku ora ing ḥukuman karana iku wong nadir, tĕgĕse ora tĕmĕn. Lamon ana wong kamalingan, maka dadi (......) lokan[31] cihanane kang denmalingi, maka nyata yen ora bĕlĕt, maka tatkala oranana nyata (......) w.mi

2/110 **Bab Angiwat.** |

Lamon ana wong angiwat maka dadi padu, maka jalukĕn watange kang deniwat. Tatkala oranana watange iku, ora kĕna pinadu karana oranana kang dadi watang. Lamon ana watange, takonĕn, lamon ngaku watange kang deniwat kalih padune. Lamon ora ngaku watange kang deniwat, maning padune, nanging kaping tĕtĕlu[32] rarasaning ḥukum.

Lamon ana wong azinah, tĕgĕse wong mahilang, maka dadi padu-padu, maka jalukĕn nyata buktine. Tĕgĕse, wong lanang lan wong wadon iku karana zinah, maka ukum zinah. Tatkala wus ngaku kang wadon, maka ḥukume dennikaḥakĕn, karana nyata buktine iya iku wong wadon mĕtĕng. Iya iku ḥukum zinah. Lamon oranana nyata buktine, ora ing ḥukuman zinah karana gā'ib.

Gĕgĕlang existait au XVe siècle. Ainsi, on sait que le royaume de Gĕgĕlang se situait à l'emplacement de l'actuel Madiun et que sa capitale se trouvait entre Madiun et Ponoroga, à l'est de Java, Noorduyn, 1982, p. 424-425.

31 Le manuscrit étant très abîmé dans ce passage, on ne peut pas rétablir le texte complet.

32 Texte : *tĕtĕle*.

[Article 3. Loi de *Kunthara*]

Les lois de *Kunthara* appartiennent aux lois d'*Agama*. Et voici un exemple: si quelqu'un a emprunté de l'argent à quelqu'un d'autre et que les deux personnes ne sont pas d'accord, il faut examiner les modalités, [interroger] les témoins et les agents de recouvrement. Si on ne réunit pas ces trois éléments [et s'ils ne s'avèrent pas honnêtes], il n'y aura pas de jugement, parce qu'ils [les témoins et les agents de recouvrement] seront considérés comme *nadir*[33], c'est-à-dire qu'ils ne sont pas sincères. D'autre part, si quelqu'un a été victime d'un vol, ainsi (……) si la preuve de la victime du vol s'avère fausse, rien ne prouve (……)

Chapitre sur l'enlèvement d'une femme | 2/110

[Article 4. Enlèvement d'une femme]

S'il y a un désaccord suite à l'enlèvement d'une femme, cette dernière doit [déposer] plainte et attester qu'elle a bien été victime d'un enlèvement. S'il n'y a pas de plainte, l'affaire ne pourra être jugée parce qu'il n'y a pas de plaignant. S'il y a une plainte, la plaignante doit se déclarer [victime d'enlèvement] et exposer les causes du désaccord. Si la victime ne porte pas plainte pour enlèvement, [mais que] des désaccords surviennent encore [pour la deuxième fois], le troisième désaccord sera jugé par le tribunal[34].

[Article 5. Fornication et sa peine]

Si [deux] personnes s'adonnent à la fornication, c'est-à-dire se rendent coupables de *mahilang*[35] et que cela provoque une dispute, il faut chercher une preuve évidente. En d'autres termes, un homme et une femme ayant forniqué seront condamnés à la peine pour fornication. Si la femme admet la fornication, on la condamnera à se marier s'il y a une preuve évidente [apportée] par sa grossesse. Telle est la loi sur la fornication. En revanche, s'il n'y a pas de preuve évidente, on ne peut pas appliquer la loi sur la fornication, parce qu'il n'y a pas [d'évidence].

---

33 *Nadir*: mot arabe « nādir(a) » signifiant: chose rare, étrange, rareté désignant une anecdote plaisante…, *EI*, 1993, vol. VII, p. 858. Cela implique que cette personne fait une plaisanterie et n'est pas sérieuse.

34 Le début et la dernière phrase javanaise de cet article sont difficiles à comprendre.

35 *Mahilang*, signifie linguistiquement « perte », Zoetmulder, 1982, vol. I, p. 625-626; Gericke & Roorda, 1901, vol. I, p. 128. On devrait interpréter ici que c'est une expression juridique pour la première fornication. Ceci signifie que quiconque commettant la fornication « perd la chasteté ».

Allāh iku ḥukum agama. Ajaring Kunthara iya iku ḥukum Sang Bramana Sakti, iku jaman Majapahit. Lan lamon dirgama iku angaranana Raja Niti, maka iya iku Prabu Wisesa arane, ana ing dalĕm ati, iya iku kang gā'ib. Karana iku oranana cihanane wong kang mamaling lan wong kang angiwat iku oranana watange, dadine arah nyananing ngati. Maka wong iku kang arah mamaling iku dencuri wesi kang abang atawa temah atawa minyak kang ginawe acuri. Aja densatatane[36], karana dudu ḥukume, lamon wong denarah iku ora kĕna dencuri, karana dudu ḥukume. [Iku ora kĕnang sangat, lan ora kĕnang curi kalih maring nyata buktine[37]]. Maka kang angarah iku kĕnang walatali sarĕgane wong kang dencuri rĕgane kang denmalingi iku lan kadek kang denmalingi. Karana kang maling iku kĕnang angacuri, maka denkĕnthung. Dadi iku padha lan wong mati. Lan padha aḥukume wong ngiwat padha lan culik ḥukume.

Lamon ana wong mamateni ĕwong oranana dosane, maka ḥukume denpateni maning, karana wus ḥukume. Lamon ora mati kang anjarah, warganing wong kang mati.

Lamon ana wong nyodok wong, maka tatu, ora mati iku, aweh arga satĕngah: sing angaranana embong beya.

Lamon ana wong tutukaran, saliyan gĕtik, maka tatu kang sawiji, maka kadhĕndha kang anatoni.

36 *Satata*: continuellement, sans interruption, Gericke & Roorda, 1901, vol. I, p. 647.
37 Cette phrase n'existe pas dans cet article. Ces deux lignes se trouvent en fait à la fin de la page 110 du manuscrit.

[Article 6. Loi de *Raja Niti*]

Allah est [la source] des lois de l'*Agama*. L'enseignement de *Kunthara* est [la source] des lois de Sang Bramana Sakti datant de l'époque de Majapahit. [Les lois de] *Dirgama*, appelées *Raja Niti* ou *Prabu Wisesa*, sont basées sur «le cœur[38]» qui est [un élément] immatériel. C'est la raison pour laquelle, s'il n'y a pas de preuve pour vol ou s'il n'y a pas de plainte pour enlèvement d'une femme, «le cœur» de [ces personnes doit] être examiné[39]. Par conséquent, l'accusé d'un vol sera aspergé de fer, d'étain fondus ou d'huile bouillante[40]. Si l'accusé n'est pas touché par cette aspersion, il ne faut pas continuer à l'asperger, parce que ce n'est pas conforme à la loi en vigueur[41]. Alors, son accusateur [est condamné à payer] une amende égale au prix de celui qui a été aspergé[42] et au prix de l'objet volé. En revanche, si l'accusé de vol est touché par l'aspersion, il sera mis à mort. En conséquence, il subit la même peine qu'un meurtrier. La peine d'un ravisseur de femme est la même que celle [appliquée] à tous les ravisseurs[43].

[Article 7. Meurtre d'un innocent]

Si une personne a tué un innocent, il sera lui aussi mis à mort. Telle est la loi. Si on ne peut pas l'exécuter, [un membre de] sa famille devra être mis à mort.

[Article 8. Porter un coup à quelqu'un]

Si quelqu'un donne un coup à quelqu'un d'autre et que ce dernier est blessé, mais ne meurt pas, le coupable doit donner la moitié du prix de [la blessure ?][44]. Ceci s'appelle *embong bea*.

[Article 9. Querelle]

Si des personnes se battent, se frappent sans instruments, et que l'une d'entre elles est blessée, le responsable de la blessure sera condamné à une amende.

---

38 La traduction littérale du javanais «*ati*» est: le cœur. Nous avons exceptionnellement gardé ce mot en français, sinon, nous aurions dû utiliser des périphrases.

39 Il n'est pas facile de comprendre cette phrase en javanais.

40 Il s'agit ici effectivement de l'ordalie.

41 Dans le texte javanais, la phrase suivante dit exactement la même chose, c'est pour cela que nous ne l'avons pas reprise dans la traduction.

42 Il s'agit donc ici d'un esclave.

43 L'article est très complexe.

44 Il est très difficile d'imaginer l'évaluation du prix d'une blessure. Néanmoins, on peut supposer que le cadi disposait d'une liste indiquant la valeur des différentes parties du corps.

Lamon ana wong tatukaran, kang sawiji anĕkane ing panggonaning kang atukar, maka iku ora nyapih, maka kaping salah ing bumi 9 000 dirham.

Lamon ana wong titip arta maring wong sanake, maka ilang ing pasimpĕnan, maka ora katĕmpuhan. Nanging, lamon ilang duwite kang katitipan.

Lamon ana wong anyilih wong, maka suka kang duwe wong, maka dengawa barang ĕnggon denlakoni, maka mati iku, katĕmpuhan kang anyilih. Lamon (……) oranana nyata buktine iku, kadhĕndha satĕngah angarah wong sahilang. Iku ḫukume
(……) iku ora kĕnang sangat lan ora kĕnang curi kalih maring nyata buktine.

[Article 10. Ne pas apaiser une querelle]
Si quelqu'un arrive dans une maison où des personnes se battent et qu'il ne les sépare pas, il sera considéré comme coupable par l'Administration [et sera condamné à lui verser une amende] de 9 000 *dirham*[45].

[Article 11. Confier un bien à un proche]
Si une personne a confié un bien à un proche, et que ce bien disparaît, alors [ce dernier] n'est pas le responsable[46]. Mais, si le bien confié a disparu, [?][47].

[Article 12. Mort d'un esclave emprunté à autrui pour le faire travailler]
Si quelqu'un emprunte un esclave[48], et que le maître est d'accord, et s'il le ramène chez lui pour le faire travailler et que l'esclave meurt par la suite, il est responsable. Si (……) il n'y a pas de preuve[49], l'amende sera égale à la moitié du [prix] de celui qui est mort. Telle est la loi.
(……) n'est pas possible et ne peut plus être aspergé parce qu'il n'existe pas de preuve [?][50].

45 Le mot '*dirham*' est un terme malais d'origine grecque *drakhmé*, passé d'abord par l'intermédiaire du persan et puis par l'arabe. C'était une pièce de monnaie en argent utilisée comme unité monétaire dans le monde musulman depuis le VIIIe siècle, Eshragh, 2010, p. 2-4.

46 La phrase n'indique pas clairement qui n'est pas responsable, mais nous pensons qu'il s'agit de celui auquel on a confié le bien.

47 La dernière phrase n'a pas de sens, parce que la phrase n'est pas complète. Toutefois, cet article fait penser à l'article 10 de l'*Agama* : « *Ana wong angrusak titipan yaktiné dénbukti dén-anggo dén-salini rupa tanpa amit ing kang adrwé titipan, ika ta wnang aranana walat tingkahé padha kalawan sandha rinusak sagung ing pangrega ning titipan palakunen dén muli-anikel maring kant atitip tur dhendhanen rong laksa dénira sang amawa bhumi kalinganing angrusak titipan padha kalawan maling* » Hoadley & Hooker, 1981, p. 110. Ce texte-ci indique clairement la peine : une amende de 2 *laksa* (1 *laksa* correspond à 50 000 unités de la monnaie évoquée) et une obligation de restituer deux fois le bien confié, tandis que l'article de l'*UUB* est très peu clair.

48 Il faut interpréter le mot '*wong*' par « esclave » ou « serviteur » en se basant sur le contexte de l'article.

49 S'il n'y a pas de preuve que « la mort est due au travail que l'esclave a effectué chez celui qui l'a emprunté ».

50 La phrase est incompréhensible. Ces deux lignes sont isolées, hors de tout contexte. Il est possible que ces deux lignes concernent l'article 6 commenté *supra* relatif à l'ordalie. Il se peut que le copiste ait commis une erreur en plaçant ces 2 lignes à la fin de la page 110.

3/112 Lamon parintah Purabu Samata iku Kunthara, iya iku kang nyata. Lan parentah Pukalawan Sang Adi karana angaranana Raja Niti. Lan parentah Ratu Anglangkara iku angaranana Jugal Mudha. Lamon Raja Niti iku dirgama. Lamon Kunthara iku agama. Lan Jugal Mudha iku karinah.
Anapon ḥukum Kunthara iku kang nyata. Ana dening ḥukum Raja Niti, Prabu Wisesa, tĕgĕse nyata ning ati. Lan ḥukum Jugal Mudha iku anggulati kunang2 ing rarasan. Utawi si kunang2 saking panggawene karana tĕranging ati kamiharsa, puniku kaduk rarasane, maka iya iku lan ing karinah. Kang papat: maka kang denarah kĕna rasa saking beya denlakoni. Iya iku pari2 arane. Tatapi, parentah tigang pĕrkara iku kalakuwan ing nĕgara kang agung.
Lamon tah oranana ḥukum kang tĕlung pĕrkara iku kalaku, ing nagara iku madu, tĕgĕse aru-biru, oranana tata krama. Ratu anjĕnĕngakĕn parentah kang tĕlung pĕrkara iya iku: agama, lan dirgama, lan karinah: iku ḥukum wong Islam.

Anapon ḥukum Bramana Sakti iku tĕlung pĕrkara denarani Kunthara, lan Raja Niti angaranana agama, kaping duwa dirgama, kaping tĕlu karinah, kaping pat jugal mudha.

Kiyamat[51] anaq rabining wong utang piutang maring durjana, maka kaporod dening dosane wong durjana. Iku arane sandyang beya, sabab kaporod ing dosane wong ala.

51 Le mot ‘*kiyamat*’, signifiant *désastre*, *catastrophe*, *fin* ou *jour du jugement dernier*, devrait être interprété ici par ‘*mourir*’. D’autant plus que dans l’Islam, il y a une expression « al-qiyāma/al-sāʻat al-ṣugrā ou *le petit désastre* (*catastrophe*) » qui veut dire *la fin de son jour*, autrement dit ‘*mort*’, faisant allusion aux QS. al-Wāqiʻa/54:83 et QS. al-Qiyāma/75:26 et au hadith rapporté par Muslim nº 2952.

[Article 13. Lois d'*Agama*, de *Dirgama* et de *Karinah*]

Les lois de Prabu Samata relèvent de *Kunthara*, c'est-à-dire qu'elles portent sur les faits. Les lois de Pukalawan Sang Adi ont pour nom *Raja Niti*. Les lois de Ratu Anglangkara ont pour nom *Jugal Mudha*. Effectivement, *Raja Niti* relève du *Dirgama*, *Kunthara* relève de l'*Agama* et *Jugal Mudha* relève de la *Karinah*. Les lois de *Kunthara* concernent les faits. Les lois de *Raja Niti*, *Prabu Wisesa*, concernent ce qui est clair dans la conscience. Les lois de *Jugal Mudha* concernent le jugement personnel. Ce jugement est le résultat de l'action du cœur avec ses sentiments d'affection et d'amour. C'est donc là «le siège» du jugement. C'est ce qu'on appelle la *karinah*. La quatrième [loi] est l'exécution d'un acte qui provient de ce jugement personnel[52]. Cela s'appelle *pari-pari*[53]. Mais, les trois [premières] lois doivent être mises en pratique dans un pays civilisé. Si ces trois lois ne sont pas appliquées, le pays devient une jungle, c'est-à-dire sans sécurité, sans règles morales. Le souverain doit promulguer ces trois lois, à savoir: l'*Agama*, le *Dirgama*, et la *Karinah*. Voilà le droit pour les musulmans[54]. 3/112

[Article 14. Lois de *Bramana Sakti*]

Les lois de Bramana Sakti, aussi appelées *Kunthara*, sont la source des trois lois suivantes: [la première], *Raja Niti*, ou *Agama*, la deuxième *Dirgama*, la troisième *Karinah*, et la quatrième *Jugal Mudha*[55].

[Article 15. Emprunter de l'argent à un homme malhonnête]

Si la femme et les enfants d'un défunt ont emprunté de l'argent à un homme malhonnête, le «péché» de ce dernier sera réduit. Cela s'appelle *sandyang beya*, car le péché de cet homme malhonnête diminue[56].

---

52 Cette phrase compliquée est pratiquement incompréhensible. La traduction relève de notre propre interprétation.

53 On ne connaît pas le sens du mot *pari-pari*. Le mot *pari* signifie «riz» dans les dictionnaires javanais, Pigeaud, 1989, p. 449 et Zoetmulder, 1982, vol. II, p. 1295, mais ce terme n'est pas approprié dans ce contexte. On interprète *pari-pari* dans ce cas-ci comme une expression juridique.

54 C'est un passage très important, parce qu'il nous donne une vision du droit à Banten. C'est le seul passage où l'auteur présente ses arguments philosophiques sur le droit à Banten. Le droit pour les musulmans civilisés à Banten est selon cet article: le droit religieux (*Agama*), le droit coutumier (*Dirgama*) et le droit mixte entre les deux (*Karinah*).

55 Le texte javanais est très difficile à comprendre. Le sens de cet article reste obscur. La traduction relève de notre propre interprétation. De surcroît, le texte mentionne clairement qu'il y a trois lois, mais il en énumère quatre.

56 Peut-être parce qu'il a aidé la femme et les enfants du défunt en prêtant de l'argent. Mais, l'article n'est pas facile à comprendre.

Lamon ana wong mamaling atawa angiwat, maka denburi dening kang aduwe, maka kang mamaling iku malayu, maka ana wong liyan kabarĕngan malayu saking wonge, maka wong iku kadhĕndha. Dhĕndhane padha lan kang mamaling. Iku denarane irang beya.

Lamon ana wong rarasan maring kawulaning wong "sira eman iwat atawa sira eman adol," maka nuli wong iku ilang atawa mati, maka dadi rarasane iku angiwat maka katĕmpuhan. Lan pituwah[?] rarasaning mamateni, maka iku katĕmpuhan. Iya iku angaranana anancang beya.

Lamon ana wong paparahu: sawiji saking udhik, sawiji saking ilir, maka kĕrampok. Ingkang saking udhik, maka katĕmpuhan. Lamon kalih saking ilir ora katĕmpuhan. Iya iku angaranana angrampok beya.

Lamon wong ambabalang atawa anonolak atawa ambĕbĕdhil oranana ujar wĕruhe ing sawiji ĕwong, maka ana kang kĕna, maka mati wong iku, iya iku katĕmpuhan: angaranana ambalang beya.

Lamon ana wong masang patok atawa borang ing (......) dadalan, atawa si parintaning wong akeh, maka kĕnang ĕwong tuli mati atawa tatu badane, maka katĕmpuhan[57] karana dadalan agung: angaranana sepa beya.

57 Il faut rétablir ce passage détérioré en '*maka katĕmpuhan*' (être tenu pour responsable), parce qu'on voit les lettres *mīm* et *kāf* sans hamzah (*maka*), ensuite *wāw*, *hā'* et *nūn* (++++*uhan*).

[Article 16. Plusieurs délits concomitants]

Si quelqu'un, ayant commis un vol ou enlevé une femme, est poursuivi par le propriétaire, et qu'il s'enfuit, et si une autre personne s'enfuit au même moment de chez son maître, alors c'est cette personne qui sera condamnée à une amende[58]. L'amende sera la même que celle prévue pour le voleur. Cela s'appelle *irang beya.*

[Article 17. Menacer le *kawula* d'autrui]

Si quelqu'un dit au *kawula* de quelqu'un d'autre : « Ce serait dommage que tu sois enlevé ou vendu », et que, par la suite, ce *kawula* disparaisse ou décède, il en sera tenu pour responsable. S'il parle [au *kawula*] d'assassinat, [et ensuite si ce dernier est assassiné], il en sera tenu aussi pour responsable. Cela s'appelle *anancang beya.*

[Article 18. Dévaliser un piroguier]

Deux hommes se déplacent en bateau [chacun dans le sien] : l'un venant de l'amont et l'autre de l'aval. Un vol survient. Celui qui vient de l'amont sera considéré comme le responsable[59]. Si tous deux viennent de l'aval, aucun ne sera tenu pour responsable[60]. Cela s'appelle *angrampok beya.*

[Article 19. Lancer une arme ou tirer avec une arme à feu en faisant une victime]

Si quelqu'un lance quelque chose ou tire avec une arme à feu sans avertissement et touche quelqu'un, il doit être mis à mort, puisqu'il est responsable. Cela s'appelle *ambalang beya.*

[Article 20. Installer un piège dans la rue]

Si quelqu'un installe un pieu ou des tiges de bambous dans (......) la route ou un obstacle aux passants et que cela cause la mort ou des blessures, alors il sera tenu pour responsable, parce qu'il s'agit d'une grande route. Cela s'appelle *sepa beya.*

58 On ne comprend pas le sens de cet article, rendu encore plus obscur par la phrase '*wong liyan kabarĕngan malayu*'.

59 Ceci est une interprétation. On peut partir de l'idée que lorsqu'on est en bateau et que l'on vient de l'amont, il est beaucoup plus facile de ramer, parce qu'on est aidé par le courant. Effectivement, celui qui vient de l'amont a plus de facilité pour commettre un vol et s'enfuir rapidement. Par contre, celui qui vient de l'aval doit ramer à contre-courant.

60 Il est très surprenant de lire cette dernière phrase. Il y a eu vol, mais personne n'est responsable.

4/114 Lamon ana | wong ararasan sarta anyěkěl kěris atawa barang gěgaman, maka wong iku wědi nuli malayu. Sabab saking wědine tiba wong iku, maka těkang pati atawa rusak badane, maka wong kang ararasan iku katěmpuhan. Iku angaranana irang beya.

Lamon ana wong kang anyěkěl kawulane atawa bature ing desaning wong, maka dadi geger, kang duwe desa nuli ora suka, maka wong iku kadhěndha salěpate. Maka iku angaranana pongah beya.

Lamon ana wong manjing ing omahing wong cili atawa ing omahing ratu, botěn sukane, maka kadhěndha wong iku sewu dirham; lamon ing omahing ratu, dhěndhane satus dirham: angaranana pongah beya.

Lamon ana wong rarasan lanang kalayan wadon ing ḥale kang duwe omah ora wěruh, maka wong iku kadhěndha rong ewu dirham: angaranana angalusi beya.

Lamon ana wong tutukaran lanang kalayan wadon, maka kadhěndha rong ewu dirham: angaranana amangkur beya.

Lamon ana wong ngambil anaking wong wadon atawa denambung, těgěse dengawa wong wadon iku, maka kadhěndha limang ewu dirham, maka angaranana anglamar beya.

Lamon ana wong ngundang2 maring wong wadon ing dadalan gědhe atawa dadalan cili, maka kadhěndha sewu dirham: angaranana angacar beya.

[Article 21. Crier en brandissant un kriss]

Quelqu'un | brandit un kriss ou une arme en criant. Quelqu'un d'autre prend peur et s'enfuit. Si ce dernier, parce qu'il a peur, tombe, se blesse ou décède, celui qui crie sera tenu pour responsable. Cela s'appelle *irang beya*. 4/114

[Article 22. Reprendre un *kawula* dans un village en créant du désordre]

Si quelqu'un, pour capturer son *kawula* ou son *batur* dans un autre village, crée du désordre contre le gré du chef de ce village, il sera condamné à une amende proportionnelle à sa faute. Cela s'appelle *pongah beya*.

[Article 23. Pénétrer dans la maison d'un *wong cili* ou d'un prince]

Si quelqu'un pénètre dans la maison d'un *wong cili* ou d'un prince[61], contre le gré de ce dernier, il sera condamné à une amende de 1000 *dirham*. Si c'est la maison d'un prince, il sera condamné à une amende de 100 *dirham*[62]. Cela s'appelle *pongah beya*.

[Article 24. Se parler chez quelqu'un]

Si un homme et une femme se parlent dans une maison à l'insu de son propriétaire, ils seront condamnés à une amende de 2000 *dirham*. Cela s'appelle *angalusi beya*.

[Article 25. Querelle entre un homme et une femme]

Si un homme et une femme se querellent, ils seront condamnés à une amende de 2000 *dirham*. Cela s'appelle *amangkur beya*.

[Article 26. Enlever une jeune fille ou lui donner un baiser]

Si quelqu'un enlève une jeune fille, c'est-à-dire qu'il l'emmène, ou s'il lui donne un baiser, il sera condamné à une amende de 5000 *dirham*. Cela s'appelle *anglamar beya*.

[Article 27. Héler une femme dans la rue]

Si un homme hèle une femme dans une rue, grande ou petite, il sera condamné à une amende de 1000 *dirham*. Cela s'appelle *angacar beya*.

---

61 *Ratu* signifie « roi ». Mais, le sens ne semble pas très pertinent. Il faudrait peut-être y trouver le sens de « prince ».

62 Il est assez curieux de constater que l'amende réclamée pour s'introduire chez des princes est moins élevée que celle appliquée chez les roturiers. C'est probablement une faute à imputer au scribe.

Lamon wong rarasan ora sapa malinge, andĕlĕng bahe, maka wong iku kelangan, maka kang rarasan iku katĕmpuhan: angaranana abadham beya.

Lamon ana wong mĕmisuhi sambi lumaku ing dadalan gĕdhe, oranana kang denarah, maka wong iku kadhĕndha sewu dirham: angaranana angamu beya.

Lamon ana wong angunus kĕris atawa tombak, sarta rarasan kang ala, maka wong iku kadhĕndha patang ewu dirham: angaranana anangatang beya.

Lamon ana wong lanang marani wong wadon adus atawa ngambung, maka ora suka, kadhĕndha limang ewu dirham: angaranana sakar beya.

Lamon ana wong ngumpulakĕn wong akeh ing paseban, maka paseban iku roboh, maka ana kang mati atawa sih tatu, maka kadhĕndha rong reyal sarta katĕmpuhan: angaranana anganak beya.

Maka lamon ana wong rarasan ing ḥukum kawula ayon padha wong, burine ora tĕmĕn, iku kadhĕndha sewu dirham. Atawa rarasan kawula puniki salah, atawa rarasan kawula bĕnĕr, maka kadhĕndha tĕlung ewu dirham: angaranana mancing beya.

[Article 28. Ne pas aider une victime de vol]
Si quelqu'un n'a pas crié au voleur, mais s'est contenté de regarder, alors qu'un autre était victime d'un vol, il est tenu pour responsable. Cela s'appelle *abadham beya.*

[Article 29. Insulter dans la rue]
Si quelqu'un crie des insultes en marchant dans la grande rue sans s'adresser à quiconque en particulier, il sera condamné à une amende de 1000 *dirham.* Cela s'appelle *angamu beya.*

[Article 30. Dégainer son kriss ou sa lance et proférer des paroles insultantes]
Si quelqu'un dégaine son kriss ou sa lance et profère des paroles insultantes, il sera condamné à une amende de 4000 *dirham.* Cela s'appelle *anangatang beya.*

[Article 31. Voir une femme qui se lave ou lui donner un baiser]
Si un homme approche une femme en train de prendre son bain ou s'il lui donne un baiser contre son gré, il sera condamné à une amende de 5000 *dirham.* Cela s'appelle *sakara beya.*

[Article 32. Rassembler des personnes dans un *paseban* qui s'effondre]
Si quelqu'un rassemble plusieurs personnes dans un *paseban*[63] et que celui-ci s'effondre, et qu'il y a une victime, morte ou blessée, il sera condamné à une amende de 2 réaux et il sera tenu pour responsable. Cela s'appelle *anganak beya.*

[Article 33. Fausse affirmation sur un *kawula*]
Si quelqu'un affirme au tribunal qu'un *kawula* séduit une femme[64], alors que ce n'est pas vrai, il est condamné à une amende de 1000 *dirham.* Si ensuite il [l'accusateur] affirme [encore] que ce *kawula* avait tort, ou qu'il avait raison [?][65], il est condamné à une amende de 3000 *dirham.* Cela s'appelle *mancing beya*[66].

63 Ici il s'agit manifestement d'un pavillon de réception, érigé généralement en bambou, qui se trouve en face de la maison. *Paseban* en javanais est l'équivalent de *balai* en indonésien.

64 Le genre des personnes pour '*kawula*' et '*wong*' n'est pas indiqué dans le texte javanais.

65 Nous avons suivi au plus près le texte javanais, mais ceci rend la traduction française incompréhensible. Nous proposons donc : « Si ensuite l'accusateur affirme encore que ce *kawula* avait tort, il sera condamné à une amende de 3000 *dirham* ».

66 Comparer cet article à l'article 12 de l'*undhang-undhang* du sultan Zainul Abidin à la page 35^{v} du manuscrit.

Lamon ana wong padu wong lanang pĕrjangjiyan, sapiyan. Arĕp jangji kang bĕcik. Maka iku ing burine (......) sapa kang cadama, kadhĕndha satus dirham.

Lamon ana wong anĕmu wong, maka (......) ingkang duwe ĕwong, maka kadhĕndha wong iku: angaranana angarang beya.

5/116 Lamon ana wong nĕnĕmu barang kang dentĕmukakĕn, maka ana kang duwe anjaluk atawa anĕbusi, ora wĕruh kang nĕmu iku maka ilang, katĕmpuhan: angaranana anyĕgah beya.

Lamon ana wong kikirim ing anaq rabine atawa ing wong[67] tuwane, maka ora denwehakĕn dening kang denkirimi, iku kadhĕndha patang ewu dirham: angaranana ambalang beya.

Lamon ana wong anĕmu parahu atawa sapi atawa kĕbo atawa wĕdhus, maka dengawa ing omahe, ora weruh ing wong ngakeh, iku ḥukume katempohan: angaranana nanjang beya.

Lamon ana wong utang ngiring ingkang duwe piutang, maka wong kang angiring iku langgana ing gawe atawa langgana ananggape ngiring, maka utange dadi mutung atawa denalĕngkĕn den wong atawa mamĕjahakĕn iku katĕmpohan: angaranana ananjah beya.

67 Texte: *wonga*.

[Article 34. Renier une promesse]
Si quelqu'un se querelle avec quelqu'un d'autre au sujet d'une promesse, ils doivent être séparés. Il faut que toute promesse soit sérieuse. Si à la fin (……) celui qui ne tient pas sa promesse sera condamné à une amende de 100 *dirham.*

[Article 35. Trouver un esclave]
Si quelqu'un trouve un homme [un esclave ?], alors (……) le propriétaire de cet homme [l'esclave ?] sera condamné à une amende. Cela s'appelle *angarang beya*[68].

[Article 36. Trouver un objet qui disparaît par la suite]
Si quelqu'un a trouvé un objet par hasard, et que le propriétaire le lui réclame 5/116
ou le dédommage [pour l'objet], et qu'il ne sait pas [où est cet objet], car celui-ci a disparu, il sera tenu pour responsable. Cela s'appelle *anyegah beya.*

[Article 37. Confier un objet à quelqu'un qui ne le remet pas à son destinataire]
Si quelqu'un envoie [un cadeau] à sa femme et à ses enfants ou à ses parents, et que celui auquel il a confié [ce cadeau] ne le leur a pas remis, il sera condamné à une amende de 4000 *dirham.* Cela s'appelle *ambalang beya.*

[Article 38. Trouver un bateau ou un animal]
Si quelqu'un a trouvé un bateau, un bœuf, un buffle ou une chèvre et qu'il les ramène chez lui à l'insu de tous, il sera jugé responsable. Cela s'appelle *nanjang beya*[69].

[Article 39. Débiteur travaillant pour son créancier]
Si un débiteur se met au service de son créancier, et s'il travaille avec énergie ou comprend vite qu'il doit se mettre à son service, alors sa dette sera réglée ou le créancier lui accordera un délai. [Si le débiteur] meurt, le créancier sera tenu pour responsable[70]. Cela s'appelle *ananjah beya.*

---

68 Article très obscur. Le mauvais état du manuscrit rend difficile la compréhension exacte de l'article.

69 Cet article fait penser à l'article 16 de l'*Undang-Undang Pahang* : « *Peri pada menyatakan hukum segala orang yang mendapat perahu hanyut. Ada pun jikalau di dapannya, hendaklah dibawanya ke negeri dipersaksikannya, sementara belum bertemu dengan tuannya, dipakai. Apabila bertemu dengan tuannya, dikembalikannya* […] », Kempe & Winstedt, 1948, p. 38.

70 Le texte javanais n'est pas clair.

Lamon ana wong papajangan[71], maka wurung saking kang lanang iku, kadhĕndha sĕparo ilang duwene: angaranana ingpas beya.

Lamon ana wong rarasan sanaq[72] iki mati atawa lara atawa ilang atawa tiba ing ḥale rusak, karana kapang carika[73], maka iku kadhĕndha sarta katĕmpuhan: denarane kibar beya.

Lamon ana wong rarasan: si anu iki kang malinge duwene, si anu ing ḥale kang denarane iku oranana cihanane, lan ora kunang-kunang ing iya saking dhihin-dhihine atawa ing mĕngko, maka wong kang ngarane iku kadhĕndha satĕngahing wong mamaling karana wong iku: angaranana angĕrkarta beya.

Lamon ana wong nanagih tampa utang, oranana nyatane yen duwe utang, maka kang nanagih iku kadhĕndha saparoning utang: angaranana angrang beya.

Lamon ana wong lanang nyilih duwening wong wadon tapih atawa lakine, maka lakine ora suka, maka kadhĕndha sewu limang atus dirham: angaranana ananjah beya.

Lamon ana wong kamalingan atawa wong angrampok wong, wong iku duwe milik arĕp denaturakĕn ing gustine. Kari-kari wong kang mamaling iku papatutan. Lan kang duwe milik ora weruh ing wong gĕdhe, ḥukume kang mamaling lan kang denmalingi kadhĕndha karone satus dirham ing atasing rong sawiji: angaranana ilĕb beya.

71 *Pajang* en javanais et en malais signifie couche nuptiale, Gericke & Roorda, 1901, vol. II, p. 319 et Wilkinson, vol. II, p. 830 et 864.

72 Texte: *saanaq*.

73 *Kapang* signifie se presser, faire vite, se hâter, Poerwadarminta, 1939, p. 187, tandis que '*carika*' signifie « le reste », Pigeaud, 1989, p. 575 et Zoetmulder, 1982, vol. I, p. 309, donc ce mot signifie sans doute « l'avantage ou l'héritage ».

[Article 40. Problème d'érection lors de la nuit de noce]
Si, lors de la nuit de noce, l'homme ne peut pas consommer le mariage, il sera condamné à une amende s'élevant à la moitié de la dot. Cela s'appelle *ingpas beya.*

[Article 41. Apporter une nouvelle douloureuse pour recueillir des avantages]
Si quelqu'un dit faussement qu'un membre de sa famille est mort ou malade ou a disparu ou s'est blessé pour en tirer des avantages rapidement, il sera condamné à une amende et tenu pour responsable. Cela s'appelle *kibar beya.*

[Article 42. Accuser quelqu'un de commettre un vol]
Si quelqu'un dit que c'est untel qui a volé quelque chose et que l'accusation n'est pas prouvée, en plus s'il n'y a jamais eu [d'accusation] contre lui, ni dans le passé ni dans le présent, l'accusateur sera condamné à une amende équivalente à la moitié d'une amende pour un voleur[74]. Cela s'appelle *angarkarta beya.*

[Article 43. Recouvrer une dette auprès d'une personne qui n'est pas endettée]
Si quelqu'un demande le remboursement d'une dette, mais qu'il n'existe aucune preuve de cette dette, il sera condamné à une amende équivalente à la moitié de la dette. Cela s'appelle *angrang beya.*

[Article 44. Emprunter un vêtement appartenant à quelqu'un]
Si un homme emprunte une étoffe appartenant à une femme ou à son époux contre le gré de ce dernier, il sera condamné à une amende de 1500 *dirham.* Cela s'appelle *ananjah beya.*

[Article 45. La victime d'un vol/cambriolage n'en informe pas son maître]
Si quelqu'un est victime d'un vol ou d'un cambriolage, il doit en informer son maître. Si le voleur est découvert, sans que le propriétaire n'ait averti son maître, le voleur et la victime du vol seront tous deux condamnés à une amende de 100 *dirham* chacun. Cela s'appelle *ileb beya.*

---

74 '*Karana wong iku*' renvoie au '*wong kang ngarane iku*'. Donc, le plaignant est condamné pour fausse accusation. Mais, on n'a pas répété cette phrase à la fin de l'article, parce que c'est redondant.

Lamon ana wong angalih umah atawa desa, maka wong kang ngalih iku nĕgor tĕtanduraning wong, iku kadhĕndha sewu dirham denarane: ngamuk kapunggung beya.

Lamon ana wong duwene kakayon atawa alas atawa kali, maka ora suba[75] maring kang parĕk umahe iku, kadhĕndha duwene, arane: anyĕrang beya.

Lamon ana wong rarasan iku kali atawa kayon[76] atawa bhuh, barang rupane (......) wong akeh, maka lamon ora suba, kudu ngambil, kadhĕndha satus dirham denarane: ambang beya.

(......) wong atuku, barang kang dentuku maka payu, padha sukane. Kari-kari cidra kang atuku, iku kadhĕndha saparo, pitung kang dentuku.

6/118 Lamon ana wong tatakon dadalan, maka sawiji wong nodong'akĕn[77] ing ḥale dudu kang bĕnĕr, maka wong iku kasasar sarta maḍarat ingkang lumaku iku, iya iku kadhĕndha rong ewu dirham denarane: anyomanging beya.

Bab muškilah ḥukum agama kalawan dirgama[78]

Singsapa atĕtĕmu kulit wong wadon kang wawaneh, ora kalawan waṭi, panggawene: panggadup lan pangambung lan sapapadhane, lan sakehe ĕnggoning

75 Le mot javanais « *suba* » veut dire littéralement : *asri, bĕcik, prayoga, sorot, bungah*, Gericke & Roorda, 1901, vol. I, p. 883, en français « plaire ».

76 Texte : *kayo*.

77 Texte : *nodo'a'akĕn* est écrit avec des lettres *nūn-wāw-dāl- wāw-'ayn* (sans trois points en dessous pour la lettre 'ng')-*'ayn-alif-kāf* et *nūn*.

78 Texte : *darigama*.

[Article 46. Endommager les plantations de quelqu'un lors d'un déménagement]
Si quelqu'un s'installe dans une maison ou un village et endommage les cultures des autres, il sera condamné à une amende de 200 *dirham*. Cela s'appelle *ngamuk kapunggung beya*.

[Article 47. Arbre, plante ou ruisseau qui ne plaisent pas à des voisins]
Si quelqu'un possède des arbres, des plantes ou un ruisseau et que ceci mécontente les voisins [pour une raison quelconque], il sera condamné à une amende équivalente à ses possessions. Cela s'appelle *anyerang beya*.

[Article 48. Prendre des arbres ou des terres ?]
Si quelqu'un dit qu'un ruisseau, des arbres, ou une terre ou quelque chose de similaire (......) beaucoup de gens, parce qu'ils ne sont pas satisfaits, il [le propriétaire] doit les enlever[79], et il sera condamné à une amende de 100 *dirham*. Cela s'appelle *ambang beya*.

[Article 49. Vendeur malhonnête]
(......) l'acheteur, la marchandise achetée est vendue à la satisfaction des deux parties. Par contre, si plus tard [on découvre que] l'acheteur a été trompé, il [le vendeur] sera condamné à verser la moitié du prix de ce qui a été acheté.

[Article 50. Indiquer une mauvaise direction]
Si quelqu'un demande sa route et qu'on lui indique une mauvaise direction, et 6/118
qu'il se perd ou rencontre un danger, alors celui [qui lui a indiqué un mauvais chemin] sera condamné à une amende de 2000 *dirham*. Cela s'appelle *anyomanging beya*.

Le conflit entre le droit *agama* et le droit *dirgama*

[Article 51. Commettre les actes sexuels]
Si quelqu'un caresse la peau d'une femme, sans avoir de relation sexuelle avec elle, la prend dans ses bras, lui donne un baiser ou fait des actes de ce genre, et

79 *Ngambil* en javanais signifie « prendre », mais on le traduit dans ce contexte par « enlever » parce que dans le mot javanais il y a une nuance qui dit : prendre 'ses racines', soit les arracher. Cet article est difficilement compréhensible en raison d'une défectuosité dans le manuscrit.

waṭi ing dalĕm pakarangan ing wĕngi, maka kadhĕndha sapuluh reyal. Lan lamon sajabaning pakarangan atawa manjing wong iku agawe ala ing pakarangan : turu bĕngi, maka kadhĕndha limang reyal. Lamon ing rahina, kadhĕndha rong reyal.

Lamon amimisuh ing wong wadon atawa kasĕrĕngan, maka dhinĕndha rong reyal. Lan kaya mĕngkono maning wong wadon amimisuhi maring wong lanang atawa anangtange[80] maring wong lanang, maka dhinĕndha rong reyal.

Lamon wong lanang manjing ing pakaranganing wong ora kalawan idine atawa anĕrus ing pakaranganing wong, maka dhinĕndha rong reyal. Lamon si ing bĕngi, dhinĕndha patang reyal.

Lamon manjing ing pakaranganing wong sarta kasĕrĕngan sarta rarasan kang ala atawa angunus pĕdhang, maka dhĕndhane patut kalayan milike kang duwe pakarangan. Lamon kasĕrĕngan ing liyane saking kang duwe omah ing rahina, maka dhĕndhane pitung reyal. Lamon ing wĕngi, dhinĕndha wolung reyal.

Lamon anggitik wong lanang ing wong wadon, gitik-ginitik, kang dhihin[81] dhinĕndha sapuluh reyal. Lamon anatoni, iya iku kalawan ijtihāding ḥakim atas sakira-kirane dhĕndhane.

---

80 Texte : *anangtane.*

81 Texte : *dhinghin.*

que tous ces préliminaires de l'acte sexuel ont lieu dans l'enclos d'une maison[82], pendant la nuit, il sera condamné à une amende de 10 réaux. Si ceci se passe à l'extérieur de l'enclos ou s'il pénètre dans l'enclos pour y faire des choses déplacées, comme par exemple, y passer la nuit, il sera condamné à une amende de 5 réaux. Si ceci a lieu pendant la journée, il sera condamné à une amende de 2 réaux.

[Article 52. Insulter une femme ou un homme]
Si quelqu'un insulte une femme ou s'en prend à elle, il sera condamné à une amende de 2 réaux. De même, si une femme insulte un homme ou le provoque, elle sera condamnée à une amende de 2 réaux[83].

[Article 53. Pénétrer sans autorisation ou se glisser dans la propriété d'autrui]
Si un homme pénètre dans l'enclos d'une maison sans autorisation ou s'y glisse à la dérobée, il sera condamné à une amende de 2 réaux. Si c'est pendant la nuit, l'amende sera de 4 réaux.

[Article 54. Pénétrer dans la propriété de quelqu'un et s'en prendre à lui ou dégainer son épée]
Si quelqu'un pénètre dans l'enclos d'une maison et s'en prend au propriétaire, l'insulte ou tire son épée, il sera condamné à une amende proportionnelle à la richesse du propriétaire. S'il s'en prend à quelqu'un d'autre que le propriétaire de la maison, pendant la journée, l'amende sera de 7 réaux. Si c'est pendant la nuit, l'amende sera de 8 réaux.

[Article 55. Un homme frappe une femme]
Si un homme frappe une femme avec un objet, et qu'ils échangent des coups, celui qui donne le premier coup sera condamné à une amende de 10 réaux. S'il y a blessure, l'amende sera laissée à l'appréciation du juge.

---

82 Le texte javanais ne précise pas le propriétaire de l'enclos (qui ?). Cela pourrait se passer dans l'enclos d'une femme ou d'un homme.

83 Cet article fait penser à l'article 8.3 de l'*Undang-Undang Melaka* : « *Adapun hukum orang memaki orang : jikalau 'abdi memaki merdehika, digocoh hukumnya atau ditanggalkan giginya, itulah hukumnya. Adapun jikalau merdehika memaki isteri abdi tiadalah lagi salahnya pada adatnya* [...] », Fang, 1976, p. 76, également à l'article 6 de l'*Undang-Undang Pahang* : « *Peri pada menyatakan hukum resam segala orang yang menampar orang dan memaki isteri orang pada yang bukan patut tempat ka-atasnya, jika tertikam, mati sahaja-lah* [...] », Kempe & Winstedt, 1948, p. 32.

Lamon anggitik lanang padha lanang, maka dhĕndhane sapuluh reyal, lamon kalawan cĕmĕthi. Atawa sakira-kira ora kongsi natoni iku kalawan ijtihading ḥakim.

Lamon anggitik wong wadon, ora tatu lan dudu lan[84] gĕgitik, iku kalayan dentafakuri[85]. Lamon gitik-ginitik, padha dhewek, iku ora sawiji-wiji. Lan lamon ana rewange wong sawiji atawa akeh wong wadon kang liyan2, maka kadhĕndha salah sawiji wong roro atawa akeh, maka dhinĕndha rong reyal.

Bab mas'alah wong alaki rabi

Lamon rabine mancidrayi maring wong lanang, lamon wong wadon iku dentuku ing masane, wong wadon iku paragĕt duḫul, lamon dentuku, sakira2 iku kinon ngolihaken saparo lan nyukakĕn mas kawine. (......) dentuku bĕcik, kinon mule ṭalāq sarĕganing ṭalāq : sĕpasthi maja atama. Tĕgĕse, (......) parayayi, wong
7/120 bĕcik-bĕcik, wong sugih-sugih, lan wong miskin, | lan wong 'abdi, lan wong mardika.

84 Il y a '*lan*' entre *dudu* et *gĕgitik*, ce qui est difficilement explicable.

85 *Dentafakuri* signifie « on doit réfléchir ». Ici il faut lui donner le sens suivant : la peine sera laissée à l'appréciation d'un juge.

[Article 56. Un homme frappe un autre avec un fouet]
Si un homme frappe un autre avec un fouet, il sera condamné à une amende de 10 réaux. S'il ne le blesse pas, l'amende sera laissée à l'appréciation du juge.

[Article 57. Une femme frappe une autre femme]
Si [une femme] frappe une autre femme avec des objets sans la blesser et qu'il n'y a pas d'échange de coups, [la peine] sera laissée à l'appréciation [du juge]. Si elles échangent des coups avec des objets, seulement entre elles, l'affaire sera sans suite. Si une ou plusieurs autres femmes prennent part à la querelle, l'une des deux femmes ou d'autres seront condamnées à une amende de 2 réaux.

Chapitre concernant les relations entre mari et femme

[Article 58. Divorce]
Si une femme demande le divorce à son époux, alors qu'elle a déjà reçu la dot[86] et que le mariage a déjà été consommé, elle doit alors rendre la moitié de sa dot[87] (......) Si la dot est importante, il faut payer le divorce selon son prix : *sĕpasthi maja atama*[88]. Cela signifie (......[89]) les *pĕryayi*, les hommes respectables, les riches, les pauvres, | les esclaves et les hommes libres. 7/120

86 La dot ou le *mahr* en arabe désigne en droit islamique le cadeau que le fiancé doit faire à la fiancée lors du contrat de mariage et qui devient la propriété de la femme. La dot est stipulée dans le Coran, par exemple dans la sourate al-Nisāʾ/4:3, 28-29 et 38. Les juristes musulmans, dans les ouvrages de *fiqh*, sont d'accord sur le fait que la dot que le fiancé s'engage à verser à sa fiancée est un point important dans le contrat de mariage. Sans *mahr*, le mariage est nul et non avenu (d'après une parole du prophète rapportée par al-Buḫārī et Ibn Mājah), *EI*, 1991, vol. VI, p. 76-78.

87 Il s'agit du *ḫulʿ* dans le droit musulman. Le *ḫulʿ* est « une libération » de la femme contre une somme d'argent qu'elle verse. L'épouse est effectivement obligée de payer une contrepartie – généralement sa dot ou une partie de sa dot – pour recouvrer sa liberté. Le divorce de *ḫulʿ* ne peut jamais être imposé unilatéralement par l'épouse. C'est une procédure normale pour laquelle le libre assentiment du mari est indispensable, Coulson, 1995, p. 133 et 179. Il convient de noter ici que cet article ne mentionne pas l'assentiment du mari.

88 On ne connaît pas le sens exact de cette maxime.

89 On peut supposer qu'il faut lire dans cette phrase : « que la règle est valable pour tous ».

Lamon dipati patukoning ṭalāq sakĕthi limang laksa picis. Lamon parayayi patukoning ṭalāq wolung laksa dirham. Lamon wong madya patukoning ṭalāq limang laksa dirham. Lamon wong mardika patukoning ṭalāq limang laksa uga. Lamon wong 'abdi patukoning ṭalāq tĕlung laksa dirham. Lamon wong mardika miskin : tĕlung laksa maning, satĕngah wong 'abdi. Lamon wong iku warga[90] patukoning ṭalāq rong laksa dirham, atawa telung laksa, atawa pitung laksa.

Lamon wong wadon iku ora karĕp ing lakine sadurung duẖul, maka mulih patukone sakabeh. Lamon wong wadon iku mati sadurunging duẖul, maka mulih patukone saparo. Lamon si wong lanang mati sadurunging duẖul iku, tĕtĕp mas kawine lan sakehe tukone[91].

90 *Warga*, signifiant « membre », il pourrait s'agir ici d'un membre de « la société bantenoise ».

91 Le mot « *tukon* » vient de « *tuku* », c'est-à-dire « acheter » et signifie donc « achat ». On trouve souvent ce mot dans les articles 167-175 de l'*Agama*, le code de Majapahit, employé pour les affaires de mariage. Selon Slametmulyana, ce mot a un sens bien précis : il s'agit de la somme d'argent accordée par les parents du futur mari aux parents de la future mariée avant le mariage, c'est comme si on « achetait » la future mariée. Le mot « *tukon* » employé dans la société à l'époque de Majapahit a le même sens que la dot dans le droit musulman, Slametmuljana, 1967, p. 41-42, articles p. 142-144. Au vu de ces informations, nous traduisons le mot « *tukon* » ici par « dot », alors que pour l'article 59 nous traduisons par « indemnité de divorce ». En effet, le mari doit « dédommager » son épouse par une somme d'argent.

[Article 59. Indemnité de divorce]

Pour les *dipati*, l'indemnité du divorce sera de 150 000 [*dirham*] et *picis*[92]. Pour les *pĕryayi*, elle sera de 80 000 *dirham*[93]. Pour les *madya* [classes moyennes], elle sera de 50 000 *dirham*. Pour des hommes libres [riches], elle sera de 50 000 [*dirham*]. Pour leurs esclaves, elle sera de 30 000 *dirham*. Pour des hommes libres et pauvres, elle sera de 30 000 *dirham* et de la moitié pour leurs esclaves. Pour ceux qui sont membres de la société [bantenoise], l'indemnité du divorce sera de 20 000, 30 000 ou 70 000 *dirham*[94].

[Article 60. Le divorce avant d'avoir eu des relations sexuelles]

Si une épouse ne veut pas de son mari avant la consommation du mariage, la dot est rendue en totalité[95]. Si l'épouse meurt avant la consommation du mariage, la moitié de la dot sera rendue[96]. Si le mari meurt avant la consommation du mariage, la dot et les cadeaux de mariage restent la propriété [de la femme][97].

---

92 Nous rappelons que le *picis* était une monnaie d'origine chinoise avec une valeur très faible utilisée à Java comme unité monétaire depuis l'époque de Majapahit au XIVe siècle, Van Aelst, 1995, p. 367. Le *picis* était encore utilisé au XIXe siècle dans le monde insulindien, *EvNI*, 1918, vol. II, p. 807.

93 Cet article est consacré à l'indemnité du divorce. Il s'agit du *mut'a* dans le droit musulman. Le *mut'a* désigne l'indemnité payable à une épouse répudiée quand aucune compensation, prévue par le Coran, sourate al-Baqara/2:236, n'a été stipulée, Schacht, 1982, p. 167, Dans le développement du droit musulman, le *mut'a* représente l'indemnité obligatoire que l'agent fiscal déduit du salaire du mari. Selon un autre avis, le *mut'a* relève de la conscience du mari. De toute manière, il est devenu ensuite une stricte nécessité légale, Coulson, 1978, p. 31-32.

94 Cet article donne une idée de la société de l'époque : (1) les *pĕryayi* ou les nobles, (2) les *madya* ou les classes moyennes et (3) les *wong cili* ou les gens ordinaires comprenant les *mardika* (hommes libres) et les *abdi* (esclaves).

95 Dans le droit musulman, la femme n'a pas droit à la dot si elle ne veut plus de son mari. La dot revient donc au mari qui n'a pas encore consommé le mariage, Nasir, 2002, p. 93.

96 Dans le droit musulman, la moitié de la dot revient au mari lors du décès de la femme, car il n'a pas encore consommé le mariage. Il en va de même dans le cas d'une femme répudiée avant la consommation du mariage. Ceci est prévu dans le Coran, sourate al-Baqara/2:237, Milliot & Blanc, 2001, p. 295.

97 La femme a le droit à la totalité de la dot lors du décès de son mari, Milliot & Blanc, 2001, p. 295 et Schacht, 1983, p. 141.

Tĕgĕse : rabi ing biyange ing anake iku kĕna asilih sadurunging duẖul. Lan rabining anaq kongang bapa ngambil, nanging sadurunging duẖul. Ana dening rabining bapa ora kongang sanajan qabla duẖul ora wĕnang. Lan ora wĕnang rabi ing padha-padha nusu bocah kang denapiki akawin sajara jati kang angapiki. Tĕgĕse, kang anusu iku wĕnang.

Lan lamon wong lanang amateni wong wadon, iku dhĕndhaṇe nĕm ewu. Lan lamon wong wadon mateni wong lanang, iku dhĕndhane rolas ewu dirham.

[Article 61. Femmes que l'on peut épouser et femmes que l'on ne peut pas épouser]
Un homme peut épouser la mère ou la fille à condition de ne pas avoir eu des rapports sexuels avec [l'une d'entre elles]. Le père peut épouser l'ex-femme de son fils si ce dernier n'avait pas consommé le mariage. En revanche, une femme du père ne peut pas être épousée[98], même si le mariage n'a pas encore été consommé[99]. Un homme ne peut épouser sa sœur de lait, ni une fille de sa nourrice[100]. C'est-à-dire que celle qui allaite a le droit de [s'opposer à ce mariage].

[Article 62. Meurtre]
Si un homme assassine une femme, l'amende sera de 6 000 [*dirham*]. Si une femme assassine un homme, l'amende sera de 12 000 *dirham*.

98 Ici, il est très certainement question de la nouvelle épouse du père.

99 Ces interdictions matrimoniales dérivent du droit musulman. L'alliance est le lien qui unit l'un des époux aux parents de l'autre époux. Le mariage est interdit entre le mari et la mère ou la fille de la femme avec qui le mariage a été régulièrement contracté ; cette interdiction survit même à la dissolution du mariage par le décès ou la répudiation de la femme. Le musulman marié ne peut pas épouser la mère de sa femme, même après avoir répudié son épouse et même si le mariage avec cette dernière n'a pas été consommé. L'interdiction survit ici, à la dissolution du mariage qui avait créé l'alliance. Par ailleurs, si un musulman a conclu le mariage avec une femme qui a une fille, il lui est interdit d'épouser cette fille, même si sa mère a été répudiée ou est divorcée. Par contre, cette interdiction ne subsistera plus si le mariage avec cette femme n'a pas été consommé (le Coran Sourate al-Nisā'/4:23). Quant à la femme, il lui est interdit d'épouser le père ou le fils de son mari après la dissolution du mariage et même si son mariage n'avait pas été consommé. Pour conclure, il faut retenir que la simple relation sexuelle crée une situation analogue à la parenté. La semence humaine joue le même rôle que le sang, Milliot & Blanc, 2001, p. 276-277.

100 On retrouve cette interdiction du mariage à cause du lien parental créé par le lait dans le droit musulman. L'allaitement fait naître entre le nourrisson et la nourrice une véritable parenté. Légalement, le nourrisson est considéré comme l'enfant de la nourrice et le mari de la nourrice comme le père du nourrisson. Cette parenté engendre des interdictions matrimoniales. L'enfant allaité ne pourra épouser ni sa nourrice, ni la mère, ni la sœur, ni la nièce, ni la tante de sa nourrice, ni le père, ni les descendants de celui-ci (le Coran sourate al-Nisā'/4:23), Milliot & Blanc, 2001, p. 274-275.

Tĕgĕse : panungkul wong kang luput pandalihe ping wolung puluh, lan panungkul wong kadalih zinah iku ping satus gĕtikan.

Lamon andalih zinah ing rabi, maka supata kang lanang atawa wong wadon iku miwa ala. Alaki rabine ora kĕna balaka, maning iku ḥarām.

Lamon ana wong lanang iku ngucap ing rabine *dammara Allāhu*, "Isun ora arep wati ing sira"[101], maka durung lunga si wadon oleh wulan, maka si wadon

101 Le texte original est « *isun arep mati ing sira* [je veux que tu meures] ». Celui-ci est sans aucun doute dû à une faute du copiste. Il aurait dû écrire : "*Isun ora arep wati ing sira*". Il manque le mot '*ora*' et on trouve la lettre « *wāw* » au lieu de la lettre « *mīm* ». Il signifie donc : « *Je ne veux pas avoir des rapports sexuels avec toi* ».

[Article 63. Fausse accusation de relation sexuelle illicite]
La peine sanctionnant la fausse accusation de la relation sexuelle illicite est de quatre-vingt coups de fouet[102], alors que celle sanctionnant la relation sexuelle illicite est de cent coups de fouet[103].

[Article 64. Serment d'anathème (*li'ān*)]
Si [un mari] accuse sa femme de l'avoir trompé, le mari ou la femme doivent prêter serment en demandant que la malédiction retombe [sur celui qui ment]. En conséquence, le mari et la femme ne peuvent plus [avoir de rapports]. C'est même *ḥarām* [illégal dans le Coran][104].

[Article 65. Serment de continence (*'īlā*)]
Un mari dit à sa femme : « "*Dammara Allāhu*" [qu'Allah (t') anéantisse] je ne veux pas avoir de rapports avec toi », mais si sa femme ne part pas et qu'il a des

102 Cette peine nous rappelle la peine de *qaḏf* dans le droit musulman. Le *qaḏf* est une accusation calomnieuse de la relation sexuelle illicite (*zinā*). Le coupable est puni d'une peine fixe (*ḥadd*) de 80 coups de fouet, prévue par le Coran al-Nūr/24:4 « Ceux qui visent les *muḥṣana* (dans leur honneur) sans ensuite produire quatre témoins, flagellez-les de quatre-vingts coups de fouet et n'acceptez plus jamais leur témoignage ! Ceux-là sont les Pervers », Blachère, 1999, p. 376. Par ailleurs, cet article fait penser à l'article 12.3 de l'*Undang-Undang Melaka* : « *Adapun akan hukum orang yang menuduh orang yang zinah itu, pada hukum Allah didera delapan puluh kali deranya. Jikalau pada hukum kanun didenda sepuluh tahil* [...] », Fang, 1976, p. 84.

103 Ici nous trouvons également la peine sanctionnant l'acte de « *zinā* » (de la relation sexuelle illicite) pour les célibataires (« *gayru muḥṣan* ») dans le droit musulman. La peine du coupable s'élève, si le partenaire est une personne libre, à 100 coups de fouet, tandis que pour un esclave, cette peine n'est que de 50 coups de fouet, al-Šāfiʿi, *al-Umm*, s.a., vol. VI, p. 133 et 154-155. Cette peine, pour les célibataires (*gayru muḥṣan*), est basée sur le Coran « *la fornicatrice et le fornicateur, flagellez chacun d'eux de cent coups de fouet* [...] », Blachère, 1999, p. 375.

104 Ceci nous fait penser au *li'ān* dans le droit musulman. Le *li'ān* est un serment d'anathème qui donne à l'époux la possibilité de porter contre l'épouse, sans preuve juridique, une accusation d'adultère sans s'exposer à la pénalité fixée pour une telle accusation. Il s'agit d'affirmations des époux renforcées par des serments, l'époux appelant sur lui la malédiction (*la'na* : qui a donné son nom à tout le concept) et l'épouse appelant sur elle la colère d'Allah, s'ils mentent. Ce serment libère l'époux de la peine de la fausse accusation d'adultère et l'épouse de la peine d'adultère. La prescription du *li'ān* se base sur le Coran, sourate al-Nūr/24:6-10. Par conséquent, le *li'ān* ne permet pas la continuation du mariage, *EI*, *Li'ān*, 1986, vol. V, p. 735-737. Le *li'ān* entraîne une interdiction permanente : les époux ne peuvent pas se remarier selon les trois écoles juridiques (malékite, chafiite et hanbalite). Dans le rite hanéfite, en revanche, l'empêchement est temporaire, Milliot & Blanc, 2001, p. 277.

malaku denwaṭi, lan lamon denwaṭi dening lanange, oleh kifarat. Lan lamon ora waṭi[105], aweh ṭalāq. Lamon ora gĕlĕm analaq, ḥakim kang analaq.

Lamon angucap wong lanang iku ing rabine: "Gĕgĕr[106] tĕkanira kaya gĕgĕr si ĕmbok," lamon nyata angucap mĕngkono iku, pĕgat. Kalayan ora denṭalaq maning yen dadi rabine, maning ḥukum oleh kifarat: iku aweh mangan ing wong miskin-miskin. Lan tĕtĕp sakehe mas kawine, sabab mati (……)

Tamāt al-kalām bi al-ḫayr wa al-ʿāfiya. Ing dinten ḫamis (……) sasi Jumādī al-Ṯānī 1235 sanat ze kalaning sanah nyĕrat[107] kitāb[108].

105 Texte : *mathi.*

106 Texte : *geger.*

107 Texte : *ngĕrat.*

108 Au-dessous de cette phrase, se trouvent des écritures « *94/93 sing*[*?*] *Hijrah 1269* » au crayon noir.

rapports avec elle après ses règles. Dans ce cas[109], il sera condamné à la *kaffāra*[110]. [En revanche], s'il n'a pas eu de rapports, il devra divorcer. S'il ne le veut pas, le juge prononcera le divorce[111].

[Article 66. Serment du dos (*ẓihār*)]

Quand un mari dit à sa femme [la formule] : « Ton dos est comme le dos de ma mère[112] », et que cela est prouvé, ils devront divorcer. Si la femme n'a pas été répudiée, le mari subira la peine de *kaffāra*, à savoir donner à manger aux pauvres. La dot reste en totalité en cas de décès (……)[113].

[Colophon]

Ce texte a été bien et parfaitement achevé le jeudi (……) du mois Jumādī al-Ṯānī 1235 [de l'hégire] [entre le 16 mars et le 14 avril 1820], l'année Ze, l'année de la composition du texte.

---

109 Le texte javanais mentionne deux fois la même phrase.

110 Cf. *kifarat* (*kaffāra* en arabe) est un acte expiatoire par lequel des fautes d'une certaine gravité sont remises.

111 Cela fait penser à l'*īlā* dans le droit musulman. L'*īlā*, une autre variante de la répudiation, est une dissolution de la communauté conjugale résultant de l'engagement sous serment du mari de s'abstenir de rapports sexuels conjugaux pendant quatre mois. Si le mari observe son serment, l'effet est le même qu'une répudiation définitive. Mais, il est possible, comme pour tous les autres serments, de se rétracter moyennant l'accomplissement d'une *kaffāra* ou d'une pénitence qu'on s'impose à soi-même. L'*īlā* est prévu par le Coran dans la sourate al-Baqara/2:226, Schacht, 1983, p. 139 ; Milliot & Blanc, 2001, p. 375.

112 C'est une expression archaïque du monde arabe utilisée dans le droit musulman comme formule de répudiation. Il s'agit du *ẓihār*. Le mari établit par serment une comparaison entre sa femme ou une partie du corps de sa femme, généralement le dos (*ẓahr* d'où le mot *ẓihār* qui en dérive) avec une personne ou une partie du corps d'une personne avec laquelle le mariage lui est interdit, en général sa mère. Le serment consiste en l'emploi de la formule : « Tu es pour moi – intouchable – comme le dos de ma mère » (en arabe : *ẓahruki, kaẓahri ummī*). À compter du moment où cette phrase a été prononcée, la femme doit se séparer de son époux et se refuser à lui. Mais le mariage subsiste pour une durée de quatre mois pendant laquelle le mari pourra reprendre la vie commune à la condition d'avoir préalablement accepté une expiation (*kaffāra*). Celle-ci est prévue par le Coran dans la sourate al-Mujādila/58:3-4 qui donne trois choix : affranchir un esclave, faire le jeûne pendant deux mois consécutifs ou donner à manger à soixante pauvres, Milliot & Blanc, 2001, p. 378-379 ; Schacht, 1983, p. 139.

113 On peut supposer que la femme garde la dot en totalité en cas de décès du mari.

CHAPITRE 14

Lois de la succession d'après le droit musulman

8/122 **Bāb al-Farā'iḍ**[1]
Muwāfaqat
Kaya ṯumun lan sudus.

Mayit atinggal rabi, farḍune ṯumun, lan babu farḍune sudus, lan anak lanang siji. Maḫrajing[2] ṯumun: wo2lu. Maḫrajing sudus: nĕnĕm[3]. Maka saparoning nĕnĕm papukulakĕn maring wowolu dadi padlikur: maring rabi ṯumun bab akehe tĕtĕlu, maring babu sudus akehe papat, kari pitulas, iya iku maring 'aṣabah.

Mayit atinggal rabi, farḍune rubu', lan nini farḍune sudus, lan sanaq lanang siji: 'aṣabah. Maḫrajing rubu': papat. Maḫrajing sudus: nĕnĕm. Atawa saparoning papukulakĕn maring papat dadi rolas: maring rabi rubu' akehe tĕtĕlu, maring nini sudus akehe roro, kari pipitu, iya iku maring 'aṣabah.

Mayit atinggal laki, rubu', lan babu sudus, lan anaq lanang siji. Maḫrajing rubu': papat. Maḫrajing sudus: nĕnĕm. Maka saparoning papat papukulakĕn maring nĕnĕm, atawa saparoning nĕnĕm papukulakĕn maring papat dadi rolas: maring laki rubu' tĕtĕlu, maring babu sudus ro2, kari pepitu 'aṣabah maring anaq lanang.

1 Ce chapitre rappelle les articles 215-219 de l'*Agama*, sous la partie *Drewe Kaliliran*. Celui-ci traite du droit de succession (Slametmuljana, 1967, p. 153-154), mais l'*Agama* et l'*UUB* diffèrent dans leur source et leur contenu. Dans l'*Agama*, le droit de succession a pour source l'hindouisme, alors que dans l'*UUB* c'est le droit musulman. Dans l'*Agama*, le contenu est très simple, tandis que dans l'*UUB* il est très détaillé. On a l'impression que les autorités bantenoises de l'époque (ou tout simplement l'auteur du manuscrit ?) ont légiféré à partir de textes législatifs javanais antérieurs en islamisant leur contenu, et plus particulièrement pour tout ce qui est lié au statut personnel.

2 Texte : *maḥrajing*.

3 D'abord le copiste avait écrit '*wo2lu*', puis il a rayé et remplacé par '*nĕnĕm*'.

© 2026 KONINKLIJKE BRILL BV, LEIDEN | HTTPS://DOI.ORG/10.1163/9789004766587-015

Chapitre des Successions (*al-Farāʾiḍ*)[4] 8/122
***Muwāfaqat* [multiplication]**
Le cas de la division en 1/8 et en 1/6

[Article 1]
Si un homme en mourant laisse une épouse, une mère et un fils, l'épouse recevra ⅛ de l'héritage, la mère 1/6 et le fils tout le reste. Le dénominateur de la fraction ⅛ est de 8 et 1/6 est de 6. Ensuite, la moitié de 6 doit être multipliée par 8 soit 24. Par conséquent, la part de l'épouse est de 3, la part de la mère de 4 et la part du fils de 17, c'est-à-dire tout le reste[5].

[Article 2]
Si un homme en mourant laisse une épouse, une grand-mère et un frère [germain[6]], l'épouse recevra ¼ de l'héritage, la grand-mère 1/6 et le frère tout le reste. Le dénominateur de la fraction ¼ est de 4 et 1/6 est de 6. La moitié de 6 doit être multipliée par 4, soit 12. Donc, la part de l'épouse est de 3, celle de la grand-mère de 2 et celle du frère de 7, c'est-à-dire tout le reste.

[Article 3]
Si une femme en mourant laisse un époux, une mère et un fils, l'époux recevra ¼ de l'héritage, la mère 1/6 et le fils tout le reste. Le dénominateur de la fraction ¼ est de 4 et 1/6 est de 6. Ainsi, la moitié de 4 doit être multipliée par 6, ou la moitié de 6 par 4, soit 12. Par conséquent, la part de l'époux est de 3, la part de la mère de 2 et la part du fils de 7, c'est-à-dire tout le reste.

---

4 *al-Farāʾiḍ*, le pluriel de *farīḍa*, littéralement « parts fixées ou obligatoires », est le terme technique désignant les parts fixes d'une succession qui sont dévolues à certains héritiers appelés *aṣḥāb al-farāʾiḍ*, d'après le Coran sourate al-Nisāʾ/4:11-12 et 176. Les règles concernant les *farāʾiḍ* sont le trait le plus typique du droit successoral islamique et présentent dans le détail de nombreuses complications ; du fait de leur importance, l'ensemble du droit successoral est appelé *ʿilm al-farāʾiḍ* et a souvent fait l'objet de traités spéciaux, *EI*, *Farāʾiḍ*, 1977, vol. II, p. 802.

5 Pour le calcul des parts dans cet article, et dans les suivants, quand les parts attribuées aux héritiers sont différentes, on applique la règle du dénominateur commun. Ici, il s'agit d'une part d'1/6 et d'1/8. Le dénominateur commun est 24, donc la totalité de l'héritage représente 24/24. L'épouse recevra donc 3/24 et la mère 4/24.

6 Germain ou germaine : personne ayant le même père et la même mère.

Bab mubāyanah.

Mayit atinggal rabi, farḍune ʻaṣabah.

Bab mumāṯalah.

Alaki niṣfu lan sanaq wadon siji sabapa niṣfu. Maẖrajing niṣfu: ro2, dadi papat. Maka mas'alah siji saking ro2 iku ora anggo. Maka rong wiji ikulah kang dadi mas'alah: maring laki siji, maring sanaq wadon siji oleh sawiji.

Mayit atinggal sanaq wadon ro2 sabapa sababu farḍune ṯuluṯāni, tĕtĕlu, lan sanaq lanang sababu iku ṯuluṯ. Maẖrajing ṯuluṯ: tĕtĕlu. Antaraning tĕtĕlu lan tĕtĕlu iku mumāṯalah arane. Maka binuwang salah sawiji saking ping kalih. Iya iku kari iku ginawe aṣal mas'alah: maring sanaq wadon ro2 sabapa sababu iku oleh rong wiji, maring sanaq tunggal babu iku oleh ṯuluṯ[7].

Bab anyatakakĕn ingkang oleh wariṯ saking lanang iku sapuluh: siji anaq lanang, lan putu lanang saking anaq lanang iku, sangang duhure, lan dulur lanang, lan kaponakan lanang saking dulur lanang lan saturune, lan paman saking lanang lan nadyan adoha, tĕgĕse misan lanang pun, lan laki, lan gustine kang maradika.

Utawi wong wadon kang oleh wariṯ iku pĕpitu: sawiji anaq wadon lan putu[8] wadon saking anaq lanang lan sangangsuri, lan nini, lan ĕmbok, lan nini, lan dulur wadon (……) lan rabi, lan gustine kang mardikakakĕn.

7 Texte: *ṯuluṯāni.*

8 La feuille sur laquelle se trouve ce passage est déchirée en un endroit, mais on peut établir le texte grâce à deux lettres encore existantes *tā'* et *wāw*.

Chapitre de la *Mubāyanah* [diminution]

[Article 4]

Si un homme, en mourant, laisse [uniquement] une épouse, cette dernière recevra [la totalité] de ce qui reste [des biens du défunt].

Chapitre de la *mumāṯalah* [similaire]

[Article 5]

[Si une femme en mourant laisse] un époux et une seule sœur de son père [tante], l'époux recevra ½ de l'héritage et de même pour la sœur [du père]. Le dénominateur de la fraction ½ est de 2. L'une des deux bases numériques du partage n'est pas utilisée. Ainsi, la base numérique du partage est de 2. En conséquence, la part de l'époux est de 1 ainsi que celle de la sœur du père.

[Article 6]

Si quelqu'un en mourant laisse deux sœurs germaines et un frère utérin[9], les deux sœurs germaines recevront 2/3 de l'héritage et le frère utérin 1/3. Le dénominateur de la fraction 1/3 est de 3. On considère la *mumāṯalah* [similaire] quand il s'agit de [la base numérique du partage] similaire, soit 3 [du 2/3] et 3 [du 1/3]. Ainsi, l'une [des deux bases numériques du partage] n'est pas utilisée. C'est donc 3 la base numérique du partage. Par conséquent, la part de deux sœurs germaines est de 2 et celle du frère utérin de 1.

[Article 7. Les héritiers hommes]

Il existe dix sortes d'héritiers : le fils, ses descendants agnats et ses ascendants agnats, le frère, le neveu et ses descendants agnats, l'oncle paternel et ses fils, l'époux et le maître de ceux qui ont été affranchis.

[Article 8. Les héritières femmes]

Il existe sept sortes d'héritières : la fille, la petite-fille agnatique et ses descendants, la mère, la grand-mère, la sœur (……) l'épouse, et enfin la patronne de celles qui ont été affranchies.

---

9 Utérin ou utérine : personne ayant la même mère, mais pas le même père.

9/124 Utawi kang ora | gugur pisan2 wariṯe iku wong lilima: sawiji laki, lan rabi, lan bapa, lan babu, lan anak běněr.

Utawi ingkang ora oleh wariṯ pisan-pisan iku pipitu: sawiji ʻabdi, lan mukātab, lan ummu al-walad, lan kang mamateni, lan murtad, lan kang ora anduweni agama, roro.

Utawi kang lěwih parěk ʻaṣabah iku: anaq lanang maka anake, lan bapa, maka bapane, lan dulur lanang sabapa sabiyang, lan dulur lanang sabapa balaka, lan kaponakan lanang sabapa biyang, maka karana sabapa balaka, lan paman saking bapa. Atas těrtibe iki, maka iki lamon ora ana ʻaṣabah iku kabeh saking bapane, maka gustine kang amardikakěn maka ing bayt al-māl.

Utawi sakehe dum-duman kang siněbut ing dalěm kitabing Allāh taʻālā iku něněm:

Niṣfu.
Utawi dum-dumaning wong lilima: sawiji anaq wadon, lan putu wadon saking anaq lanang tatkala dhewek, salah sawiji saking karone, lan dulur wadon saking sabapa biyang, atawa dulur wadon sabapa balaka tatkala dhewek saking wong lanang kang ʻaṣabah, lagi tatkala ora ana sarta laki iku anak atawa putu.

Rubuʻ.
Utawi rubuʻ iku dum-dumaning wong roro: laki sarta anaq atawa putu saking lanang lan sakehe rabi sarta orana anaq putune saking anaq lanang.

[Article 9. Les héritiers réservataires]

Il existe cinq sortes de personnes | qui ne peuvent être exclues de l'héritage: 9/124
l'époux, l'épouse, le père, la mère, et l'enfant germain.

[Article 10. Les personnes qui ne sont jamais héritières]

Il existe sept sortes de personnes qui ne peuvent jamais recevoir un héritage: l'esclave, l'affranchi contractuel [*mukātab*], l'affranchie pour cause de maternité [*ummul walad*], le meurtrier, l'apostat, l'areligieux, et deux [personnes de religion différente][10].

[Article 11. Les agnats]

Les agnats dans l'ordre de proximité sont: le fils, le petit-fils, le père, le grand-père [paternel], le frère germain, le frère consanguin[11], le fils du frère germain, le fils du frère consanguin et l'oncle paternel. Ceux-ci sont soumis à la même règle: à défaut d'agnats à titre de parenté, la succession échoit au patron d'affranchi et au trésor public.

Les parts fixées dans le Livre d'Allah Le Tout-Puissant sont au nombre de six:

[1] Moitié [½]

[Article 12]

L'héritage est accordé pour une moitié à cinq personnes: la fille unique, la fille unique du fils lorsqu'il n'y a pas d'héritier mâle, la sœur germaine, la sœur consanguine, à défaut d'héritier mâle, donc d'héritiers à titre d'agnation, l'époux(se) à défaut d'enfant ou de petits-enfants.

[2] Quart [¼]

[Article 13]

L'héritage est accordé pour un quart à deux personnes: l'époux, si la défunte a laissé des enfants ou des enfants du fils, et l'épouse, si le défunt n'a pas laissé d'enfants ou d'enfants du fils.

---

10 On a préféré traduire littéralement le texte javanais tout en sachant que ceci nuit à la compréhension du texte en français. Effectivement, le texte javanais n'est pas complet. Mais, on trouve dans les livres de droit musulman que le mot '*roro*' (deux) doit être en fait suivi de '*millah*' (religion). Il est donc '*roro millah*' (deux religions). C'est-à-dire le *cujus* et un héritier sont de religion différente. En effet, dans le droit musulman, les personnes de religion différente n'héritent pas les unes des autres, Milliot & Blanc, 2001, p. 490-491.

11 Consanguin ou consanguine: personne ayant le même père et une mère différente.

Ṯumun.
Utawi ṯumun iku dum-dumaning wong sakehe rabi sarta anaq atawa sarta putu saking lanang.

Ṯuluṯāni.
Utawi ṯuluṯāni iku dum-dumaning wong papat: sawiji anaq wadon ro2 atawa salĕwihe saking ro2, atawa putu wadon ro2 saking anaq lanang, lan dulur wadon ro2 atawa salĕwihe saking ro2.

Ṯuluṯ[12]**.**
Utawi ṯuluṯ iku dum-dumaning wong roro: sawiji ĕmbok tatkala orana ing mayit iku atinggal anak atawa putu saking anaq lanang lan orana ro2: saking dulur lanang lan dulur wadon, lan wong ro2 atawa salĕwihe: saking dulur wadon lan wong karana sababu. Lan anakalane ṯuluṯ iku kaduwe ing kaki.

Sudus.
Utawi sudus iku dum-dumaning wong pĕpitu: sawiji bapa lan kaki sarta ana ing mayit iku anaq atawa putu saking anaq lanang dalile. Lan ĕmbok sarta ana ing mayit iku anaq atawa putu saking anaq lanang atawa ana anaq ing mayit iku dulur lanang ro2 atawa sakehe dulur wadon. Lan nini karana saĕmbok atawa karana sabapa. Lan anaq wadon ning anaq lanang sarta anaq wadon ning (……) Lan dulur wadon karana sabapa balaka, sarta ana dulur wadon karana sabapa sabiyang. Lan (……) saking dulur wadon karana saĕmbok.

12 Texte: *ṯuluṯāni.*

[3] Huitième [⅛]
[Article 14]
L'héritage est accordé pour un huitième à l'épouse, si le défunt a laissé des enfants ou des enfants du fils.

[4] Deux tiers [2/3]
[Article 15]
L'héritage est accordé pour les deux tiers à quatre personnes : aux filles, deux ou plus, aux filles du fils, deux ou plus, deux sœurs [germaines] ou plus [et deux sœurs consanguines ou plus[13]].

[5] Tiers [1/3]
[Article 16]
L'héritage est accordé pour un tiers à deux personnes : la mère, si le défunt n'a pas laissé d'enfants ou d'enfants du fils et qu'il n'a ni frère ou sœur [germains], et le [frère ou] la sœur utérin(e)[14]. Le grand-père [paternel] peut aussi réclamer le tiers[15].

[6] Sixième [1/6]
[Article 17]
L'héritage est accordé pour un sixième à sept personnes : [1] le père, si le défunt a laissé des enfants ou des enfants du fils, [2] le grand-père [paternel à défaut de père], [3] la mère, si le défunt a laissé des enfants ou des enfants du fils ou des frères ou des sœurs, [4] la grand-mère maternelle ou paternelle [à défaut de mère], [5] la fille du fils à condition que [le défunt[16]] ait une fille, [6] la sœur consanguine à condition que [le défunt] ait une sœur germaine, et enfin [7] le frère ou[17] la sœur utérins uniques[18].

---

13 Cette dernière phrase manque dans le texte javanais, mais on la trouve dans les livres du droit musulman.

14 Le texte javanais indique « *atawa salĕwihe* » ce qui signifie « ou plus ». Nous ne l'avons pas repris dans la traduction française parce que cela n'avait pas de sens.

15 Ceci n'est possible que si les deux personnes devant recevoir l'héritage sont mortes.

16 Il y a deux trous dans la feuille de cet article : le passage a pu être rétabli parce que nous nous sommes référés aux livres du droit musulman.

17 Deux trous dans la feuille de cet article : le passage a pu être rétabli parce que nous nous sommes référés aux livres du droit musulman.

18 Unique : à condition qu'il ou elle soit le seul héritier ou la seule héritière de la personne décédée.

10/126 Ikilah paṣal utawi bapa lan anaq lanang lan laki iku orana kalingan. Wong iku ora ana kalingan, wong iku kabeh, salah sawiji saking wariṯ. Lan ana kang anaq lanang lan tĕka ngiring sangangsure orana angalingi ing iya saking jihating ngaṣabah. Anging, anaq lanang atawa anaking anaq lanang kang parĕk saking iya lan angalangi ing iya kang anduweni.

Lan panduman kang angilangakĕn kaya ṯumun. Lan anaq wadon ro2 farḍune ṯuluṯāni lan sanak lanang siji sabapa sababu ‘aṣabah. Maḫrajing ṯuluṯāni, atĕtĕlu. Maka tĕtĕlu papukulakĕn maring wowolu dadi padlikur: maring rabi ṯumun akehe tĕtĕlu, maring anaq wadon ro2 ṯuluṯāni akehe nĕmbĕlas, kari lilima ngaṣabah maring sanaq lanang sabapa[19].

Utawi mayit atinggal rabi farḍune rubu‘, lan sanaq wadon ro2 farḍune ṯuluṯāni. Maḫrajing rubu‘: papat. Maḫrajing ṯuluṯāni: tĕtĕlu. Maka papat papukalakĕn maring tĕtĕlu dadi rolas: maring rabi rubu‘ akehe tĕtĕlu, maring sanaq wadon ro2 ṯuluṯāni iya iku wo2lu, kari siji bayt al-māl atawa ana ngabehi.

Bab *Mudāḫalah*
kaya rubu‘ lan niṣfu.
Mayit atinggal rabi rubu‘[20] lan sanaq wadon sawiji niṣfu lan paman. Maḫrajing rubu‘: papat. Maḫrajing niṣfu: ro2. Maka kang ro2 iku binuwang, kari kang papat, karana mas’alah iku wus katĕmu ing dalĕm papat iku: maring rabi sawiji, maring sanaq wadon siji ro2, kari siji maring paman karana bapa lan biyang.

Lan wadon ro2, lan kaki lan tĕka sapiyan duhure oranana angalingi ing iya, anging ing tĕngah2 antarane iya lan antaraning mayit kaya bapa.

---

19 Il manque le mot *sa’ibu* pour désigner un frère germain.
20 Texte: *rubung*.

[Article 18. Les héritiers non exclus]

Cet article concerne les père, fils et époux qui ne peuvent jamais être exclus. 10/126
Ces personnes ne peuvent être exclues de l'héritage sans aucune exception. Le fils et les autres descendants ne sont pas exclus dans la ligne agnatique. Mais, le fils ou le petit-fils est exclu par le fils ou un descendant agnat d'un degré plus proche.

[Article 19. Partage qui exclut]

Le partage qui exclut en prenant pour exemple la part du ⅛. [Le défunt en mourant laisse une épouse], deux filles germaines, un frère germain, l'épouse recevra ⅛ de l'héritage, les deux filles germaines 2/3 et le frère germain tout le reste. [Le dénominateur de la fraction ⅛ est de 8]. Le dénominateur de la fraction 2/3 est de 3. Ainsi, 3 doit être multiplié par 8, soit 24. Par conséquent, la part de l'épouse est de 3, la part de deux filles de 16 et la part du frère germain de 5, c'est-à-dire tout le reste.

[Article 20]

Si un homme en mourant laisse une épouse et deux sœurs, l'épouse recevra ¼ de l'héritage et les deux sœurs recevront 2/3. Le dénominateur de la fraction ¼ est de 4 et 2/3 de trois. Ainsi, 3 doit être multiplié par 4, soit 12. En conséquence, la part de l'épouse est de 3, la part des deux filles de 8, et le reste 1 échoit au trésor public ou au *Ngabehi*.

Chapitre de la *mudāḫalah*

Le cas de la division en ¼ et en ½

[Article 21]

Si un homme en mourant laisse une épouse, une sœur unique et un oncle, l'épouse recevra ¼ de l'héritage, la sœur ½ et l'oncle tout le reste. Le dénominateur de la fraction ¼ est de 4 et ½ de 2. Celui-ci n'est pas utilisé [comme la base numérique de partage]. Il reste 4 et ce dernier est devenu la base numérique du partage. Par conséquent, la part de l'épouse est de 1, la part de la sœur de 2, et celle de l'oncle germain 1, c'est-à-dire tout le reste.

[Exclusion des héritiers]

[Article 22]

Deux sœurs germaines et le grand-père et les autres ascendants ne sont pas exclus, mais ils sont exclus s'il existe un autre ascendant agnat d'un degré plus proche comme le père.

Lan bapane iya lan dulur lanang karana sabapa sababu iku kalingan iya dening bapa lan anak kang anaq lanang lan tĕka maring sangangsuri.

Lan karana sabapa, kalingan iya dening wong iku kabeh lan dulur lanang karana sabapa sabiyang, karana satuhune iya lĕwih kuwat saking iya.

Lan dulur karana sabiyang, kalingan iya dening bapa lan kaki lan anaq lan anaking lanang lan tĕka maring sangangsuri.

Lan anaq lananging dulur lanang karana sabapa sabiyang iku kalingan iya dening wong nĕnĕm: sawiji bapa, lan kaki, lan anaq lanang, lan anaking anaq lanang, lan dulur lanang karana sabapa sabiyang, lan karana sabapa karana satuhune iya lĕwih quwat saking iya.

Lan anaking dulur lanang karana sabapa: anaq kalingan iya dening wong iku kabeh kang nĕnĕm lan anaking dulur lanang karana sabapa sabiyang karana (......) iya iku lĕwih quwat saking iya.

Lan paman karana sabapa sabiyang iku kalingan iya dening samudayaning (......), anaq lananging dulur karana sabapa karana satuhune iya lĕwih parĕk
11/128 | iya lĕwih parek saking iya[21].

Lan paman karana sabapa iku kalingan iya dening samono samudayaning wong wo2lu lan paman karana sabapa sabiyang. Lan anaking paman karana sabapa sabiyang iku kalingan dening samudayaning wong sasanga.

21 Cette phrase a été écrite deux fois.

[Article 23]
Le frère germain est exclu par le père, le fils, le fils du fils et les autres descendants agnats.

[Article 24]
Le frère consanguin est exclu par toutes les personnes [citées dans les articles 22 et 23] et par le frère germain, car celui-ci est d'un degré plus proche.

[Article 25]
Le frère utérin est exclu par le père, le grand-père [paternel], le fils, et le fils du fils et les autres descendants agnats.

[Article 26]
Le fils du frère germain est exclu par six personnes: [1] le père, [2] le grand-père, [3] le fils, [4] le fils du fils, [5] le frère germain [6] le frère consanguin, car ce dernier est d'un degré plus proche.

[Article 27]
Le fils du frère consanguin est exclu par les six personnes [de l'article 26] et en plus par le fils du frère germain, car (......) ce dernier est d'un degré plus proche.

[Article 28]
Le frère germain du père est exclu par les mêmes personnes [des articles 26 et 27] et par le fils du frère consanguin, car celui-ci | est d'un degré [de parenté] 11/128
plus proche.

[Article 29]
Le frère consanguin du père est exclu par les huit personnes mentionnées [dans les articles 26, 27 et 28] ci-dessus y compris le frère germain du père. Le fils de celui-ci est exclu par les neuf personnes mentionnées [au total].

CHAPITRE 15

Accord entre la *VOC* et le Sultan Zainul Arifin (1733-1748)

129/1 Utawi iki surat kakarangan sakehing
prakara. Anapon kang dhihin wus
muwafakat kalawan sukĕrtaris tuwa
kalawan Tuwan Jendral lan sakehe
rat fandiya kang anduweni pami-
cara Pelĕm Moris Broning kang olih
kawasa saking kang aran kang mulya
bangsane yaiku Tuwan Gurandur Jen-
dral Andriyan Falkĕnir lan sakehing
rat fandiya yaikulah rupaning Kum-
pĕni Welandawi ana ing bawah angin
127/2 kang sabagen (……) | ing nagara Ban-
tĕn lan sakehe kawula wargane lan
ponggawa-ponggawane iku sabagen
kang wus dadi sawiji lan wus tartantu
lan wus paragat lan wus denwehi
tandha saking sakehing pratingkah
ing Lampung Tulang Bawang anjĕ-
nĕngakĕn sawiji pagĕr ing lĕmah iku
uga lan wineyan wong kang ajaga-
jaga ing ĕnggon iku saking Kumpĕni.
Lan sakehe pratingkah kang liyan-
liyan, kang angĕnani ing pamingcara
iki, yaiku kinarya amubuhi surat pra-
jangjiyan Kanjĕng Sultan Abul

[Perjanjian antara Kompeni dan Sultan Zainul Arifin]
[Pembukaan]

Bahwa ini surat karangan segala fashal. Adapun yang pertama sudah muwafaqat dengan Sukertaris Tuwa dengan Tuwan Gurnadur Jenderal dan segala Raden Fan Indiya yang mempunyayi bicara Wilem Moris Broning yang dhapat kuwasa dari padha nama yang bangsawan, yaytu Tuwan Kurandur Jenderal Adriyan Falkenir dan segala Raden Fan Indiya, yaytulah yang mushawwar Kumpeni Wilandawi ada di bawah angin yang sebagiyan. Adapun Paduka Sri Sulthan Abul Fathi Muhammad Syifa Zainul 'Arifin, raja dalam | nagari[1] Banten dengan segala kawula warganya dan menteri ponggawanya itu sebagiyan yang sudah jadhi berittifaq dan beritihad menjadi satu lagi sudah tantu[2], dan selesai serta sudah diberi tanda 'alamat dari pada segala perihal ihwal Lampung Tulang Bawang: membadhirikan suwatu pagar di tanah itu juwa, dan[3] diberinya orang jaga di tempat itu dari

1 B: *nagari*. Ici dans le texte, le mot '*negeri*' s'écrit avec '*kāf*'. Il manque un point au-dessous.
2 B: *tantu*. Texte: nantu.
3 B: *adanya*.

© 2026 KONINKLIJKE BRILL BV, LEIDEN | HTTPS://DOI.ORG/10.1163/9789004766587-016

[Accord entre la Compagnie et le sultan Zainul Arifin][4]

[Préambule]

Voici le texte avec tous ses articles. Le premier secrétaire Wilem Moris Bro- 129/1
ning[5], porte-parole en qualité de représentant de l'éminent Gouverneur général Adriyan Falkenir[6] et de tous [les membres] du conseil de la Compagnie hollandaise des Indes, se trouvant dans un pays « sous le vent[7] », se sont mis d'accord
avec Sa Majesté le sultan Abul Fathi Muhammad Syifa Zainul Arifin, roi | du 127/2
Pays de Banten, et avec tous les membres de sa famille et les hauts dignitaires de sa cour. Ils se sont mis d'accord et se sont rassemblés pour décider des dispositions à prendre au sujet de Lampung Tulang Bawang. Ils doivent mettre en place un signalement et marquer ce dernier, c'est-à-dire construire une enceinte autour du territoire en question. En outre, ils doivent y installer des gardiens mis à leur disposition par la Compagnie. Tous les points discutés

4 Il s'agit de la copie du manuscrit original « Accord entre le sultan Abul Fatah Muhammad Syifa Zainul Arifin et la Compagnie ». L'original est conservé à l'*ANRI*, mais est en très mauvais état. L'accord est écrit en hollandais à gauche, en *jawi* au centre, et en javanais à droite, sur une grande feuille pliée en deux. Cet accord fut signé et scellé par les deux parties : six personnes de la Compagnie, y compris Willem Maurits Bruynink, et seize personnes du sultanat de Banten, y compris le sultan Muhammad Syifa Zainul Arifin, *Archives de Banten* nº 72, manuscrit de 13 pages, nommé ici texte B. Le texte français est traduit du texte en *jawi*. Par ailleurs, la version hollandaise de l'accord se trouve dans le *CD*, BKI nº 96, vol. V, 1938, p. 270-273.

5 Nous trouvons ce nom-ci dans le texte, mais son nom hollandais était bien Willem Maurits Bruynink.

6 Cette même remarque s'applique pour Adriaan Valckenier.

7 Le terme en malais « [*negeri*] *di bawah angin* » signifiant littéralement « [pays] sous le vent » désigne les pays qui se trouvent au sud de l'Asie du Sud-Est maritime (la partie insulindienne), la région qui est composée principalement de l'Indonésie et de la Malaisie.

Fathi Muhammad Sifa Zenul Arifin lan sakehing surat prajangjiyan (......) ayake kang dhihin (......).

pada Kumpeni. Dan segala hal[8] yang la'in2[9] yang terkena di micara[10] ini, yaytu[11] dibuwat menambahi surat wa'ad perjanjian Paduka Sri Sulthan Abul Fathi Muhammad Syifa Zainul 'Arifin dan segala surat wa'ad perjanjian yang dari pada zaman ninindana[12] yang mutaqadimah juwa adhanya.

125/3 **Ana dening prakara kang dhihin.** Tuwan Jendral lan sakehe rat fandiya orana liyan dening karana saking kaběněran Kangjěng Sultan anduweni Lampung Tulang Bawang supaya kěna denpriksa[14] aja dadi rusak ing nagara iku, Kumpni arěp aweh sawiji gěnah pajagan saking pratingkah iku Kangjěng Sultan Abul Fathi Muhammad Sifa Jenul Arifin aprajangjiyan anyatoni panggonan kang běcik. Mangka Kumtir Kumpni kang milih ing ěnggon jaga (......) ing

Adapun[13] fashal yang pertama. Tuwan Kurandur[15] Jenderal dan segala Rat[16] Fan Indiya tiyada[17] layin oleh karena[18] dari pada kebenaran Paduka Sri Sulthan mempunyayi Lampung Tulang Bawang supaya boleh dipriksa[19], janganlah[20] karana jadhi rusak dhi nagari itu[21], Kumpeni hendaq memeri suatu[22] tempat jaga. Dari pada hal itu[23] Paduka[24] Sri Sulthan Abul Fathi Muhammad Syifa Zainul 'Arifin berjanji memeri tempat yang bayik. Maka Kumtir[25] Kumpeni

---

8 B: *hal-ihwal.*
9 B: *layin2.*
10 B: *bicara.*
11 B: *ya'itu.*
12 B: *ninindanya.*
13 B: n'existe pas.
14 Texte: *denpraksa.*
15 B: *Gurandur.*
16 B: *Raden.*
17 B: après ce mot, on trouve la phrase « *iya berqashad yang* ».
18 B: après ce mot, on trouve le mot « *iya* ».
19 Texte et B: *diriksa.*
20 B: *jangan.*
21 B: après ce mot, nous trouvons la phrase « *maka dari padha mana itu* ».
22 B: n'existe pas.
23 B: ces mots ne figurent pas dans le texte qui comporte seulement « *maka* ».
24 B: dans le texte original, il manque le caractère « *dāl* ».
25 B: après ce mot, nous trouvons « *dari* ». *Kumtir* vient du mot hollandais '*gecommitteerde*',

ici complètent l'accord signé par Sa Majesté le sultan Abul Fathi Muhammad Syifa Zainul Arifin, ainsi que les accords antérieurs, signés par ses prédécesseurs.

Premier article. 125/3
[Poste de garde mis à la disposition de la Compagnie]
Reconnaissant la souveraineté de Sa Majesté le Sultan sur Lampung Tulang Bawang, le gouverneur général et tous les [membres] du conseil de la Compagnie hollandaise des Indes se sont mis d'accord pour que la Compagnie édifie un poste de garde, afin d'assurer la défense de [Lampung Tulang Bawang] pour éviter des désordres [qui pourraient survenir]. Sa Majesté le sultan Abul Fathi Muhammad Syifa Zainul Arifin a promis de mettre à leur disposition un endroit approprié. L'officier de la Compagnie choisira en conséquence cet endroit en

---

c'est-à-dire quelqu'un chargé d'une tâche ou un officier, explication d'Edwin P. Wieringa.

123/4 nagara ing kono, yaiku kang parěk
ing tapěl watěs ing antaraning
lěmah Bantěn lan lěmah Palem-
bang atawaing pinggir kali Lampung
Tulang Bawang. Atawa ing ěnggon
kang liyan-liyan kang parěk ing
kono kang denpilih dening Kumtir
Kumpni. Saking Kangjěng Sultan
kang anduweni atas kang agawe
pagěre kang těguh lan kang běcik
saking kayu kang kanděl lan kang
těguh. Ana dening ambane pagěr iku
kang sakira-kira amot wong kang
samangko iku lunga marana lan
sakira-kira amot umahe lan (......)
121/5 bah Kumpni lan (......) jaga iku wus |
ana ing tangane Kumtir Kumpni.

yang memilih dhari padha tempat jaga itu yang hampir dari pada | pihaq[26] di situ, yaytu yang hampir had perhingga'an[27] antara tanah Banten dan tanah Palembang atawa dhi tepi sungai Lampung Tulang Bawang. Atawa di tempat yang layin2 yang hampir[28] di situ yang dhipilih oleh Kumtir Kumpeni. Dari[29] pada paduka Sri Sulthan yang membagi[30] atas yang mengerjakan pagarnya yang teguh dan yang bayik dhari pada kayu yang tebal dan yang teguh. Adapun lebarnya keliling pagar itu yang sekira2 boleh muwat orang yang sekarang ini pergi ke sana dan sekira2 boleh muwat rumahna dan menaruh hawa'ij Kumpeni[31]. Adhapun da'irah petanya tempat jaga itu[32] telah | adha[33] pada tangan Kumtir Kumpeni.

Prakara kang kapindho

Kangjěng Sultan aprajangjiyan anggawekakěn pagěr lan umah kalawan sampurnane. Sakabeh atas Kangjěng

Fashal yang keduwa.

Paduka Sri Sulthan berjanji mengerjakan pagar dan rumah dengan sempurnanya. Semuanya[34] atas

26 B : *jihat*.

27 B : les mots « *yaytu yang hampir had perhingga'an* » ne sont pas dans le texte et nous trouvons seulement « *di antara* ».

28 B : ici ces deux mots « *yang hampir* » ne figurent pas.

29 B : avant ce mot, il y a le mot « *yaytu* ».

30 B : m-m-p-ny-'.

31 B : après le mot '*teguh*', nous trouvons les phrases suivantes : « *serta mengerjakan rumah dan segala tempat yang sekira2 boleh muwat orang2 yang sekarang ini pergi dhi sana. Adhapun lebarnya pagar itu seperti mana hisabnya kumtir Kumpeni yang patut. Dhan yang sekira2 boleh muwat menaruh hawa'ij Kumpeni* ».

32 B : après ce mot, nous trouvons le mot « *yaytu* ».

33 B : après ce mot, nous trouvons le mot « *peta itu* ».

34 B : après ce mot, nous trouvons le mot « *ya'itu* ».

vue de la construction du poste de garde, soit sur le territoire qui se trouve à proximité de la frontière entre le territoire de Banten et celui de Palembang ou encore sur les bords de la rivière de Lampung Tulang Bawang. Il pourra aussi se trouver ailleurs en fonction du choix de l'officier de la Compagnie. C'est Sa Majesté le Sultan qui construira une enceinte solide, faite d'un bois épais et résistant. La taille de cette enceinte devra permettre d'accueillir les gens qui vont s'y installer, leurs habitations ainsi que le ravitaillement de la Compagnie. Le lieu et le plan du poste de garde dépendent de l'officier de la Compagnie.

Deuxième article.

[Construction et entretien de l'enceinte et du logement de la Compagnie]

Sa Majesté le Sultan a promis de faire construire une enceinte et des maisons de bonne qualité. Tout sera financé par Sa Majesté le Sultan. De même, si l'enceinte

Sultan. Mangkono maning lamon pagĕr lan uma iku wus rusak atawa bosok, yaiku atas Kangjĕng Sultan kang andandani ing iya.

Prakara kang kaping tĕlu

Kangjĕng Sultan aprajangjiyan anya-
toni balabur ing rakyat Kumpĕni
119/6 (……) Lampung Tulang Bawang, |
kaya apa kalakuwane Kumpĕni aweh balabur ing sakehe rakyat. Anging tatapi balabur iku satahun sapisan aweh ing Kumpĕni kaya apa maning Kangjĕng Sultan anaur utang ing Kumpĕni karana Kumpĕni wus aweh dhihin. Anapon mangsa nalika iki kang dendokon dening kumpĕni sawiji risden lan sawiji sukĕrtaris, lan sawiji mester cili, lan sawiji sriyan, lan roro kopral, lan padlikur soldadu,

paduka Sri Sulthan. Demikian lagi[35] jika pagar dan rumah itu sudah rusak ataw busuk, yaytu[36] atas Paduka Sri Sulthan yang membayiki kepadhanya.

Fashal yang ketiga.

Paduka Sri Sulthan berjanji memeri mashruf[37] kepada ra'yat Kumpeni yang menjaga dhi[38] Lampung Tulang | Bawang, seperti mana kalakuwannya Kumpeni memeri mashruf[39] kepada sekaliyan[40] ra'yatnya[41]. Akan tetapi mashruf[42] itu setahun sekali memeri kepada Kumpeni saupama[43] Paduka Sri Sulthan membayar utang, oleh karena Kumpeni[44] telah memeri dhahulu. Adapun masa ketika ini yang ditaruh oleh Kumpeni se'orang risden[45], dan sorang[46] sekertaris, dan sorang[47] mester kecil[48], dan

35 B : *lagi*, texte : *laki*. Après ce mot, nous trouvons la phrase « *perihal meriksa dan memeliharakan kepadhanya dan* ».

36 B : *ya'itu*.

37 B : après ce mot, nous trouvons le mot '*belanja*'.

38 B : après ce mot, nous trouvons le mot '*negeri*'.

39 B : après ce mot, il y a le mot '*belanja*'.

40 Il manque un point au-dessous du caractère "Yā", alors que dans le texte B ce mot n'apparaît pas.

41 Texte : *ra'yatna*.

42 B : après ce mot, nous trouvons le mot '*belanja*'.

43 Sans *alif* ou *hamzah*.

44 B : *yang layin dari padha kumtir yang*.

45 B : *risyden*.

46 B : *se'orang*.

47 B : *se'orang*.

48 *Mester* est un mot d'origine hollandaise '*meester*' qui signifie '*aanbeveelster*' ou '*aanbeveler*', c'est-à-dire celui ou celle qui commande, De Bruin, 1901, vol. II, p. 363.

et les maisons s'abîment et pourrissent, c'est Sa Majesté le Sultan qui les fera réparer.

Troisième article.
[Rémunération et composition des officiers de la Compagnie]
Sa Majesté le Sultan a promis de donner un salaire aux employés de la Compagnie, qui gardent Lampung Tulang | Bawang, identique à celui donné habituellement par la Compagnie à ses employés. Mais, ces sommes seront remises une fois par an par Sa Majesté le Sultan au moment où elle doit s'acquitter de ses dettes à la Compagnie. La Compagnie a installé actuellement [à Lampung] un *résident*, un secrétaire, un commandant [conseiller] de rang inférieur, un ser- 119/6

117/7 lan sawiji (……), lan sawiji | konos-
tabělsamat, lan sawiji bos kitir, lan
lamon ana fikir. Wong gědhe ing Jakě-
tra arěp amuwuhi ing wong mangkat
kongang dadi sarta balabure saking
Kangjěng Sultan.

sorang[49] sersan[50], dan duwa kopral, dan duwa puluh empat soldadu, dan sorang[51] juru tambur, dan sorang[52] | konostabelsamat[53], dan duwa orang bus kitir[54], dan jago[55] ada piker[56]. Orang besyar di Bataweh[57] hendaq menambahi daripada orang itu[58], maka boleh jadhi serta mashrufnya daripada Paduka Sri Sulthan[59].

Prakara kang kaping pat

Kangjěng Sultan aprajangjiyan lamon
wus ragat pagěr. Lan umah iku sarta
saking pagěr iku. Munggu ing arěp,
lan ing buri, lan ing kanan, lan ing
115/8 keri iya iku satus tumbak (……) |
lěmah kang kawěngku dening pagěr
iku sakabehe, dicatokakěn ing

Fashal yang kaampat[60].

Paduka Sri Sulthan berjanji jika sudah selesay pagar dan rumah itu, serta[61] dharipadha pagar itu[62,63] kanan, dan ke[64] kiri, lagi ke hadapan, dan di belakang itu[65] seratus tumbak tanah, dan[66] | tanah yang ada di dalam pagar itu semuanya[67]

---

49 B : *se'orang*.
50 Texte : s-r-y-n.
51 B : *se'orang*.
52 B : *se'orang*.
53 "*Konostabelsamat*" est un mot d'origine hollandaise "*konstabelsmaat*" qui signifie second maître canonnier, De Bruin, 1901, vol. II, p. 304.
54 "*Bus Kitir*" est un mot d'origine hollandaise "*Bus gieter*" qui signifie fondeur d'artillerie, De Bruin, 1901, vol. II, p. 110.
55 Après ce mot, nous trouvons la phrase '*adha dhi dhapat dhalam pikir*'.
56 "*Piker*" est un mot d'origine hollandaise "*pikeur*" qui signifie « écuyer », De Bruin, 1901, vol. II, p. 447.
57 Texte t-b-w-h. B : Betawih.
58 B : « *yang patut dhitambahi segala orang itu* ».
59 B : '*juwa dilakukan serta mashruf belanjanya dhari padha padhuka Sri Sultan juwa adhanya*'.
60 B : *ka'ampat*.
61 B : *maka*.
62 B : ici après ce mot, nous trouvons le mot '*dihisabkan*'.
63 B : ici avant ce mot, nous trouvons le mot '*ke sebelah*'.
64 B : '*ke sebelah*'.
65 B : '*yaitu*'.
66 B : '*demikianlah*'.
67 B : Ce mot est suivi du mot « *pun* ».

gent, deux caporaux, 24 soldats, un tambour et un | second maître canonnier, 117/7
deux fondeurs d'artillerie, et un écuyer. Les dignitaires de Jakĕtra ont envisagé d'augmenter encore, si possible, le personnel, à la charge de Sa Majesté le Sultan.

Quatrième article.
[Remise de l'enceinte et des logements à la Compagnie]
Quand l'enceinte et les maisons seront construites, et que l'enceinte délimitera un terrain de cent *tumbak*[68] de chaque côté : à droite, à gauche, devant et derrière, Sa Majesté le Sultan a promis de mettre tout ceci à la disposition de la Compagnie, y compris | le terrain et les maisons à l'intérieur de l'enceinte. 115/8

68 *Tumbak* [lance] : surface de 13 m² (la largeur et la longueur sont de 3,6 m ou de 3,7 m) donc cent *tumbak* représentent 1300 m².

Kumpni sarta sakehe umahe. Lan lamon ana ing jěrone iku milike wong Lampung kang ana rupa sawah lan witing marica mangka iya iku ora diwilang Kumpni kang aduwe. Lan maning lamon Kumpni akarěp angundang maring wong iku saking karěpe dhewek, mangka lěmah iku sakabehe bali maning ing Kangjěng Sultan kaya apa kahanane lěmah Lampung Samangka.

diberikan kepada[69] Kumpeni, serta sekaliyan[70] rumahnya. Dan jika[71] ada dalamnya itu haq orang2 Lampung yang ada rupa sawah dan[72] pohon lada, maka yaytu tiyada dibilang Kumpeni yang punya[73]. Dan lagi[74] jika Kumpeni menghendaq memanggil kepada[75] orang itu Olanda yang jaga daripada sukanya sendiri, maka tanah itu semuanya kembali pula kepada Paduka Sri Sulthan, seperti mana kaadaan[76] tanah Lampung Samangka.

Prakara kang kaping

113/9 (......) | Sultan aprajangjiyan arěp anyukakěn lan akon ing ra'yate wong Lampung Tulang Bawang supaya olih kasěněngan lan katětěpan angawula ing Kangjěng Sultan. Kapan-kapan arěp anggawa marica ing nagara Bantěn, mangka kinon aweh wěruh ing risděn Tulang Bawang atawa ing wakile sarta ditulisi kehing marica iku. Mangka surate iku disrahaken ing Kuměndur Bantěn supaya gelis-gelis ditarima marica iku, kaya apa kahanane unine surat prajangjiyan,

Fashal yang kelima.

Paduka | Sri Sulthan berjanji hendaq meridhakan dan bertitah kepada ra'yatnya orang Lampung Tulang Bawang supaya beroleh kesenangan dan ketetapan perhambakan dirinya kepada Sri Sulthan. Apabila[77] hendaq membawa lada ke nagari Banten, maka disuruhnya memeri ma'lum kanda risden[78] Tulang Bawang, atau kepada wakilnya, serta disuratinya banyaqnya lada itu. Maka suratnya diserahkannya kepada Kumendur Banten supaya boleh[79] lekas diterima

---

69 B : '*cukup kepada*'.

70 B : après ce mot, nous trouvons '*pagarnya dan*'.

71 B : '*jikalau*'.

72 B : '*atau*'.

73 B : la phrase '*Kumpeni yang punya*' ne figure pas dans le texte.

74 B : le mot n'est pas dans le texte.

75 B : après ce mot, nous trouvons la phrase '[...] *sekaliyan orang itu yang menjaga di negeri Lampung Tulang Bawang* [...]' et non la phrase '[...] *orang itu Olanda yang jaga* [...]'.

76 B : '*kaadaannya*'.

77 B : après ce mot, nous trouvons la phrase '*sekaliyan orang Lampung itu*'.

78 B : *risyden*.

79 B : après ce mot, la structure de la phrase est différente de celle de la phrase originale : « [...]

S'il y a à l'intérieur des biens appartenant aux habitants de Lampung, qu'il s'agisse de rizières ou de plantations de poivre, ceux-ci n'appartiendront pas à la Compagnie. Quand la Compagnie, de sa propre initiative, souhaitera retirer ses employés hollandais, le terrain et tout l'ensemble ainsi que le terrain de Lampung Samangka reviendront au *Paduka Sri Sultan* [Sa Majesté le Sultan].

Cinquième article.
[Rapport au *résident* et au commandant militaire de la Compagnie pour transporter le poivre à Banten]

Sa Majesté | le Sultan a promis qu'elle est disposée à ordonner à ses sujets de 113/9
Lampung Tulang Bawang de [continuer] à se soumettre à lui volontairement et selon leur [propre] décision. S'ils veulent transporter du poivre au Pays de Banten, ils doivent en informer le résident de Tulang Bawang, ou son représentant, et noter la quantité de poivre. Puis, la note sera remise au commandant [hollandais] de Banten afin que ce dernier l'accepte rapidement et qu'il paye

---

dijalankan seperti mana bunyi surat perjanjian, ya'ni ladha itu lekas diterima pembayarannya, dhan supaya lekas kembali ke negerinya, dhan supaya merekanya jadi ba'ik hatinya melakukan kehendaq Paduka Sri Sultan selama-lamanya».

111/10 (......) | supaya gělis bali ing Lampung lan supaya dadi běcik atine anglakon karsa Kangjěng Sultan.

butir lada itu, serta pembayarannya daripadha harga lada itu, seperti mana kaadaannya surat perjanjian, dan | supaya lekas kembali ke Lampung, dan supaya jadhi bayik hatinya melakukan kehendaq padha Sri Sulthan.

Prakara kang kaping něm

Kangjěng Sultan aprajangjiyan anapon sakehe marica kang mětu saking kana ajalah upamane Kangjěng Sultan kacolongan kaya dhihin dicolong kalawan pětěng diumpětakěn supaya kěna dicěgah. Ajalah kaya dhihin Kumpěni akeh getun sabab akeh colong (......) dening (......) Kumpěni

Pasal yang kanam[80].

Paduka Sri Sulthan berjanji[81] adhapun sekaliyan lada yang keluwar dari sana, janganlah kiranya Paduka Sri Sulthan kecuriyan, seperti[82] dahulu kala dicuri dengan gelap disembunikan, supaya boleh dilarang. Janganlah seperti dahulu Kumpeni banyaq[83] kerugiyan, sabab banyaq

80 B : *ke'anam.*

81 B : après ce mot, la structure de la phrase est différente jusqu'à la fin bien que le contenu soit le même : « *dhari padha hal melarang segala orang yang jahat mencurinya dhan cederanya dhari padha beberapa ladha yang dhari sana, seperti yang telah dhikerjakan orang orang dhi sana yang menjadhi kerugiyan Kumpeni yang di bawah Ponggawa Kumpeni dhi Banten. Dhan Ponggawa Kumpeni yang adha dhi Lampung Tulang Bawang itu boleh kuwasa dhari padha segala ladha yang keluwar itu yang tiyada tandha dhari padha risyden Tulang Bawang, maka itu boleh ditangkap dhan dhipegang. Hal yang demikiyan itu dhengan hukuman seperti hukumnya kepada segala orang yang tiyada membawa surat lawut juwa adhanya* ».

82 Texte : *seper*. Il manque le caractère "Tā".

83 Texte : *bayaq*.

le prix du poivre, conformément à l'accord, afin qu'ils [les habitants] rentrent rapidement à Lampung et accomplissent, de bon gré, la volonté de Sa Majesté le Sultan.

Sixième article.
[Vol de poivre et obligation d'avoir un permis pour transporter le poivre]
Sa Majesté le Sultan promet que tout le poivre qui sort de Lampung ne sera, conformément à ses ordres, ni volé ni dissimulé comme auparavant quand Sa Majesté le Sultan en était dépossédée. Il ne faut pas que la Compagnie subisse des pertes comme auparavant à cause des nombreux vols. Sa Majesté le Sultan

109/11 | kang ana ning dalĕm nagara Bantĕn lan ponggawa Kumpĕni kang ana ing Lampung Tulang Bawang kang diwehi kawasa karone mangka sakehing marica kang mĕtu kang ora ana tandha saking risden Tulang Bawang yaiku dirampas marica iku sarta diukumakĕn kaya hukume wong kang ora anggawa surat laut.

kecuriyan. Yaytu hendaq diridhakan oleh Paduka Sri Sulthan kepada ponggawa | Kumpeni yang ada dalam nagari Banten dan ponggawa Kumpeni yang ada di Lampung Tulang Bawang yang diberi kuwasa keduwanya, maka sekaliyan butir lada yang keluwar itu yang tiyada tandha daripada risden Tulang Bawang, yaytu dirampas ladanya, serta dihukumkan seperti mana hukumannya orang yang tiyada membawa surat lawut[84].

[Kolopon]

(......) Surat dalam nagari Surasowan atas karajaan nagari Banten pada dua puluh lima bulan Jumadil Awal 1151 sanah Dal[85].

---

84 B : après cet article, il manque un article de conclusion : « *Maka demikiyanlah kira dikerjakan dan dimuwafaqatkan surat berteguh-teguhan dalam Kota Banten, negeri Surasowan, negeri yang besyar, dalam tahta kerajan Banten* ».

85 B : « *Tersurat pada Sembilan hari bulan September pada tahun Seribu Tujuh Ratus Tiga Puluh Dulapan [9-9-1738]. Adapun dari padha bilangan orang Islam Duwa Puluh Lima hari bulan Jumadil Awwal pada tahun Seribu Seratus Lima Puluh Satu [25-5-1151]* ». La version hollandaise de l'accord est clairement datée à l'instar de la version malaise le 25 Jumādī al-'Awwal 1151 correspondant au 9 septembre 1738. Par contre, selon notre calcul, il existe une différence due à la conversion entre la date de l'hégire et la date chrétienne. Le 25 Jumādī al-'Awwal correspond au 10 septembre 1738, alors que le 9 septembre 1738 correspond au 24 Jumādī al-'Awwal 1151.

est disposée à ordonner aux *ponggawa*[86] | de la Compagnie se trouvant soit au 109/11
Pays de Banten, soit à Lampung Tulang Bawang, de s'emparer de tout le poivre qui n'a pas été déclaré au *résident* de Tulang Bawang et de condamner leurs propriétaires à la peine appliquée aux personnes qui ne possèdent pas un permis de navigation[87].

[Colophon]

(……) texte [rédigé] dans le Pays de Surasowan pour le royaume de Banten, le 25 Jumadil Awal 1151, année Dal.

86 *Ponggawa* : en général, ce mot désigne les fonctionnaires du sultanat de Banten, mais nous supposons qu'ici il est utilisé pour les employés de la Compagnie.

87 Nous ne savons pas quelle peine était appliquée aux personnes qui n'ont pas un permis de circulation en mer. Pour en savoir plus sur la *surat lawut*, voir *EvNI*, vol. IV, Soemb-Z, 1921, p. 815.

CHAPITRE 16

Lois du Sultan Zainul Arifin (1733-1748) pour Lampung Tulang Bawang

130 Pengĕt. Iki karsa dalĕm sarta undhang2 Kangjĕng Sulṭān Abū al-Fatḥ Muḥammad Šifā' Zayn al-'Ārifīn kang denlakoni dening kang dadi panguluning[1] ponggawa dalĕm kang ana alungguh ing Lampung Tulang Bawang lan sarewange: ponggawa sakabeh kang padha ingutus pacalang[2] ing Lampung Tulang Bawang kang barang2 pacalang Kumpĕni.

Ana dening Arya Wiradikrama lan Arya Saramarta lan Ngabehi Adiwiraksa lan Arya Wiradimarta muwah sarewange sakabeh iku pacuwan ora dadi, sawiji, anut ing paprayogane lan barang paparigĕlane kang dadi pangulu, jĕjĕnĕng dalĕm kang ana ing Lampung Tulang Bawang, kang wus dentĕmu mušawarate kabeh iku kabĕcikane. Karana panggawe kang denlakoni iki lĕwih sukĕr saking panggawe kang liyan, sabab panggawe iki arĕp ana anjĕmbarakĕn ing budi pamicara kang mĕtu saking pikir kang bĕning. Karana lĕwih angel ing pĕrtingkah ḥaling amatutakĕn lan angragĕmakĕn ing atining wong akeh atas kabĕcikan. Maka, ora kawasa ora (……) duweni katartanton barang kang digawe lan
131 kang denparentahi. | Karana satuhune katartanton iku satĕngah saking dadalaning[3] kadadiyaning panggawe lan kasĕnĕnganing maẖluq kabeh, apa maning[4] lamon ana wong iku liyan jinis. Maka sabab ikulah, sakehing panggawe iku ora kawasa ora padha muwafaqat. Amilih ing kabĕcikane kalawan mušawarat karana[5] wus sinĕbut ing dalĕm dalil Qur'an *"wa šāwirhum fī al-'amri,"* tĕgĕse: padha kinon mušawarat amicara wong iku kabeh ing panggawe.

Ana dening karsa dalĕm kang denlakoni iku kang dhihin: arĕp amĕruhakĕn lan angundhangakĕn ing sakehe wong Lampung Tulang Bawang yen Lampung Tulang Bawang iku tĕtĕp ana ing asta Kangjĕng Sulṭān Bantĕn kaya apa anane

---

1 Ces deux mots ne sont pas liés dans le texte.

2 *Pacalang* : chargé de la sécurité ou soldat. La *Sajarah Banten* mentionne que tous les commandants du sultanat de Banten dirigeaient 50 *pacalang* lors de la guerre contre la Compagnie de Jakĕtra, Djajadiningrat, 1983, p. 73.

3 Texte : *dadalalaning.*

4 Texte : *upamapaning.*

5 À côté de ce mot, dans la marge de droite, se trouvent deux mots « *dalīl qur'ān* » en *pegon* sans voyelles et la lettre *'yā'* sans les deux points en dessous.

© 2026 KONINKLIJKE BRILL BV, LEIDEN | HTTPS://DOI.ORG/10.1163/9789004766587-017

[Préambule]

Avertissement : ceci est le décret du palais et les lois de Sa Majesté le sultan Abul 130
Fathi Muhammad Syifa Zainul Arifin. Le *pangulu* des *ponggawa* du palais [doit] appliquer [ces lois]. [Ce *pangulu* doit] demeurer à Lampung Tulang Bawang. Il en est de même pour tous ses subordonnés, à savoir les *ponggawa* envoyés comme responsables de la sécurité auprès de la Compagnie à Lampung Tulang Bawang.

Arya Wiradikrama, Arya Saramarta, Ngabehi Adiwiraksa et Arya Wiradimarta, de même que tous leurs subordonnés, doivent suivre les [résultats] des considérations du *pangulu*, c'est-à-dire le représentant du palais à Lampung Tulang Bawang, et ses décisions. Ces délibérations ne peuvent qu'engendrer le bien. La tâche que [le *pangulu*] exerce est la plus ardue, car elle nécessite un caractère noble et un discours bien conçu. Effectivement, il est beaucoup plus difficile de mettre d'accord plusieurs personnes sur la vertu. Il est donc indispensable
(……) de <u>posséder</u> des règles pour effectuer ou ordonner une tâche. | En effet, la 131
règle représente la moitié du chemin conduisant à la réussite et à la satisfaction de tous, surtout s'il existe des personnes venant d'horizon divers. C'est la raison pour laquelle, toutes ces tâches ne peuvent pas être accomplies s'il n'y a pas d'unanimité. Pour atteindre le bien, [il faut] passer par la consultation, parce qu'il est dit dans le Coran : "*wa šāwirhum fī al-'amri*[6]", à savoir, il est ordonné à tout le monde de discuter des affaires.

[Article 1. Sujets du Sultan de Banten]

Ce décret du palais est en vigueur depuis les temps anciens. Il faut informer officiellement tous les habitants de Lampung Tulang Bawang que Lampung Tulang Bawang reste aux mains de Sa Majesté le Sultan de Banten, comme cela

6 QS. Ālu 'Imrān/3:159 : « *Consulte-les donc sur cette affaire !* », Blachère, 1999, p. 97.

salawas-lawase saking dhihin2. Malah Kumpĕni atulung ing Kangjĕng Sulṭān Bantĕn. Andokon wong Walanda kang ajaga ing Lampung Tulang Bawang supaya ajana wong liyan desa kang wani2 angaru-biru.

Lan sapĕrkara maning karsa dalĕm kang denlakoni iku kinon amrayoga lan
amilih ing lĕmah kang dhuhur kang sakira2 ora konggahan dening banyu yen
musim banjir. Iya iku bakal panggonaning loji iku parĕk kalawan (……) wong
132 Palembang kang | anyolong tuku marica. Supaya sakehe kang ajaga iku gĕlis2
angawruhi ing wong Palembang kang anyolong tuku marica iku, lan arĕp ana
panggonane loji iku ing panggonan kang kĕna pinrih manfa'ate[7].

Ana dening karsa dalĕm panggonaning loji iku ing kananing Kali Pisang atawa mungguh ing kerine atawa sailir-ilire ing desa Tulang Bawang. Ana dening ambane loji iku kang sakira2 amot omahing wong tĕlung[8] puluh papat lan pasimpĕnane ḥawaijiya, sarta palatarane atas qadare lan sapĕryogane palatarane wong tĕlung puluh papat iku.

Ana dening kang lumaku agawe loji iku sarta kang angambil dandanane barang, rupaning dandanan kang arupa kayu atawa pĕring atawa panjalin; atawa urug2 atawa kang lumaku angĕdhug lalaren, maka iya iku karsa dalĕm. Kang kinon lumaku, kaya kang sinĕbut, iku sakehing ponggawa Balangbangan lan ponggawa Gunung Waras. Lamon sih panggawe iku ora kapikul dening ponggawa rong desa iku, maka ponggawa dalĕm kang dadi pangulu ing Lampung Tulang Bawang iku amundhutana ing ponggawa Lampung kang liyan2 atas

7 Texte : *manfa'atate*.
8 Après ce mot, il y a deux caractères '*tā* et '*ayn*'.

a été le cas depuis toujours et [le sera] pour toujours. Par ailleurs, la Compagnie apporte son aide à Sa Majesté le Sultan de Banten. Les Hollandais, qui assurent la défense, doivent résider à Lampung Tulang Bawang afin qu'aucune personne [venant] d'une autre région n'ose provoquer du désordre.

[Article 2. Terrain pour construire le comptoir]
Autre cas du décret du palais à exécuter. Il faut veiller à choisir un terrain élevé afin que l'eau ne l'atteigne pas durant la saison des inondations. Ce terrain servira d'emplacement pour le comptoir, près de (......) les habitants de Palembang
| qui achètent le poivre en cachette[9]. Le comptoir devra être construit dans 132
un endroit approprié afin que les gardiens puissent immédiatement voir si des habitants de Palembang achètent du poivre en cachette.

[Article 3. Emplacement et dimensions du terrain pour le comptoir]
Le palais a décidé que l'emplacement du comptoir sera sur la rive droite de la rivière de Pisang[10] ou sur la rive gauche ou encore en aval de cette rivière dans la région de Tulang Bawang. La superficie du comptoir sera suffisamment grande pour un logement capable d'accueillir trente-quatre personnes et un entrepôt pour la nourriture ainsi qu'un terrain [alentour], qui convienne pour ces trente-quatre personnes.

[Article 4. Les artisans en charge de la construction du comptoir]
Ceux qui auront la tâche de construire le comptoir et d'apporter les matériaux, tels que le bois, le bambou ou le rotin, ou ceux qui auront la tâche d'aplanir ou de creuser des fossés doivent suivre le décret du palais. Comme il a été mentionné, ceux qui doivent effectuer ces travaux sont les *ponggawa* de Balangbangan[11] et les *ponggawa* de Gunung Waras[12]. Si les travaux ne peuvent pas être exécutés par les *ponggawa* de ces deux régions, le *pangulu* de Lampung Tulang Bawang les fera exécuter par d'autres *ponggawa* de Lampung en

9 Pour en savoir plus sur le problème du commerce illégal par les habitants de Palembang, voir Ota, 2009, p. 3-42.

10 La rivière de Pisang se trouve actuellement dans le district Bahuga du département de Way Kanan à Lampung.

11 *Balangbangan* (orthographe actuelle: *Blambangan*) aujourd'hui le chef-lieu du district Blambangan du département de Way Kanan à Lampung. *Blambangan* se trouve au croisement des départements de Lampung nord, de Lampung ouest, de Tulang Bawang et de la province de Sumatra Sud.

12 *Gunung Waras* est un village qui se trouve aujourd'hui dans le district de Pakuan Ratu du département de Way Kanan à Lampung.

133 qadar sapĕryogane (……) cĕpĕnge. Tamat. | Ana dening bubuwane ponggawa sawiji iku atas qadar cĕpĕnge. Tamat. Ana dening tukange iya iku tukang dalĕm Arya Gunadiraja lan sarewange sakabeh.

Ana dening sikĕping paumahan iku kaya apa kasukane lan kadhĕmĕne kumtir Kumpĕni wong Walanda kang arĕp andho2ki ing panggonan iku. Mongkono maning dhuhure omah[13] iku ora kĕna ora atas qadar sakawasane ponggawa dalĕm kang lumaku ing iya.

Lan lamon besuk, ing aḫiring panggawe, umah iku bosok atawa rusak, iya iku karsa dalĕm: kang andandani sakehing wong Lampung kang bisa ing patukangan kang ora ahli nandur marica. Maka sabab ikulah, kang dadi pangulu ing Lampung Tulang Bawang iku ora kawasa ora angawruhi sarta anulisi ing arane sawiji2 sakehe wong Lampung Tulang Bawang ingkang bisa patukangan lan bisa pandhe. Lan iya iku cĕpĕnging ponggawa kang ora anduweni turus marica.

Lan lamon umah pajagan iku wus paragat kalawan sampurna (……) sakehing
134 ra'yat Kumpĕni | wong Walanda iku lungguhĕna ing panggonane iku. Mongkono maning sakehe ponggawa dalĕm ingkang atunggu ing Lampung Tulang Bawang iku nuli padha lungguhĕna ing panggonane.

Ana dening kang anambut ing pondhoking: ponggawa dalĕm iku. Lan pĕryogane[14] gĕdhene lan ambane iku sapatute kaya apa kang wus sinĕbut ing awaling masṭar iku. Ḥaling kang amaryoga lan kang lumaku dandaning pondhoking wong Walanda kaya mongkono uga anane.

Ana dening karsa dalĕm pondhoking ponggawa Bantĕn kang atunggu ing Lampung Tulang Bawang. Iku ora kĕna owah kalawan pondhoking wong Walanda kang ajaga ing Lampung Tulang Bawang, supaya yen ana susukĕr atawa pake-

13 Il est difficile de déterminer si '*dhuhure omah*' désigne un étage (la hauteur de la maison) ou la charpente (la partie haute de la maison). Pourrait-on comprendre ici : « *De même, quant à la partie haute de la maison, elle dépendra de la compétence des* ponggawa *du palais chargés de ce travail* » ?

14 Texte : *pĕryokane*.

fonction de son appréciation (……) [et] de sa responsabilité. Fin. | La tâche d'un 133
ponggawa est déterminée en fonction de ses responsabilités. Fin. Les artisans sont ceux du palais, à savoir Arya Gunadiraja et tous ses subordonnés.

[Article 5. Projet de l'officier de la Compagnie]
Les travaux de construction de la maison doivent être [réalisés] à la satisfaction et pour le contentement de l'officier de la Compagnie hollandaise, qui habitera dans ce logement. Quant à la hauteur de la maison, elle dépendra de la compétence des *ponggawa* du palais chargé de ce travail.

[Article 6. Réparation de la maison endommagée]
Selon le décret du palais, si par la suite, à la fin des travaux, la maison [en bois] se trouve putréfiée ou endommagée, tous les habitants de Lampung qui ne sont pas spécialisés dans la culture du poivre et qui sont capables de faire ce genre de travaux devront la réparer. En conséquence, le *pangulu* de Lampung Tulang Bawang doit[15] connaître et noter le nom de tous les habitants de Lampung Tulang Bawang qui peuvent réaliser des travaux de construction et qui peuvent travailler des métaux. Voici les charges des *ponggawa* qui ne possèdent pas de [plantation] de poivriers.

[Article 7. Poste de défense pour la Compagnie et les *ponggawa*]
Quand le poste de défense est construit convenablement (……), tous les officiers de la Compagnie | hollandaise devront demeurer à cet endroit. De même, 134
tous les *ponggawa* du palais qui assurent la défense à Tulang Bawang devront immédiatement s'installer dans ces habitations.

[Article 8. La construction des logements doit être conforme au plan]
Les *ponggawa* du palais auront la charge de construire les logements. L'appréciation de la grandeur et de la superficie devra être conforme à ce qui a été mentionné dans le plan d'origine. Il en va de même pour l'aménagement et l'entretien des logements des Hollandais.

[Article 9. Proximité des logements des *ponggawa* de Banten et de la Compagnie
Décret du palais sur les logements des *ponggawa* de Banten qui assurent la défense à Lampung Tulang Bawang. [Ces logements] ne devront pas être éloignés de ceux des Hollandais qui assurent la défense à Lampung Tulang Bawang

15 Littéralement : « ne peut pas ne pas ».

wuh barang sarupaning pakewuh iku gělis2 tulung-tinulungan. Lan pira2 kaběcikane yen pondhoke wong Bantěn iku apaparěkan kalawan pondhoking wong Walanda kang ajaga[16] ing Lampung Tulang Bawang, supaya dadiya muwafaqat ing barang panggawe kang denlakoni (......) kaběcikan lan kinarsakakěn dening dalěm.

135 Ana dening wong Walanda iku ing Lampung Tulang Bawang iku supaya dadiya tandha tětěp lan těguh yen Lampung Tulang Bawang iku mulih kaya wingi uni anane: ing asta dalěm kaya apa anane salawas-lawase. Maka sabab ikulah, ing salagi wong Walanda masih ana ing desa Tulang Bawang iku ponggawa dalěm kang alungguh ing Lampung Tulang Bawang iku ora kěna ora muwafaqat kalawan wong Walanda kang dadi petor ing Tulang Bawang atas kaběcikan, lan supaya dadiya, kaya ujaring paribasane wong kuna2: *"Paras paros naga upasraya."* Tamat.

Lan sapěrkara maning: ana dening jějěněng Kumpěni kang bakal mamrayoga lan anglungguhakěn ing petor Tulang Bawang iku, iya iku Kapitan kang alungguh ing jěro kutha dalěm lan Lutnan saking Jakětra. Maka sakehe ponggawa2 Lampung sakabeh ora kěna ora padha aweh pasuguh atas qadar kawasane. Lan ora kawasa ora sakehe ponggawa Lampung iku padha anuturěna ing larane
136 dhirine saking pangaru-birune wong Palembang (......) sarupaning | lalara. Lan ora kawasa ora sakehe ponggawa Lampung iku padha koněn anuturakěn ing dhirine yen salawas-lawase iku angawula ing Kangjěng Sulṭān Bantěn saking luluhur-luluhure saking dhihin2 těka ing samangko. Iki supaya kasaksenan dening Kapitan iku lan dadiya katětěpan ing atasing ponggawa Lampung iku angawula ing Kangjěng Sulṭān Bantěn, lan supaya ajana wong liyan desa kang wani2 angaru-biru ing dhirine.

Lan saprěkara maning karsa dalěm: iku kinon angundhangakěn ing sakehe wong Lampung padha kinon ambabadi lan ambrěsihi ing panggonaning loji. Ana dening ambane panggonan kang binabadan iku saking panggonaning

16 Texte: *ajaka.*

afin qu'ils puissent immédiatement s'entraider si des problèmes ou des difficultés de toutes sortes survenaient. Il serait bien que le logement des habitants, sujets de Banten, se trouve à proximité de ceux des Hollandais qui assurent la défense à Lampung Tulang Bawang pour qu'il y ait entente sur la réalisation d'une tâche, (……) la bienveillance et les souhaits du palais.

[Article 10. Les *ponggawa* et la Compagnie se doivent une entraide]

Pour que la présence des Hollandais à Lampung Tulang Bawang devienne un 135
signe clair, il faut que Lampung Tulang Bawang retrouve son état antérieur, [c'est-à-dire] qu'il soit aux mains du palais comme il l'a toujours été et [le sera] pour toujours. Pour cette raison, tant que les Hollandais se trouveront dans la région de Tulang Bawang, les *ponggawa* du palais qui y résident devront s'entendre avec le *petor* hollandais de Tulang Bawang pour le bien [de tous] pour que, comme le dit le proverbe d'autrefois : *"Paras paros naga upasraya*[17]*"* [ils s'entraident les uns les autres]. Fin.

[Article 11. Nomination du *petor* et déclaration de loyauté des *ponggawa* de Lampung envers le Sultan de Banten]

Autre cas. Les représentants de la Compagnie, qui décident la nomination du *petor* de Tulang Bawang sont le capitaine résidant dans la ville royale et le lieutenant de Jakĕtra. Tous les *ponggawa* de Lampung, sans exception, doivent offrir un présent en fonction de leurs moyens. Il faut que tous les *ponggawa* de Lampung fassent part de leur problème quand des troubles surviennent avec les habitants de Palembang (……) par exemple | quand ils souffrent de mala- 136
dies. Il faut que tous les *ponggawa* de Lampung déclarent qu'ils sont les sujets de Sa Majesté le Sultan de Banten pour toujours, comme leurs ancêtres depuis toujours et jusqu'à maintenant. Le capitaine doit attester et affirmer que les *ponggawa* de Lampung sont les sujets de Sa Majesté le Sultan de Banten pour que les habitants des autres régions n'osent pas provoquer de troubles à leur encontre.

[Article 12. Défrichage des environs du comptoir]

Autre cas du décret du palais qui s'applique à tous les habitants de Lampung. Ils doivent défricher et entretenir le terrain du comptoir. La superficie du terrain à partir du comptoir[18] : 370 m sur la droite, 370 m sur la gauche, 370 m à l'arrière et

---

17 Il s'agit certainement d'un ancien proverbe javanais. On peut rapprocher ce proverbe de l'expression *'parasparo-upasraya'* qui signifie s'entraider les uns les autres, Zoetmulder, 1982, vol. II, p. 1291.

18 Le texte dit 100 *tumbak* (lance). Un *tumbak* est égal à une superficie de $3{,}6 \times 3{,}6$ m ou $3{,}7 \times 3{,}7$ m, soit 13 m^2.

loji: kang mungguh kanan satus tumbak, kang mungguh keri satus tumbak, kang mungguh ing arĕpe satus tumbak, kang mungguh ing burine satus tumbak, sahingga anĕrang bumi Palembang atawa kali iku tĕlung iring bahe. Lan lamon ana kang kawĕngku ing ukur-ukuran (......) satus kang midĕr, patang
137 mad̲hab iku, iya iku arupa | dhukuh kang ana isine dhukuh iku bubuwahan kang amanfa'ati wo2hane, maka iya iku ora kĕna tinĕgoran wite. Ana dening manfa'ate lan ḥaṣile iku tĕtĕp ingkang aduwe dhukuh. Mongkono maning, lamon ana kang kawĕngku ing ukur-ukuran kang satus tumbak, kang midĕr patang mad̲hab iku, ana umahing wong Lampung iku ora kĕna binubar. Sahingga, lamon ana umah tatanduran iku adhĕdhĕsĕkan kalawan loji iku, bubarĕn alihĕna ing sawiji gĕnah sakira2 adoh kalawan loji lan sakira2 aja dadi kasukĕran ing ra'yat Kumpĕni kang ajaga ing Tulang Bawang. Ana dening ḥaling ambubar lan angalihakĕn ing umah iku, iya iku ora kĕna ora padha denbantu2 kalawan wong akeh. Pacuwan denbuhakĕn maring kang aduwe umah dhewek. Lan pacuwan pambubare iku denrusak2, kaya apa kabeh iku angalihakĕn ing umahe dhewek. Tamat.

Lan sapĕrkara maning karsa dalĕm: yen wus sampurna (......) watĕs iku, maka
138 nuli | kang dadi pangulu Lampung Tulang Bawang iku lan sarewange sakabeh ora kĕna ora muwafaqat kalawan Arya Wiradikĕrama, lan Arya Saramarta, lan Ngabehi Adiwiraksa, lan Arya Wiradimarta ḥaling angumpulakĕn lan amituturi ing sakehe ponggawa Lampung, kang kurang pangawruhe, madhĕp angawula ing dalĕm. Iya iku arĕp kalawan naṣiḥat muwa'aẓah pitutur kang lĕmah-lĕmbut lan kang aris, supaya kĕnaha atine wong iku kabeh padha sarĕgĕp angawula ing Kangjĕng Sulṭān Bantĕn.

Maka lamon wus urus sarta wus sampurna sakehe ponggawa Lampung iku anute ing dalĕm, maka sakehe ponggawa Lampung gĕdhe2 kang anduweni wong iku ning[19] padedesan lan sakehe ponggawa2 kang cili sakabeh iku padha saksekĕna ing petor Tulang Bawang sarta konĕn anulisi sakabeh yen satuhune sakehe ponggawa2 Lampung iku du2 saking Palembang. Tĕgĕse, sakabeh iku ra'yat Kangjĕng Sulṭān Bantĕn salawas-lawase saking luluhur2re iku angawula ing Ratu Bantĕn.

---

19 Texte: *wongkuning.*

370 m sur le devant[20], ou seulement sur trois côtés si [le comptoir] est [au bord] de la rivière pour qu'on puisse voir le territoire de Palembang. Si dans la zone comprise à l'intérieur des (......) 370 m dans les quatre directions, | se trouvent 137
des arbres fruitiers portant des fruits appartenant à un village, il sera interdit de couper les arbres. Leur consommation ou le profit qu'on peut en tirer resteront le bénéfice de ces habitants. De même, si dans la zone comprise à l'intérieur des 370 m dans les quatre directions [5,4 hectares], se trouvent des maisons appartenant à des habitants de Lampung, il sera interdit de les démolir. Néanmoins, si une agglomération et des arbres sont accolés au comptoir, ils devront être déplacés [en un lieu] assez éloigné du comptoir pour ne pas causer de problèmes aux personnes de la Compagnie, assurant la défense à Tulang Bawang. Pour ce qui est de la démolition et du déplacement des maisons, il faudra solliciter l'aide de tous. On ne laissera pas le propriétaire de la maison s'en charger tout seul. De même, on ne devra pas démolir la maison en l'endommageant, mais [il faut le faire] comme s'il s'agissait de sa propre maison. Fin.

[Article 13. Reconnaissance et assujettissement des *ponggawa*]

Autre cas du décret du palais. Quand ceci est réglé (......) la frontière, | le *pan-* 138
gulu de Lampung Tulang Bawang et ses subordonnés, sans exception, doivent s'entendre rapidement avec Arya Wiradikrama, Arya Saramarta, Ngabehi Adiwiraksa et Arya Wiradimarta, pour rassembler tous les *ponggawa* de Lampung, qui ne sont pas au courant et les informer qu'ils ont l'obligation de se reconnaître comme sujets du palais. Cela sera [fait] en donnant des conseils et des avis de façon respectueuse pour « toucher le cœur[21] » de tous les gens et pour les pousser à servir Sa Majesté le Sultan de Banten et à se soumettre à lui.

[Article 14. Déclaration des *ponggawa* sur leur origine]

Quand tous les *ponggawa* de Lampung servent bien le palais et lui obéissent parfaitement, tous les *ponggawa* de rang supérieur, qui ont sous leur contrôle des régions où se trouvent des habitants, et ceux de rang inférieur, sans exception, devront apporter au *petor* de Tulang Bawang la preuve écrite qu'ils ne sont absolument pas originaires de Palembang. En d'autres termes, qu'ils sont tous sujets de Sa Majesté le Sultan de Banten comme leurs ancêtres, et le seront pour toujours.

---

20 La surface qui est déboisée représente environ 5,4 hectares.

21 On préfère garder la traduction littérale javanaise. On aurait pu utiliser le mot « émouvoir ».

139 Lan sapěrkara maning karsa dalěm : yen wus wong Walanda iku sakehe padha alungguh ing pondhoke, maka kang dadi pangulu ing Lampung Tulang Bawang iku lan sarewange sakabeh ora kawasa ora muwafaqat, lan Arya Wiradikrama, lan Arya Saramarta, lan Ngabehi Adiwiraksa, lan Arya Wiradimarta muwah sarewange, sakabeh, ḥaling angumpulakěn ing sakehe ponggawa Lampung kang ana ing udhik lan kang ana ing ilir. Sakabeh iku padha koněn kumpul kabeh iku ing sawiji ěnggon, iya iku panggonaning ponggawa dalěm kang dadi pangulu ing Lampung Tulang Bawang. Padha kinon ararasan wong iku ing petor Tulang Bawang. Lan padha kinon muwafaqat rarasane wong iku kabeh ḥaling tapěl watěs ing Tulang Bawang kalawan Palembang, supaya kasaksenan dening petor Tulang Bawang ing sarjune rarasane sakabeh.

Ana dening ḥaling tapěl watěs iku, kaya apa anane kang wus kinawěruhan dening ponggawa Lampung lan kaya apa kang wus siněbut, sarta densěrahakěn ing da'irah pětha dalěm iki. Těgěse : ananing tapěl watěs iku yen saking jihat dharat iya iku gugunung cili kananing kali Aruhan, maka nuli saparoning běněr
140 kali Katahun. Ana dening (......) jihat lawut | iya iku ṭarap tanjunganing Lěgon Katawe. Maka iya iku ora kěna ora muwafaqat kalawan sakehe ponggawa Lampung Tulang Bawang kang tuwa2. Pacuwan ana angarani liyan saking kaya kang wus siněbut iku.

[Article 15. Délibération du *pangulu* et des *ponggawa* sur la frontière de l'État]

Autre cas du décret du palais. Quand tous les Hollandais se seront installés dans 139
leurs logements, le *pangulu* de Lampung Tulang Bawang et ses subordonnés ainsi qu'Arya Wiradikrama, Arya Saramarta, Ngabehi Adi Wiraksa et Arya Wiradimarta et leurs subordonnés, sans exception, devront se mettre d'accord pour rassembler tous les *ponggawa* de Lampung de l'amont et de l'aval. On leur demandera de se rassembler en un lieu précis, à savoir chez le *pangulu* de Lampung Tulang Bawang. Ils devront rencontrer le *petor* de Tulang Bawang et s'entendre avec lui sur la frontière entre Tulang Bawang et Palembang. En effet, le *petor* de Tulang Bawang devra être le témoin de tous les accords issus de ces discussions.

[Article 16. Frontière entre Lampung et Palembang]

En ce qui concerne les frontières de ce pays, il s'agit de celles reconnues par les *ponggawa* de Lampung, comme mentionné ci-dessus, mais aussi de celles qui se trouvent dans la zone [couverte par] la carte du palais[22]. C'est-à-dire, à l'intérieur des terres[23], la frontière est constituée par la petite chaîne montagneuse située sur la rive droite de la rivière d'Aruhan[24] jusqu'à la moitié de la rivière de
Katahun[25]. Tandis que (......) en direction de la mer, | elle est [constituée] par 140
la chaîne des montagnes du cap de Lĕgon Katawe[26]. Par conséquent, on doit discuter et se mettre d'accord avec les *ponggawa* de Lampung Tulang Bawang les plus expérimentés. Il est interdit de prendre en considération [d'autres frontières] que celles mentionnées ci-dessus.

---

22 Nous pensons qu'il s'agit ici de « la carte » officielle qui recense toutes les possessions du Sultan de Banten.

23 Le texte javanais utilise l'expression « *jihat* » signifiant « en direction de », mais le mot ne peut pas être traduit tel quel en français.

24 La rivière d'Aruhan se trouve sur la côte ouest de Lampung près de Bengkulu.

25 La rivière de Katahun se trouve sur la côte est au nord de Lampung, actuellement dans le district de Manggala du département de Lampung Central.

26 Cette frontière entre Lampung et Palembang existe au moins depuis 1682. Quand le traité a été signé, on a confirmé cette frontière. Le traité est rédigé en néerlandais et en *jawi* entre le sultan de Palembang et le sultan de Banten. Ce traité évoque la frontière entre Lampung et Palembang. Il est conservé à l'*ANRI* à Jakarta. Il est daté du 18 décembre 1739. Il a été signé par toutes les parties, donc par les représentants de la Compagnie : Adriyan de Fock, Jan Hendrik Wigerman, Jacoob van den Boogard (la *VOC*), Kiyayi Arya Nita Nagara, Tumenggung Salah Dinta (les ambassadeurs du Sultan de Banten), Kiyayi Demang Duta Wijaya et Ngabehi Saja Dita (les ambassadeurs du Sultan de Palembang), consulter les archives de Banten nº 78, 4 pages.

Maka lamon wus muwafaqat, sarju sakabeh pangawĕruh ing ponggawa Lampung iku kaya kang wus sinĕbut ing awaling masṭar iku sakabeh, maka sakehing ponggawa Lampung iku padha konĕn ararasan ing petor Tulang Bawang, supaya kasaksenana dening petor Tulang Bawang saking rarasane dhewek. Lan pacuwan kaĕmbon pisan2 dening wong Walanda, yen mas'alah iku wuruq saking kita. Katona pangawruhe dhewek, sabab kalawan satĕmĕne kaya mongkono uga kahanane salawas-lawase.

Maka lamon wus padha muwafaqat sakehe ponggawa Lampung iku ararasana
kaya kang wus sinĕbut iku, maka petor Tulang Bawang iku ajakĕn amariksa
ing kahananing tapĕl watĕs iku sasampurnane, supaya ajana padu pamicara
ing buri. Lamon wus kinawĕruhan kalawan (......) dening petor Tulang Bawang
141 ḥaling tapĕl watĕs iku, | sakabehe, maka agaweha sawiji tandha 'alamating[27]
tapĕl watĕs iku ing saṭarape lan jihate saruntute iku. Agaweha tĕtĕngĕr tandu-
rana kayu kang kĕna denturus lan kang lawas 'umure, atawa anjĕnĕngĕna watu
supaya dadiya tandha 'alamat tĕka ing zaman muta'aẖirin kahanane lan tĕtĕpe.

Lan sapĕrkara maning karsa dalĕm iku : ora kĕna ora muwafaqat kalawan petor
Tulang Bawang ḥaling angulati kabĕcikan, kaya : anaksekakĕn wong kang ora
anut ing Kangjĕng Sulṭān, lan ḥaling alanglang ing sakehe wong Palembang
kang anyolong tuku marica ing wong Lampung Tulang Bawang. Iku ora kĕna
ora kalawan tĕmĕn-tĕmĕn, kaya apa anane larangan dalĕm ing wong kang adol
marica ing nagara Bantĕn. Lan kaya apa anane : wong kang atunggu pabeyan
papariksane ing wong kang anggawa larangan barang kang wus linarangan
dening dalĕm, supaya kang dadi pangulu atunggu ing Tulang Bawang iku aja
kĕna ing ceda lan bĕbĕndu saking dalĕm lan supaya dalĕm aja kĕna ing merang
142 saking Kumpĕni. Lan ḥal mongkono (......) ora kĕna ora muwafaqat | kalawan
petor Tulang Bawang, supaya dadi kabĕcikan anane. Tamat.

Lan lamon anĕmu ingkang anyolong tuku marica, barang jinis, kalawan sawuse dipariksa sarta muwafaqat jĕjĕnĕng dalĕm iku kalawan risyden, maka nuli binandanĕn sarta kirimĕna ing Bantĕn kalawan tulis papariksane. Lamon sih-

27 Texte : *a'alamating*.

port de l'enquête. S'il s'agit d'un acheteur de peu d'importance, la loi s'applique en fonction de sa condition : *daf'u al-ṣā'ili* [empêcher le mal ?].

[Article 21. Interdiction d'entrer en contact avec les habitants de Lampung sans passer par le *pangulu*]

Autre cas du décret du palais. Si un Hollandais manque de quelque chose ou a un besoin quelconque et qu'il [souhaite] le demander aux habitants de Lampung, il n'est pas autorisé à le faire lui-même auprès de ces derniers[30]. Il doit en informer au préalable le *pangulu* de Lampung Tulang Bawang, réprésentant du palais, pour qu'il trouve, si possible, ce que cherche le Hollandais auprès des gens de Banten[31] (……). Fin.

[Article 22. Interdiction d'entrer en contact avec les Hollandais sans passer par le *pangulu*]

Autre cas du décret du palais. Les habitants de Lampung ne doivent en aucun 143
cas donner un présent ou demander de l'aide aux Hollandais. Ils [doivent] passer par le *pangulu* de Lampung Tulang Bawang pour raisons de sécurité[32].

[Article 23. Autorisation du *pangulu* et du *résident*]

Autre cas du décret du palais. Si un Hollandais désire se rendre quelque part, il doit [obtenir l'autorisation] du *pangulu*, représentant du palais, et du *résident*. Ce dernier doit en informer le *pangulu*, représentant du palais, pour qu'on sache s'il s'agit d'un Hollandais qui s'enfuit ou si celui-ci effectue un véritable déplacement. Le Hollandais devra être accompagné par un Bantenois jusqu'à mi-chemin, et ensuite ce dernier retournera à son poste de surveillance.

[Article 24. Procédure d'un délit]

Autre cas du décret du palais. Si un Hollandais porte un préjudice quelconque aux habitants de Lampung, tel qu'acheter à bas prix sous la contrainte, s'intro-

30 On peut s'imaginer que ce passage obligé chez le *pangulu* ne concerne que les affaires d'une certaine importance, par exemple l'achat du poivre.

31 Il est question plus haut des gens de Lampung, peut-être l'expression « les gens de Banten » renvoie-t-elle aux gens de Lampung, sujets de Banten ou peut-être s'agit-il simplement d'une erreur du copiste.

32 Il est difficile de comprendre cet article. Quel est le sens de l'ensemble de l'article ? Comment interpréter cet article ? Est-ce que cela pourrait vouloir dire : « *Les habitants de Lampung ne doivent en aucun cas demander* [*quelque chose*] *aux Hollandais ou rechercher* [*quelque chose*] *auprès d'eux. Pour cela, ils* [*doivent*] *passer par le* pangulu *de Lampung Tulang Bawang pour raisons de sécurité.* » Ceci nous semble la seule possibilité d'interprétation.

atutuku maksa kang du2 rĕgane, kaya manjing ing omahing wong kang ora
144 ingidinan (……) duwe omah, kaya | angaru-biru ing anaq buwahing wong kaya pĕrlenthe kang ora layaq, lan barang sapapadhane, maka sakehe wong kang angawruhi ing kaha, lan iku wong Lampung atawa wong Bantĕn anane, maka kang angawĕruhi iku ora kĕna ora gĕlis2 wawaraha maring kang dadi pangulu ing Lampung Tulang Bawang. Lan kang dadi pangulu ing Lampung Tulang Bawang iku ora kĕna ora gĕlis2 wawaraha ing petor Tulang Bawang, sarta wicaranĕn satutuke kaya apa anane. Sakehe wong Walanda kang agawe duracara ing nagara Bantĕn kang saban2 dentĕkakakĕn pamicarane iku ing kumĕndur Bantĕn. Supaya gĕlis2 denpariksani dening petor Tulang Bawang kalawan kanyatahane, lan supaya denḥukumaken wong Walanda kang agawe duracara iku dening petor Tulang Bawang atas qadar dosane. Lan ḥal mongkono iku kang dadi pangulu ing Lampung Tulang Bawang iku ora kĕna ora lutaten lan sanityasa akon anglanglangi ing iya. Tamat.

Lan sapĕrkara maning: lamon wong Walanda iku arĕp agawe kakĕbonan atawa paquburan atawa arĕp agawe panggonaning patikiwen, maka iya iku ora kĕna
145 pisan2 angliwati | ing lĕmah kang wus dentartantokakĕn paranti kasang saranane ra'yat Kumpĕni kang alungguh ing Tulang Bawang. Tĕgĕse, ing panggonan lĕmah: sawĕwĕngkoning loji iku kang ambane satus tumbak nganan, ngeri, ing arĕp, ing buri.

Lan sapĕrkara maning: lamon ana wong Lampung arĕp anggawa marica ing Bantĕn, maka ora kawasa ora wong Lampung iku aweh wĕruh ing kang dadi pangulu ing Lampung Tulang Bawang, supaya denkawruhi sarta dentulisi sakehe wo2tane marica. Maka sawuse dentulisi dening kang dadi pangulu ing Tulang Bawang, maka wong Lampung kang arĕp anggawa marica iku gawanĕn[33] ing risyden atawa ing wakile, supaya dentulisi sakehe wo2tane maricane. Tĕgĕse, ora kĕna ora muwafaqat tulis Jawa iku kalawan tutulisane risyden.

Lan sapĕrkara maning: arĕp amrayoga lan amatara ing parahu sakabeh kang
146 patut kari |[34] ing Lampung ing masa iki lan kang patut mulih bali ing Bantĕn. Mongkono maning yen wus sampurna.

Lan sapĕrkara maning: arĕp anglarangi ing sakehe wong kang angambil ĕmas; iku ora kĕna pisan2 barang rupaning jinis ing wong, sahingga lamon ana kang kinarsakakĕn, ingidinan dening dalĕm. Maka lamon ana wong kang angam-

---

33 Texte: *gawanĕn nĕng*.

34 En bas de la page 145, à gauche, se trouve « *ing Lampung ing mangsa kini* ».

duire dans une maison sans permission (……) de son propriétaire, | semer le 144
trouble parmi les subordonnés d'une autorité ou toute action similaire, tous les habitants de Lampung ou de Banten devront, si une telle chose arrive, en informer le *pangulu* de Lampung Tulang Bawang. Ce dernier devra en informer immédiatement le *petor* de Tulang Bawang et régler [ce problème] comme il se doit. Un rapport sur les délits commis par des Hollandais dans le Pays de Banten sera remis au commandant [hollandais] de Banten. Ces Hollandais feront l'objet d'une enquête immédiate par le *petor* de Tulang Bawang et seront punis par lui en fonction de la gravité des faits. Aussi le *pangulu* de Lampung Tulang Bawang devra être vigilant et donner les ordres [nécessaires] pour les surveiller. Fin.

[Article 25. Faire un jardin, un élevage ou un cimetière à l'intérieur du comptoir]

Autre cas. Si des Hollandais veulent créer des jardins, un cimetière ou des élevages de volaille, ils ne peuvent en aucun cas dépasser | [les limites] du terrain 145
réservé aux logements des gens de la Compagnie demeurant à Tulang Bawang. C'est-à-dire du terrain s'étendant autour du comptoir, sur une longeur de 370 m, à droite, à gauche, devant et derrière [une superficie totale de 5,4 hectares].

[Article 26. Enregistrement d'un chargement de poivre par le *pangulu* et le *résident*]

Autre cas. Si les habitants de Lampung veulent transporter du poivre à Banten, ils doivent en informer le *pangulu* de Lampung Tulang Bawang pour que le chargement de poivre soit connu et enregistré. Quand ils ont fait enregistrer [ce chargement] par le *pangulu* de Tulang Bawang, ces habitants de Lampung, qui veulent transporter ce poivre, seront conduits au *résident* ou à son représentant pour faire enregistrer [le poivre] par celui-ci. C'est-à-dire que ce qui a été noté en javanais doit être identique à ce qu'a noté le *résident*.

[Article 27. Bateaux devant rester à Lampung ou devant rentrer à Banten]

Autre cas. Il faudra réfléchir et estimer le nombre de bateaux qui devront rester
| à Lampung pendant cette saison et connaître le nombre de ceux qui devront 146
rentrer à Banten. Voilà qui sera bien.

[Article 28. Interdiction d'extraire de l'or]

Autre cas. Il est interdit à tout le monde d'extraire de l'or ou toute chose du même genre sauf pour ceux qui le souhaitent et qui ont obtenu la permission du palais. Si quelqu'un est surpris en train d'extraire de l'or par les chargés de bil ĕmas iku katĕmu dening jĕjĕnĕng palanglang dalĕm, tĕgĕse panglakuning kang dadi panguluning ponggawa kang alungguh ing Lampung Tulang Bawang, maka rampasĕn, sarta rampasane aturĕna ing dalĕm. Lan wonge kĕkĕrĕn ing benteng dalĕm kang ing Tulang Bawang, lan wonge lakokĕna ing gawe dalĕm barang gawe sahingga satahun; iku olihĕna ing kang aduwe batur qahum atawa ing kang duwe kawula. Maka lamon anglakoni maning kaya kang wus kalakon, maka kirimĕna ing Bantĕn sarta angaturana surat ing dalĕm. Parandene samono ing ḥaling wawataraning wong iku, kari wicarane lan paryogane kang dadi panguluning ponggawa ing Lampung.

147 Lan sapĕrkara maning: ora kĕna ora kang dadi pangulu ing Lampung Tulang Bawang iku sanityasa apagunĕman lan mušawarat kalawan petor Tulang Bawang: anggulati kabĕcikan: lan pakenaking wong cili, lan kartaning padedesan, lan urusing parentah, lan barang sapapadhane atas kabĕcikan. Lan kang dadi pangulu iku ora kĕna ora anggawe rewang ro2 atawa tĕtĕlu kang patut kĕna tinari. Ana dening ḥaling mušawarat iku, arĕp amilih dina ing dalĕm sajum'at: pindo atawa ping tĕlu, kaya apa kasukane kang dadi petor Tulang Bawang ḥaling amilih dina iku sarta muwafaqat.

Lan sapĕrkara maning karsa dalĕm: ora kĕna ora kang dadi pangulu ing Lampung Tulang Bawang iku angaturi atur ing dalĕm ing barang rupane kang dadi susukĕr lan pakewuh ing Lampung Tulang Bawang, lan kang dadi palawanan kalawan petor Tulang Bawang. Kang ora kawasa kang dadi pangulu iku angu-
148 rus lan amatutakĕn kalawan pangewasane dhewek, maka iya iku | ora kĕna ora gĕlis2 angaturana surat ing dalĕm sarta tuturĕn sadhapure lan sapĕrtingkahe iku.

Lan sapĕrkara maning karsa dalĕm: ora kĕna ora sakehe ponggawa dalĕm kang ingutus ing Lampung Tulang Bawang arĕp angumpulakĕn ing sakehe ponggawa Lampung, gĕdhe cili, sakabeh. Maka sawusing padha kumpul sakabeh iku ing sawiji panggonan kang pĕryoga, maka wacanĕn undhang2 kang lawas, kang wus ana ing Lampung Tulang Bawang, sarta idhĕpĕna ing maqsude sakabeh. Lan tĕtĕpĕna lan konĕn anglakoni lan konĕn anyinggahi ing barang larangane kang wus sinĕbut ing sajĕroning undhang2 dalĕm iku sakabeh. Lan kinon amaca undhang2 dalĕm kang anyar iki, sarta padha kinon anut lan kinon anyinggahi ing barang larangane kang wus sinĕbut ing dalĕm undhang2 dalĕm anyar iki.

Lan sapĕrkara maning: arĕp agawe panglaku kang juruh amamariksa yen ana padu pamicara. Lan kang ginawe panglaku iku (……) wong kang becik ḫuluqe, sécurité du palais, c'est-à-dire des officiers du *pangulu*, des *ponggawa* demeurant à Lampung Tulang Bawang, ceux-ci doivent saisir [l'or] et l'envoyer au palais. Quant au coupable, il sera emprisonné dans la forteresse du palais qui se trouve à Tulang Bawang et il devra travailler pour le palais pendant un an avant d'être renvoyé chez les siens, pour un *batur*, et chez son propriétaire, pour un *kawula*. S'il récidive, il sera renvoyé au palais à Banten accompagné d'un rapport. Malgré ce rapport, il devra encore attendre la décision et l'avis du *pangulu* des *ponggawa* de Lampung.

[Article 29. L'accord entre le *pangulu* et le *petor* sur le plan du travail]

Autre cas. Le *pangulu* de Lampung Tulang Bawang doit toujours consulter le 147
petor de Tulang Bawang et se mettre d'accord avec lui pour tenter de bien faire : que les *wong cili* [jouissent] de la tranquillité, que la région soit prospère, que les ordres soient appliqués et que toutes choses du même genre soient faites pour le bien [de tous]. Le *pangulu* doit avoir deux ou trois personnes compétentes qui seront ses collaborateurs. Quant à la réunion, il faudra choisir deux ou trois jours de la semaine selon ce que souhaite le *petor* de Tulang Bawang.

[Article 30. Rapport du *pangulu* au sultan]

Autre cas du décret du palais. Le *pangulu* de Lampung Tulang Bawang doit faire un rapport au palais relatif aux difficultés et aux problèmes rencontrés à Lampung Tulang Bawang et aux désaccords survenus avec le *petor* de Tulang
Bawang. Si le *pangulu* ne parvient pas à gérer seul la situation, il devra alors | 148
envoyer un rapport au palais pour lui faire savoir ce qu'il en est et ce qu'il a déjà fait.

[Article 31. Les *ponggawa* doivent faire respecter les lois]

Autre cas du décret du palais. Tous les *ponggawa* du palais envoyés à Lampung Tulang Bawang devront se réunir avec l'ensemble de leurs pairs de Lampung, de rang supérieur ou inférieur, sans exception. Une fois tous rassemblés en un lieu, ils devront lire les lois anciennes en vigueur à Lampung Tulang Bawang et réfléchir à leurs diverses significations. Ils devront ensuite donner l'ordre de s'y conformer et de ne pas enfreindre les interdictions mentionnées dans toutes les lois du palais. On devra aussi lire toutes les nouvelles lois du palais, s'y soumettre et ne pas enfreindre toutes les interdictions mentionnées dans ces nouvelles lois.

[Article 32. Le *pangulu* doit employer un enquêteur]

Autre cas. Il faudra employer un officier pour effectuer une enquête si un désaccord survient au cours d'une rencontre. Cet officier [devra être] (……) de bonne

149 lan kang běcik ḥale, lan arěp ana | wong iku kang pintěr, kang sakira ana anduweni agama, lan sakira2 ana wědine ing *Allāh subḥānahu wa taʿālā.*

Lan sapěrkara maning: arěp agawe juru tulis. Iku arěp ana kang jěmbar budine, lan arěp běcik ḥale, lan arěp ana anduweni santěri kang sakira2 cukup patakone wong desa nagara iku.

Lan sapěrkara maning: arěp aduwe dhudhukun kang anduweni pasěrahan lan angawruhi ing ʻilmu tatanen. Těgěse, angawruhi ing wawatěking lintang sawiji2.

Lan sapěrkara maning: arěp angundhangakěn ing sakehe wong Lampung yen ora kěna anglarangi alas. Yen arěp dentanduri marica (……) gawe galaga.

150 Lan sapěrkara maning: arěp anjěněngakěn gědhong pasimpěnaning marica kang kukuh kang sakira2 aja kěna denbobok dening wong, supaya karaksaha marica kagungan dalěm, lan arěp ana aja konggahan dening banjir. Ana dening panggonane ing Pakuwan.

Lan sapěrkara maning: kang dadi pangulu, jějěněng dalěm, iku ginadhuhan titipan kagungan dalěm reyal: rong ewu reyal tur, iya iku kanggo cawisaning atuku marica kang magang. Anging, pacuwan anunumpangi atawa angrěbuti tutukoning juragan lan papanjěraning juragan. Těgěse, kang kinon tinuku iku marica kang magang. Lan lamon wus olih tutukon marica iku, simpěněn ing gědhong pasimpěnan iku. Lan lamon sakira2 wus olih saparahu, maka aturěna ing dalěm sarta angaturana surat lan reyal kang kanggo atuku iku, tulisana. Lan lamon reyal gagadhuhan iku wus parěk ěnteng, maka (……) angaturana surat ing dalěm.

151 Lan sapěrkara maning: kang dadi pangulu, jějěněng dalěm, iku cinaton kawasa dening dalěm ḥaling anatrapakěn lan angukumakěn sakehe bature wong Ban-

moralité et de bonne condition et en plus | intelligent, pieux et craignant Allah 149
le Tout-Puissant.

[Article 33. Le *pangulu* doit employer un secrétaire]
Autre cas. Quant au secrétaire, il sera de bonne moralité et de bonne condition et doit avoir aussi des subordonnés capables d'être utiles aux habitants de ce Pays.

[Article 34. Le *pangulu* doit employer un astronome]
Autre cas. Il faudra disposer d'un astronome responsable et connaissant la science de l'univers. C'est-à-dire qu'il devra avoir la connaissance de la position de chaque étoile.

[Article 35. Autorisation à tirer profit de la forêt]
Autre cas. Il sera annoncé à tous les habitants de Lampung qu'il [leur] est permis d'entrer dans la forêt. S'ils veulent planter des poivriers (……), ils doivent faire [pousser auparavant] des plantes servant de tuteurs.

[Article 36. Construction en dur d'un entrepôt de poivre]
Autre cas. Il faudra bâtir un entrepôt en dur pour le poivre pour qu'on ne puisse 150
pas y faire de brèche, que le poivre appartenant au palais soit en sécurité et à l'abri des inondations. Il sera situé à Pakuwan[35].

[Article 37. Trésor prévu pour acheter le poivre]
Autre cas. Le palais remettra au *pangulu*, son représentant, la somme de deux mille réaux en espèces destinés à acheter le poivre récolté. Néanmoins, il lui est interdit [d'effectuer] cet achat par l'intermédiaire d'un marchand en gros et de s'approprier les arrhes de ce dernier. Donc, ce qu'il lui faut acheter, c'est le poivre à récolter. Une fois acheté, le poivre sera conservé dans cet entrepôt en dur. Quand la quantité de poivre sera à peu près équivalente au chargement d'un bateau, il sera envoyé au palais accompagné d'un rapport écrit et de la quantité de réaux utilisés pour cet achat. Quand la somme remise sera presque épuisée, alors (……) il faudra prévenir le palais par écrit.

[Article 38. Le *pangulu* est autorisé à punir les coupables]
Autre cas. Le palais donne au *pangulu*, son représentant, le pouvoir de juger 151
et de punir tous les *batur* des habitants de Banten ou ceux des habitants de

35 *Pakuwan* se trouve aujourd'hui dans le district de Lampung Tulang Bawang.

tĕn atawa wong Lampung, gĕdhe cili, sakabeh ponggawa anane atawa wong cili-ciline sakabeh atawa ing wong liyan2 jinis kang lumaku ing panggawe ala iku. Lamon wus nyata salahe, kaya apa papariksane ing kahalane wong iku kabeh, maka iya iku ingidinan dening dalĕm anatrapakĕn barang rupaning tatrapan kang patut: denrante atawa denbanda atawa denbĕlok atawa denkurung bahe iku lakokĕna uga. Anging, lamon wus tinatĕrapakĕn sakehe wong iku, maka angaturana surat ing dalĕm, lan tulisana barang salahe lan dosane sakabeh.

Lan sapĕrkara maning: arĕp agawe garogol kang kukuh paranti angurung wong kang anduweni dosa, kaya saupama katandhan.

152 Lan sapĕrkara maning karsa dalĕm: ing sakehe ponggawa Lampung ingkang padha utang ing dalĕm, lan ing sakehe ponggawa Lampung, lan wong cili-ciline ingkang padha duwe utang ing para juragan iku karsa dalĕm. Ora kĕna ora padha amardiya lan amitu2ri kalawan basa kang aris ing sakehe wong Lampung iku padha anduweni utang: padha kinon anahuri marica ing sautang lan sautange. Ana dening ingkang anampani sakehe panahur iku, iya iku kang dadi panguluning ponggawa dalĕm kang alungguh ing Lampung Tulang Bawang. Maka aja wĕdi anampani ing panahur marica iku sabab ora sajangkĕpe utange iku, sahingga kurang saking sabara, iku aja dentampani. Ana dening sakehe wong kang anahur iku, padha tulisana kehe panahure lan karine utange. Lan sakehe panahure wong iku kirimĕna ing Bantĕn. Lan tulisana kang aduwe milik sawiji2 iku lamon ana panahur marica iku ana sawo2taning pacalang[36] sawiji atawa saparyogane.

Lan sapĕrkara maning: arĕp anjĕnĕngakĕn masjid atas qadar kawasane. Wajibe ing desa iku kaya apa anane kang wus (……) ing dalĕm kitab pĕqih[37]. Lan
153 lamon masjid iku wus dadi, maka ora | kĕna ora anganggo ṣalat Jum'at. Iku wajib, lan ingaranan farḍu 'ayn. Ana dening tĕkaning wajib lamon ana ing desa iku sakĕdhik-kĕdhike akumpul wong patang puluh kang amardika, upamaning lĕwihe. Lan išarate ṣalat Jum'at iku arĕp ana wong lanang kang amardika patang

---

36 *Pacalang*: bateau de commerce malais pour la mer à un ou deux mâts utilisés à l'ouest de Java et à Lampung pour le transport des denrées, *EvNI*, 1927, vol. V, p. 439.

37 *Pĕqih* est une forme javanaise du mot arabe *fiqh*, traduit ici par «la normativité islamique».

Lampung, qu'ils soient de rang supérieur ou inférieur; tous les *ponggawa*, les *wong cili* ou toutes les couches de la population qui commettent de mauvaises actions. Quand la faute d'une de ces personnes est avérée après enquête, le *pangulu* sera autorisé par le palais à appliquer toutes les peines nécessaires et justifiées : mettre en chaînes[38], menotter, mettre au carcan ou emprisonner. Après avoir réglé le cas de toutes ces personnes, [le *pangulu*] devra envoyer un rapport écrit au palais dans lequel seront mentionnés toutes leurs fautes et leurs manquements.

[Article 39. Construction d'une prison]
Autre cas. Il faudra construire une enceinte solide pour emprisonner les coupables comme à la prison du bureau de la douane[39].

[Article 40. Paiement d'une dette de poivre]
Cette décision du palais est destinée à tous les *ponggawa* de Lampung endettés 152
auprès du palais ainsi qu'à tous les *ponggawa* de Lampung et les *wong cili* endettés auprès des marchands en gros. On devra approcher les gens de Lampung endettés et leur donner amicalement des conseils, ils doivent rembourser leur dette en [quantité] de poivre proportionellement à leur dette. C'est le *pangulu* des *ponggawa* du palais, résidant à Lampung Tulang Bawang, qui recevra tous ces remboursements. Il ne faut pas hésiter à accepter le remboursement en poivre même si ce n'est pas la totalité [de la dette], mais il ne faut pas accepter moins d'un *bara* [187,5 kg]. On notera le montant du remboursement et le reste dû des dettes de tous ceux qui ont remboursé et on enverra le montant de ces remboursements à Banten. On notera le nom des payeurs si le remboursement en poivre atteint le montant d'un *pacalang* [bateau de commerce] ou son équivalent.

[Article 41. Construction d'une mosquée]
Autre cas. Il faudra édifier une mosquée selon les moyens disponibles. Cette obligation est conforme à ce qui est (……) dans les livres du *fiqh*. Quand la mosquée sera construite, | elle devra être utilisée pour la prière du vendredi. Ceci 153
est une obligation et elle s'appelle *farḍu 'ayn*. Cette obligation est [applicable] si en un lieu se trouvent rassemblés au moins 40 hommes libres. Effectivement, la condition pour faire la prière du vendredi est la présence [d'au moins]

38 La peine d'être enchaîné existait aussi dans l'*Undang-Undang Jambi*, article 17, sur la peine d'un voleur : « [...] *Maka hukumnya dirantai disuruh ia bekerja di dalam kota Duli Baginda* », *Undang-Undang Jambi* dans Djamaris et al., 1981, p. 151-172 et 157-158.

39 Il s'agit de la prison du *pabean* à Banten, à l'ouest de la rivière Cibanten.

puluh. Lan arĕp anjĕnĕngakĕn ṣalat ari raya ro2, karana iku sunnat muwakad. Lan ing masjid iku ĕnggonĕn bĕrjama'ah[40] ing saban-saban waqtu lilima, karana wus sinĕbut ing dalĕm hadīṯ: "*al-ṣalātu 'imādu al-dīn.*" Tĕgĕse, ṣalat iku tiyanging agama. Ana dening dawane karsa dalĕm iki kaya apa anane kang wus maḏkur ing dalĕm kitab pĕqih.

Lan sapĕrkara maning karsa dalĕm: iku ora kawasa ora muwafaqat lan sakehe ponggawa Lampung. Anging ḥaling muwafaqat iku arĕp kalawan sirri lan rĕcĕp. Tĕgĕse, lamon ana wong Lampung iku duwe padu padha wong Lampung atawa wong Lampung iku duwe padu kalawan wong Bantĕn, kang anduweni padu
154 wong Bantĕn: ponggawa (......) wong cili anane. | Iku ora kĕna pisan2 si Lampung iku yen anjaluq ḥukum atawa bĕbĕnĕran ing risyden kang alungguh ing Tulang Bawang kalawan karĕpe dhewek, yadyan barĕnga kalawan kang dadi pangulu ing Lampung Tulang Bawang. Pon ora kĕna uga balik, yen ana padu pamicaraning wong Lampung Tulang Bawang atawa yen ana padu pamicarane wong Bantĕn padha Bantĕn, iku padha anjaluq bĕbĕnĕran maring kang dadi pangulu ing Lampung Tulang Bawang. Lan kang dadi pangulu ing Lampung Tulang Bawang iku ora kĕna ora muwafaqat kalawan ponggawa Bantĕn papat lan ponggawa Lampung kang tuwa2, kang pintĕr2, kang bĕragama iya iku ponggawa papat maning, supaya kita anĕmu kabĕnĕran lan kasalamĕtan ing desa ro2 ḥaling muṣlaḥataken lan amĕgat ing padu pamicara iku. Yadyan, anaha kang kinalahakĕn iku ora anarima; tĕka, paksanĕn pĕgatĕn uga pamicara iku, yen wus muwafaqat kang dadi pangulu ing Lampung Tulang Bawang iku kalawan sakehe ponggawa, kang wus sinĕbut ing awaling masṭar iku.

40 Texte: *bĕrjum'ah.*

40 hommes libres[41]. Il faudra faire la prière lors des deux grandes fêtes[42], car celles-ci sont les prières recommandées. Cette mosquée sera utilisée pour faire les cinq prières ensemble. En effet, il est dit dans le hadith "*al-ṣalātu 'imādu al-dīn*[43]", à savoir, la prière est un pilier de la religion. Ce décret du palais est conforme à ce qui est indiqué dans les livres du droit musulman.

[Article 42. Interdiction de demander une justification auprès du *pangulu* ou du *résident*]

Autre cas du décret du palais. Tous les *ponggawa* de Lampung devront se mettre d'accord. Mais, cette concertation devra se faire de façon discrète et satisfaisante. C'est-à-dire, si un habitant de Lampung a un différend avec un autre habitant de Lampung ou si un habitant de Lampung a un différend avec un habitant de Banten ou si ce sont des habitants de Banten, *ponggawa* (……)
ou *wong cili*, qui ont un différend, | il est absolument interdit aux habitants 154
de Lampung de demander de leur propre initiative un jugement ou une justification auprès du *résident* demeurant à Lampung Tulang Bawang, à moins qu'ils ne soient accompagnés par le *pangulu* de Lampung Tulang Bawang. De même, il est interdit aux habitants de Lampung ou à ceux de Banten, en cas de différend, entre eux, de chercher justification auprès du *pangulu* de Lampung Tulang Bawang. Celui-ci devra se concerter avec les quatre *ponggawa* de Banten et les quatre *ponggawa* de Lampung les plus expérimentés, sages et pieux pour trouver la justice et la paix dans ces deux régions pour le bien [de tous] et pour calmer les disputes. Cependant, si la décision [n'est pas acceptée] par les perdants, qu'on les amène [chez le *pangulu*[44]] et qu'on les force à régler cette dispute avec l'accord du *pangulu* de Tulang Bawang et de tous les *ponggawa*, comme cela a été dit plus haut.

---

41 La prière du vendredi doit être faite dans une mosquée. Elle n'est obligatoire que dans les localités importantes, et avec la participation d'un nombre minimum d'hommes qui y habitent régulièrement, à savoir (l'imām compris) : 4 selon les Hanafites, 12 selon les Mālikites, 40 selon les Shāfi'ites et les Ḥanbalites, *EI*, VIII, 1995, p. 956-965, surtout p. 962. Ce texte se réfère à un livre de l'école shaféite, mais on ne sait pas lequel. En effet, la phrase suivante mentionne que la condition de la prière du vendredi est la présence de 40 hommes libres. Cette condition est sans aucun doute la marque de l'école shaféite.

42 La prière d'Iëd Fitri (la rupture du jeûne) et la prière d'Iëd Adha (des sacrifices).

43 Ce hadith est rapporté al-'Asqalānī, 1997, p. 10, nº 11.

44 On peut supposer qu'il s'agit de les amener chez le *pangulu*, mais ceci n'est pas précisé dans le texte javanais.

Lan ora kěna ora sakehe kang dadi jaksa iku arěp amĕruhakĕn lan angidhĕ-
pakĕn ing salahe sakehe (……) padu, supaya angawruhana ing salahe dhewek.
155 Lan ora | kěna pisan2 iku ingukumakĕn ing wong kang tumĕka ing ḥukum
qiṣaṣ atawa ḥukum ḥad, tĕgĕse ḥukum anugĕl tangan. Yadyan, muwafaqata lan
sakehe ponggawa Bantĕn lan ponggawa Lampung pun, ora kĕna uga.

Maka lamon wus tutug papĕriksane sarta muwafaqat kalawan ponggawa Lampung sarta papariksan, kinon anulisi ing barang kahanane : maka kang padu iku sakarone lan sarupane tutulisan papariksane iku. Aturĕna ing dalĕm, supaya dalĕm kang andhawuhi ḥukum ingatase karone iku.

Lan maning sakehing ponggawa Bantĕn lan ponggawa Lampung kang dadi
jaksa iku arĕp angalap saking ḥukum šara‘ sa'atas qadare pangawruhe (……)
156 angalap saking ḥukum šara‘ | iku, ora kĕna ora kukuh kaya apa saḥukume iku,
lakokĕna. Lan lamon angalap saking ḥukum dirgama, iya iku arĕp bĕnĕr dirgamane, kaya kang wus kalakon saban2 atawa tatrapan iku kaya kang wus sinĕbut ing dalĕm undhang2.

Karana lĕwih angel wong kang dadi jaksa iku kaya sa'upamaning timbangan. Tĕgĕse, ora kĕna abot sasisih karana anolih ing sawiji2 šay' atawa karana anolih ing sanak, pawong sanak, atawa karana wong gĕdhe, kaya pangandikane kang maha luhur : *"Yā dāwūdu 'innā ja'alnāka ḫalīfatan fi al-'arḍi faḥkum bayn al-nāsi bi al-haqqi wa lā tattabi' al-hawā fayuḍillaka 'an sabīlilLāh."* Tĕgĕse, "Heh Dawud, satuhune isun andadekakĕn isun ing sira gaganti ing dalĕm bumi, maka

[Article 43. Tâche et autorité du juge]

Tous les juges[45] feront connaître les fautes de chacun et donneront leur avis
(……) disputes, pour que chacun connaisse ses torts. Il est | formellement inter- 155
dit de condamner quelqu'un à la peine du *qiṣaṣ* ou à la peine du *ḥad*, c'est-à-dire
la condamnation à avoir la main coupée[46]. Même si tous les *ponggawa* de Ban-
ten et de Lampung sont d'accord, ceci n'est pas permis.

[Article 44. Rapport du juge au sultan]

À la fin d'une enquête si [le juge] accepte la conclusion faite par les *ponggawa* de Lampung, il doit faire un rapport sur la situation : le différend entre les deux parties et [joindre] la copie du rapport de l'enquête. Il devra remettre celui-ci au palais pour que ce dernier prononce un jugement concernant les deux parties.

[Article 45. Les sources de décision du juge]

Tous les juges, qu'ils soient les *ponggawa* de Banten ou de Lampung, doivent
utiliser la charia pour autant qu'ils la connaissent. (……) [Ainsi], si on utilise la
charia, | on doit l'appliquer telle qu'elle est : « Faites comme cela ». Si on utilise 156
le droit coutumier [le *dirgama*], il faut vraiment suivre le droit coutumier qui
est appliqué pour tous ; ou juger selon les lois existantes.

[Article 46. Le juge doit être juste]

[La fonction] de juge est aussi délicate qu'une balance. C'est-à-dire qu'il ne doit pas privilégier une partie ou l'autre en fonction d'une raison [donnée] : la parenté, le lien familial ou le haut statut social. Comme le dit le Très-Haut : *« Yā dāwūdu 'innā ja'alnāka ḫalīfatan fi al-'arḍi faḥkum bayn al-nāsi bi al-haqqi wa lā tattabi' al-hawā fayuḍillaka 'an sabīlilLāh*[47]. », à savoir, « Ô David ! Nous t'avons

---

45 *Jaksa* était le chef de la justice (*dhyakṣa*) à l'époque du royaume de Madjapahit au XIVe siècle, Pigeaud, 1960, vol. IV, p. 353-355. Aux XVIIIe et XIXe siècles, *jaksa* était un juge en droit coutumier à Java selon Raffles, 1817, vol. I, p. 277, mais on ignore ce qu'il en était pour Banten. En tout cas, le *jaksa* à Banten avait une haute position dans le domaine juridique. On voit dans l'illustration numéro 13 du livre *De Eerste Schipvaart* (Lodewycksz, vol. I, 1915, p. 114) qu'il se trouvait devant le Premier ministre ce qui peut montrer l'importance de sa position.

46 Cette phrase ne fait pas une distinction claire entre le *qiṣaṣ* qui est la loi du talion appliquée lors d'un homicide et le *ḥadd* qui est la sanction pour certains actes interdits ou répréhensibles par des châtiments dans le Coran. L'exemple donné dans cette phrase, à savoir la peine d'avoir la main coupée, est du *ḥadd* pour le vol (*sariqa*) et non pas du *qiṣāṣ*.

47 QS. Ṣād/38:26.

ḥukumĕna ing antaraning sakehing manusya kalawan sabĕnĕre, lan aja anut ing hawa nafsu, maka anasarakĕn iya ing sira saking dadalan ing Allāh."

Lan lamon ana wong kang padu iku wus pinĕthot padune dening sakehe kang dadi jaksa ing Lampung Tulang Bawang ora kĕna ora[48] kang dadi pangulu ing
157 Lampung iku gĕlis2 kongkonana | angaturi atur ing dalĕm barang kahanane pengĕthatane. Tĕgĕse, angaturi atur ing dalĕm ing saban2 sawulan sapisan atawa pindho atawa ping tĕlu ing barang kahananing ḥaling pamicara kang denlakoni ing dalĕm sajĕroning wulan iku.

Lan sapĕrkara maning karsa dalĕm: ing sakehe wong Lampung Tulang Bawang, gĕdhe cili, sakabeh, pacuwan angowahi atawa amuwuhi gĕdhene atawa angurangi ing gĕdhene ing kulaq marica kang samangko iki ana ing atas tangane kang dadi pangulu ing Lampung Tulang Bawang, karena iku cithakan kulaq saking kang dhihin-dhihin. Lan wus muwafaqat kalawan kulaq dalĕm kang ana ing nagara Bantĕn kang paranti angulaq marica ing gĕdhong Pamarican. Lan wus muwafaqat kalawan kulaq dalĕm kang ana ing atas tangane kumĕndur kang ana ing nagara Bantĕn

Lan lamon ana salah sawiji wong kang angowahi ing kulaq iku ing ḥale dadi angurangakĕn atawa anglĕwihakĕn saking kulaq kang ana ing atas tangane
158 kang dadi pangulu ing Lampung Tulang Bawang[49] barang kang dadi | angowahakĕn, maka wong kang angowahi iku cinĕkĕl, gawanĕn ing Bantĕn, aturĕna ing dalĕm. Ana ḥukum dalĕm.

Lan sapĕrkara maning: kang dadi pangulu ing Lampung Tulang Bawang iku ingidinan anikahakĕn ing sakehe wong Lampung lan ing sakehe wong Bantĕn barang jinising wong kang ana ing Lampung Tulang Bawang. Iya iku atas wali ḥakim atawa agaweha wakil.

---

48 Bien que le passage soit situé dans la partie abîmée, on peut reconstituer cette phrase assez facilement grâce à la structure similaire des phrases dans les articles précédents.

49 Malgré la défectuosité du manuscrit, il faut très certainement lire Tulang Bawang.

fait vicaire sur la terre. Arbitre entre les hommes par le moyen de la vérité ! Ne suis pas la passion car elle t'égarerait loin du Chemin d'Allah[50] ».

[Article 47. Rapport du *pangulu* sur les sentences du juge]

Les règlements des différends par les divers juges de Lampung Tulang Bawang doivent être rapportés | au palais par le *pangulu* de Lampung dans les plus brefs 157
délais. En d'autres mots, on doit informer régulièrement le palais, une, deux ou trois fois par mois, des décisions prises pendant ce mois-là.

[Article 48. Interdiction de modifier la mesure de poivre]

Autre cas du décret du palais. Il est interdit à tous les habitants de Lampung Tulang Bawang, de rang supérieur ou inférieur, sans exception, de modifier, d'augmenter ou de réduire le *kulak*[51] [une mesure de 3,7 litres] de poivre tel qu'il se trouve actuellement gardé par le *pangulu* de Lampung Tulang Bawang, car cette réplique du *kulak* existe toujours depuis les temps anciens. Il doit être identique au *kulak* du palais pour mesurer le poivre dans l'entrepôt à Pamarican[52] dans le Pays de Banten. [Ce *kulak*] doit aussi être identique au *kulak* du palais qui est gardé par le commandant [hollandais] résidant au Pays de Banten.

[Article 49. Peine pour avoir modifié la mesure]

Si quelqu'un modifie le *kulak* gardé par le *pangulu* de Lampung Tulang Bawang en l'augmentant, en le diminuant ou en le modifiant totalement, | il devra être 158
arrêté, amené à Banten[53] et remis au palais. Telle est la loi du palais.

[Article 50. Pouvoir du *pangulu* de marier les gens]

Autre cas. Le *pangulu* de Lampung Tulang Bawang est autorisé à marier tous les habitants de Lampung, de Banten et toutes les personnes se trouvant à Lampung Tulang Bawang. Il [le *pangulu*] agit en tant que mandataire de la mariée [*wali ḥakim*] ou il nomme un représentant.

---

50 QS. Ṣād/38:26, Blachère, 1999, p. 484.

51 Ancienne unité de mesure équivalente à 3,7 litres [environ 2,7 kg], *EvNI*, 1918, vol. II, p. 687.

52 *Pamarican* : est-ce le nom du quartier actuel ou s'agit-il tout simplement de l'entrepôt de poivre ? Nous l'ignorons et n'avons pas trouvé ce nom dans les sources historiques aux XVIIe et XVIIIe siècles. Effectivement, ce nom est inconnu à Banten jusqu'au XIXe siècle.

53 Il s'agit ici de la peine d'exil à Banten.

Lan sapĕrkara maning: kang dadi pangulu ing Lampung Tulang Bawang iku
ingidinan amĕgatakĕn: analaq ing wong kang alaki rabi. Tĕgĕse, lamon ana si
wadon iku hiyar angungsi ing kang dadi pangulu ing Lampung Tulang Bawang
anjaluq ṭalaq, sabab lakine si wadon iku anyĕrang jangji bumi kang (……) ing
159 dalĕm panikaḥ, atawa ana lakine si wadon | katĕkan sawiji ʻillat kang wus sinĕ-
but ing dalĕm kitab, kang kongang denhiyaraken dening rabine, maka kang
dadi pangulu ing Lampung Tulang Bawang iku ingidinan analaq ing wong iku.

Lan sapĕrkara maning: pacuwan ora padha anut ing kang dadi pangulu ing
Lampung Tulang Bawang, karana kang dadi pangulu ing Tulang Bawang iku
wus sinungan kawasa paparentah lan angukumakĕn ing barang sarupaning
wong kang agawe maʻṣiyat lan wong kang anyĕrang ing undhang2 dalĕm. Sarta
kang dadi pangulu ing Tulang Bawang iku ginadhuhan surat piyagĕm tĕkĕnan
lan surat undhang2 kang saking zaman Kangjĕng Sulṭān Ḥajji, maka iya iku
kang kinon anglakokakĕn. Ana dening liyan saking kang sinĕbut ing sajĕro-
ning surat tĕkĕnan lan undhang2 iku, iya iku apa sapĕryogane kang patut kala-
wan agama lan dirgama, apa maning kang patut kalawan šaraʻ. Iku pacuwan
ora padha anut lan pacuwan ora padha denjurung dening sakehing ponggawa
160 Lampung Tulang Bawang (……) sakabeh, apa maning | wong cili-ciline. Lan
pacuwan ora padha denjurung dening sakehe wong Bantĕn sakabeh barang
rupaning ayahan dalĕm, gĕdhe cili, sakabeh. Tamat.

Lan sapĕrkara maning karsa dalĕm: ing sakehe ponggawa Lampung Tulang Bawang, gĕdhe cili, sakabeh iku pacuwan ora padha anjurung ing ḥaling pangan barang kakuranganing potusan: ponggawa dalĕm kang alungguh ing Tulang Bawang lan sarewange sakabeh. Ana dening kang dadi panguluning ponggawa kang alungguh ing lampung Tulang Bawang iya iku Raden Cakranagara.

[Article 51. Pouvoir du *pangulu* de rompre le mariage]

Autre cas. Le *pangulu* de Lampung Tulang Bawang est autorisé à prononcer
le divorce des époux. C'est-à-dire si une épouse va voir le *pangulu* de Lam-
pung Tulang Bawang pour lui demander le divorce parce que son époux n'a pas
respecté ses vœux officiels[54] (……) dans le mariage, ou si son époux | a un com- 159
portement correspondant à l'une des causes permettant le divorce, comme il
est dit dans le livre[55], c'est-à-dire des raisons pour qu'une épouse puisse deman-
der le divorce, le *pangulu* de Lampung Tulang Bawang est autorisé à prononcer
le divorce des époux.

[Article 52. Sources du droit de *pangulu*]

Autre cas. Tous les habitants doivent obéir au *pangulu* de Lampung Tulang
Bawang, car celui-ci a reçu le pouvoir de gouverner et de juger toutes les per-
sonnes ayant commis des actes répréhensibles et ayant enfreint la loi du palais.
Puisque le *pangulu* de Tulang Bawang possède une copie du texte de l'accord
et des décrets du règne de Sa Majesté le sultan Haji, il doit les appliquer. Si cer-
tains cas ne sont pas précisés dans l'accord ni dans les décrets, il faut prendre
des décisions conformes au droit de l'*agama* et du *dirgama* et plus encore à la
charia. Tout ceci doit être suivi et respecté par tous les *ponggawa* de Lampung
Tulang Bawang (……) sans exception, et même par | tous les *wong cili*. Tout ceci 160
doit être accepté par tous les habitants de Banten, par exemple pour toutes les
tâches exigées par le palais, importantes ou non. Fin.

[Article 53. Aide lors du manque de ravitaillement]

Autre cas du décret du palais. Tous les *ponggawa* de Lampung Tulang Bawang, de rang supérieur ou inférieur, sans exception, doivent apporter leur aide si des gens envoyés [par Banten] manquent de ravitaillement : les *ponggawa* du palais résidant à Tulang Bawang et leurs subordonnés. Le *pangulu* des *ponggawa* qui réside à Lampung Tulang Bawang est Raden Cakranagara[56].

---

54 *Janji Bumi* : sans doute s'agit-il de *taʿlīq ṭalāq*. C'est-à-dire jurer de respecter certaines lois dans le mariage. Si l'époux y faillit, l'épouse peut demander le divorce.

55 Il s'agit certainement ici d'un livre du droit musulman (*fiqh*). Mais on ne sait pas à quel livre ce texte fait référence.

56 Cakranagara fut l'un des dignitaires du sultanat de Banten à l'époque du sultan Zainul Arifin. Il signa (avec Pangeran Arya Purbanagara, Pangeran Wangsaduta, Ki Arya Suraduta et Utama Dikara) un accord économique et commercial entre le sultanat de Banten et la *VOC* de Batavia, le 6 octobre 1734, *De Opkomst*, 1877, vol. IX, p. 247-249.

Lan sapĕrkara maning: lamon Raden Cakranagara kalaran atawa tumĕka ing ajale, maka iya iku kang anggĕnteni Ngabehi Adiwiraksa (……).

Lan sapĕrkara maning (……) amicara ing Lampung: pangulune Raden Cakra-
161 nagara, | bature Mas Bungsu Caringin, Ngabehi Nayamarta, Arya Wiradikrama, Arya Saramarta, Ngabehi Adiwiraksa, Arya Wiradimarta, Tubagus Najmuddin, Raden Suranggana, Ngabehi Ḥusen. Ana dening katartantuwane kang amicara ing risyden, iya iku Raden Cakranagara, bature Mas Bungsu, Ngabehi Nayamarta, Arya Wiradimarta, Arya Saradinata, Arya Jayaduta.

Ana dening kang amicarakakĕn kagungan dalĕm, reyal lan dagangan, iya iku ĕnggo tuku marica: Arya Wiradikrama, lan Ngabehi Adiwiraksa, lan Raden Suranggana.

Ana dening kang amicara ing ḥaling wong Lampung, andhawuhi wong Lampung iya iku: Arya Saramarta, Tubagus Najmuddin (……)

162 Ana dening taqdir, taqdiring panggawe kang dadi pamicara, aẖire tamate sukĕr lan gampange, iya iku arĕp muwafaqat dadi sawiji ḥaling jurung-jinurung ing ayahan dalĕm kang padha denlakoni iku, sarta sakabehe iku paryogane Raden Cakranagara.

[Article 54. Remplacement du *pangulu*]
Autre cas. Si Raden Cakranagara tombe malade ou décède, il sera remplacé par Ngabehi Adiwiraksa (……).

[Article 55. Dirigeants de Banten à Lampung]
Autre cas (……) ceux qui ont autorité à Lampung sont : le *pangulu* Raden Cakranagara et | son *batur*[57] Mas Bungsu Caringin, Ngabehi Nayamarta, Arya Wiradi- 161
krama, Arya Saramarta, Ngabehi Adiwiraksa, Arya Wiradimarta, Tubagus Najmuddin, Raden Suranggana et Ngabehi Husen. Ceux qui prennent la décision avec le *résident* sont : Raden Cakranagara et son *batur* Mas Bungsu, Ngabehi Nayamarta, Arya Wiradimarta, Arya Saradinata, et Arya Jayaduta[58].

[Article 56. Trésorier du palais à Lampung]
Ceux qui ont autorité sur les biens du palais, soit en espèces, soit en marchandise pour l'achat du poivre sont Arya Wiradikrama, Ngabehi Adiwiraksa et Raden Suranggana.

[Article 57. Responsable des habitants à Lampung]
Ceux qui ont autorité sur les habitants de Lampung et qui ont le droit de leur donner les ordres sont Arya Saramarta et Tubagus Najmuddin (……).

[Article 58. Entraide mutuelle]
Si l'ordre d'accomplir une tâche devient sujet de discussion parce qu'elle se 162
révèle difficile ou [trop] facile, on doit rester tous unis pour accomplir ensemble cette tâche exigée par le palais en se basant sur les conseils de Raden Cakranagara[59].

57 Ici le *batur* signifie très certainement un subordonné et pas un dépendant, ni un serf ni un esclave.

58 Les dignitaires du sultanat de Banten mentionnés dans les articles 54-57 vivaient sans aucun doute sous le règne du sultan Zainul Arifin. Mais on n'en connaît pas davantage à leur sujet.

59 La page 163^{v} est très difficile à lire car l'écriture est extrêmement mauvaise et le papier très abîmé.

Bibliographie

Sources Manuscrites

Universiteitsbibliotheek Leiden (UBL)

Cod.Or. 5626, *Registre du cadi de Banten.*

Cod.Or. 7936, *Recueil de manuscrits de Banten.*

Cod.Or. 7387, *Babad Bantĕn.*

Cod.Or. 7390, *Sajarah Bantĕn.*

L.Or. 8250, *Clichés photographiques d'inscriptions de Banten.*

KITLV, Leyde

H. 234, *Translaat Geslacht Register der Onvervolgende Javaanse en Bantamse Vorsten.*

Perpustakaan Nasional Republik Indonesia (PNRI) Jakarta

Ml. 104, Ml. 419, et Ml. 417, *Sirāṭ al-Mustaqīm.*

Ml. 445, Ml. 473, Ml. 289 et Ml. 399, *Mir'āt al-Ṭullāb.*

KBG 975, *Serat Adat Tjara Djawi Banten-Lér*, Mas Toeramoen (138 p., 1923).

Ml. 533, *Undang-Undang Aceh.*

Arsip Nasional Republik Indonesia (ANRI) Jakarta

Archives de Banten, n°72.

Archives de Banten, n°73.

Archives de Banten, n°74.

Archives de Banten, n°76.

Archives de Banten, n°77.

Archives de Banten, n°78.

British Library (BL), London

Mack. Misc. 81, *Translations of the article of J. De Rovere van Breugel "Bedenkingen over den Staat van Bantam"*, Indian Office Records. Mackenzie Collection.

Archives des Missions Étrangères de Paris (AMEP)

VACHET Bénigne, «Mémoire de Mr. Bénigne Vachet», microfiche, vol. 112B, *Mémoires sur la prise de Bantan par les Hollandais*, 7e jaquette, p. 376-417.

BULAC

MARRE Aristide, «Préface», dans *La translittération et la traduction d'un manuscrit malais Ms. no 12 à la* Bibliothèque nationale de France, Paris, p. 1-16, 1874.

Sources Primaires

Adatrechtbundels, bezorgd door de commissie voor het adatrecht, uitgegeven door het Koninklijk Instituut voor de Taal-, Land- en Volkenkunde, 45 volumes, 's-Gravenhage, M. Nijhoff, vol. 34, 1910-1955.

Corpus Diplomaticum Neerlando-Indicum Verzameling van Politieke Contracten en Verdere Verdragen door de Nederlanders in Het Oosten Gesloten : van Privilegebrieven aan hen Verleend, Enz., 6 volumes, Heeres J.E. et Stapel W.F., 's-Gravenhage, M. Nijhoff, 1907-1955.

CORTEMÜNDE Johan Petri, *Dagbog fra en Ostiendiefart, 1672-1675*, Henning Henningsen (éd.), Kronborg, Sohistoriske Skriften V, 1953.

Dagh-Register gehouden int Casteel Batavia vant passerende daer ter plaetse als over geheel Nederlands India, het Departement van Koloniën, 's-Gravenhage, M. Nijhoff & Batavia, Landsdrukkerij, 1887-1931.

De Opkomst Van Het Nederlansch Gezag in Oost-Indië. Verzameling Van Onuitgegeven Stukken Uit Het Oud-Koloniaal Archief, 13 volumes, Jonge J.K.J., 's Gravenhage-Amsterdam, M. Nijhof & F. Muller, 1862-1888.

Generale Missiven van Gouverneurs-Generaal en Raden aan Heren XVII der Verenigde Oostindische Compagnie, 13 volumes, vol. 1-8 édit. par Coolhaas W.Ph., 's-Gravenhage, M. Nijhoff, 1960-2007.

G.M.A.W.L, *Premier livre de l'histoire de la navigation aux Indes Orientales par les Hollandois*, Amsterdam, Cornille Nicolas, 1609.

LODEWYCKSZ Willem, *De Eerste Schipvaart der Nederlanders Naar Oost-Indië onder Cornelis de Houtman 1595-1597*, Rouffaer G.P. & Ijzerman J.W. (éds.), 3 volumes, 's-Gravenhage, Martinus Nijhoff, 1915-1929.

STAVORINUS J.S., *Voyage par le cap de Bonne-Espérance à Batavia, à Bantam et au Bengale en 1768, 1769, 1770 et 1771 avec des observations sur la navigation et le commerce de ces contrées, ainsi que sur le caractère, les mœurs et la religion des peuples qui les habitent*, trad. par Jansen H.J., Paris, chez H.J. Jansen, 1798.

VAN BREUGEL J. De Rovere (a), « Bedenkingen over Den Staat van Bantam (Bantam in 1786) », *BKI* I, 1856, p. 107-170.

VAN BREUGEL J. De Rovere (b), « Beschrijving van Bantam en De Lampongs (Beschrijving van Bantam in 1787) », *BKI* I, 1856, p. 309-362.

Sources secondaires

Ouvrages

'ABD AL-ḤAMĪD Muḥammad Muḥyi al-Dīn, *Aḥkām al-mawāriṯ fī al-šarī'a al-'islāmiyya 'ala maḏāhib al-a'imma al-arba'a*, Le Caire, Dār Iḥyā' al-Kutub al-'Arabiyya, 1947.

ABD. RAHMAN Mohamad Jazuli, *Teks Undang-Undang Melayu: Pertengahan Abad Kelapan Belas*, Kuala Lumpur, Dewan Bahasa dan Pustaka, 1994.

AL-'AWWĀ Muḥammad Salīm, *Fī uṣūl al-niẓām al-ǧinā'ī al-islāmī*, Le Caire, Dār al-Ma'ārif, 1979.

AL-'ASQALĀNĪ Ibn Ḥajar, *al-Kāfī al-šāfī fī taḫrīj aḥādīṯ al-kaššāf*, Beyrouth, Dār Iḥyā' al-Turāṯ al-'Arabī, 1997.

AL-'ASQALĀNĪ Ibn Ḥajar, Fatḥ al-bārī fī šarḥ ṣaḥīḥ al-buḫārī, vol. XIV, Beyrouth, Dār al-Fikr, 1441/2019.

AZRA Azyumardi, *The Origins of Islamic Reformism in Southeast Asia*, Honolulu, University of Hawai'i Press, 2004.

BALL John, *Indonesian Legal History 1602-1848*, Sydney, Oughtershow, 1982.

BERGERON Pierre, (ed.), *Les Voyages fameux du sieur Vincent le Blanc Marseillais*, Paris, Gervais Clousier, 3 volumes, 1649.

BAUER Thomas, *A Culture of Ambiguity*, New York, Columbia University Press, 2021.

BASSETT David Kenneth, *The Factory of the English East India Company at Bantam, 1602-1682*, Thèse de doctorat, Université de Londres, 1955.

BEHREND T.E., (ed.), *Katalog Induk Naskah-Naskah Nusantara. Jilid I, Museum Sonobudoyo Yogyakarta*, Jakarta, Djambatan, 1990.

BEHREND T.E., (ed.), *Katalog Perpustakaan Nasional Republik Indonesia*, Jakarta, Yayasan Obor Indonesia & École Française d'Extrême Orient, 1998.

BLACHÈRE Régis, *Le Coran*, Paris, Maisonneuve et Larose, 1999.

CARLISLE Jessica, *Muslim Divorce in the Middle East: Contesting Gender in the Contemporary Courts*, London, Palgrave Pivot, 2018.

CHAER Abdul, *Kamus Dialek Melayu Jakarta-Bahasa Indonesia*, Jakarta, Nusa Indah, 1976.

CŒDES Georges, *Les États hindouisés d'Indochine et d'Indonésie*, Paris, De Boccard, 1948.

COULSON Noël J., *A History of Islamic Law*, Edinburgh, Edinburgh University Press, 1978.

COULSON Noël J, Histoire *du droit islamique*, traduction de Anvar Dominique, Paris, Presses Universitaires de France, 1995.

CUHAJ George S. (ed.), *Standard of World Coins 1601-1700*, Lola, Krause Publication, 2011.

DE BRUIN Servaas, *Fransch Woordenboek*, volume II, *Hollandsch-Fransch Woordenboek*, Zutphen, W.J. Thieme & Cie., 1901.

DE GRAAF Hendrik J. et PIGEAUD Theodoor G.Th., *De eerste Moslimse Vorstendommen op Java. Studiën over de staatkundige geschiedenis van de 15de en 16de eeuw*, La Haye, Nijhoff, 1974.

DJAJADININGRAT Achmad, *Herinneringen van Pangeran Aria Achmad Djajadiningrat*, Amsterdam-Batavia, G. Kolff & Co., 1936.

DJAJADININGRAT Hoesein, *Tinjauan Kritis Tentang Sajarah Banten*, Jakarta, Djambatan, 1983.

DJAMARIS Edwar et al., *Naskah Undang-Undang dalam Sastra Indonesia Lama*, Jakarta, Departemen Pendidikan dan Kebudayaan, 1981.

DUPRET Baudouin, *De la charia au droit musulman : Dynamique du positivisme en terre d'islam*, Paris, Dalloz et Presses de Sciences Po, 2025.

Encyclopaedie van Nederlandsch-Indië [*EvNI*], 8 volumes, 's-Gravenhage-Leiden, M. Nijhoff & E.J. Brill, 1917-1939.

Encyclopédie de l'Islam [*EI*], 12 volumes, Leyde-Paris, E.J. Brill & G.P. Maisonneuve-Larose, 1960-2007.

ESHRAGH A. Shams, *Silver Coinage of the Caliphs*, Londres, Spink, 2010.

FANG Liaw Yock, *Undang-Undang Melaka*, La Haye, M. Nijhoff, 1976.

FEENER R. Michael et SEVEA Terenjit (ed.), *Islamic Connections. Muslim Societies in South and Southeast Asia*, Singapore, ISEAS, 2009.

FREY Albert R., *Dictionary of Numismatic Names*, New York, The American Numismatic Society, 1917 ; rééd. Burnes & Nobles, 1947.

GALLOP Annabel Teh, *Malay Seal Inscriptions. A Study in Islamic Epigraphy from Southeast Asia*, Thèse de doctorat, 3 volumes, School of Oriental and African Studies, University of London, 2002.

AL-ĞAZIRI ʿAbd al-Raḥmān, *Kitāb al-fiqh ʿalā maḏāhib al-arbaʿa*, 5 volumes, Beyrouth, Dār al-Fikr, 1406/1987.

GERICKE J.F.C. et ROORDA T., *Javaansch-Nederlandsch handwoordenboek*, 2 volumes, Amsterdam-Leyde, Johannes Müller & E.J. Brill, 1901.

GIRARDET Nikolaus, *Descriptive Catalogue of the Javanese Manuscripts and Printed Books in the Main Libraries of Surakarta and Yogyakarta*, Wiesbaden, Franz Steiner Verlag GMBH, 1983.

GOBÉE E. et ADRIAANSE C. (eds.), *Ambtelijke Adviezen van C. Snouck Hurgronje 1889-1936*, 3 volumes, 's-Gravenhage, M. Nijhoff, 1957-1965.

GOBEE E. et ADRIAANSE C. (eds.), *Nasihat-Nasihat Snouck Hurgronje semasa kepegawaiannya kepada Pemerintah Hindia-Belanda 1889-1936*, 11 jilid, Jakarta, INIS, 1990-1995.

GUILLOT Claude, *The Sultanate of Banten*, Jakarta, Gramedia, 1990.

GUILLOT Claude, NURHAKIM Lukman et WIBISONO Sonny, *Banten avant l'Islam : étude archéologique de Banten Girang (Java – Indonésie), 932 ?-1526*, Paris, École Française d'Extrême Orient, 1994.

GONDA J., *Sanskrit in Indonesia*, New Delhi, International Academy of Indian Culture, 1973.

DE HAAN F., *Priangan. De Preanger-Regentschappen onder het Nederlandsch Bestuur tot 1811*, 4 volumes, Batavia & s'-Gravenhage, G. Kolff & M. Nijhoff, 1910-1912.

HAMID Abu, *Syekh Yusuf: Seorang Ulama, Sufi, dan Pejuang*, Jakarta, Yayasan Obor Indonesia, 1994.

HAZEU G.A.J., *Tjeribonsch Wetboek (Pĕpakĕm Tjĕrbon) van het jaar 1768*, Batavia & 's-Gravenhage, Albrecht & M. Nijhoff, 1905.

HEAWOOD Edward, *Watermarks Mainly of the 17th and 18th Centuries*, Hilversum, The Paper Publications Society, 1950.

HEYD Uriel, *Studies in Old Ottoman Criminal Law*, edited by V.L. Ménage, Londres, Oxford University Press, 1973.

HOADLEY Mason C., *Selective Judicial Competence. The Cirebon-Priangan Legal Administration, 1680-1792*, New York, Cornell University, 1994.

HOADLEY Mason C. & HOOKER M.B., *An Introduction to Javanese Law. A Translation of and Commentary on the Agama*, Tucson, The University of Arizona Press, 1981.

HODGSON Marshall G.S., *The Venture of Islam. Conscience and History in a World Civilization*, 3 volumes, Chicago, University of Chicago Press, 1974.

HO Engseng, *The Graves of Tarim. Genealogy and Mobility across the Indian Ocean*, Berkeley, University of California Press, 2006.

HOOKER M.B., *A Concise Legal History of South-East Asia*, Oxford, Clarendon Press, 1978.

IBRAHIM Alfian, T., *Mata Uang Emas Kerajaan-Kerajaan di Aceh*, Aceh, Proyek Rehabilitasi dan Perluasan Museum Daerah Istimewa Aceh, 1979.

ISKANDAR Teuku, *Catalogue of Malay, Minangkabau, and South Sumatran Manuscripts in the Netherlands*, 2 volumes, Leyde, Documentatiebureau Islam-Christendom, 1999.

JONES Russell (ed.), *Loan-Words in Indonesian and Malay*, Leyde, KITLV Press, 2007.

JUYNBOLL H.H., *Supplement op den Catalogus van de Javaansche en Madoereesche Handschriften der Leidsche Universiteits-Bibliotheek*, 2 volumes, Leyde, E.J. Brill, 1911.

Kamus Besar Bahasa Indonesia, Jakarta, Balai Pustaka, 1990 et 2005.

KERSTEN Carool, *Cosmopolitans and Heretics : New Muslim Intellectuals and the Study of Islam*, London, Hurst & Company, 2011.

KEYZER S., *Het Mohammedaansche Strafrecht, naar Arabische, Javaansche en Maleische bronnen*, 's-Gravenhage, H.C. Susan CHzoon, 1857.

KOORIA Mahmood, *Islamic Law in Circulation : Shāfiʿī Texts across the Indian Ocean and the Mediterranean*, Cambridge, Cambridge University Press, 2022.

KOORIA Mahmood et RAVENSBERGEN Sanne (eds.), *Islamic Law in the Indian Ocean World. Texts, Ideas and Practices*. Abingdon, Routledge, 2022.

LABROUSSE Pierre, *Dictionnaire général indonésien français*, Paris, Association Archipel, 1984.

LAFFAN Michael, *Islamic Nationhood and Colonial Indonesia*, London, Routledge, 2003.

LEKKERKERKER C., *Land en Volk van Java*, Groningen-Batavia, J.B. Wolters, 1938.

LIBSON Gideon, *Jewish and Islamic Law. A Comparative Study of Custom during the Geonic Period*, Cambridge, Islamic Legal Studies Program of Harvard Law School, 2003.

LOMBARD Denys, *Le Carrefour javanais. Essai d'histoire globale*, 3 volumes, Paris, EHESS, 1990.

LOMBARD Denys, et AUBIN Jean (ed.), *Marchands et hommes d'affaires asiatiques dans l'Océan Indien et la mer de Chine (XIIIe-XXe siècles)*, Paris, EHESS, 1988.

MANGER Leif (ed.), *Muslim Diversity: Local Islam in Global Contexts*, Abingdon, Routledge, 1999.

MILLIES H.C., *Recherches sur les monnaies des indigènes de l'Archipel Indien et de la Peninsule Malaie*, La Haye, M. Nijhoff, 1871.

MILLIES H.C., *Notice sur les nouvelles monnaies pour les Colonies Orientales-Néerlandaises*, Bruxelles, Imprimeur du roi, 1858.

MILLIOT Louis et BLANC François-Paul, *Introduction à l'étude du droit musulman*, Paris, Dalloz, 2001.

NAERSSEN F.H., PIGEAUD Th.G.Th. et VOORHOEVE P., *Catalogue of Indonesian Manuscripts*, Vol. IV, Part 2, Copenhague, The Royal Library, 1977.

NASIR Jamal J., *The Islamic Law of Personal Status*, La Haye, Kluwer Law International, 2002.

AL-NAQŠANBADĪ Nāṣir al-Sayyid Maḥmūd, *al-Dirham al-Islāmī*, Bagdad, Maṭbū'at al-Majma' al-'Ilmī al-'Irāqī, 1969.

AL-NASĀ'Ī Aḥmad ibn Šu'ayb, *Kitāb sunan al-kubrā*, Beyrouth, Mu'assasat al-Risāla, vol. VI, 1421/2001.

OTA Atsushi, *Changes of Regime and Social Dynamics in West Java: Society, State and the Outer World of Banten, 1750-1830*, Leyde, Brill, 2006.

PEACOCK A.C.S., *Arabic Literary Culture in Southeast Asia in the Seventeenth and Eighteenth Centuries*, Leiden, Brill, 2024.

PEACOCK, Michael, *The Indian Ocean*, London and New York, Routledge, 2003.

PIGEAUD Theodore G.Th., *Java in the 14th Century. A Study in Cultural History. The Nagara-Kertagama by Rakawi Prapanca of Majapahit, 1365 A.D.*, 5 volumes, La Haye, M. Nijhoff, 1960-1963.

PIGEAUD Theodore G.Th., *Literature of Java. Catalogue Raisonné of Javanese Manuscripts in the Library of the University of Leiden and Other Public Collections in the Netherlands*, 4 volumes, La Haye, M. Nijhoff, 1968-1980.

PIGEAUD Theodore G.Th., *Javaans-Nederlands Woordenboek*, Dordrecht, Foris Publication, 1989 (1936).

POERWADARMINTA W.J.S., *Baoesastra Djawa*, Groningen-Batavia, J.B. Wolters Uitgevers-Maatschappij N.V., 1939.

PRANGE Sebastian R. *Monsoon Islam: Trade and Faith on the Medieval Malabar Coast*, Cambridge, Cambridge University Press, 2018.

PRAWIROATMODJO S., *Bausastra Jawa-Indonesia*, 2 jilid, Jakarta, Gunung Agung, 1981 & 1995.

PUDJIASTUTI Titik, *Sajarah Banten: Suntingan Teks dan Terjemahan Disertai Tinjauan Aksara dan Amanat*, Disertasi Doktor, Program Pascasarjana Program Studi Ilmu Susastra, Universitas Indonesia, 2000.

PUDJIASTUTI Titik, *Perang, Dagang, Persahabatan: Surat-Surat Sultan Banten*, Jakarta, Yayasan Obor Indonesia, 2007.

RAFFLES Thomas Stamford, *The History of Java*, 2 volumes, London, Black, Parbury, & Allen and John Murray, 1817.

RANTOANDRO Gabriel A., *Banten et les pays du détroit de la sonde aux XVIe et XVIIe siècles. pouvoir, islam, et épices dans un royaume indonésien*, 2 volumes, Thèse de doctorat d'État, Université Paris X Nanterre, Paris, 2000.

REINHART Kevin, *Lived Islam: A Colloquial Religion in a Cosmopolitan Tradition*, Cambridge, Cambridge University Press, 2020.

RICCI Ronit, *Islam Translated. Literature, Conversion, and the Arabic Cosmopolis of South and Southeast Asia*, Chicago, University of Chicago Press, 2011,

RICKLEFS M.C., *A History of Modern Indonesia*, Londres, Macmillan, 1981.

RICKLEFS M.C, *The Seen and Unseen Worlds in Java, 1724-1725. History, Literature, and Islam in the Court of Pakubuwana II*, Hawai'i, University of Hawai'i Press, 1998.

RICKLEFS M.C. et VOORHOEVE P., *Indonesian Manuscripts in Great Britain*, Oxford, Oxford University Press, 1977.

RISSO Patricia, *Merchants and Faith: Muslim Commerce and Culture in the Indian Ocean*, Boulder and Oxford, Westview Press, 1995.

ROBSON Stuart and WIBISONO Singgih, *Javanese English Dictionary*, Hongkong, Periplus Editions, 2002.

ROORDA Taco, *Kitab Toehpah, Een Javaansche Handboek voor het Mohammedaansche Recht*, Leyde, E.J. Brill, 1895.

ROORDA Taco, *Javaansche Wetten, Serat Angger-Anggeran Jawi*, traduction de *Javaansche Wetten, Namelijk de Nawala Pradata Dalĕm, de Anggĕr-Sadasa, de Anggĕr-Agĕng, de Anggĕr-Gunung, de Anggĕr-Arubiru* (Amsterdam, J. Müller, 1844), traduit par Jumeira Siti Rumidjah, Yogyakarta, Kepel Press, 2002.

SĀBIQ Sayyid, *Fiqh Sunna*, 3 volumes, Beyrouth, Dār al-Fikr, 1983.

SCHACHT Joseph, *An Introduction to Islamic Law*, Oxford, Oxford University Press, 1982.

SCHACHT Joseph, *Introduction au droit musulman*, Paris, Maisonneuve et Larose, 1983.

SHABANA Ayman, *Custom in Islamic Law and Legal Theory: The Development of the Concepts of 'Urf and 'Ādah in the Islamic Legal Tradition*, New York, Springer, 2010.

SIMPSON Edward et KRESE Kai, *Struggling with History: Islam and Cosmopolitanism in the Western Indian Ocean*, New York, Columbia University Press, 2008.

SLAMETMULJANA, *Perundang-Undangan Madjapahit*, Djakarta, Bhratara, 1967.

SNOUCK HURGRONJE C., *Mekka in the Latter Part of the 19th Century*, Leyde, E.J. Brill, 1970.

SUDRAJAT Budi, *al-Mawāhib al-Rabbāniyyah 'An al-As'ilah al-Jāwiyah: Suntingan Naskah dan Analisis Isi Disertai Tinjauan Sejarah tentang Kebijakan Sultan Abul Mafakhir Abdul Qadir (1596-1651)*, Thèse de mastère, Université Islamique d'État de Jakarta, 2002.

SUHARTONO, *Apanage dan Bekel: Perubahan Sosial di Pedesaan Surakarta 1830-1920*, Yogyakarta, Tiara Wacana, 1991.

AL-ŠĀFIʿI Muḥammad Ibn Idrīs, *al-Umm*, Muḥammad Zuhrī al-Naǧǧār (ed.), 7 volumes, Beyrouth, Dār al-Maʿrifa, s.d.

TALENS Johan, *Een Feodale Samenleving in Koloniaal Vaarwater: Staatsvorming, Koloniale Expansie en Economische Onderontwikkeling in Banten, West-Java (1600-1750)*, Hilversum, Verloren, 1999.

VAN DEN BERG L.W.C., *Codicum Arabicorum in Bibliotheca Societatis Artium et Scientiarum quae Bataviae FCod. Or. et asservatorum Catalogum inchoatum a Doct. R. Friederich absolvit indicibusque instruxit L.W.C. van den Berg*, Batavia, M. Nijhoff. 1873.

VAN DEN BERG L.W.C., *De Inlandsche Rangen en Titels op Java en Madoera*, Batavia, Landsdrukkerij, 1887.

VAN LEUR Jacob Cornelis, *Indonesian Trade and Society: Essays in Asian Social and Economic History*, Leiden, KITLV, 1983.

VAN RONKEL Philippus Samuel, *Supplement to the Catalogue of the Arabic Manuscripts preserved in the Museum of the Batavia Society of Arts and Sciences*, Batavia, Albrescht, 1913.

VLEKKE Bernard H.M., *Nusantara. A History of Indonesia*, The Hague & Bandung, W. van Hoeve, 1960.

VON DE WALL H., *Maleisch-Nederlandsch Woordenboek*, 3 volumes, Batavia, Landsdrukkerij, 1877-1884.

VOORN H., *De Papiermolen in de provincie Noord-Holland*, Haarlem, De Papierwereld, 1960.

VOORN H., *De papiermolen in de provincie Gelderland alsmede in Overijssel en Limburg*, Haarlem, Vereniging van Nederlandse Papier- en Kartonfabrieken, 1985.

VOORHOEVE Maaike, *Gender and Divorce Law in North Africa: Sharia, Custom and the Personal Status Code in Tunisia*, London, I.B. Tauris, 2014.

WATSON Alan, *Legal Transplants: An Approach to Comparative Law*, Edinburgh, Scottish Academic Press, 1974.

[Article 17. Délibération des *ponggawa* avec le *petor* sur la frontière de l'État]
Après avoir délibéré et s'être mis d'accord, en ayant pris connaissance de la carte, tous les *ponggawa* de Lampung devront en conséquence informer le *petor* de Tulang Bawang qui doit être témoin de ces discussions. Il n'est pas possible aux Hollandais de se charger de cette question qui dépend de nous seuls. Ils doivent le savoir, parce qu'il en est ainsi et il en sera ainsi pour toujours.

[Article 18. Érection de signes symbolisant la frontière de l'État]
Quand tous les *ponggawa* de Lampung auront délibéré et se seront mis d'accord comme mentionné ci-dessus, le *petor* de Tulang Bawang sera invité à inspecter la frontière avec la plus grande minutie, afin qu'il n'y ait, à l'avenir, pas de conflit à ce sujet. Quand les frontières de l'État seront reconnues (……) par le *petor*
de Tulang Bawang, | on mettra en place des signalements pour représenter la 141
frontière de façon visible et indiquer les directions. Ces signes seront soit des arbres qui vont durer longtemps et qui peuvent servir de support à des plantes grimpantes, soit une construction en pierres, qui marquent l'existence et la permanence [de cette frontière] jusqu'à la fin des temps.

[Article 19. Surveillance du commerce illégal de poivre et de marchandises interdites]
Autre cas du décret du palais. Il faudra se mettre d'accord avec le *petor* de Tulang Bawang pour faire respecter le bien, par exemple surveiller les gens qui n'obéissent pas à Sa Majesté le Sultan ni perdre de vue tous les habitants de Palembang qui achètent illégalement le poivre des habitants de Lampung Tulang Bawang. Ceci devra être [appliqué] avec sévérité, ainsi que l'interdiction du palais [faite] aux gens de vendre du poivre dans le Pays de Banten. De même, l'officier du bureau de douane interrogera toute personne transportant des marchandises interdites par le palais afin que le *pangulu* de Tulang Bawang ne soit pas blâmé et puni par le palais et que ce dernier ne perde pas la face aux
yeux de la Compagnie. Donc (……) il faudra se mettre d'accord | avec le *petor* 142
de Tulang Bawang pour que tout se passe convenablement. Fin.

[Article 20. Personne achetant illégalement du poivre]
Si quelqu'un achète du poivre en cachette ou [commet] un acte du même genre, après enquête et avec l'accord du représentant du palais et du *résident*, il aura immédiatement deux mains liées et sera envoyé à Banten[28] avec le rap-

28 Il s'agit ici de la peine d'exil à Banten.

kang anyolong iku alpa, maka kaya apa kahananing *daf'u al-ṣā'ili* hukume tatrape.

Lan sapĕrkara maning karsa dalĕm: lamon ana kakuranganing wong Walanda atawa kakarĕpane wong Walanda ing wong Lampung iku kang patut denupaya iku, ora kĕna si Walanda iku angupaya dhewek ing wong Lampung. Anging, kinon aweh wĕruh ing wong kang dadi pangulu ing Lampung Tulang Bawang, supaya tinĕmu ing barang kang denupaya iku saking tangane wong Bantĕn, jĕjĕnĕng dalĕm, atas qadar kawasa (......). Tamat.

143 Lan sapĕrkara maning karsa dalĕm: ora kĕna pisan2 si Lampung iku aweweh atawa angupaya ing wong Walanda. Anging, lantaran maring kang dadi pangulu ing Lampung Tulang Bawang, supaya anĕmu salamĕt ing atase.

Lan sapĕrkara maning karsa dalĕm: lamon wong Walanda iku arĕp alulungan ing barang panggonaning, alunga iku ora kĕna ora pangulu, jĕjĕnĕng dalĕm, lan risyden. Iku padha jangji aweh wĕruh risyden iku ing pangulu, jĕjĕnĕng dalĕm, iku supaya kawĕruhan ing antaraning wong Walanda minggat lan wong Walanda kang lumaku sabĕnĕre. Maka, ora kĕna ora denantĕrakĕn dening Bantĕn saparone lunga, sahingga wus bali ing pondhoke pajagane.

Lan sapĕrkara maning karsa dalĕm: lamon ana wong Walanda iku agawe duracara[29] ing wong Lampung Tulang Bawang, barang sarupaning kaha, lan kaya

---

29 *Agawe duracara* signifie mauvaise conduite ou comportement méchant, Gericke & Roorda, vol. I, p. 570.

WICKS Robert S., *Money, Markets, and Trade in Early Southeast Asia, the Development of Indigenous Monetary Systems to AD. 1400*, Ithaca, Cornel University, 1992.

WILKINSON R.J., *A Malay-English Dictionary*, 2 volumes, Londres, Macmilan, 1959.

WINK André, *al-Hind: The Making of the Indo-Islamic World*, 3 volumes, Leiden, Brill, 1990-2004.

WINTER Sr., C.F., & RANGGAWARSITA R.Ng., *Kamus Kawi-Jawa*, Yogyakarta, Gadjah Mada University Press, 2007.

YAKIN Ayang Utriza, *Sejarah Hukum Islam Nusantara Abad XIV-XIX*, Jakarta, Kencana Prenada Media, 2016.

YULE Henry & BURNELL A.C., *Hobson-Jobson, The Anglo-Indian Dictionary*, Hertfordshire, Wordworth Reference, 1996 (1886).

ZAINI-LAJOUBERT Monique, *Karya Lengkap Abdullah ibn Muhammad al-Misri*, Jakarta, École Française d'Extrême-Orient & Komunitas Bambu, 2008.

ZOETMULDER P.J., *Old Javanese-English Dictionary*, 2 volumes, 's-Gravenhage, M. Nijhoff, 1982.

ZOETMULDER P.J., *Kamus Jawa Kuna-Indonesia*, Jakarta, Gramedia Pustaka Utama, 2006.

Chapitres d'ouvrages collectifs

CAZACU Matei, « La mort infâme. Décapitation et exposition des têtes à Istanbul (XVe-XIXe siècles) », dans Veinstein Gilles (eds.), *Les Ottomans et la mort. Permanences et Mutations*, Leyde, New York, Cologne, E.J. Brill, 1996, p. 245-289.

ESPERONNIER Maryta, « Un regard du côté mamlouk à travers les témoignages de Maqrīzī et d'Ibn Iyās », dans Gilles Veinstein (eds.), *Les Ottomans et la mort. Permanences et mutations*, Leyde, New York, Cologne, E.J. Brill, 1996, p. 175-186.

FEENER Michael et Joshua GEDACHT, « Hijra, Hajj, and Muslim Mobilities : Considering Coercion and Asymmetrical Power Dynamics », dans Joshua Gedacht et R. Michael Feener (eds.), *Challenging Cosmopolitanism : Coercion, Mobility, and Displacement in Islamic Asia*, Edinburgh, Edinburgh University Press, 2018, p. 1-29.

GEDACHT Joshua et FEENER R. Michael, « Preface », dans Joshua Gedacht et R. Michael Feener (eds.), *Challenging Cosmopolitanism : Coercion, Mobility, and Displacement in Islamic Asia*. Edinburgh, Edinburgh University Press, 2018, p. VII-IX.

GUILLOT Claude, « Banten and the Bay of Bengal during the Sixteenth and Seventeenth Centuries », dans Om Prakash et Denys Lombard (eds.), *Commerce and Culture in the Bay of Bengal, 1500-1800*, New Delhi, Manohar/Indian Council of Historical Research, 1999, p. 163-182.

GUILLOT Claude, « Une saison en enfer : Scott à Banten, 1603-1605 », dans Denys Lombard et R. Ptak (eds.), *Asia Maritima. Images et réalité 1200-1800*, Wiesbaden, Harrassowitz, 1994, p. 27-38.

GUILLOT Claude, « Le difficile équilibre entre ambition politique et développement économique : guerre et paix à Banten (XVIe-XVIIe siècles) », dans Nguyên Thê Anh et Alain Forest (eds.), *Guerre et paix en Asie du Sud-Est*, Paris, L'Harmattan, 1998, p. 95-108.

GUILLOT Claude, « The Tembayat Hill : Clergy and Royal Power in Central Java from the 15th to the 17th century », dans Henri Chambert-Loir & Anthony Reid (eds.), *The Potent Dead. Ancestors, Saints and Heroes in Contemporary Indonesia*, Honolulu, Allen & Unwin and University of Hawai'i Press, 2002, p. 141-159.

GUILLOT Claude, « Un maître d'œuvre du XVIIe siècle à Banten : Kiyai Ngabehi Cakradana », dans Henri Chambert-Loir & B. Dagens (eds.), *Anamarphoses : Hommage à Jacques Dumarçay*, Paris, Les Indes Savantes, 2006, p. 449-456.

GUILLOT Claude, « Sultan Ageng Tirtayasa », *Encyclopédie de l'Islam*, 2007-1, p. 62-64.

KATHIRITHAMBY-WELLS John, « Banten : A West Indonesian Port and Polity during the Sixteenth and Seventeenth Centuries », dans John Kathirithamby-Wells et John Villiers (eds.), *The Southeast Asian Port and Polity : Rise and Demise*, Singapore, Singapore University Press, 1990, p. 107-126.

KEYZER S., « Introduction », dans *Précis de jurisprudence musulmane selon le rite chaféite par Abou Chodjâ'*, Leyde, E.J. Brill, 1859.

LAWRENCE Bruce, « Competing Genealogies of Muslim Cosmopolitanism », dans Carl W. Ernst et Richard C. Martin (eds.), *From Orientalism to Cosmopolitanism*, Columbia, University of South Carolina Press, 2010, p. 302-323.

LAWRENCE Bruce, « Islamicate Cosmopolitanism from North Africa to Southeast Asia », dans Joshua Gedacht et R. Michael Feener (eds.), *Challenging Cosmopolitanism : Coercion, Mobility, and Displacement in Islamic Asia*, Edinburgh, Edinburgh University Press, 2018, p. 30-52.

MORGAHI M. Amer, « An Emerging European Islam : The Case of the Minhajul Qur'an in the Netherlands », dans Martin van Bruinessen et Stefano Allievi (eds.), *Producing Islamic Knowledge : Transmission and Dissemination in Western Europe*, Abingdon, Routledge, 2011, p. 47-64.

OTA Atsushi, « Toward a Transborder, Market-Oriented Society : Changes in the Hinterlands of Banten, c. 1760-1790 », dans Tsukasa Mizushima, George Bryan Souza et Dennis O. Flynn, (eds.), *Hinterlands and Commodities : Place, Space, Time and the Political Economic Development of Asia over the Long Eighteenth Century*, Leiden, Brill, 2015, p. 166-196.

SLAATS H., « The Imposition and Radiation of Dutch Law in Indonesia », dans J. de Moor et D. Rothermund (eds.), *Our Laws, Their Lands : Land Laws and Land Use in Modern Colonial Societies*, Münster, LIT Verlag, 1994, p. 98-229.

VAN BRUINESSEN Martin, « *Kitab Fiqih di Pesantren Indonesia dan Malaysia* », dans Martin Van Bruinnessen, *Kitab Kuning, Pesantren, dan Tarekat*, Bandung, Mizan, 1995, p. 112-130.

VAN DEN BERG L.W.C., « Préface », dans *Minhādj aṭ-Ṭālibīn al-Nawāwī, le guide des zélés croyants, manuel de jurisprudence musulmane selon le rite de Chāfi'ī*, traduction et annotation par L.W.C. Van Den Berg, 3 volumes, Batavia, Imprimerie du Gouvernement, 1882-1884.

Articles

ASAD Talal, « The Idea of an Anthropology of Islam », *Qui Parle*, vol. 17, n° 2 (printemps-été), 2009, p. 1-30.

BRANDES J., « Nog Eenige Javaansche Piagems Uit Het Mohammedaansche Tijdvak, Afkomstig Van », *TBG*, XXXII, 1889, p. 557-601 et *TBG*, XXXVII, 1894, p. 119-126.

BURKE Edmund III, « Islamic History as World History: Marshall Hodgson, 'The Venture of Islam' » , *International Journal of Middle East Studies*, vol. 10, n°2, mai 1979, p. 241-264.

DUPRET Baudouin, « What Is Islamic Law? A Praxiological Answer and an Egyptian Case Study », *Theory, Culture & Society*, 24, n° 2, 2007, p. 79-100.

EL-ZEIN Abdul Hamid, « Beyond Ideology and Theology: The Search for the Anthropology of Islam », *Annual Review of Anthropology*, 6, 1977, p. 227-254.

ESPERONNIER Maryta, « La mort violente à l'époque mamlouke : le crime et le châtiment », *Der Islam*, vol. 74, no 1, 1997, p. 137-155.

GALLOP Annabel Teh et AKBAR Ali, « The art of the Qur'an in Banten », *Archipel*, n° 72, 2006, p. 95-156.

GUILLOT Claude, « Banten en 1678 », *Archipel*, n°37, 1989, p. 119-151.

GUILLOT Claude, « La nécessaire relecture de l'accord luso-soundanais de 1522 », *Archipel*, n°42, 1991, p. 53-76.

GUILLOT Claude, « La politique vivrière de Sultan Ageng (1651-1682) », *Archipel*, n°50, 1995, p. 83-118.

GUILLOT Claude, « Les Portugais et Bantĕn (1511-1682) », *Revista de Cultura*, vol. I, ano V, n°13/14 (janvier-juin), 1991, p. 80-95.

GUILLOT Claude, « Libre entreprise contre économie dirigée : guerres civiles à Bantĕn, 1580-1609 », *Archipel*, n°43, 1992, p. 57-72.

GUILLOT Claude, NURHAKIM Lukman et WIBISONO Sonny, « La principauté de Banten Girang », *Archipel*, n°50, 1995, p. 13-24.

GUILLOT Claude, NURHAKIM Lukman et SALMON Claudine, « Les sucriers chinois de Kelapadua, Banten, XVIIe siècle. Textes et vestiges », *Archipel*, n°39, 1990, p. 139-158.

HALLAQ Wael B., « Notes on the Term of *Qarīna* in Islamic Legal Discourse », *Journal of the American Oriental Society*, vol. 108 (juillet-septembre), 1988, p. 475-480.

HALL Kenneth R, « European Southeast Asia Encounters with Islamic Expansionism, circa 1500-1700 : Comparative Case Studies of Banten, Ayutthaya, and Banjarmasin in the Wider Indian Ocean Context », *Journal of World History* 25, n° 2-3 (June/September), 2014, p. 229-262.

HOADLEY Mason C., « Continuity and Change in Javanese Legal Tradition : The Evidence of the Jayapattra », *Indonesia*, n°11 (avril), 1971, p. 95-109.

HODGSON Marshall G. S, « The Role of Islam in World History », *International Journal of Middle East Studies 1*, n°1, 1970, p. 99-123.

HUMME H.C., « Javaansche Inscriptien », *BKI*, VIII, 1884, p. 1-20.

HUSSIN Iza, « Circulations of Law : Cosmopolitan Elites, Global Repertoires, Local Vernaculars », *Law and History Review*, vol. 32, no 4 (November), 2014, p. 773-795.

KEMPE John E. & WINSTEDT R.O., « A Malay Legal Digest Compiled for ʿAbd al-Ghafur Muhaiyuʿd-din Shah Sultan of Pahang 1592-1614 A.D. », *Journal of the Malayan Branch of the Royal Asiatic Society*, vol. 21, n°1 (avril), 1948, p. 1-67.

KERN R.A., « Javaansche Rechtsbedeeling. Een Bijdrage tot de Kennis der Geschiedenis van Java », *BKI*, n°83, 1927, p. 316-445.

KOORIA Mahmood, « Languages of Law : Islamic Legal Cosmopolis and Its Arabic and Malay Microcosmoi », *Journal of the Royal Asiatic Society*, 3rd ser., 29, n°4, 2019, p. 705-722.

KOORIA Mahmood et RAVENSBERGEN Sanne (eds.), « The Indian Ocean of Law : Hybridity and Space », *Itinerario*, 42, special issue n°2 (August), 2018.

LAFFAN Michael, « Raden Aboe Bakar : An Introductory Note Concerning Snouck Hurgronje's Informant in Jeddah (1884-1912) », *BKI*, vol. 155, n°4, 1999, p. 517-542.

LANGEN K.F.H., « De Inrichting Van Het Atjehseche Staatsbestuur Onder Het Sultanat », *BKI*, série V, n°3, 1888, p. 381-471.

LUKENS-BULL Ronald A., « Between Text and Practice : Considerations in the Anthropological Study of Islam », *Marburg Journal of Religion* 4, n° 2, 1999, p. 1-21.

LOMBARD Denys et LOMBARD-JOURDAN Anne, « La première expédition des Français à Banten (1617), d'après une lettre inédite d'Augustin de Beaulieu », *Archipel*, n°50, 1995, p. 67-82.

LOW James, « The Keddah Annals (*Hikayat Merong Mahawangsa*) », *The Journal of the Indian Archipelago and Eastern Asia* III, n°1, 1849, p. 90-101, 162-181, 253-270, 314-336, 467-493.

MAWANI Renisa et HUSSIN Iza, « The Travels of Law : Indian Ocean Itineraries », *Law and History Review*, 32, n° 4 (November), 2014, p. 733-747.

MEINSMA J.J., « Eene Proklamatie Van Een Sultan Van Bantam », *BKI*, 3, n°8, 1873, p. 152-157.

MEULEMAN Johan Hendrik, « Indonesian Islam between Particularity and Universality », *Studia Islamika*, 4, n° 3, 1997, p. 99-122.

NOORDUYN J., « Bujangga Manik's Journeys through Java : Topographical Data from an Old Sundanese Source », *BKI*, 138, 1982, p. 413-442.

OTA Atsushi, « Banten Rebellion, 1750-1752 : Factors behind the Mass Participation », *Modern Asian Studies*, vol. 37, no 3 (juillet), 2003, p. 613-651.

OTA Athushi, « "Illicit Trade" in South Sumatra Local Society's Response to Trade Expansion, C. 1760-1800 », *Taiwan Journal of Southeast Asian Studies* 6, n°2, 2009, p. 3-42.

PIGEAUD Theodore G.Th., « Afkondigingen Van Soeltans Van Banten Voor Lampoeng, *Djawa* », *BKI*, IX, 1929, p. 121-159.

PUDJIASTUTI Titik, « Letters of the Sultans of Bantĕn in the National Archives of the Republic of Indonesia », *SARI*, 23, 2005, p. 123-135.

RANTOANDRO Gabriel A., « Lieux de rencontre particuliers de l'ancien Bantĕn : les *pabean* », *Archipel*, n°50, 1995, p. 25-39.

RICKLEFS M.C., « Banten and the Dutch in 1619 : Six Early "Pasar Malay" Letters », *Bulletin of the School of Oriental and African Studies*, 39, n°1, 1976, p. 128-136.

SERRURIER L., « Kaart van Oud-Banten (Bantam) », *TBG*, XLV, 1902, p. 257-263.

TALENS Johan, « Ritual Power : The Installation of a King in Banten, West Java, in 1691 », *BKI*, 149, n° 2, 1993, p. 333-355.

VAN AELST A., « Majapahit *Picis* : The Currency of a 'Moneyless' Society 1300-1700 », *BKI* 151, 1995, n°3, p. 357-393.

VAN BRUINESSEN Martin, « Global and Local in Indonesian Islam », *Southeast Asian Studies*, 37, n°2 (September), 1999, p. 158-175.

VAN BRUINESSEN Martin, « Kitab Kuning : Books in Arabic Script Used in the Pesantren Milieu. Comments on a New Collection of the KITLV Library », *BKI*, 146, 1990, n° 2/3, p. 226-269.

VAN BRUINESSEN Martin, « *Shari'a Court, Tarekat and Pesantren : Religious Institutions in the Banten Sultanate* », *Archipel*, n° 50, 1995, p. 165-199.

WESSING Robert, « Pangeran Dakar's Error : A Narration of the Events Leading to the Fall of the Sultanate of Banten », *Journal of Southeast Asian Studies*, 45, n° 3 (Octobre), 2014, p. 427-443.

VAN DER CHIJS J.A., « Oud Banten », *TBG*, XXVI, 1881, p. 1-62.

VAN DER TUUK H.N., « Naar Aanleiding Van Een Proclamatie Van Den Sultan Van Bantam », *TBG*, XXIII, 1876, p. 134-139.

VAN DER TUUK H.N., « Lampongsche Pijagems », *TBG*, XXIX, 1884, p. 191-207.

WIERINGA Edwin, « Dotting the dal and penetrating the letters : The Javanese origin of the *Syair seribu masalah* and its Bantenese spelling », *BKI*, 159, 2003, n°4, p. 499-518.

WIERINGA Edwin, « Eine Gegen-Geschichte des Sultanats Bantĕn. Vergangenheitsbewältigung in westjavanischen Erzählungen über den verborgenen Herrscher Hadschi Mangsur », *Zeitschrift der Deutschen Morgenländischen Gesellschaft*, n°154, 2004, p. 417-446.

WINSTEDT R.O., « Kedah Laws », *JMBRAS*, vol. 4, n°2 (June), 1928, p. 1-44.

YAKIN Ayang Utriza, « The Register of the Qadi Court 'Kiyahi Pĕqih Najmuddin' of the Sultanate of Bantĕn, 1754-1756 CE. », *Studia Islamika*, vol. 22, n°3, 2015, p. 405-442.

YAKIN Ayang Utriza, « The Transliteration and Translation of the Leiden Manuscript Cod.Or. 5626 on the Sijill of the Qadi of Banten, 1754-1756 CE. », *Heritage of Nusantara*, vol. 5, n°1 (juin), 2016, p. 23-76.

YAKIN Ayang Utriza, « Undhang Undhang Bantĕn : A 17th to 18th century legal compilation from the qadi court of the Sultanate of Bantĕn », *Indonesia and the Malay World*, vol. 44, n°130, 2016, p. 365-388.

Index des noms de personnes

Index des noms de lieux

Index général

www.ingramcontent.com/pod-product-compliance
Lightning Source LLC
LaVergne TN
LVHW052112061026
849527LV00011B/604